于漪全集

于漪全集（修订版）

第一卷

语文教育

上海教育出版社

20 世纪 70 年代初期，仍然关注要备好课

20 世纪 80 年代，与青年语文教师备课研讨

作完报告后，为与会教师签名

2015 年，参加“新教师宣誓仪式暨尊师重教纪念碑修缮揭幕”活动

出版说明

《于漪全集》是基础教育领域首部特级教师的全集，也是上海教育出版社为特级教师出版的第一部全集。自 2018 年 8 月第一版出版以来，在传承、弘扬和建设新时代社会主义文化、以教育自信创建自信的教育等方面发挥了重要作用，深受广大读者特别是第一线教育工作者的好评。

《于漪全集》收录了于漪在不同时期出版的专著以及发表于全国各类报刊的论文、讲话、序跋等作品。编辑过程中，虽尽力搜集，仍难免挂一漏万。部分文章的写作时间和出处未予注明，留待日后修订逐步完善。在此，也对原发报刊编辑部、图书出版单位一并致谢。

《于漪全集》第一版由上海市教师学研究会组织有关教师、专家编辑。于漪的教育思想植根于教学实践，是理论与实践有机融合的生动阐述。有时一材多用，是为了从不同角度阐释相关问题，为读者呈现丰富的不同历史阶段的思考成果。

《于漪全集》第一版以“一辈子学做教师”为线索，根据文章内容，分为二十一卷，从基础教育、语文教育、课堂教学、阅读教学、写作教学、教师成长、序言书信、教育人生八个方面多维度展现于漪来自教育第一线的理论研究成果，基本体现了当代教育家的典型形象。

于漪自 2019 年 9 月被中共中央授予“人民教

育家”国家荣誉称号以来，担当新的历史使命，坚持思想创新，特别是在中国特色教育学、教师学等重大理论建设上奋力探索，笔耕不辍，不断形成新的思想成果。鉴于此，上海市教师学研究会及时组织学术力量，对《于漪全集》第一版作了全面修订：一是补充了于漪教育新论述；二是增加了于漪教育活动年表；三是在版式、装帧上作了调整，从第一版的较小开本八类二十一卷改为较大开本的八类十二卷；四是对文字和内容错漏加以改正。

我们希望，《于漪全集》修订版能够继续为广大教育工作者学习于漪教育教学思想，探索中国特色教育学、教师学，为国育才，为党育才，发挥应有的作用。

目录

我的语文教育观

> 今世界上有四种教育家：一、政客教育家，借教育以图政治上之活动；二、空想教育家，有空想而未能实行；三、经验教育家，以经验自居，不肯研究理论；四、科学教育家，则实用科学以办教育者。中国现在教育家只有政客、空想、经验三种，但教育以科学教育为最重要……
>
> （《师范生应有之观念》，《陶行知全集》第一卷）

> 敢探未发明的新理，即是创造精神；敢入未开化的边疆，即是开辟精神。创造时，目光要深；开辟时，目光要远。总的来说，创造、开辟都要有胆量。在教育界，有胆量创造的人，即是创造的教育家；有胆量开辟的人，即是开辟的教育家，都是第一流的人物。
>
> （《第一流的教育家》，《陶行知全集》第一卷）

以群星灿烂、流派纷呈的人类教育史来验证陶行知的这段话，我们确实发现，古今中外所有留名史册的一流教育家都几乎具有这样的

本文收入《于漪与教育教学求索》（北京师范大学出版社 2015 年），全面总结了于漪的语文性质观、教学观、大语文观、兴趣说以及语言与思维训练核心说。这五方面内容互为表里，贯串了于漪“教文育人”基本思想，是于漪教育教学思想的核心内容。其基本特征是，既立根于民族文化，又拓展着世界视野，反映了现代中国语文教育的规律和特性。

共性：他们从来不是关在自己的书房里闭门造车、空谈教育，也不是囿于个人之局部经验而沾沾自得，而是在实践中去思考、去发现、去探索科学的教育规律，最终在理论上有所建树，逐步构建起他们的理论体系。在西方，从苏格拉底、柏拉图、亚里士多德到后来的夸美纽斯、赫尔巴特、杜威、苏霍姆林斯基等，在中国，从孔子到蔡元培、陶行知、叶圣陶等，他们无不以自己诲人不倦的教师生涯作为积淀，在教育教学实践中积极探索，改革创新，诞生了他们的教育理论，最终卓然自成一家，从而在教育史上留下了自己的足迹，为人类的进步与发展做出杰出的贡献。

上述巨人的光辉形象，从我成为教师的那一天起，就深深烙在我的心头，我决心以他们为榜样，作为我的终生追求，尽管高山仰止，但我永不停步。因此，我从扎着小辫开始耕耘在绿意葱茏的教育园地，始终勇于实践，但绝不停留在实践，如此走过了 60 多个实践探究和理论创造并驾齐驱的激情燃烧的岁月。50 多年语文教育第一线的教学体验，十几年苦心经营当校长的管理经历，始终不懈的实践、学习、探究与创造，给了我自信和胆量，使我不因袭旧说，不追风逐浪，不人云亦云，始终从实际出发，在实践中思考与发现，提出了具有当代中国色彩的教育教学理念，为我国的教育发展贡献了自己的一份力量。

我能够引以为豪的是，60 多年的长途跋涉，自己能够始终站在时代的潮头，以辩证唯物主义认识论为指导思想，从探究语文教育的本质出发，把教育学、心理学等方面的现代研究新成果融进自己的教育实践，孜孜不倦地追求崇高的学术境界，不断求索语文教育的规律，在扬弃和开拓中逐步形成了自己的语文教育特色与体系。我之所以能取得些微末成绩，是因为我站在巨人的肩膀上。

一、人文说：我的语文性质观

关于语文学科的性质，自百年前语文独立设科以来，一直认识不一，众说纷纭。作为语文教师，多年来我始终在思考与探索这个问题，我深深知道，这个问题不解决，语文学科就难以确立自己的正确方向，就难以真正健康发展。我当然赞同语文界众多同行提出的语文学科的工具性特征，但我始终认为，语文仅仅作为一门工具是远远不够的。语文有着那么丰富的内涵，能够在那么宽广的范围内给学生以影响，怎么能仅仅是工具呢？随着思考与研究的不断深入，随着我的全面育人观的逐渐成熟，我终于在20世纪90年代明确而相对完整地提出了语文学科的"人文说"。

1.
语文学科"人文说"提出的意义

在漫长的封建社会里，教育无疑充当了社会教化的重要角色，然而，语文教学却未能单独成科，也就是说，没有严格意义上的学科概念。古人还没有今天这样自觉的学科意识，也就无从谈论对于学科性质的思考。到了近代，随着西学的引进，"新学制"的颁布，语文学科的独立意识开始形成，语文单独设科，课时有了限制。但是由于当时国内"废科举、兴学校、办教育"，努力学习西方的目的是为了"图强"，所谓"中学为体，西学为用"，因而，西学在引进的过程中，明显带有重自然科学、轻文史哲，重实用、轻素质的重"术"轻"道"倾向。语文的学科地位实际上并未得到应有的重视。

1949年后，教育的发展一直受到极左思潮的干扰，走过了艰难曲折的道路。语文教学不仅难以幸免，而且首当其冲。在政治教育的强势影响和冲击下，语文学科逐渐失去了自身的"主体性"，失去了自己独立的"科格"，为意识形态所左右，成了变相的政治课。其间也有过数度短暂的"峰回路转"。例如，1956年实行汉语与文学分科教学，试图把语文教学纳入科学轨道。但由于这种教材与教学本身存在的某些缺失，加上认识上的误区，在这段时期，教育界对语文学科的性质，展开了认真的讨论和争辩，并郑重地提出了语文学科的"工具说"。于是，分科教学于1958年暑假前被勒令停止，课程设置又恢复到综合型的“语文课”。20世纪60年代初，强调抓基础知识、基本技能的训练（所谓“两基”训练）。

粉碎“四人帮”以后，教育的春天降临。中学语文教学领域涌现出一大批锐意改革的教师，语文教坛出现了拨乱反正、百家争鸣的喜人形势。然而，没有多久，应试教育以迅雷不及掩耳之势挟来了“标准化试题”。于是，原本就处主导地位的“工具性”，与新生的“标准化试题”一拍即合，使得语文教育愈益失去鲜活的水分和生机，完全降格为一门工具性、技术性的课程。学生学习语文的兴趣淡薄，语文素质与能力明显下降，这不能不引起全社会的关注和焦虑。

20世纪80年代后期，升学考试指挥棒对语文教育的“指挥”力度越来越大，影响所及，甚至到小学低年级。问题的实质在于：操纵这根指挥棒的是只无形的手，那就是语文教育观念。由于急功近利思想和实用主义的干扰，学校教育全面贯彻教育方针受到影响，把本作为检测手段、选拔手段的考试推向不恰当的前所未有的高度，重知识技能技巧，轻对学生总体素质的培养。语文教育的准星也发生了偏差。在片面的语文教育工具化思潮的冲击下，阅读教学“不闻读书声琅琅，但见习题如海洋”，见段不见文，见层不见段，文章肢解得面目全非。作文教学套路一套又一套，模式翻新又翻新。名曰量化、科学，实质语文教育内涵的人文精神因人为的缘故而流失。躯壳在，灵魂失，教师迷茫，学生更是不知所措，兴趣大降，语文水平提高受挫。

正是在这样的关键时刻，针对现实状况，我广泛学习国内外母语教育的有关文献，从自己的教学实际出发，提出语文教育的定位问题。我发表了论文《弘扬人文　改革弊端——关于语文教育性质观的反思》，论述了我对语文学科性质的看法，明确提出语文教育和教学具有“人文性”特点，形成了当时激起巨大反响的“人文说”。我明确提出，语文不但有鲜明的工具属性，而且有鲜明的人文属性。语文教育的基本特点应是工具性和人文性的统一。没有人文，就没有语言这个工具；舍弃人文，就无法掌握语言这个工具。弘扬人文，不是照抄过去，而是在继承的基础上出新，赋予它时代的精神。今日的语文教育要有中国特色，就要弘扬优秀的民族文化精神，就要有面向

21 世纪的浓郁的时代进取精神，变语言形式教学的单一功能为知、情、意教育统一的多功能，变低效率为高效率，尊重和发展学生的个性，探索与现代教育技术结合的途径。变语文自我封闭性为开放性，开发语文教育空间，面向生活，面向社会，以促进学生发展为本，不用机械训练消磨学生的青春。我对语文教育性质观的反思，目的在于求得语文教育健康发展，使万千学子深受其益。

20 世纪 90 年代初期和中期，我在报刊上、在多种场合反复阐述这一观点。这一“人文说”的提出，在语文教育界内外产生了广泛的影响，推动了语文教育领域关于语言与语文、语文学科性质的新一轮深入的探讨，并使这场讨论最终在“人文性”上达成共识。有同志说，我关于语文学科的“人文说”，已经并且还将对中国的语文教育和教学产生深远的影响。

2.
语文学科“人文说”的形成过程

其实，我这“人文说”思想的形成，并非一朝一夕之事。它有着近 20 年的思考进程，由表及里，由浅入深，日趋成熟，其间经历了三次大的进展和突破。

最早可以追溯到 20 世纪 70 年代末 80 年代初。翻开 1984 年由福建教育出版社出版的我的专著《语文教苑耕耘录》，其中《熏陶感染塑心灵》《兴趣·感情·求知欲》《既教文，又教人》等几篇文章中，我就多次这样强调：

> 教师每教一篇有意义有价值的作品，都要善于发掘作品中揭示主题、塑造人物的关键语句和精彩段落，开辟思维的蹊径，领着学生与文中高尚的人、高尚的思想反复接触，领受教育与感染。
>
> ……
>
> 把思想教育渗透到语言因素的教学之中，与

> 语文训练有机地结合起来，力求做到水乳交融，使学生思想上受教育，感情上受熏陶，理解与运用语言文字的能力获得提高。
>
> ……
>
> 若离开词句篇章去讲读分析一篇文章，文章的精髓就失去光泽，失去育人的作用与威力；分析推敲词句篇章，若不充分阐发其表达的情和意，就显示不出语言文字的精到佳妙。只有两者紧密结合，既废除架空的说教，又力戒支离破碎的诠释，把思想政治教育渗透在语文训练之中，把语言文字教“活”，才能充分发挥其工具作用，使学生对范文有真切的理解，从而学会运用语言文字表达思想。因此，在语文教学中加强思想政治教育，绝不是削弱语文能力的训练，而是更有效地提高语文教学质量……

可见，那时我已经开始认识到，语文不仅是交际工具，而且是认知与思维的工具，但不能把语文课简单地归结为工具课，必须充分重视语文学科的思想性。

20 世纪 80 年代后期，我开始思考语言与语文的文化内涵，阐释语文教学中综合培养学生的语言能力、思想素质、道德情操和文化素养的教育目标及其关系。我在 1988 年《语文学习》第 12 期发表的《素质 · 能力 · 智力——我的语文育人观》一文中有如下表述：

> 语文教学根据学科的特点，须引导学生在素质、能力、智力等方面扎下深根。现代人应该是文明的人，有良好的习惯，有奋发的精神，有追求真知的旺盛的求知欲，有克服困难、锲而不舍的意志与毅力。这些素质均可通过严格的语文训练进行培养……

> 语文教学之所以能在学生素质、能力和智力方面发挥重要的培育作用，首先是由语文学科的性质所决定的。语文学科的基本特点是工具性和思想性。

从这样的表述中能够发现我对语文学科性质的认识，较20世纪80年代初期有了明显的发展：第一，将问题的思考从培养目标中分解开来，明确提出是对“语文学科的性质”“语文学科基本特点”的思考，思考的对象更清晰、更明确了；第二，在阐述语文教学多重功能的时候，着重提出了“素质”“素养”的问题。尽管当时对学科性质的认定还没有突破“工具性和思想性”的原有框架，但就所阐述的“思想性”的内涵而言，已经有了很大的拓展。

以20世纪90年代中期《弘扬人文　改革弊端——关于语文教育性质观的反思》一文的发表为标志，我关于语文学科性质的思考，经过近20年的不停追问、学习与反思，终于有了创造性的突破。这是我在自身学术理论上的一次重要跨越，为我的语文教育理念打下的坚实地基。有了这个关于学科性质的根本性的思考和发现，我对语文教育教学其他问题的思考和阐释，就有了原点和强有力的支撑。以下这段文字，可以看作《弘扬人文　改革弊端——关于语文教育性质观的反思》主旨的论据，也是整个“人文说”的理论支柱。

> 给语文教育定位，先得给语言定位，给汉语定位。长期以来，语文教育界强调语言的工具性，这是无可非议的。然而，语文绝不等同于一般的生产工具，如机器或犁锄，也绝不等同于一般的生活工具，如筷子或拐杖。语言是表达思想进行交际的工具，是思维的物质外壳，是信息的载体……问题更在于，“语言是思想的直接现实”(马克思、恩格斯《德意志意识形态》)。各民族的语言都不仅是一个符号体系，而且是该民族认

> 识世界、阐释世界的意义体系和价值体系。符号因意义而存在，离开意义，符号就不成其为符号。这就是说，语言不但有自然代码的性质，而且有文化代码的性质；不但有鲜明的工具属性，而且有鲜明的人文属性。

应该说，“人文说”的提出，不仅适逢其时，而且，对于长期执迷于“工具论”的语文教育与教学来说，还有着一层“拯救”的意味。把语文学科单纯视为“工具学科”，等于关闭了本可充分展示人的丰富精神世界的精彩窗口，致使一门活跃着“人气”的学科，变得匠气十足。“人文说”的提出，正是要使语文教育和语文教学失落已久的这种“人气”重新归复。“人文说”所阐发的人文精神，既有中国传统意义上的人文思想，也有现代意义上的人文思想。因此，“人文说”的提出，不应仅仅被视为一种语文教育与教学的新学说的面世，我们还应该看到，在它的深层有着知识分子的良知、事业的责任感和对未来社会进步繁荣的热切期望。总之，“人文说”是我向当今教育贡献出的一颗赤诚之心。

继《弘扬人文　改革弊端——关于语文教育性质观的反思》之后，我连续发表了《准确而完整地认识语文学科的性质》《语文是进行素质教育最有效的一门学科》《语文学科是一门实用而多彩的人文学科》《语文学科是一门多功能的育人学科》等一系列长篇文章，密集地阐释语文的“人文性”。这些文章展示了丰富的理论内涵。

总之，从语文学科具有“思想性”到语文学科具有“人文性”，我自己的认识是有一个过程的。早在 20 世纪 70 年代末，我比较倾向于语文教学工具性和思想性的结合，到了 80 年代中期，我感到“思想性”的提法对语文教学有局限，“思想性”不能涵盖语文学科的所有方面。因为有许多内容除了具有思想性，更具有道德的、情操的、审美的特征。过分强调语文教学的思想性，容易给极“左”思想以可乘之机。直到 90 年代，我才明确提出“人文性”。这说明，我对学科性质的认识确实是不断反思、不断深化和不断提升，而逐步走向成熟的。这是一个长达 20 年之久的探索历程，堪称一次历经艰辛的远航。

3.
“人文说”的内涵

关于“人文说”的具体内涵，我主要从以下方面加以阐述。

一是从理论上阐述了语文学科性质在整个语文学科理论和实践中的重要地位，以引起广大教育工作者对学科性质的重视、思考和认识。前面说过，中国漫长的教育发展过程中，语文学科教育的概念不过始于近代，语文学科教育的理论始于中华人民共和国成立后，又完全是零散而不成形的。“工具性”与“人文性”的争论之所以产生，在一定程度上，与语文教育工作者对语文学科性质的地位认识模糊不无关系。于是我在《弘扬人文　改革弊端——关于语文教育性质观的反思》一文中首先强调了明确学科性质的重要性：

> 教学行为受教育观念支配。群体性的教学行为，往往受到某种思潮形态的教育观念的支配。语文教育观念是对语文教育诸问题的看法……教育观念附着于教育者脑中，形成心理定势，有意识地或不完全有意识地指挥着教学行为。在语文教育观念体系中最为核心的是性质观，它统率语文教育的全局，决定语文教育的发展方向，由此而引发出目的观、功能观、承传观、教材观、教法观、质量观、测试观、体制观等等一系列观念。

在这段论述中，我试图突出强调两点：第一，教学行为是受教育观念支配的，教育观念附着于教育者头脑中，形成心理定势，有意识地或不完全有意识地指挥着教育者的教学行为与教学实践；第二，在语文教育的观念体系（理论体系）中，语文教育性质观是最为核心的观念，它决定并引发出目的观、功能观、承传观、教材观、教法观等一系列观念。因此，我们必须从理论价值和实践意义两个角度去正确认识学科性质，正确把握学科性质。

二是我试图从哲学、语言学、社会学、历史学等角度分析立说，使语文学科性质的“人文性”一说，具有更加厚实的学理底气和无可置辩的力量。因为《弘扬人文　改革弊端——关于语文教育性质观的反思》一文发表后，有人曾写文章提出质疑：语文学科既有工具性又有人文性，这样一来，对语文学科性质的阐述是否存在着逻辑上的矛盾和哲学上的困惑，是不是二元论，这种逻辑矛盾会不会导致本质论的取消？

我从哲学的层面分析：“人类文明发展史上，任何一门科学的成长，总是与‘自身到底是什么’的争论相伴随。人文科学中，哲学、文艺学、美学、历史学、语言学、心理学、教育学，有哪个门类不是至今还在讨论定位问题？特别是在一门学科面临突破性进展的时刻，都要对自身的性质进行深入的反思。”（《弘扬人文　改革弊端——关于语文教育性质观的反思》）对“人文说”，我仍从哲学的角度给予回答。

> 首先，一个事物有两个或两个以上的本质属性，不能简单地称之为“二元论”或“多元论”……“人”的本质属性有多个，但你不能说是“多元论”。其次，“二元论”就其严格意义来说，是一个哲学概念，不宜滥用。所谓“二元论”是指世界有两种各自独立、性质不同的本原（即物质和精神）的一种哲学学说，主要代表有法国的笛卡儿，或者更广义地指任何将宇宙分为两个独立部分的哲学学说，如柏拉图的“理念和事物”说，康德的“本体和现象”说，等等。
>
> ……
>
> 说语文学科具有工具性，也绝不是削弱它的

> 人文精神。不存在限制这一个、张扬另一个的问题。二者不能割裂，更不能偏废。所以我强调要准确地完整地认识语文学科的性质。（《准确而完整地认识语文学科的性质》）

为了使“人文说”更能反映我们语文教育的实际，更有说服力，我还力图从语言学、人类学、社会学的层面对它作出更清晰透彻的阐释。

> 西方学者把语言看作开启人类社会文化起源和发展的奥秘的钥匙（意大利维柯 1668—1744），认为语言是一种创造性的精神活动（德国洪堡特 1767—1835），不仅视语言为一种文化现象，称语言基本上是一种文化和社会的产品（美国萨丕尔 1884—1939），还把语言看作文化建设中的一种力量（德国魏斯格贝尔 1899—1985），认为语言和文化相互塑造，相互渗透，相互从属（美国沃尔夫 1897—1941）。如果说，世界各民族语言都具有人文性，那么，汉语汉字的人文性可说是特别突出。在中国古人看来，“人之所以为人者，言也”（《春秋·穀梁传》），“不知言，无以知人也”（《论语·尧曰》）。著名的名实之争、文道之争、言意之辩，在某种意义上，都关涉到汉语人文性的阐发。朱熹说：“道者，文之根本；文者，道之枝叶。惟其根本乎道，所以发之于文，皆道也。三代圣贤文章，皆从此心写出，文便是道。”（《朱子语类》卷第一百三十九）从此类论述中，可以体悟古人是如何把语言同人性、天道、事理联结在一起的。
>
> 汉语言文字不是单纯的符号系统，它有深厚

> 的文化历史积淀和独特的文化心理特征……语文学科的工具性和人文性是一个统一体的两个侧面，不可机械地加以割裂。没有人文，就没有语言这个工具（语言和人是俱在的，不是独立于人而存在的一种工具）；舍弃人文，就无法掌握语言这个工具。（《于漪文集》卷一《语文教学谈艺录》）

为了阐释语言的本质属性，我阅读了不少马克思主义经典著作，尽力让自己的立论得到权威理论的支撑。我十分注意吸收西方语言学研究的成果，让自己的理论有更宽阔的视野。同时我处处做有心人，时时怀着探究的意识，透过现象抓住本质，使自己的立论经得起实践的检验。正因为这样，"人文说"越过了语文教学的操作层面，而真正成为一种形而上的教育理论，指导着我自己和无数语文工作者的教学与实践。

从中华文化发展历史的角度看，中国传统意义上的人文思想，最早见于《易经》中的《贲》，所谓："观乎天文，以察时变；观乎人文，以化成天下。"（《周易译注》）孔子学说的核心"仁"和孟子学说所倡导的"民为贵"等，都体现出古代的人文思想，都对如何做"人"，提出了在当时背景下所可能提出的一些规范性见解，在今天依然有着一定的借鉴意义。只是，它们的着眼点，无非是为了调节复杂的人际关系，尤其是显得特别突出与严峻的阶级关系，以维护社会秩序的稳定，确保民生的安宁。"人"只不过是这个"社会"大机器上的螺丝钉而已。这类人文思想，带有明显的社会教化色彩。出发点和归宿都是"社会"，还不是真正意义上的"人"。

所谓现代意义上的人文思想，可以溯源到 14 世纪至 16 世纪欧洲文艺复兴时期所倡导的人文主义（或称"人本主义"），以及由它延伸至 19 世纪后期进一步繁盛的人文主义。这种人文思想的一个鲜明特征是抵抗与否定神和神性，正视与肯定人和人性以及人本身的意义和价值。

与中国传统人文思想不同的是，新的人文思想，真正凸显了

“人”本身，以大写字母书写“人”这个词，而不是让它隐没或模糊在“社会”的巨大光影之中。人文思想、人文精神的实质，有人界定为“人文精神是人性——人类对于真善美的永恒追求——的展现”（《人文精神论纲》，《许苏民集》第404页），并说：“真善美的绝对性就在于‘把人当人看’，包括每一个体既把自己当人看，也把他人当人看。”（《人文精神论纲》，《许苏民集》第418页）一句话，就是人自身意识到“人”的尊严。有自尊（因为自己是“人”），也尊重他人（因为他人也是“人”）。“人”不是任何东西的附庸和工具。人曾经对虚幻的“神”顶礼膜拜过，而后又崇仰“权神”与“钱神”，这都是“人”的不幸的异化。

倡导人文精神，就是让“人”从上述误区中迷途知返，就是对尚未涉世或刚刚涉世的雏形的“人”，用人文精神加以启蒙与优化。“五四运动”一度接通了这一时代潮流，开启了现代思想的启蒙运动。文学作品中，一大批现代作家，尤其是鲁迅所发出的正是这种期盼“人的回归”的激越的声音。

在语文课本中，中国古代作品、现代作品以及外国作品，展示的是作者真善美的心灵，一篇篇课文都是他们精彩深刻的“个人的发言”。其中正不乏此种人文精神。不去正视、发掘、传播此种精神，而只是把它当作学习与使用语言文字的一项“工具”，岂不是本末倒置的荒唐？

三是我的“人文说”始终以现实的问题为关注焦点，立足于鲜活的现实土壤，是与语文教学实践紧密相连的。“弘扬人文”的目的，全在于“改革弊端”，因此，其中贯串了对应试教育的批判精神。我对“题海战术”尤为深恶痛绝，语文教育界著名学者刘国正，曾“认真地答了一张高考语文试卷”，结果只能达到70分。这一事例让我深刻地认识到，这所谓的标准化测试，实际上是打着科学招牌的机械性操练。它只在语文的形式上兜圈子，A、B、C、D，1、2、3、4，语言就因失去灵魂而暗淡无光，步入排列组合式的文字的死胡同，当然就无语言的表现力、生命力可言。

当时我就提出，标准化测试的长处是客观性加强，批改误差减少，但真正的阅读能力和人在阅读时的审美感受却被忽视了。标准化测试在理念上崇尚知识结构至上和数字化功利，这就使本来诗意的、审美的，即以形象思维为内核的语文教学向标准化、机械化转向，容易导致语文课的人文精神和审美情趣的缺失，同时催发语文教学的匠化和应试训练的泛滥。加上某些出版单位的利益驱动，对语文教学应该走什么路起了负面作用。因此，对母语的认识应建立两个基本概念：第一，民族的智慧积淀在民族的语言之中，母语教育不能如同外语教学中的“商业对话”训练，不能在几个句型上兜圈子，要在教母语的同时教民族的思想和感情；第二，将来信息网络化了，世界变小了，区域的界限没有了，母语仍是维系民族团结的纽带，是民族文化的根。说文化是综合国力的一部分，是因为文化这一资产是长期积累的，维护它，珍惜它，一个民族就不会垮。母语是对后代的精神哺育。

当然，学科性质观的另一个不容忽视的内涵，就是我们在弘扬“人文性”的同时，绝不能排斥“工具性”。我们不能把二者对立起来，我历来强调要准确而完整地认识语文学科的性质。说语文学科具有工具性，也绝对不是削弱它的人文精神，二者不能割裂，更不能偏废，是一个统一体的两个侧面。

我的“人文说”提出后，得到了越来越多的教育界同仁的认可和支持，使中华人民共和国成立以来对语文学科性质的认识与阐释，达到了一个新的层次，并最终体现在国家有关的纲领性文件中。教育部2001年颁布的《义务教育语文课程标准》第一部分明确指出：“语言文字是人类最重要的交际工具和信息载体，是人类文化的重要组成部分……工具性与人文性的统一，是语文课程的基本特点。”它将在很长时期内影响我们语文教学的方向。如果说我的研究能够有助于中国语文学科理论建设的发展，那是我深感欣慰的。在教学实践中出现的种种乱象，或只教考试点、得分点，进行无灵魂的语言形式操练，或脱离语言文字空谈思想内容，乱贴人文标签，不是课程标准的罪过，而是对语文课程性质的漠视与扭曲。

二、教文育人：我的语文教学观

对任何一门学科来说，培养目标是学科教学思想的核心和要旨，它规定着学科教学的方向。就语文学科而言，多少年来，一个复杂而又简单的问题反反复复地困扰着语文教育工作者：语文教学的培养目标是传授知识还是培养人？这个问题似乎有着清晰的答案，但在我们的语文教育实践中，它又确实是模糊的。我们的语文教学自觉不自觉地在奉行着“知识为本”或者“知识与能力为本”的学科教学目标。

对于这样一个根本性的问题，我的观点一向十分明确，语文教学的培养目标与学科性质是相辅相成的。我在 1978 年就率先提出“教文育人”的观点，语文教学的目标就是培养人，语文学科就是要树立“育人”大目标，既教文又育人，要全面培养学生。教师，特别是语文教师，首先必须清醒地意识到自己应该努力争取做个教育家，做个“育人”的专家。

我始终认为，语文教学有着自身的内在客观规律。语文教师要教学生学“文”、作“文”，理解和运用祖国的语言文字，培养学生听、说、读、写能力，但是更重要的是教学生学“做人”。因为离开了“人”的培养去讲“文”的教学，就失去了教师工作的制高点，也就失去了教学的真正价值。因此，语文教师的胸中要有“教文育人”的清晰蓝图，这张蓝图必须由三个部分有机组成：一是培养目标，即明日建设者应该具有的总体素质，包括思想素质、道德情操、科学文化素养；二是了解学生现状，即通过读、闻、问、阅和材料跟踪等方法，了解、研究、摸准学生的思想、性格、学习心理、学习习惯、学习方法、语文基础、语文能力等方面的实际情况，以便因势利导，因材施教；三是要明确实现“教文育人”培养目标所要攀登的阶梯，即教师心中要有强烈的阶段感，要引导学生在一定的学习阶段完成一定的学习任务，循序渐进，拾级而上，重点突出，步步踩在实地。

因此，我们要研究语文教学的多元功能和多重目标。语文教学确实要培养学生正确理解与运用祖国语言文字的能力，培养他们读、写、听、说的能力，但语言、思维和情感是同时发生的，课堂上语言训练和思维训练应同时进行，语文课堂不能只着眼于知识，着眼于现成的结论。从静态的维度看，知识是人类社会实践经验的总结；从动态的维度来看，知识更是认识的过程，是探求知识形成的过程，因而，学语文和发展智力密切相关。同时，语言文字是表情达意的，表什么情达什么意对学生的思想情操、审美观念有密不可分的熏陶感染作用。因而，语文教学必然具有教育功能、审美功能。语文课堂教学千万不能单打一，人为地机械割裂，只教语言文字；而应尊重语文工具性、人文性和综合性特征，抓住教材的个性，熔知识传授、能力培养、智力发展、思想情操陶冶于一炉，把课上得立体化，发挥多功能作用，多方面地培养学生，方能求得“教文育人”的综合效益。

语文教学“教文育人”的大目标，是建立在以下三个基础之上的。

1.
建立在“目中有人”的教育理念上

这和我全面育人的基础教育观是一致的。所谓“目中有人”，是指教学要面向全体学生，要把学生的健康成长放在第一位。需要特别指出的是，我所提倡的“目中有人”之“人”，是个集合概念，这里的“人”是全体学生。“目中有人”就是“面向全体学生”的理念，就是“面向全体学生终身发展”的理念。我在《信念·感情·功底》一文中讲过这样的观点：

> 一般说来，教师往往喜欢两种学生，一种是很聪明的，你一讲他就懂；一种是长得很可爱的，一看就喜欢。但是，教育是无选择性的，教好班上几个尖子不太费力，要教好班级所有的学生，全面贯彻教育方针，全面提高教学质量，则要用

> 心血浇灌，不仅是尽力，而且要尽心啊！
>
> 中学教的知识是知识的核，是不会变的，所以说中学教育非常重要。青少年时期是人生中最重要的阶段，虽然只有短短的几年，但能影响学生一辈子的生活道路，因此中学教育确实是有战略意义的，就好像盖房子，桩打得深、打得正，就能盖起高楼大厦。基础教育是给人从事基本建设的，培养良好的思想道德素质和科学文化素质是做人的根本。

语文教学要树立“育人”大目标，首先对“育人”要有全面具体的认识，不能把“育人”理解为一般地培养学生，“目中有人”，是要把人的发展放在第一位，把握好“教文”与“育人”的关系。语文教师教学生“文”，使学生准确理解和运用祖国的语言文字，具有一定的读、写、听、说能力，是义不容辞的责任。但“教文”要纳入“育人”这个大目标，为“育人”的大目标服务，或者说，“教文”是手段，是过程，“育人”才是语文教学的根本目的。那种认为“教文”是语文教学的硬任务，“育人”不过是招牌或幌子，是可有可无的软任务的看法，是不足取的。教师如果只见“文”，不见“人”，充其量只在鸡虫得失上兜圈子，很难真正成为学生成长的导师。正如教育家第斯多惠曾经指出的：“任何真正的教学不仅是提供知识，而且是予学生以教育。”因此，作为一个语文教师，其工作的出发点和归宿，是“人”还是“文”，绝不是一个方法问题、策略问题，而是一个观念问题、指导思想问题、精神境界问题以及教学价值观问题。早在1982年，我就在《教书要为育人服务》一文中，批评了“重‘书’轻‘人’”“见‘书’不见‘人’”的错误倾向。我当时就指出“任何一个学科的教学，头等重要的任务就是育人”，强调要把“人”放在第一位。

1992年，我又在《奉献——教师的天职》一文中写道：“我经常警诫自己，鞭策自己兢兢业业，考虑任何工作都不能忘记培养学生的大目标。”“我体会到教师生涯中最大的事就是一个心眼为学生。”并提倡教师要不断地研究学生，“和学生的心弦对准音调”。这些论述实际上体现了我对语文教学目标的认识。

“目中有人”“目中有学生”，看似容易，做则困难。教师在处理手中的书和讲台下的人——学生——的关系时，常常会错位，往往不是将“人”放在首位，而是将“书”放在首位。我自己就曾经有过这样的经历。初做教师时，眼睛只盯着教科书，以为钻研了教材，写好了教案，把课文讲出点名堂来，就算完成了教学任务。后来，我才逐步认识到：教学的“教”，就是要教在学生身上，作用于学生心上。教师在课堂上的地位犹如导演一般，导演的胸中时时有观众，目的在于引导观众进入剧情，调动自己的感情，展开联想和想象，从而受到熏陶、感染。语文教师的眼中也应时时有学生，教学的目的在于引导学生进入课文的情境，调动情感，展开联想，发挥想象，深入思索，从而升华思想，净化灵魂，陶冶情操，获得知识，形成能力，成为有用之才。

基于这种认识，我几十年坚定不移、身体力行地倡导和宣传，无论教育界怎样忽“左”忽“右”，错误思潮如何频频冲击，我始终心中有学生。“目中有人”的教育理念指导着我一生的教育实践活动，成为我语文教学目的观——“教文育人”的第一依据。2000年，我从教50周年，上海东方电视台为此拍了一部专题片。在片子的开头，我一口气报了自己教过的100多个学生的名字，许多人惊奇，一个71岁的老人怎么能保持如此出色的记忆力。实际上，是我几十年来始终把心放在学生身上，是“目中有人”给了我这个“特异功能”。

2.
建立在时代的要求和我的使命意识之上

任何一种教育教学理念，在不同的时期有不同的内涵，“教文育人”的提出正是建立在当今时代的特点和要求之上的，因此，它既要紧跟时代特点，又不能脱离学生实际，失去其针对性。马克思说，人是社会关系的总和。社会在发展，时代在前进，作为时代一“海鸥”、社会一分子的学生，其思想、道德、情操、行为、兴趣、爱好无不渗透着时代的气息，打上时代的烙印。现在的学生跟过去不大一样，20 世纪五六十年代的学生，我们的领导或先进人物给他们作一个报告，他们的青春之火一下子就点燃了，现在的学生不那么容易激动。80 年代，我国进入了改革开放时期，在引进西方先进技术的同时，西方思想文化意识也必然会传入我国。而青少年求知欲很强，随着生理上的急剧变化和心理上趋于成熟，他们希望独立探索人生和社会的自我意识增强，喜欢标新立异，但独立思考能力还不够完善，因此面对通过各种渠道铺天盖地而来的信息，他们常常会感到焦虑和困惑。这些都给当前的语文教学带来了相当的困难和复杂性，同时也为有的放矢地进行“教文育人”开拓了新的思路，提出了新的要求。

因此，今天的“教文育人”要放在特定的历史条件和社会环境中去认识，以明日建设者的素质要求、德才要求为标准，要明确“育人”目标的内涵。今天语文学科的育人目标，就是从语文的教育功能出发，培养具有现代人素质、能力、智力的明日建设者。对这个“现代人”的内涵，我的理解是“思想活跃，富于理想，自学能力强，善于吸收各种新信息，能不断更新自己的知识结构，勇于改革创新”；“有良好的习惯，有奋发的精神，有追求真知的旺盛的求知欲，有克服困难的锲而不舍的意志与毅力”。我在《素质·能力·智力——我的语文育人观》中率先提出了培养“现代人素质”的要求，赋予了语文教学目标以新的时代内容。

“教文育人”的提出还建立在我的使命意识基础上。对中国知识分子而言，几千年的文化传承，其鲜明的主旋律是忧国忧民，所谓“天下兴亡，匹夫有责”。我整个人生的前 22 年文化雕塑期，深受民族传统文化中主流文化的影响熏陶，这就决定了我“以天下为己任”“以教育为己任”的忧患意识与责任感。这种忧患意识与责任感又成为一种潜意识，支撑起我的精神世界，影响着我对教育教学的思考和追求，使我站在世界发展和时代要求的角度来考虑我们的语文教学，成为我提出“教文育人”观的思想基础。正如我在文章《信念·感情·功底》中所说的那样：

> 作为一个中国人，民族志气、民族自尊是至关重要的；但是有一条，必须是立足中国而放眼世界。贝聿铭对吴健雄讲，我们是中国人，但我们是有世界眼光的。我想，我们教师是不是应该有这样的眼光？……我们做教师的，往往只看到三尺讲台，看到课堂，看不到大千世界，也就是说在宏观上思考一些问题是不足的。在20世纪末，听到21世纪的脚步声，我们一定要放眼看世界；在这样宏观的大背景下看我们的教育，看我们肩上的责任，就更有深刻而清醒的认识。
>
> ……
>
> 现在世界正在打一场没有硝烟的大战，那就是科技之争、教育之争、人才之争，丝毫也不比硝烟弥漫的战争来得轻松……因此，我们搞教育的，要教在今天，想在明天，以明日建设者应有的标准来指导今日教育教学工作。
>
> ……
>
> 要放眼看全国、看世界，这样，我们每个教师就能找到一个恰当的坐标，就会更清楚地认识到，自己在教育事业中应该起什么样的作用。

我对语文教学目的与任务的认识正是基于以上的思考，世界的未来走向在我胸中，时代的风风雨雨在我身边。以这些宏观的背景作为参照系数，于是我认准了教育的立足点，语文教学的立足点，那就是我矢志不渝的信条——“教文育人”。

3.
建立在语文教学培养目标的整体性之上

我对语文教学的理解是从语言文字出发，又绝不只限于语言文字的。在我的心目中，语文教学是一个系统，一个完整而多元的系统工程，德育、智育、美育等各个具体的教育目标，均构成这个系统的诸要素。任何一个要素，对于系统来说，都不具有整体性，整体性只存在于系统本身。因此，只有当整体中的诸种要素共同发展、和谐发展的时候，各要素之间才能相互作用，实现整体的发展。也就是说，在语文教学的过程中，只有当“知识传授、能力培养、智力开发、思想情操陶冶”多管齐下，语文教学才能收整体之效。这个整体之效又绝不是各部分简单相加之“和”，而是事半而功倍之“积”。

我在表述语文教学整体系统中诸要素关系的时候，用了一个“熔”字，即“熔知识传授、能力培养、智力发展、思想情操陶冶于一炉”，这里的“熔”字，不仅表明了整体的系统培养目标中各种因素不分主次、轻重的同等地位，而且强调了几种要素结合的最佳途径和方法，是春风化雨，是水乳交融，是“化”，是“育”，而不是贴标签，不是生搬硬套，是内在构建，而不是外在塑造。可以这样说，没有我对语文教学整体性的认识，就不会有我语文教学的“教文育人”观。

从人的发展角度看，语文教学同样需要实现整体性。美国曾对1 311 位科学家进行了为期五年的追踪调查，从他们所获取的事业成就特别是创新成果来衡量，得出的结论是学历和经历丰富的“通才”往往取胜。这里的“通才”不应该仅仅理解为知识面的宽广，应该包括人的综合素养。一个人良好的素养结构形成于他的学生时代，特别是中学时代。这一阶段素养基础打得好，发展的潜力越大越久远。这种“通才”的培养目标要求我们的语文教学着眼于学生的整体发展和综合成长，要求着我们“教文”与“育人”并重。

以我自己的成长为例。如前所述，我的中小学时代，正值五四新文化运动的影响已经比较成熟的20世纪二三十年代，我又十分幸运地碰到了好老师，这些老师声情并茂的讲解、深厚的诗词功底，激发了我对中国古典文学的最初迷恋。我后来就读于国内一流的高等学府——上海复旦大学，受到曹孚、周予同等著名教授、学者、专家的优秀品格与广博学识的滋养。因之，我的学生时代，不仅打造了一颗爱国的赤子之心，同时雕塑了我作为文化人的基本品质，积累了中国传统文化的学养底蕴。没有这个底蕴，我就不可能在语文教育百花园中开花结果。

作为教师，与其他许多语文教师相比，特殊的个人经历，成就了我的综合优势。我大学学的是教育学专业，这使我具备了较系统的教育理论知识，因而能敏捷而准确地对种种教育流派和教学原则作出科学的评价，并博采众长，开拓创新。我教过几年历史，因而有机会通过“教”来汲取中外历史知识的养料，培养了我分析问题的历史唯物主义的眼光。我曾因病在学校图书馆“蹲”了几年，真正能够潜心博览、积累丰富。这样几经辗转，我才开始教语文。后来，我又担任了市级与国家级的多种社会职务，因而经常有机会参加市级与国家级的政界、教育界重要会议和重大活动，听到许多一般教师不可能聆听的报告，了解各种最新最真的信息，还有机会到美、日等国家与我国港、澳等地区考察，亲眼看见他们先进的教育设施和管理方式。特定的时代给了我走向“通才”的机遇，丰富的人生经历成就了我的“嫁接优势”，为我的思想的发散性、多元性、创造性提供了广阔的天地，为我的宏观思考、超前思考，为我的理论形成提供了优越的前提条件。因此，可以说，我的成长道路赋予我的学养，使我“有一点自己的看法与实践”，这或许就是我的成功之因。

尽管每个人的人生之路不同，我们不能指望每个学生都有丰富的人生，但我们的教学应该给他们以丰富与广博，因此我更加坚信“教文”必须“育人”，语文教学必须有助于人的整体发展。

三、走向广阔天地：我的大语文观

我一直觉得，能有机会对学生进行汉语教育，应该说是一种幸福。语言是人整个学养的基础，它的重要性常被忽视。人生活在语言中，生命刚开始，意识刚产生，语言就像空气一样围绕在身旁。语言使人有了世界意识，有了文化意识，有了历史意识，而人生活在文化、历史的世界之中，人不能离开语言而存在。从教育的角度说，教育能培养人、塑造人、提升人的精神世界。人的思维和情感离不开语言，因而没有语言就没有教育。对学生进行汉语教育，不仅让他们理解、领悟汉语言文字的优美、简洁、深刻、和谐、内涵丰富、联想空间大，而且能以优秀的文化传统哺育他们的精神，培养他们的民族情结。因而，我们的语文学科，就必须从母语教学的个性特点出发，把学生领进大语文学习的广阔天地，把语文学习的课堂延伸到课外、校外，为学生打开认识现代社会、认识生命价值的大门，用时代的活水灌溉语文园地。这构成了我的大语文观。

1. 大语文观由“教文育人”的语文教学观所决定

人之所以为人，当然不能只停留在生物学的层面，人还要进行精神层面的追求。物质生活是生存的基本保证，基本满足就能获得快乐，而精神上的追求则是人内在的需求，追求诗意的精神家园，让生命的清泉汩汩流淌，它体现了人生命的意义、生命的价值、生命的丰厚和完美。语文教师是育人的人，他必须帮助学生实现精神上的充实、伸展与升华，这也是语文教学追求的目标。语文课程标准中关于语文教学目标的规定，就是要求把智育、德育、美育有机地统一起来，贯串于语文知识传授和听、说、读、写训练的全过程。我一向强调并反复宣传语文课不应该是“平面”的，而是“立体”的观点，也正是包含了这一内涵。

“教文育人”的语文教学观要求我们不能停留在课文的表层，而必须带领学生走进作品中或显现或蕴含的思想高地、智慧高地，要求我们在教学中促使学生思考一些严肃的而又不是唾手就可解答的问题：生活道路的走向、生命的意义和价值、如何善待生命的美好、如何发挥聪明才智、创造生命的价值……我们要引领着学生在先哲先贤、在思想者和践行者那一篇篇充满智慧的文章和一部部感人肺腑的作品中去感悟社会与人生，去实现精神的觉醒，灵魂的提升。

一篇好文章，一首好诗，必然是作者情动于中而形于言的产物。既然是佳作，总是离不开思想深邃、感情真挚、语言优美、富于表现力等。钻研时要潜心体会作者真正的写作意图，牢牢把握思想的精华，启发学生深思，带领学生走出课文、走出课堂，走向充满人文气息的广阔天地。

如教学生诵读古诗词，就不能只停留在词句的解释层面。诗词表现的思维方式多种多样，有时聚意点睛，有时反其道而行之，均能给人深刻的启迪。比如，北宋宋祁的《玉楼春》中“绿杨烟外晓寒轻，红杏枝头春意闹”，一个“闹”字生动传神，学生尽可以展开想象，感受繁花似锦、蜂蝶飞舞的迷人春景。又如，唐代刘禹锡的《秋词》：“自古逢秋悲寂寥，我言秋日胜春朝。晴空一鹤排云上，便引诗情到碧霄。”诗人的智慧体现在求异思维上，一反感伤情绪，表达了昂扬奋发的情怀。只要与诗中景、诗中物、诗中人、诗中情真诚相待，就能心灵沟通，情感交融，使学生受到感染。曹操的《观沧海》是名篇，其意境的开阔、心胸的宽广给人以心灵的震撼。“秋风萧瑟，洪波涌起。日月之行，若出其中；星汉灿烂，若出其里”，天地宇宙，尽在胸中，那种浩大的气魄，那种纵横捭阖的思维方式，反映了中华民族的英雄气概和人与自然的和谐融合。这使我们联想到法国大文豪雨果所说的：“世间有一种比海洋更大的景象，那便是天空；还有一种比天空更大的景象，那便是内心活动。”“一颗心灵的叹息，能比一城的喧嚷道出更多的东西。”这样，我们就能在有限的文本中让学生读出无限。

2.
大语文观由语文学科内涵的丰富性所决定

语文的学科性质与它内涵的丰富性决定了语文教学不能局限于语言和文字。汉语言文字珍藏着中华民族五千年的全部精神财富，是中华民族灿烂文化的重要组成部分。海德格尔的追随者伽达默尔在《人与语言》中曾这样说，“语言是储存传统的水库”，“语言是人类社会性遗传的主要渠道，精心地把自己的精神生活的全部痕迹都保存在民族语言中”。钟情于祖国的语言文字，就能直接触摸民族的历史与文化，领悟其价值和精神追求，体验各个时期各类作品表达的思想感情。因此，语文的内涵绝不是一篇课文一个课堂所能局限的。

中学语文教材的内涵极为丰富。我曾经分析过，入选教材的典范文章有的饱含中华民族赖以生存发展、兴旺发达的重要精神支柱——爱国主义精神；有的反映反对剥削、反对压迫，以解放全人类为己任的共产主义思想；有的表达无私忘我、献身于人民的高尚情操；有的则为读者提供认识世界的科学的立场、观点、方法等。课文大部分反映了人文的内容，写社会、写人物、写景物，无不倾注了作者的爱与憎、好与恶。这些材料对帮助中学生树立正确的人生观、世界观能起到很大的作用。一个称职的语文教师在组织教学时总是“缘文释道”“因道解文”，以文中内在的高尚思想、道德情操拨动学生的心弦，可以既让学生感受到语言文字表情达意的表现力和生命力，又受到文中情与理的潜移默化影响。

有些文章简直就是语言的仓库，佳词美句、成语特别多，认真钻研，受益匪浅。比如，韩愈的《进学解》中“业精于勤，荒于嬉；行成于思，毁于随”“爬罗剔抉，刮垢磨光”“纪事者必提其要，纂言者必钩其玄”“贪多务得，细大不捐”“焚膏油以继晷，恒兀兀以穷年”“沈浸醲郁，含英咀华”“佶屈聱牙”“同工异曲”等，不再一一列举。这些对治学、修德、前人文学艺术的特点等阐述得言简意赅、言简意深，语言的表现力发挥到极致。

又如，《林黛玉进贾府》有这样的句子："天下真有这样标致的人物，我今儿才算见了！况且这通身的气派，竟不像老祖宗的外孙女儿，竟是个嫡亲的孙女，怨不得老祖宗天天口头心头一时不忘。"王熙凤见到林黛玉时在贾母面前说的这番话极尽阿谀、奉承、拍马的能事。贾母心中真疼爱外孙女儿，王熙凤投其所好，赞林黛玉标致，讨老祖宗欢心。赞，绝非一般的称赞，而是天下绝无仅有，够意思，够分量。然而，王熙凤又生活在众多复杂的社会关系之中，王夫人、邢夫人得罪不起，众姐妹也不能怠慢，于是就有了两个"竟"的语言：明明是老祖宗的外孙女儿，"竟不像"；明明不是"嫡亲的孙女"，却"竟是个"。像还是不像，是还是不是，尽在不言中。一句话把上上下下、左左右右全部摆平，大家不仅觉得悦耳，心里也舒服，这种语言艺术令人叹为观止。美文佳作、精品、上品，你对它有真情，它就会告诉你许多丰厚的内涵，让你处在不断的惊喜之中。这语言的背后是人情世故，是一种特定的人生哲学。

汉语言文字文化底蕴深厚，描摹客观世界，刻画内心的思想、情感，那种准确、逼真、灵动，会把你引入美的世界。许多优秀作品几乎是美的海洋，哪怕你在海边沙滩上捡几个贝壳，也会享受到审美的乐趣。比如，鲁迅《社戏》中月夜行舟的美景，只要你调动视觉、听觉、嗅觉、触觉，就会和"迅哥儿"一样"自失起来，觉得要和他弥散在含着豆麦蕴藻之香的夜气里"。人与自然是如此和谐交融，达到物我两忘的境地。阅读和教学这些文字，绝不是"语文"二字可以概括得了的，必须导引学生站在更为广阔的背景上来理解与把握。

3.
大语文观要求实现课内课外的一体化教学

早在公元前 4 世纪至公元前 3 世纪问世的《学记》，是中国也是世界教育史上最早的一篇教育理论专著，其中对课内与课外的关系就有一段精辟的论述："教必有正业，退息必有居。学，不学操缦，不能安弦。不学博依，不能安诗。不学杂服，不能安礼。不兴其艺，不能乐学。"鲁迅先生在他的《读书杂谈》里指出："爱看书的青年，大可以看看本分以外的书，即课外的书，不要只将课内的书抱住。""譬如学理科的，偏看看文学书，学文学的，偏看看科学书。"大语文教学观正是要求我们立足课内，放眼课外，实现课内课外的一体化教学。

历史发展到今天，时代要求当代青年不仅要有较高的文化科学知识，而且要有创造的能力，现代科学技术的日益发展引起了全世界教育、经济及社会各方面的巨大变化，人们不能不以积极的态度注视、迎接这一严峻的挑战，否则就要落伍。所以当代教育家指出"要培养现代人"。从语文教学的角度考虑，亦应体现"三个面向"的基本精神。如果只局限于课堂教学，就远远适应不了新时代的要求。因此，综观前人的论断、时代的特征，以及"三个面向"的要求，我建立了自己的大语文观，认为语文学科应在不断改革课堂教学的同时，开辟新的教学活动领域；而要真正教好与学好语文，只有立足于广阔的社会，课内课外结合起来，互为补充，才能促进学生的整体发展与综合成长。

大语文观要求我们抓好课内教学，要求我们在课堂上给予学生更多的东西。因为教育的远程目标就是力图接近马克思的理想：生产完整的人。他们不仅是合格的、有文化的劳动者，而且必须具备现代社会应具有的知识素养。我始终认为，"知识就是种子"，只要把种子撒播到学生的心田，就会开出智慧的花，结出能力的果。"没有知识绝不会有能力，甚至狭窄的知识面都难以形成能力"，历史文化的积累，知识的传递，是科学文化知识创新的基础。所以，前人的知识是后人创造新知的摇篮。教师不把这种文化科学知识的历史继承性告诉学生，不把学生引到知识的巨人肩上，教学就失去了意义。在大语文观的指导下，我把课堂当作传播知识、促进学生整体成长的广阔天地，打开四面窗户，引进八方来风，把大量的知识信息带入课堂，根据学生的年龄特征、知识水平和理解能力，补充大量课外有鲜明时代特色的知识，使教学的整个过程充盈时代的活水，激发起学生内在的持续不断地探索语文知识宝库的求知欲。

大语文观要求课内促进课外，要积极组织学生开展课外语文活动，更要积极热心地引导学生广泛阅读，培养他们读书的爱好，使他们做到精读、博览相辅相成。就教学而言，精读是主体，博览是补充；就效果而言，精读是准备，博览是应用。一定要让学生“嗜”书，不“嗜”必然知识浅薄，视野狭窄。学生“嗜”书的感情不是天生的，而要靠引导，靠培养。培养学生的阅读爱好，就等于帮他们找到源远流长的知识的泉眼。让学生在人类、社会、生命的层面上来学习语文，在这里追寻真，追寻善，追寻美，吮吸民族语言的精粹、民族精神的精华，最终构建起自己的精神家园。

四、
营造“磁力”效应：
我的语文学习兴趣说

兴趣在学习中的重要作用，并不是什么新鲜的理论。两千多年前孔子就说过：“知之者不如好之者，好之者不如乐之者。”国外的许多教育家、心理学家对此也都有专门的研究和论述。现代心理学之父皮亚杰指出：“所有智力方面的工作都要依赖于兴趣。”俄国教育家乌申斯基也认为：“没有任何兴趣被迫进行的学习会遏制学生掌握知识的意图。”达尔文在自传中的一段话更证明了兴趣的重要性，他说：“就我所能回忆的我在学校时期的性格来说，其间对我后来发生好影响的就是，我有强烈的和多样的兴趣，非常热爱使我感到兴趣的东西，并且深喜理解任何复杂的问题和事物。”因此，对教育而言，兴趣会产生求知欲；发展智力，兴趣是最好的老师，是学生学习不可缺少的心理因素。这作为一种认识，几乎没有人不明白不认同。

我的“语文学习兴趣说”是在继承前人的优秀思想成果的基础上，结合自身的教育教学实践而总结出的，应该说，有我自己的独特

性和一定的创造性价值。多年前，我就倡导语文课“要教出情趣来”。“教语文，要紧的是把学生的心抓住，使学生产生一种孜孜矻矻、锲而不舍的学习愿望。语文学科的教学，是通过一篇篇课文语言文字工具千变万化的运用接触学生思想情感的，有它独特的引人入胜的特点。教师在教学中，要充分发挥祖国语言文字的魅力，让学生体会到文章蕴含的情和意，激发他们内在的积极性，使他们在思想、品格、情操等方面受到陶冶，语文水平获得提高。”这构成了我“语文学习兴趣说”的认识基础。

1.
我“语文学习兴趣说”的特点

我的“语文学习兴趣说”不同于前人的地方应该是，我着重阐明了“兴趣”在学生学习过程中的特殊意义和价值，从青少年学生的心理特征出发，强调了语文教师在培养学生语文学习兴趣方面的特殊意义和价值，提出了学生语文学习兴趣培养的艰巨性和长期性，以及科学有效的操作策略，如何在“主阵地”上力求方法多变，课型常新，如何用知识的“磁力”吸引学生的兴趣。

首先，我从母语教学的个性特点出发，阐明了“兴趣”在学生学习过程中的特殊意义和价值。语文教学作为母语教学，其困难大大超过理科和非母语教学。比如，理科中每一章节的知识都是新的，各种数学公式、物理定理、化学分子式对学生而言都有陌生感；又如，英语中新的句式、各种语法规律，既有常态又有变式，不是学生能够一目了然的。因此，这些学科的教学过程是学生从不懂到懂、从未知到知的过程，这个过程本身就会成为学习的动机，刺激学生的求知欲。而学生学习母语，即使是从未上过的新课文，看一遍似乎全懂，认知没有障碍，似乎教和不教、学和不学一个样。因此，学生很难自觉产生学习母语的内驱力。要改变这种状况，光靠讲道理是不够的，只有请出“兴趣”这位老师，诱发学生的学习兴趣，唤起学生主动参与的积极性，才能从根本上走出语文教学的困境。这在当前语文教学备受冷漠与排斥的情况下尤为重要。

其次，我从青少年学生的心理特征出发，强调了语文教师在培养学生语文学习兴趣方面的特殊意义和价值。中学语文教学的对象是青少年，这个年龄段的学生感情易变，可塑性强，他们对学科的爱好往往由对老师的倾慕引起。我曾在《兴趣是学习语文的先导》一文中这样说："学生的向师性很强，哪个学科的教师教得好，学生就趋向哪位教师。""班级各学科的教师教授各自的课程，犹如一支乐队，演奏各自的曲调，但组合起来是协调、悦耳的交响曲。学生对其中有些吹奏、弹奏特别有兴趣，而对其余的态度一般。"鉴于以上的认识，我认为："教语文，要紧的是把学生的心抓住，使学生对语文有兴趣，有感情，产生强烈的求知欲。""学生对语文学习的兴趣、感情、求知欲，不是天生的，也不是自然而然产生的，而是靠教师在教学实践中长期地、耐心地、细致地启发、诱导、培养。"一旦语文教学中出现了学生冷漠的、无动于衷的局面，教师不应该一味地指责学生，而是"要争取以自己的人格魅力和优质教学争取更多的学生热爱语文学科，因为母语教学在培养民族感情、道德情操、文化素质方面具有其他学科不能替代的独特作用。它不是管一阶段，更不是一考了之，束之高阁，而是对人的一辈子起作用"。

最后，苏霍姆林斯基在《给教师的建议》一书中指出："学习的愿望是一种精细而淘气的东西。形象地说，它是一枝娇嫩的花朵，有千万条细小的根须在潮湿的土壤里不知疲倦地工作着，给它提供滋养。"这段话阐明了兴趣培养的艰苦性和复杂性。我充分认识到培养学生语文学习兴趣的艰巨性和长期性。但我认为，一位优秀的语文教师，一定要善于发现和利用每一寸培养兴趣的"潮湿的土壤"。世界之大，无处不是语文，培养语文兴趣的"潮湿的土壤"绝不局限于课堂。因此，我结合自己的语文教学实践，把学生语文兴趣的培养目标贯串在整个教书育人的过程中，向课内课外的一切领地发展，从而建立了一个科学有效、可供操作的方法系列。我想，这也许是我的"语文学习兴趣说"不同于其他教育家和心理学家的个性所在，它是生根于教学实践的土壤，又是带着教育理性光彩的方法系列，是一种活的教学法。

2.
我“语文学习兴趣说”的主要内涵

1989年，我在《爱的事业》一文中比较完整地表述了我的兴趣观：“学习兴趣是学习动机的一个重要的心理成分，它是推动学生探求知识和获得能力的一种强烈的欲望。”怎样才能把课上得像磁石吸铁一样，牢牢地吸引住学生呢？我认为：“一是课要有新鲜感，不能老是一副面孔；二是课要有趣味性；三是课要有一定的深度和难度，使学生体验到克服困难的喜悦；四是课要有时代的活水，使学生有所感奋。”从以上论述可以明显地看到我的兴趣观的独特内涵。

我的兴趣观是一种“情趣观”，我强调突出情感在兴趣中的地位和作用。我们知道，兴趣是一种意向活动，它总是伴随着一定的情感，可见，意识和情感是兴趣的主要成分。“意识”是兴趣活动的内容，“情感”是兴趣活动的能源，“情”“意”交融，才产生兴趣，二者是缺一不可的。有意而无情，意识活动单调、乏味，自然无兴趣可言。而“情铸意”，强烈的情感能够促使意识活动节奏加快，容量增大，使活动有深度，有境界。可见，“情”是举足轻重的。所以，我主张教课要“声情并茂”，要“体作者之情，察作者之意，文脉、情脉双理清”，要“选准动情点，以情激情，满怀激情地启发、提问、讲述剖析……增强学生语言感受能力”。我把情感看作兴趣“跃动着的灵魂”，我将青少年的“好奇”“趋新”“喜悦”“感奋”，统统纳入兴趣的轨道，并以此来培养兴趣，发展兴趣，应该说是抓住了问题的关键，牵住了兴趣的“牛鼻子”。

我的兴趣观又是“美趣观”，我认为学生的兴趣应该是美的。要用美好的事物、优美的语言、崇高的形象来吸引学生，使学生产生健康向上的兴趣，又用这种兴趣去发现生活和书本中的美，去体会、领悟祖国语言文字的美，使学生逐步树立正确、高尚的审美观。美从趣生，趣由美来，如此循环往复，熏陶感染学生的心灵，形成正确的思想、高尚的情操和驾驭祖国语言文字的能力。我十分推崇法国大雕塑家罗丹的话："美是到处都有的，对于我们的眼睛，不是缺少美，而是缺少发现。"我在教学中鼓励学生用自己的眼睛去发现祖国语言文字的美，重视学生的朗读训练，课文中的重要段落、关键词句要反复朗读，把无声的文字变成有声的语言，读出感情，读出气势，如出自己之口，如出自己之心，唯有如此，学生才能领略课文语言的神韵，才会兴趣盎然地学语文，教学效果大不相同。我教高尔基的散文诗《海燕》，启发、引导学生缘文释道、因道悟文，体会诗的语言的美，形象、意境的美。课的结尾，我让一位姓赵的女学生全文朗读，她抑扬顿挫、声情并茂，教室里鸦雀无声，学生全神贯注，浸润在美的情绪氛围和体验之中。这节课取得了上好的教学效果，以至兴致勃勃的学生自觉自愿地回家练习朗读，班级朗读蔚然成风，学生养成了学习祖国语言文字的好风气、好习惯。

我的兴趣观还是一种"有效观"。我一直认为，语文课教得有情有趣，才能有效；而效果又会促使兴趣的巩固和发展。我主张语文教学要在"得"字上下功夫。因为有得，这才更有趣；"得"与"趣"是紧密相连的。我曾说："学生上语文课获得了新的知识，听、读、说、写与思维能力得到培养和发展，内心就会充满喜悦，就会产生持续不断地探索语文知识宝库的欲望。因此，语文课让学生有所'得'是调动学生学习积极性的重要基础，离开这一点，调动积极性就成为空中楼阁。"这里所说的"内心的喜悦""探索的欲望"都属于兴趣范畴，是学习积极性的重要成分，是学生学习语文的心理动因，是学好语文不可缺少的心理素质。使学生有所"得"，才能借此来巩固和发展学生的学习兴趣。

3.
激发兴趣的活的教学法

多年的探索使我在培养学生的学习兴趣方面，逐渐形成了一套做法。比如，早读课朗读、背诵我国古典诗词，每次一首，积以时日，以提高学生的文学修养和兴趣；每堂课讲究“导入新课”这个环节，主张课一开始就把学生牢牢吸引住，并设计了不少行之有效的手段，如“直观演示”“开拓想象”“抓点拎线”“形成悬念”“展现意境”“激发感情”“讨论答辩”等，课在进行过程中，要“声情并茂”“跌宕起伏”“活水流淌”。这样，“气氛就易活跃”“精神就易振奋”，师生感情容易沟通，兴趣才能深化和持久，等等。而主要的则是以下几个方面：

首先是把学生领进语文学习的广阔天地。我曾请电影演员给学生作朗读指导并示范表演，请作家记者谈写作经验，引领学生欣赏世界十大男高音独唱会，组织学生参观美术展览，定期举行学生自编自演自拉自唱的“自我欣赏”活动，还带他们在中秋节吟诗赏月……“这些活动和语文学习有什么关系呢?”曾经有人这么问我，我的回答是：“语文学科是一门基础学科，它是各种知识、各种技术的综合运用。读写能力，这是一种总的提法，而这种能力的培养与提高，必须通过耳听、眼看、口读、手写来完成，这是语文教学中的浅流细枝，目的是为主干服务的。因此，读课外书籍，听听音乐，看看图画，都能激发学生学语文的兴趣，提高他们的文学素养。”在这样一种氛围中，我所教的班级里，书评小组、剧评小组、影评小组、读书小组、朗诵小组如雨后春笋般地出现，学生表现出了极大的语文学习兴趣。就这样，我努力用自己的智慧把学生的兴趣和注意力引向了语文学习领域，用兴趣的火种去点燃学生智慧的火花。

其次是“主阵地”上力求方法多变，课型常新。培养学生学语文的兴趣，当然更应重视课堂教学 45 分钟的“主阵地”。我把“兴趣”这位老师请进课堂，贯串整个课堂教学的始终。我常说，“课要有趣味性，使学生迷恋”“课要常教常新”。在我的教学追求中，始终贯串着一种求“变”的精神，“变”才能出新，“变”才有生机，“变”才能把学生的学习情绪不断调整到兴奋高扬的状态。一部交响乐要有摄人心魄的序曲，一场戏要有引人入胜的序幕，一篇文章要有精彩漂亮的开头，教学也是一样。我非常注重抓住教学导语这个容易被人忽视或随意处置的教学环节做文章。因为阅读课的起始阶段就如一篇文章的开头，须反复斟酌，让学生的思维兴奋起来，迅速进入学习的轨道。因此我每教一篇新课文，总是根据不同类型的文体、风格，针对不同的教育对象，精心设计不同类型的导语：有的抒情色彩浓烈，一开始就拨动学生感情的心弦；有的回忆旧知，激起学生渴求新知的欲望；有的破理析薪，使学生一开始就认真思考；有的运用音响效果，把学生带入遐思神想之中。

激发学生的学习兴趣，并不老是停留在教学的起始阶段。我还注意运用一切教学手段，用最有效的方法，不断调整学生的学习情绪，把学生的学习热情，根据课文的内在逻辑层层深入地引入"山重水复"的境地。《记金华的两个岩洞》是一篇较为浅显易懂的游记，读者不容易产生兴趣。我先在黑板上写下三个"如……其……"，让学生填空。学生只填出"如见其人""如闻其声"，第三个填不出。这时，我点出"如历其境"，并启发他们："今天我们请叶圣陶先生作导游，'如历其境'地畅游金华的两个岩洞，如何？"学生立即活跃起来。教师运用循着"导游"足迹和请叶老作导游的趣语，为课文学习增添了不少乐趣。在引导学生领略一路风光之后，学生归纳出"明艳"的特点，我接着问："沿途风光如此好，双龙洞的景色又如何呢？它的最大特点是什么？"借此将课堂教学兴趣盎然地推入中段。在"游览"双龙洞后，我又问："双龙洞如此佳妙，冰壶洞又如何呢？"并用李白的《望庐山瀑布》作引："日照香炉生紫烟，遥看瀑布挂前川。飞流直下三千尺，疑是银河落九天。"于是，学生对冰壶洞中飞瀑的兴趣倍增。这样环环相扣，层层深入，学生的学习情绪一直保持亢奋状态。

设计不同的课型也是激发学生学习兴趣的重要手段。我在这方面作了精心的探索与不断的追求，教《花儿为什么这样红》时，我把学生带出教室，在校园里边观察边上课；讲《雄伟的人民大会堂》《第比利斯的地下印刷所》时，先让学生画出平面图；教《连升三级》时，让学生听相声录音，感受相声的京腔京味；讲《孔乙己》时，先请学生填写孔乙己的履历表……由于教学形式的不断变换，学生大脑兴奋点不断转换，课堂活动始终处于既紧张严肃又兴致勃勃的状态之中。

最后是用知识的“磁力”吸引学生的兴趣。“知识就是力量”，这是我信奉的名言之一。在学生年轻好奇的心灵里，新的知识永远具有魅力，知识就像磁石，能自然吸引学生的注意，唤起他们求知的热情。发挥知识的磁力作用，最大限度地扩大知识的磁场来吸引学生的注意，这是我培养学生语文学习兴趣的又一源泉。“投之以桃，报我以李。”我在教学中撒播知识的种子，唤醒了青少年学生内在的强烈求知欲，让他们明确地认识到，在他们所热爱的语文学科里有永远学不完的知识。当我在课堂上介绍悲剧的三种类型而提到莎士比亚的悲剧之后，一下课就有学生围着我，急于知道莎氏有哪些悲剧；讲授郭沫若的《科学的春天》时，我有意说：“郭沫若是才子，写作速度很快，十几天就能创作一个历史剧剧本，不信你们自己去看。”于是没几天就有学生与我讨论《屈原》《高渐离》《棠棣之花》；读《静静的顿河》，学生写了 20 多个人物形象的分析来请教我。

苏霍姆林斯基说过：“让学生们把你所教的学科看作最感兴趣的学科，让尽量多的少年像向往幸福一样幻想着在你所教的这门学科领域里有所创造，做到这一点是你应当引以为荣的事。”我不敢说我完全做到了这一点，但我确实在某种程度上把学生的兴趣引到了这种境界。

五、
培养“发现者”：
语言和思维训练的核心说

语文是语言和思维的统一。2000 年正式颁布施行的新《全日制普通高级中学语文教学大纲（试验修订版）》中指出：“在语文教学中要重视学生思维方法的学习、思维品质和思维能力的发展，尤其要重视创造性思维的培养。”这在当今这个多元时代有着特别重要的意义。早在 1994 年，我就在《课程·教材·教法》发表了《语文教学

应以语言和思维训练为核心》一文，尽管这里的“训练”一词带有20世纪80年代语文教改的时代印记，但我对学生思维能力培养的高度重视，从“核心”一词中凸显出来。在以后20年的科学探究和教学实践中，我始终将发展学生思维能力当作语文教学的一个重要方面，形成了具有鲜明特点的理念，这成为我语文教育思想的重要内容之一。

1.
体现了语言的本质属性和时代的要求

语言和思维训练的核心说是从语言的本质属性入手，在充分认识语文和思维之间不可分离的关系基础上提出的。我认为，语言训练既然是语文教学的核心内容之一，那就必然要伴随思维的训练，与思维训练同时发生。我在很多文章中谈到，语言是思维的工具，没有语言的思维是不存在的；思维是语言的内容，没有思维就不可能有语言。思维是对外界事物概括的间接反映，思维是借助于语言来实现的。因此，思维训练和语言训练应放在同等重要的位置。学生要学好语言，提高语言运用能力，必须同时提高思维能力。例如，我在对学生进行作文指导时，就一再告诉他们，不会写的背后就是不会思，要求学生锤炼语言得先锤炼思想，这种对语言和思维关系的认识是辩证的、唯物的。

同时，这也是认准了历史发展的必然趋势。我自觉把学生思维能力的训练和培养，当作现代教师的教育职能，这一认识符合时代的要求。随着现代社会的发展和科学的飞速进步，思维能力的培养越来越受到重视。面对今天的发展，已经有人作了绝非危言耸听的预言：未来的文盲不是目不识丁的人，而是那些没有学会学习方法，不会自己钻研，没有预见能力的人。其根本也就是缺乏思维能力。历史的发展趋势对语文教学提出了新任务，因此，我提出了教师“要做学生脑力劳动的指导员”的主张。我认为，在现代社会中从事语文教学工作，不能采用嚼烂了知识喂给学生的陈腐办法。用“零售”的办法，把“散装”的字、词、句、篇送给学生，学生往往只在记忆上用力气，思维能力缺乏应有的锻炼，知识难以系统化。这种教法势必把学生思维方面应有的负担和锻炼转嫁到记忆上来，不符合时代的要求，不符合人才培养的要求。我还说过：“我们培养的学生不仅基础要扎实，知识面要宽，而且要思维活跃，富于创造精神。因为科学以前所未有的速度发展着，而我们又不可能及时把日新月异的新的概念和规律补充到中学语文教学大纲和教材里去。为此，语文教学的一切活动须为培养能主动积极地吸取知识、发现问题、分析问题，并能克服种种困难而解决问题的人才服务。”

这种理念还符合人本身的成长规律。我在长期的教学实践中发现，人的心灵深处都有一种根深蒂固的需要，这就是希望自己是一个发现者、研究者、探索者。教学中不让学生思考，把他们的大脑当作一只容受的器皿，长此以往，学生对课就会厌烦，就会产生消极情绪。所以出色的教师总是把自己的注意力放在学生的脑力劳动上，让学生在艰巨的、不轻松的、有时是复杂甚至痛苦的思维过程中，意识到自己智慧的力量，体验到自己创造的欢乐，产生一种自己能够驾驭知识、驾驭自己成长过程的自豪感。只有当教师给学生带来思考，用思考来指导学生，用思考来使学生折服和钦佩的时候，他才能成为年轻的心灵的征服者、教育者和指导者。我教学的吸引力之一，也正根源于锻炼和锤打学生思维能力的艺术。我非常注意选用恰当的钥匙，不断拧紧学生思维的“发条”，使学生饱尝思维劳动的快乐，体验到一种“思想家”的自豪，从而满怀激情地去开始研究新事物，学习新的知识，实现自己的全面成长。

2.
具有鲜明的实践性

我的所有教育理念的一个基本特征，就是鲜明的实践性，根植于语文教学实践的土壤。因而它们往往既是一种科学的理性思考，同时又是一种具有可操作性的教学策略，语言和思维训练的核心说也是如此。我用来进行思维训练的方式、途径是多种多样并富有个性的：“面上开花”，为训练思维的敏捷性；“纵深发展”，为训练思维的深刻性；“鼓励求异”，为培养思维的逆向性、创造性。我力求使自己成为一位“能够教会学生思考的人”，使我的课堂成为一个“积极思考的王国”。

（1）“面上开花”训练法。这是全体学生参与的快节奏的思维训练方法。比如，我讲授《茶花赋》，此课的“末场”受到听课教师的广泛好评。我在课文学习结束后，要求每个学生立即用“××赋”的篇名，托物言情，歌颂祖国。于是学生快速按“流水”方式作业，一个轮回从开始到结束不过短短几分钟，训练范围遍及全体学生，而且思维有难度：学生在极短的时间里既要扣住“歌颂祖国”这个题目选择物象，又要避免与其他同学重复。这是对《茶花赋》教学效果的检验，也是学生对所学知识的实践和运用。

这种思维训练的第一特征是紧张，因为紧张会使人智能的潜力得到意外发挥。心理学研究表明：几乎所有的人在智能方面都有潜力，而这种不自知的潜力在困难或紧张的场合会得到超常发挥。“急中生智”即指此，在实际生活中不乏其例。比如，运动员在参赛时往往会创造出前所未有的成绩；棋手下棋思想高度集中，就会出奇制胜；儿童游戏时显得异常聪明；音乐家、画家在创作紧张时会产生“灵感”，这些其实都是潜力的发挥。这种思维训练的第二个特征是参与面广。我在教学实践中发现，学习困难的学生在思维方面比较疏懒，又因为疏懒而反应相对迟钝，教师有责任在课堂教学中特别注意发展他们的思维能力。“面上开花”的训练方式就是强迫这些懒于思考的学生思考，唤醒他们的思维，把他们“从智力的惰性里挽救出来”，体现了“面向全体学生”的教学思想。

（2）“纵深发展”训练法。这一方法强调的是思维的深度和难度，突出一个“深”字。如何使学生的思维向纵深发展呢？巴尔扎克说：打开一切科学的钥匙都毫无异议的是问号。我们大部分的伟大发现都应当归功于“为何”，而生活的智慧大概就在于每件事问个

"为什么"。同样，学源于思，思源于疑；疑是思之始，学之端；小疑则小进，大疑则大进，无疑则不进。因此我认为："现代教育不同于'三味书屋'教育，最难的就是把问号装到学生的脑子里。""整个教学过程实质上就是教师在教学大纲指导下有步骤地启发学生生疑、质疑、解疑，再生疑、再质疑、再解疑的持续不断的过程。"也就是学生的思维不断向纵深发展的过程。为此，我在备课时，不仅备知识，还要精心设计足以启发学生思考的问题，创设学生生疑的种种条件，促使学生深入思考，深究问题，培养思维的深刻性。

这种方法要求抓住矛盾促使学生思考。对立的事物互相排斥，人们碰到这种情况容易引起思考，学习也是如此。因此我经常抓住课文本身外露或者内含的矛盾，抓住学生理解课文的过程中所产生的种种矛盾来引导学生开动脑筋。比如，教都德的《最后一课》时，学生预习很肤浅，一上课我就单刀直入地指出矛盾："《最后一课》的主人公究竟是谁？是韩麦尔先生，还是小弗郎士？如果是前者，根据何在？如果是后者，根据又何在？"一石激起学生思想上的千层波澜，学生兴趣来了。有的说是"韩麦尔先生"，有的说是"小弗郎士"，有的说两个都是。于是，辩论，读书，再辩论，再读书，在读与辩的过程中，抓住了关键词语，掌握了情节，明确了主人公，理解了主题，思维自然就由浅入深了。

(3)"鼓励求异"训练法。由于人们所处的社会环境、生活环境和所受教育的相对稳定性，人的心理习惯和思维习惯常会出现某种定式。比如，教师在设计教案时总是考虑如何启发引导，把学生的思维纳入教师预定的轨道，使全班学生沿着同一思路思考，最后得到一个统一的答案。这是我们比较习惯的做法。这种做法在一定程度上束缚人的思想，扼杀人的创造性。而求异思维就不是这样。求异思维在解决一个问题时可能运用多种办法，一个问题可能有多种正确答案，可以沿着不同的方向去考虑，沿着不同的渠道去思考，这是特点之一；第二，求异思维不受任何局限，不依靠现成的材料去解决问题；第三，求异思维冲破习惯定式，跳出习惯的框子，进行非习惯性即逆向思维，从而发现事物非习惯性的特点，找到非习惯性的答案；第四，求异思维经常有推测、假设、联想、想象等活动参与。因此，为了培养开拓型、创造型人才，教师一定要鼓励学生求异，因为求异思维的发达会使学生的听、说、读、写能力更富有创造性。

因此，教学中要有意识地引导学生对教材评头品足，打破对教材的“迷信”。要让学生明白课文是范文，首先应学习，但学习之余，可挑挑毛病。在课堂教学的适当时候，我常抓住课文中的某些段落、某些词句、某些问题组织学生评长道短，论是说非，学生常会出现思维的“神来之笔”。比如，当学生对《珍珠赋》的思想内容与写作特色有所掌握时，我就大胆放手。学生思想上的闸门一打开，种种看法奔涌而出，不仅在语言上咬文嚼字、辨微析毫，而且涉及内容、结构、文风的探讨。有的学生直言不讳地说：建设洞庭，与大寨有什么相干？为什么几次三番硬把大寨扯进去？是闲笔；有的学生说：结尾的“每一颗珍珠”的句子多余，是画蛇添足；有的认为不是画蛇添足，是“帮八股”的流毒；等等。文章写于 1972 年，受历史局限的影响很深，学生的思维打到了点子上。又如，《谈骨气》是吴晗的代表作之一，学生认为文中对“骨气”的定义有可商榷之处。文中说：“什么叫骨气，指的是抱有正确、坚定的主张，始终如一地勇敢地为当时的进步事业服务，遭遇任何困难，都压不扁、折不弯，碰上狂风巨浪，能够顶得住，吓不倒，坚持斗争的人。”“骨气”怎么是“人”呢？学生认为应该修改。

这一训练法还鼓励学生对教师的“传道授业”提出怀疑和异议。学生的思维定式是信奉老师，师云亦云，容易重弹老师的老调，成为老师思考的代言人。我鼓励他们解放思想，独立思考，敢于否定。有一次，教《变色龙》，那天有一百多位教师听课，我设计了一个板书，将奥楚蔑洛夫多变的现象巧妙地以波浪形的线条来显示，然后以一条直线横贯波浪线，揭示其不变的谄上压下的本质。我自认为板书高度概括了全文内容，既提纲挈领又清晰简洁，不料就有学生站起来大叫“板书错了”。原来，学生认为几个波峰波谷之间的等距离不能准确表达主人公的内心活动，而应该是距离不等、不规则、频率越来越快的。当主人公知道狗是将军哥哥家的时候，巴结奉承的心情达到高峰，曲线应把这种心情表示出来。学生善于对老师提出异议，是老师训练学生思维能力成功的表现；学生敢于对老师提出异议，也是老师教学民主作风的反映。做教师要鼓励学生“吾爱吾师，吾更爱真理”，激励学生自己观察、自己思索，进而超过老师。

通过上述训练，我们看到学生思维的积极性和创造性得到了极大的发掘，教师就是要用自己的聪明才智，帮助学生成为积极的思考者和真理的发现者。“授人以鱼，仅供一饭之需；授人以渔，则终身受用无穷。”

3.
强调形象思维和逻辑思维的合二为一，
体现了语文的个性特点

从不同的角度，采用不同的标准，可以将人的思维划分成多种不同的类型，如形象思维、抽象思维、直觉思维、灵感思维、辩证思维、创造性思维等。应该说，学生的思维训练，在单独的某一门学科的学习过程中，并不会单纯地只是发展某一类型的思维能力，其他思维能力则一概不发展；而在另外一门学科的学习中，又绝对地只发展另一种思维能力。不过，相比较而言，不同学科对学生思维能力影响的侧重点是不尽相同的。

在语文教学中，对学生产生教化作用的媒介和材料主要是文学作品，它们包含着大量的以形象思维方式表达的艺术形式，具有鲜明的形象性、具体性、生动性特点。语文教材内容的这一特点决定了语文教学与形象思维之间有一种天然的联系，语文教学中的思维训练当然应该首先指向形象思维的训练。另一方面，语文教学也要求学生从个别的特殊事例的感受中抽象出共性，从纷乱的形象中提炼出对生活本质的认识，这又是抽象思维。李泽厚曾经说过：“思维，不管是形象思维或逻辑思维，都是认识的一种深化，是人的认识的理性阶段。人通过认识的理性阶段才达到对事物的本质的把握。形象思维的过程，在实质上与逻辑思维相同，也是从现象到本质、从感性到理性的一种

认识过程。但这过程又有与逻辑思维不同的本身独有的一些规律和特点，这就是在整个过程中思维永远不离开感性形象的活动和想象。相反，在这过程中，形象的想象是愈来愈具体、愈生动、愈个性化。因此，形象思维是个性化与本质化的同时进行。”

针对语文学科的思维特点，我对学生的思维训练，是将二者水乳交融地结合起来。但是，我对学生逻辑思维的训练，从来不是以抽象的、刻板的方式进行的，而是在严密的逻辑推理的基础上，通过使用形象思维的语言来进行的。在记叙文中有逻辑思维训练渗透，在议论文中挖掘其中的审美的情感因素，调动形象思维的参与，使两种思维能力训练始终相辅相成、并驾齐驱。因此，这体现了语文教学中思维训练的个性化特点。

我的语文教学追求

我的语文教育教学思想的最大特点，就是理论与实践相结合。它既有着理性的思想光彩，又植根于教学实践的沃土，往往既是一种理论创导，又包容着可行的操作策略。因为我有教学实践，因为我几十年来始终在第一线与广大教师和学生一起摸爬滚打。也正因为此，无论党和人民给了我多少荣誉和地位，我的身份始终是教师，我的理想永远是“做一名合格的教师”。

但仔细分析起来，我 60 年语文教学研究与实践中积淀下来的，有的更多的指向理论发现，如对语文学科性质、语文教学目的任务的思考；有的是在理论与实践结合的层面，如“语文学习兴趣说”“语言和思维训练核心说”的构建；也有的主要是实践层面的，如我的语文教学风格、我的课堂教学模式。应该说，我所有的理性思考和实践追求都是互相呼应，科学整合，“思”“行”合一，融为一体的。但具体阐述的时候，它们还是有不同侧重的，如果说，之前阐述的内容更多的是我的理性思考的话，那么，本文则更多的是我的实践追求。

一、大象无形：我追求的语文教学风格

语文界泰斗吕叔湘先生曾经说过：语文教学一半是科学，一半是艺术。这确乎道出了语文教学区别于其他学科教学的个性特点。称语文教学为科学，是因为它必须遵循着铁的教育规律；称语文教学为艺术，是因为它具有水一样的灵活性。

老实说，在几十年的教学生涯中，我从来没有刻意去追求或塑造过我个人的教学“风格”，所谓“语文教育家”的称号我也是不敢承受的，我只理解为广大同行对我的厚爱。在当今语文教育界群英荟萃、流派纷呈的形势下，有人把我归为“情感派”。如果说我是“情感派”的话，那只能说我对一代代新人有着真挚的情感，我对语文教学洋溢着丰富的激情，我曾经说过下面这样一段话：

> 让学生对课堂生活产生持久的魅力，首先在于教师对生活有执着的追求，在课中倾注自己的爱……和爱同样分量的另一个字是“心”。用心去教学生，这也是我的教育信念。课堂生活其实就是师生间的心的沟通，情的交流。不达到心心相印的程度，是教不好学生的。有一次作文练习，我发现好多学生东拼西凑，“抄”成了一篇篇作文，讲评课我没有批评他们，而是笑着，让孩子们扮个鬼脸说出一个“抄”字。这是技巧吗？是，又不全是。在课堂上力求用美的语言打开学生的心扉，拨动他们的心弦，教和学才能弹奏出美妙的心曲。

“情感派”三字似乎并不能准确说明我对教学风格的追求。因为，对学生充满感情，这是教师的职业天性。而我们的语文学科，本身就是贮满感情的学科。我更倾向于很多听过我课的专家与同行的评价，他们认为我为追求高尚教育境界而使用的所谓“艺术”了然无痕，只能感觉到那种由师生共同创造的浓郁的“美”的氛围，那份在知识海洋中畅游、搏击的愉悦。他们用泰戈尔的诗句“天空不留痕迹，鸟儿已经飞过”来形容我的教学风格，并送给了我四个字——“大象无形”。我虽然不敢承受这样一种极高的赞赏，但这正是我追求的崇高境界。

1.
直面于“人”

直面于“人”决定我的语文学科性质“人文说”和“教文育人”的语文教学观。在语文教学中特别关注“人”本身，把全面塑造优质的“人”看得比传授语文知识更为重要，这样一种教学实践的追求，正是我上述语文教学观的体现。

“一个教师如果不落后于现代教育的进程，他就会感到自己是克服人类无知和恶习的大机构中的一个活跃而积极的成员，是过去历史上所有高尚而伟大的人物跟新一代之间的中介人，是那些争取真理和幸福的人的神圣遗训的保存者。他感到自己是过去和未来之间的一个活的环节。”乌申斯基的这段话启示我们，教师是“过去历史上所有高尚而伟大的人物跟新一代”之间的中介和桥梁。也就是说，教师首先面对的是人。一堂课能不能唤起学生的情感，能不能使学生透过特定的文字符号理解其中深藏的意蕴，进入教材规定的情境，产生强烈的情感体验，受到熏陶和感染，跟教师能否真正做到直面于“人”有密切关系。

为此，我在教学指导思想和教学方法上实行了几个转变：把以“教”为主的课堂教学立足点转变为以“学”为主，即“教”为“学”服务，一切从“学”出发，又以“学”为归宿；把直线型的课堂教学结构转变为网络式结构，即把教师与学生的单向型联系转变为教师与学生、学生与学生、学生与教师的多向型联系，使课堂真正成为学生锻炼听、说、读、写能力与发展智力的场所。这里有一则我的“教后记”，也可作为这种课堂教学转变的真实记录。

> 《藤野先生》原打算两课时授完，课堂上小周同学提出关于“日暮里”的问题，引起争论，临时改变计划，放手开展讨论，授课延长一课时。小周认为“思考和练习”的第二题欠妥，为什么

> 一直记得“日暮里”“水户”两个地名？后者可以理解，表露了鲁迅强烈的爱国主义思想感情，而前者难以解释，拉扯不到爱国主义感情上。有的学生认为文中不一定每个句子都包含什么意思，法国大作家雨果就曾这样说过；有的学生表示异议，认为长篇小说尚可这样说，短篇小说、篇幅短小的散文，如是好文章，就不应如此。小章说：鲁迅先生自己说“不知怎地，我到现在还记得这名目”。没有什么理由，不应该外加。此时，小曾用期待的眼光看着我，我立刻请他发言。他说：“日暮里”象征着国家的衰败，鲁迅东渡日本为的是寻求救国救民的真理。可是到了东京看到清朝留学生如此醉生梦死，感到前途茫然。旅途中一看到“日暮里”这地名，触景生情，故而印象很深。因此，记得这个名字，同样是表露鲁迅先生爱国主义的感情。他一口气讲得那么流畅，同学们用惊异的眼光看着他，我也有些愕然。这个不轻易发言、话音常憋在喉咙里的同学不是不会发言，不是不会响亮地发表自己的意见，只要真正拨动他的心弦，心中的话儿就会顺畅地流淌。我抓住了这个有争议的问题，就势对做学问的方法进行了指导，向学生指出：考证事物应注意本证，不能牵强附会。鲁迅先生说“不知怎地”是最可靠的证明。推论要有根据，不能建筑在臆断的基础上。

这里我们看到，整个课堂由“学”发端，通过“学”与“学”、“学”与“教”、“教”与“学”的多向交流，产生对话场，激发了学生思考的深度和探求问题的意识，这正是直面于“人”的教学带来的新局面。

2.
植根于“爱”

在长达半个多世纪的教育生涯中，唯有一点我可以无愧于心，无愧于祖国和人民，我在其中书写了一个大大的“爱”字。我爱学生，我爱我的职业，爱我们的语文学科，爱教育事业。这爱，不仅仅是我的职业理想和教育理想，而且渗透在我整个生命过程和教学实践中。正因为植根于“爱”，我才那样竭尽心力去浇灌我的学生。而这种行为的驱动力，又是源于对祖国对民族的爱。

有一次，我要七年级学生写题为“四季景色图”的作文，许多学生寻章摘句、生吞活剥，抄袭相当严重。对此，我没有指责、训斥学生，也没有让学生重写，而是用自己对学生的爱，上了一次别开生面的作文讲评课。我首先面带微笑，感情真挚地说：“这是一次失败的写景尝试。”然后启发学生思考失败的原因，学生七嘴八舌地议着，笑着，有的扮着鬼脸道出了原因之所在：“抄!”我颔首频频，把自己的笑汇入学生笑的溪流。接着，我语重心长地告诉学生：抄袭人家而写得好的文章，像纸花一样，是假的，虽然很美丽很迷人，但没有生命力；苦学加巧学，写出来的文章像鲜花一样，是真心的，它带着晨露，富有生命力。最后，我要求学生学着写一写《秋色老梧桐》。我依然微笑着诱导学生怎样从形、色、声、态等方面去写秋桐，从与春、夏的比较中去写秋桐。面对学生的抄袭，我没有简单地指责学生“不应该这样”，而是用自己的一片爱心，指导学生“应该怎样”，收到了良好的效果。对此，我深有感触：“让课堂生活产生持久的魅力，首先在于教师对生活有执着的追求，在课堂中倾注自己的爱。”

3.
发轫于“美”

语文教师在教学中要抓住的根本就是“美”。但这并非是每一个语文教师都能够认识到，尤其是能够做到的。文学作品的解读是一个审美的过程。作品的“真”与“善”，都必须融入“美”的形态中来。因此，对一篇作品的“真”与“善”的求索，也只有从“美”的角度切入。这是语文课堂上教与学都要遵循的一条重要原则。背离这个原则的语文教育和语文教学，不可能是成功的。

这个原则，同样适用于经典议论文的教学。议论文的产生，和文学文章一样，其动因也常常是感情的冲动。它有时是拍案而起，大声疾呼；有时是骨鲠在喉，不吐不快；有时是力排众议，仗义执言；有时是心驰神往，夜不能寐……近代学者梁启超创造的新文体，曾在当时风靡一时，“学者竞效之”。这除了内容上的原因外，很重要的一点，就是他一反“桐城谬种”的僵硬死板，做到了笔力恣肆，感情汪洋，用作者自己的话说就是“笔锋常带感情”。类似这样的例子，不胜枚举。因此，马克思说：“批判并不是理性的激情，而是激情的理性。”

优秀的语文教师讲授议论文时，和讲授文学作品一样，也能表现得神采飞扬、铿锵动人。课堂上既闪耀着逻辑的理性之光，又燃烧着情感的炽烈之火。学生同样从中感受到审美的愉悦。我力图使我的课堂成为美的殿堂，连最乏味的说明文，我也尽力从中发现美的资源而加以开发。

4.
着力于“导”

凡属心灵层面的东西，都带有某种模糊性，它是无法量化的。因此，探究心灵，采用过于刻板而严缜的做法，不仅是徒劳的，而且会适得其反。懂得了这个道理，在语文教学上，就应有与之相适应的一套方式。我采用了“导引”之法。从本书所引用的许多教学实例中，可以看出我教学的基本方法之一就是“导”。“导”，才能发挥学生学习的主动性；“导”，才能使知识真正为学生自己所有；“导”的过程本身就是一种启迪智力、开发智力、培养情操的最好方法。

我认为，我们一直沿用的肢解式教法是一种严重损毁语文本身的诗性的行为。一篇好文章犹如一件艺术品，必须从整体上加以把握，才能体悟到其中三昧。走进语文课堂，从词语到段落到篇章，从主题到艺术特点，肢解得七零八落，那只会使学生大倒胃口。古人曾精辟地说，“七宝楼台”，“拆碎下来，不成片段”。中国传统的语文教法，尽管有不少弊端，但强调多读，强调背诵，好的诗文使之烂熟于心，还是符合语文学习规律的。我们看到老一代文化人，不论所操何业，在文字修养上都具有一定的功底，这与他们当年的学习方式不无关系。

语文的教法与其他学科，特别是自然科学的学科相比，更讲究顺其自然，水到渠成，更强调心的领悟，而不是一种原理的理性证明。实际上，成功的教育家都不乏这样的风格。坦恩鲍姆在《参加者谈：以学生为中心的教学法》一文中盛赞罗杰斯的教学：在这种几乎寻不到什么结构的教学中，主要是学生自我在自然而然地表达和实现……在罗杰斯的课堂上，大家谈的都是自己的想法，它们既不是来自书本，也不是重复指导教师或某位权威人士的思想，导师则几乎不讲什么。这使我想起《论语》中有关孔子教学的一段实录。这位“万世师表”，总是先提出一个关键性问题，对学生加以启发，引导他们畅所欲言。学生侃侃而谈，思考是自由自主的，有理性的探索，也有情感的温润。而老师自己并没有说多少话，只是在学生发言过程中，时而“哂之”，时而“喟然叹曰：‘吾与点也’”。这类偶尔的穿插，大体类似我们今天所讲的“点拨”。这段描述与坦恩鲍姆的描述是两个课例，它们分属两个相距遥远的国度、两种截然不同的文化背景，时间上又相隔两千余载，而其精神魂魄竟如此惊人的相似。这难道不令人深思吗？因而这也自然成为我的教学追求。

再以《“友邦惊诧”论》的教学环节为例。我设计了很多问题，促使学生对课文的理解向深处发展。比如，为何说“只要略有知觉的人都知道”？“略有知觉”蕴含什么深意？起什么作用？改成“略有知识”行不行？（说明无须慧眼，无须深入思考，以此来强调学生的爱国行动是不容歪曲的事，清清楚楚，明明白白；这里的“略有知觉的人”指稍有人性、稍有爱国心的人，不是“知识”有无问题；

下笔带激愤之情，抨击大人老爷们知觉全无，爱心丧尽。）这样“咬文嚼字”，帮助学生在消化课文的同时，也进行了思维的严格训练，有助于学生准确、严密、传神地表达思想感情。

5.
作用于“心”

这同样是由我的语文学科的“人文说”和“教文育人”的语文教学观所决定的。心灵的塑造最难，但是，对于教育而言，它又最为根本，最有成效。苏霍姆林斯基说：“教育素养的这一重要特征的第一个标志，就是教师在讲课时能直接诉诸学生的理智和心灵。”因此，我的所有教学艺术、教学手段都瞄准着“心”而来，为着一个“塑人先塑心”的伟大目标而来。

《在烈日和暴雨下》是通过景物描写来衬托人物形象的，所以课一开始，我就抓住文中的多种修辞手法，从大处、细处、正面、侧面让学生体会“烈日”之“烈”，已经到了“不允许任何人工作的程度”，然后我以“情”激学生之“心”：“祥子照旧在烈日下拉车，难道他不怕死吗？不，他正是为了生存不得不这样做。你们看，他的心理多么矛盾：看到烈日，他胆怯，可是见了座儿还想拉；心里明明不想喝水，可是见了水就想喝。正是通过祥子复杂的心理矛盾，描写了一个善良的祥子，正在烈日下为生活而卖命……”

学生聆听着我的讲解分析，那憋闷的天，那灼人的烈日，那无情的暴雨，仿佛就在他们眼前，变成了一个个丑恶而凶猛的动物，它们吃着祥子身上的肉，吸着祥子身上的血，而善良的祥子，任凭百般挣扎，最后终于“哆嗦着像风雨中的树叶”等着干枯，变作尘埃，离开人间。对祥子的同情，对造成祥子悲剧命运的旧社会旧制度的憎恨，从学生心底里升腾起来，主宰了他们的感情世界。

就是上述五点，构筑起我教学艺术的“核”。它没有一个固定的程式，我们也许可以用一个比喻来表述：我的教学风格像“水”，水本无形，形随容器，因势赋形，所以“大象无形”。1991 年金秋，我从教40周年庆典在上海第二师范学校举行。研讨会上，华东师范大学教授张㧑之先生以梅兰芳博采众长、自成一家作比，不无风趣地说：于漪就是梅兰芳，她的语文教学是“没有风格的风格”。“没有风格的风格”，也许就构成了我具有个性的教学风格。

二、立体多维无恒：我的课堂教学特点

影响课堂教学效果的因素很多，就知识而言，主要的有教师向学生传授知识的质（侧重于教学内容的精确与深厚），教师向学生传授知识的量（侧重于教学内容的广博与密度），学生接受知识的质和量，即对教学内容理解的正误、深浅与多少等。就能力而言，教师训练学生语文能力的质和量，如：训练内容的难易、分量；训练的不同角度；学生语文能力训练的质和量，如：准确度、速度、掌握幅度与熟练程度，智力发展、思想熏陶、品德培养；等等。一句话，教学时须综合思考以上众多因素，使教与学有机结合，知识与能力协调发展。

因而语文课堂必须体现综合性特点，课堂教学的职能应该是根据语文学科的特点，从综合性考虑出发，备课时作多方面的分析研究，上课时力求融思想、知识、能力与智力开发为一体，以点拨开窍为着重点，收到举一反三的效果，努力使课堂教学多功能的作用得到充分发挥。我认为，不论讲读课、写作课，还是练习课、复习课，即使在教学目的单一的情况下，都可以体现综合性的特点，发挥课堂教学多功能的作用。由此形成了我立体多维无恒的课堂教学模式。

1. 立体化多功能效应

所谓课堂的立体化多功能效应，是指语文教学走出“时而成为纯粹的政治工具，时而成为完全与政治无关的交际工具”等历史上

的误区，凭借语文自身的特质，以立体的包容姿态，主动承载德育、美育的任务，极大限度地发挥其对综合文化的积累效能，使语文教学在塑造“完整的人”的过程中，显示出别种学科所无法替代的那种既独特又多样的功能，达到“整体大于部分之和”的功效。

我语文课的立体化构建，主要来自以下四个方面。

首先是来自全面育人的高度。全面育人，就是要求语文课熔思想、知识、能力、素质培养于一炉，从“多管齐下”的全局观念来处理教材，设计教学过程，使学生在各方面得到培养和发展。比如，我教《晋祠》，课堂的第一个环节，要求每个学生口述祖国的名胜古迹，而且在速度和表达上有要求。学生从上海小刀会起义的点春堂讲到西藏的布达拉宫，从杭州的西子湖谈到吉林长白山的天池，思想集中，兴趣甚浓。安排此环节，目的是使学生在以下几方面获得培养：锻炼口头表达能力；相互启发，扩大视野；了解中华民族的灿烂文化，进行爱国主义教育，增强民族自豪感。第二个环节，学生听写《中国名胜词典》的“晋祠”条目，并与课文对照比较，找出异同。其目的是：激发求知欲，训练学生听和写的能力，训练其思维的敏捷性，检验阅读理解的准确度，训练比较思维的能力。这正是我全面育人观在课堂教学环节中的充分体现，每一环节都有明确的训练目的，每一环节都从多方面起育人作用，都具有多重功能。站在这样的高度，讲课就会立体化，就会出现轩昂的轮廓；否则，起点太低，通道太窄，课堂教学就很难有纵横捭阖、收放自如的广阔天地，而只能给人平面化的局促的印象。

其次是来自教材挖掘的深度和广度。《晋祠》是一篇文艺性说明文，内容相对浅显易懂，倘若按照一般的教学要求，用两节课来学习文内的比喻和文章的总分结构，时间绰绰有余。但这样课堂教学内容就会苍白干瘪，学生注意力必然分散，不会有学习积极性可言。更何况文章的总分结构和比喻修辞格学生早已熟悉，重复学习只会使他们厌倦。

为使课堂教学内容充实而不干瘪，我采用了两种方法。一是从广度上开拓，扩大知识覆盖面。所谓从广度上开拓，就是审慎选择知识点延伸扩展，不断增加学生的知识储存，使他们吸取多种营养，尽量把课上得丰满。在教《晋祠》的过程中，我在让学生比较《中国名胜词典》“晋祠”条目与课文的异同时，引进了有关的地理和历史知识，复习了物理的力学原理，传授了“看景不如读景”的艺术审美常识……这样开拓，能收事半功倍之效。我的课常常这样，用相同的教材和相同的课时，但课堂上的知识容量要比一般课堂上多出三分之一以上。学生在我的课堂里“思接千载，视通万里”，知识面不断扩大。二是从深度上探讨，加强学生的理解力。教学上有一条根本原则，就是培养学生独立思考的能力。要使学生认识事物不浮光掠影，就要善于思索，深究底里，洞悉事物的本质。《晋祠》作为一篇浅显的说明文，如果只教在课文表面，上课不仅平而淡，干而瘪，而且学生思维会受压抑，认识能力也会受限制。所以我设计了词典条目与课文的比较。在比较中，学生的认识由表及里，逐步深化，从而对文艺性说明文的本质特征有了了解，对问题的认识能力大大加强。

再次是教学方法的灵活多变。我这几十年上了两千多节公开课，听过我课的教师可谓不计其数，常有教师说，听于漪的课，常听常新，不会厌倦。这是我课堂教学方法不断变换的结果。我从来就拒绝重复自己，课要上成“立体”的，教学方法也必须“立体”。还是以教《晋祠》为例，我运用的教学方法有朗读，有听写，有正音、正字，有不同句式的比较；有学生依次介绍祖国名胜；有学生讨论，个别学生模仿演示；有教师讲授；有语言文字的教学，有修辞手法的赏析，有思维能力、想象能力、记忆能力的检测和训练……教学方法和手段呈现百花齐放的局面。这些方法各有千秋，共同构成我课堂教学多功能的特色。

最后是课堂教学的鲜明节奏。文似看山不喜平，起伏曲折，就会使读者兴趣浓厚、步入胜境，领略无限风光。课堂教学也是一样，课上得呆板，从头到尾一个样，就令人昏昏欲睡；上得有起有伏，有鲜明的节奏，就能引人入胜，产生好的教学效果。上课有节奏，首先要探求课程的规律性，分清主次，决定粗细详略、快慢强弱，在教学目的统率下，把一堂课上成和谐的整体。

在这方面，我一是做到教材处理有重点、有主次、有详略。教一篇课文，对学生进行知识传授和语文能力训练不能面面俱到，这堂课究竟要教给学生什么，是首先必须明确的问题。目的不明确，课堂上随心所欲，也就谈不上教学节奏。教学目的具体实在，轻重得当，课就上得有节奏。比如，我在《晋祠》教学中，课文写“水”有四个特点，但我略去了水的“清”“静”不讲，只讲水的“多”“柔”两个特征。倘若不敢对教材作详略取舍的处理，教学上就难以摆脱平板呆滞的气氛，难以形成教学的节奏。二是做到教学过程有疏密、有起伏、有坡度。心理学家认为，人的有意注意不可能长时间地集中，人的大脑机制需要紧张与松弛的调节，才能有效率。既然课要有主次详略之分，人脑又需要紧张与松弛的调节，那么教学过程完全应该有疏密、有起伏、有快慢，形成坡度，使学生始终置身“山阴道上”。比如，我教《挥手之间》，打乱了课文的顺序，把三句写人群“涌”上去的句子集中在一起教，增大密度而领悟深意，形成课堂教学的高潮，以后的叙述就松下来，带过去，作“疏”“缓”的处理，效果非常好。

2.
多向型的课堂师生关系

《列子》上记载着“两小儿辩日”的故事：当两个孩子带着童稚的天真和热情为“日”远近和时间而争论不休时，正逢孔子东游。他们即刻请孔子作出判断，但孔子没有贸然作答，因而受到两个孩子的讥诮。这个故事给人的启示是多元的。从孩子的角度来说，表现了他们好学多思的特点，真是后生可畏。确实，青少年学生的好奇心往往使他们具有丰富的想象和联想，比成年人更敏感。尤其是生活在我们这个时代的青年学生，见多识广，思维活跃，生活知识丰富，接受外界信息的灵敏度高，对问题有自己独特的尖锐的认识，对未来有美好的憧憬和向往。这是时代给他们的投影，是教学中十分有利的条件。

但是在教学领域，学生身上这些有利于教学的条件常常被闲置着。几十年的传统教育重视的只是“教”，即使在教育改革的今天，很多人往往还只是注重研究如何“教”。于是在课堂教学过程中，信息的传递始终是单一的、直线的：教→学。似乎教师只要完成了“教”的过程，学生也一定完成了“学”的过程。这种单向、直线的课堂教学结构，忽视了学生身上蕴藏着的学习语文的潜能，是造成语文教学“少、慢、差、费”的根本原因之一。

为了彻底改变这种状况，提高课堂教学效率，我对课堂教学结构作了大胆的改革，把教师与学生的单向型联系，转换为教师与学生、学生与学生、学生与教师的辐射型联系，把教师发问、学生回答的双边对话转换为教师与学生、学生与学生等的多边对话，使教学活动的过程产生对话场效应，教与学相互作用，学与学相互作用，充分调动不同层次的学生学习语文的积极性，能者为师，水涨船高，扩大了知识的流动量、能力的训练量，使课堂真正成为学生训练听、说、读、写能力与发展智力的场所，使学生的语文能力得到大幅度的提高。

比如，教鲁彦的《听潮》时，我先让学生互相质疑。有一个学生提出，古典打击乐中的两种乐器——“铙”和“钹”外形上有什么区别？他说词典上的诠释与课本上的注释有出入，究竟应该相信词典还是相信教科书？对这样的“冷门”问题，我一时也答不上来。但是，我抓住了这个信息，传递给每个学生，要求全体学生回去后查词典，再加以判断。第二天，大量信息反馈到课堂上：有查《康熙字典》的，有查《中华大字典》的，有查《辞海》的，有查《辞源》的……这时，我拿出了《辞海》告诉学生，像这样较冷僻的专业性很强的知识，可以到《辞海》的音乐分册中查，查起来最快最准确。分析这个例子，我们可以看到一个课堂教学结构的良性循环。

设计课堂质疑的教学环节——“教”影响“学”；（教师的首席对话作用）

学生提出疑问——“学”影响“教”，“学”影响“学”；

师生查字典辨识——“学”作用于“教”，“学”作用于“学”；（对话场效应）

教师指导如何查这类知识——“教”又反馈“学”，促进“学”。

总之，一个学生促动了全班，也促动了教师。本来不被教师和学生注意的知识，仅仅因为一个学生的注意而最终唤起了全体师生的注意。全体师生学到了新知，学到检索工具书的方法，学到了尊重知识、严谨治学的科学态度，这也不失为一种熏陶。这是真正意义上的师生互动。

3.
灵活无恒的课堂模式

我的语文课堂教学执意追求的是一种教无定法、学无定式的变化美。不同的文体，我有不同的设计；相同的文体，我亦有不同的设计；我常将讲、思、答、议、评有机结合起来，常取启发式、学导式、自学式等有效模式之长而自成风格，独为一体。这也是一种“没有模式的模式”。

我教记叙文，常常突破传统教法的囿苑，做到线索以情牵，析文抓关键；依据三路（写的思路、教的思路、学的思路）确定导法；把握准契机，移情于学生。我教议论文，往往独辟蹊径，创造一种为学生喜闻乐见的形式，常常归类组合，分组教学；以比（比较）引趣，循文索旨。我教说明文，重在讲之以序，教之以趣，以图入课，强化直观。我设计文学课教学，在进行基本训练的同时，着力培养学生的审美情趣，通过文学熏陶和思想教育来强化教学效果。我设计文言文教学，不拘泥于疏通文字、分析内容与写法，而是大胆改革，不落窠臼。例如，有时借助朗读，让学生感知和理解课文内容；有时结合课文补述些历史资料，为学生通解全文雪中送炭；有时从实际出发，有针对性地设计讨论题，培养、提高学生对古代诗文的鉴别欣赏能力；有时则着眼于培养学生的自学能力，采用课堂作业形式，让学生整理文中的重点实词、虚词及其用法。

如果说不同文体、不同类型课文的教学，采用不同的课堂设计使教学灵活多样、摇曳多姿，这还比较容易做到。那么同一文体、同一类型的课文，采用不同的课堂设计则不易把握，颇费斟酌。但是我仍然刻意为之，乐此不疲。仅以散文教学的课堂设计为例，我设计《茶花赋》的课堂教学，紧紧抓住“心都醉了”的“醉”这一传神的关键字，运用前呼后拥的方法，着力敲打，讲深讲透，然后引导学生联系全文琢磨“醉”字引出了怎样的一种优美的意境；我教《记一辆纺车》则从构思的巧妙角度挑起矛盾，让学生饶有兴趣地仔细思考、推敲；教《秋风萧瑟》则提出事关主题的问题让学生联想，引导学生驰骋于曹孟德的《观沧海》、毛泽东的《浪淘沙·北戴河》的宏阔意境之中。

正是这种无恒的课堂教学模式，培养了学生广泛的知识、开阔的视野、敏捷的思维、活跃的思想以及较强的能力，使学生得到全面发展，这正是我“教文育人”的教学观所期望达到的目标。

三、
拨动心灵琴弦：
给学生以审美享受

语文教学要给学生以美的享受，要培养学生的美感。审美，不是哲学的理性思维，不是以纯逻辑的方式，去探求宇宙事物的普遍性、共同性；审美，也不是读历史教科书，从大量具体的历史人物与历史事件中，理性地归纳出一种规律性的结论。审美，凭借的是直觉，是从形象到形象，从心灵到心灵。虽然，它有时也能达到哲理的境界，但那是通过“悟”的方式来实现的，是一种“具体的抽象”。审美，在大多数情况下是属于一种“无意注意”的。

当人们面对一泓清澈澄碧的溪流，几朵舒卷自如的白云，或者那些直插青天的峰峦，拍岸堆雪的惊涛时，心里常会滋生出一份特别的快意，舒适的或者振奋的；当人们欣赏一幅画、一座雕像时，会惊叹那超群绝伦的高超技艺，并深深地为其中的意蕴所吸引，所陶醉，竟至流连忘返；当人们阅读一首诗、一部小说时，那优美神奇的语言，在不知不觉中，轻轻地拨动了情感的琴弦，那书中人物的命运使人欢喜得心颤或者潸然泪下；当人们在聆听乐曲时，眼前仿佛出现了一个异乎寻常的天地，内心被撩拨得十分厉害，其况味又难以言表，以至全神贯注地沉浸其中。每逢这时，人的审美意识开始萌动，继而进入审美的状态。

可见，审美，重要的是形象直觉性，沿循的是情感的而不是理智的通道。语文教学就其特性而言，应该是包含丰富情感活动的过程。选入中学语文教材的作品，大多是文质兼美的名篇，本身就具有审美的价值，因此，语文课要上成语文课，必须开通学生的情感通道，达到审美的状态。

我的课就着力追求这样一种境界，使学生跟随着我渐入文章之佳境，翱翔于教材提供的审美天地，与种种高尚的思想接触，跟诸多高尚的人物谈话，在不知不觉之间，思想、情操、意志、品格受到熏陶和感染，逐步培养起发现美、感受美、表现美、创造美的能力。这样的教学，体现了我的语文教育教学观，而且力求达到“随风潜入夜，润物细无声”的审美境界。形成我课堂教学审美境界的因素有：教学激情、创设情境、激发爱憎。其中，教学激情是“本”，是“源”；创设情境是方法，是手段；而激发爱憎乃是目的。

1.
教学激情——首先自己要燃烧

我的课堂教学始终在追求这样一种效果，教师激情洋溢，学生进入情境，课堂为浓郁的艺术氛围所笼罩，结束时有一种刚刚欣赏了一场好戏后的充实、愉悦之感。教师的教学激情是课堂氛围的营造者，是学生情感的点燃者。有了教师的教学激情，才会有学生们的接受热情，才会有课堂上师生双方如痴如醉、物我两忘的教学气氛。教学激情是火种，而教师首先得燃烧自己。

教师的教学激情是指这样一种教学状态：教师在教一堂课时以坚定的自信心、充足的知识储备、周密的课堂设计、全神贯注的工作热情为前提，对所授课程内容有深刻理解，并由此率先产生强烈的情感体验，然后通过语言表情乃至动作引发学生的想象力，把他们逐步引入作品所规定的情境。显然，这里要强调的是教师对教材的“深刻理解”以及由此“率先产生”的“强烈的情感体验”。我曾多次说过：“要使学生感动，首先教师自己要感动；要使学生热爱语文，首先教师自己要对祖国的语言文字一往情深、钻研入迷；要把学生培养成热爱党热爱社会主义的革命接班人，做教师的心中就要揣着一团火，对党对社会主义满腔热忱满腔爱，对共产主义事业有忠贞不贰的信念。”正如古希腊神话中的普罗米修斯之所以把火种偷到人间，使人间有了光明，是因为他心中渴望着光明。赞科夫在《和教师的谈话》中也曾指出：“教师本身先要具备这种品质——能够领会和体验生活中和艺术中的美，才能在学生身上培养出这种品质。如果照着教学法指示办事，做得冷冰冰、干巴巴的，缺乏激昂的热情，那是未必会有什么效果的。”

所以说，教学激情完全出自教师的人生至诚、事业的责任感，不能仅仅看成什么“技巧”和“方法”，更不应是浮泛的、做作的虚情假意。而且，教学激情还有赖于教师自身的人格结构、知识结构、审美理想的全员参与，是教师个人知、情、意三个方面整合的体现。清人沈德潜在《说诗晬语》中说：“有第一等襟抱，第一等学识，斯有第一等真诗。”教学也是如此。唯有真理、真知、真情方能震撼人的心灵。没有高尚的道德情操，没有丰富的专业知识，没有深厚的审美修养，真正的教学激情是出不来的。

我在教学实践中对此深有体会。我们语文教材中有许多歌颂先烈、革命前辈、英雄人物的好文章。每当我钻研这些教材时总是血往心头涌，他们的广阔胸襟、崇高品德和献身精神叩击着我的心灵，我有时激动得流下热泪，彻夜难眠。作为一个中学语文教师，能够有机会学习祖国丰富、优美的语言，那是非常幸福的。有时候，我备课备到李白的诗、屈原的辞赋，备着备着，人就进入了作品的境界，作品的思想、言辞拨动着我的心弦。这不但是对祖国语言文字的学习理解，而且简直是美的享受，我乐在其中！我教《周总理，你在哪里》时，课堂上哀思如潮，师生都难以自控，这是因为我“自己的教案就是用泪水写出来的”。我把自己作为一块煤，投入炉火，燃烧得通红，率先产生强烈的情感体验。这时，也只有在这时，放射出的火光与热量才会传递给学生，从而产生巨大的美感力量。

2.
创设情境
——这是一片审美的天地

选入语文课本的优秀文学作品，都有着优美的意境。但是在教学中经常会有这样的情况：一篇课文所表达的中心，学生能基本上领会，甚至还能背下某些段落，但并未引起他们内心的激动。即使是感人至深的内容，学生诵读或背诵时，感情也比较淡漠。这往往是因为中学生的生活阅历浅，感情粗糙，对生活缺乏感受力。因此卢梭早就在他的《爱弥儿》里谆谆告诫我们：“千万不要同年轻人干巴巴地讲什么理论。如果你想使他懂得你所说的道理，你就要用一种东西去标示它。应当使思想的语言通过他的心，才能为他所了解。”夸美纽斯也说过：“凡是没有被悟性彻底领会的事项，便都不可用熟记的方法去学习。”

人的情感总是在一定的情境之中产生的，青少年的情感尤其容易在一定的情境中产生。要让学生真正把书读到心里，让他们的思想、情感和课文中人物的思想、情感融为一体，与作者的喜怒哀乐产生共鸣，教师应用教学激情来创设与教学内容相应的情境，创造和渲染气氛，使学生产生身历其境之感，耳濡目染，受到熏陶。这就是我的“情境说”。为了创设情境，我曾采用了“巧引”“美读”“情讲”“趣溢”等多种教学手段，使学生在课堂上感受到情，享受到美，领受到趣，接受到理，从而真正进入作品的境界。

（1）巧引。“巧引”，不是旁征博引，以显知识的渊博；也不是喧宾夺主，使学生晕头转向，无所适从。“巧引”避免理论阐发，多用艺术方法。巧引的目的是为了形成一种气氛，激发学生对学习内容产生期待心理和渴求满足的心理。

比如，教《春夜的回忆》时，我引用了泰戈尔《飞鸟集》中的诗“让死者有那不朽的名，但让生者有那不朽的爱”。这样的诗句读来令人肃然起敬，学生的心一下子就进入了课文所规定的情境，升腾起对开国总理周恩来的思念。“巧引”有时借助线条图像来进行，以达到“目染”的目的。

比如，教高尔基的《海燕》时，我以水彩画《海燕》为出发点，让学生观画想象。画意与“海燕叫喊着，飞翔着，像黑色的闪电，箭一般地穿过乌云，翅膀掠起波浪的飞沫”的诗意相合。我要求学生想象雨前景象，推想雨后景象，想象天空和大海的变化，想象海燕的形象，使静画动起来，从而身临其境地在壮美的意境中神游。“巧引”还可以连锁式地发问轻叩学生的心扉。大凡富有诗情画意的情境描写，往往要涉及景物的形、声、色，笼统地体验，效果不佳。这时，我总是从视觉、听觉、嗅觉、触觉等多方面设计一环扣一环的小问题，帮助学生进入课文的情境，使脑中的图景清晰起来，立体起来。比如，《社戏》中“月夜行舟图”是一段极妙的描写，很有意境。教学时，我连续发问：看到什么？回头看到什么景象？听到什么？仔细辨一辨有哪些声音？再侧耳听一听，是管乐还是弦乐？嗅到什么？和什么味一样？远看怎样？近觑怎样？作者写景，读者造境，这样的教学使外物和内情相融相合，充分调动了学生的知识和生活经验，引起了感情的共鸣。

（2）美读。创设情境，我也经常采用表情朗读的方法。朗读不但能够排除外来干扰和影响，使思想集中，而且是眼、口、耳、脑并用的创造性的阅读活动，是书面语言的声化，用声音再现原作的一种手段。读可以帮助学生理解课文的词句篇章，领会语言的感情色彩，深入体会语言的气势、节奏、韵味和神采。朗读有助于学生掌握课文的层次、结构、重点和中心，增强理解和记忆。而表情朗读，是使学生从正确的语音、声调、节奏方面对作品的内容直接受到感染，引起学生情感共鸣的一种手段。这种“美读”能使学生“耳醉其音”“心醉其情”，从而入情、入境、会心。我经常抓住一流作品的色彩、形象、语言，用美读的手段来实现课堂教学的情境优化。比如，讲授《周总理，你在哪里》一文时，用“四读”组成了整堂课的骨架：一读，体会感情基调；二读，理解描绘的形象；三读，注意押韵和节奏；四读，总体理解和领悟。综观这一课的四读，是引导学生从诗的感情色彩到具体形象，再到押韵节奏的深入过程，也就是从作品中认识美—理解美—欣赏美—再现美的过程。

（3）情讲。所谓“情讲”，是指教师情绪饱满、感情充沛、绘声绘色、文采飞扬地讲述。一个优秀的语文教师，不必是哲学家、医学家，但应该是个艺术家、诗人，应该是善于“情讲”的高手，这也是我作为语文教师所努力追求的境界。我努力做到，讲《春》，仿佛春天来到了课堂；讲《雪》，雪野即在眼前；讲《卖火柴的小女孩》，学生会和我一样对小女孩产生深深的同情；讲《孔乙己》，使学生辛酸得直把眼泪往肚里咽；讲《过零丁洋》，胸臆间油然而生中华民族的浩然正气。课堂上充满了情感和文采的讲述，能够句句扣住学生的心弦，激起学生相应的积极的情绪体验，从而进入教材所展现的情境中去。“情讲”要选准“动情点”。具体而言，是在关键词句上“情讲”，在重要场景上“情讲”，在主题思想的挖掘上“情讲”。一篇好的文章总有一些言简意赅、言简意深、言简意丰的词句，所谓“一字千钧”“牵一发而动全身”者是也。我总是抓住它们，重锤敲打，动情剖析，使其中饱含的思想感情迸出耀眼的火花，照亮学生的心灵，引起他们的共鸣。“情讲”充分体现了祖国语言文字的特殊魅力，以饱满的激情、精彩的辞章淋漓尽致地挥洒，形成一泻千里的情感气势，把学生的情绪一步一步调动起来，又一个台阶一个台阶地推向高潮，直到融入教材所规定的情境之中。

（4）趣溢。生活中常有这样的事情，像“魔方”，当一块块色彩单一的小木块独自存在时不会有人注意它，它毫无“趣”的细胞，但当它们被凑在一起，合成“魔方”时，它的变幻无穷的乐趣就一下子被发现了。汉字亦如此，当它们千变万化的排列组合形成文章时就产生了情趣、意趣、生趣、理趣……有的文章“趣”流于表面，学生一目了然，很容易产生共鸣；有的文章，像议论文、说明文等，“趣”藏得较深，学生认识能力较弱，不能够一下子尝到这种“趣”味，也就入不了文中的“意境”，这时就需要教师点拨。学习辛弃疾的《清平乐·村居》，因为大城市的学生对农村生活不熟悉，对洋溢于诗中的恬淡自然的农家生活画面不易动情，我就让学生把诗人的文字白描变成线条白描，再现翁媪的音容笑貌和大儿、中儿、小儿的动作情态，勾勒村野景色。生活的情趣，乡村的野趣，“小儿”的童趣，一下子从纸上溢出来，诗的意境充分地展示出来了。

3.
激发爱憎——用美去塑造心灵

人的情感是一个多元体，但其基本元素是爱和憎。当然，爱憎本身也是一个广义的范畴，它不仅包括爱党爱祖国爱人民爱亲人，恨祖国人民的敌人，恨专制压迫和侵略，还包括爱生活中所有真善美的事物，恨生活中全部假恶丑的事物。青少年学生的情感天地基本上还未打开，他们的道德观、善恶观处于模糊状态，世界观尚未定型。教师应该把他们情感世界的心弦调拨得十分敏感、坚韧，经得起时代的考验，为他们整个生命航程确定好方向和目标。

为此，教师要深入挖掘教材的思想内涵，寻找最科学合理的动情点；课堂上饱含激情，使尽浑身解数，一笑、一颦、一挥手、一投足，都是一种传递感情的符号，深深印入学生心里；语音、语调、节奏、速度、声情并茂的辞章，就像一根无形的指挥棒去掀动学生感情的潮汐。我讲课时，悲的地方要讲得学生潸然泪下；喜的地方要讲得学生开怀大笑；乐的地方要讲得学生忍俊不禁；怒的地方要讲得学生义愤填膺；美的地方要讲得学生心向往之；丑的地方要讲得学生嫌恶讨厌。教学达到这样一种境界，教师就成为乐队的第一小提琴手，在学生五光十色的感情世界中，引导着学生们演奏出一曲曲爱和恨的交响乐。

在教叶圣陶的《多收了三五斗》时，我先出示戴旧毡帽的农民的木刻画像，又不断地在学习中“巧引”“美读”“情讲”，学生的感情被激发和调动起来了。他们与这些戴旧毡帽的朋友一起先享受丰收后卖粮路上“赛龙船”般的喜悦，后又感受到丰收成灾、希望破灭后的沮丧心情和呆板滞顿的神态，然后同农民们一起苦苦地挣扎，“想把米摇到范墓去粜，碰碰运气”，可此路不通，只好转而苦苦“哀求”米商，可得到的竟是嘲笑和挖苦。课上到这儿，猛然间，平时腼腆温和的女学生小陆怒不可遏地站起来，脸气得通红，她猛击一下桌子：“于老师，米我们不卖了，运回去自己吃。”这一声心灵里流出来的呼喊和声援，固然暴露了学生思想上可爱的幼稚，但其中所传达的爱憎的分量却是凝重的，她已经完全身临其境，与小说中的人物同呼吸共命运了。于是，我抓住这个有利的课堂教学契机，因势利导，引导学生深入认识旧社会套在农民脖子上的四条绳索，从而深刻认识旧社会中国农民悲苦无告的非人地位。

教师就像一位勤恳卓越的匠人，在一块块璞玉上精雕细刻，我就这样通过一节节语文课，把爱与憎的情感深深植入纯真的心田。“仇恨入心要发芽”，美的种子同样也会结出善的果实。这样就既传授了语文知识，又塑造了美的心灵。

四、
呼唤“文化”之魂：
培养情感、态度、价值观

新语文课程标准把语文定义为“最重要的交际工具”“人类文化的重要组成部分”。就是说，语文本来就是“文化”的最基本最重要的载体，它本来就应该满贮着文化的精华来到课堂。可是我们举目现实，在中小学语文教学的课堂上，恐怕仍是应试教育的天下。尊奉教参，答案求一，不闻书声琅琅，只见试卷纷扬。从这些现象中，我们

不难得出结论：语文课偏离“文化”已经太远，它太多地失落了“文化”应有的厚实与丰富，更不必说它的潇洒和诗意了。

我痛心于语文教学被“非文化”异化，我呼唤语文教学的“文化”之魂重新归来！因此，在我的语文课上，我运用多种方法，借助各种手段和媒介，努力培育着“文化”意识，积极追求着“文化”精神。努力营造浓郁的文化氛围，构成我语文教学个性的又一个鲜明印记。

1.
运用古诗词营造文化氛围

中国本来就是一个泱泱诗国。当公元前 12 世纪至前 8 世纪，作为欧洲文学源头的《荷马史诗》面世之际，我国文学源头之一的《诗经》也几乎同时盛行在东方的中国。之后，两千多年的中国文学史上，我们有瑰丽多姿的《楚辞》，有声情并茂的汉乐府，有风骨清俊的建安诗章，有流派纷呈、名家辈出的唐诗、宋词、元曲——这壮阔浩荡的诗词长河，从远古流到现今，从未干涸，从不绝响。孔子曰“《诗》可以兴，可以观，可以群，可以怨”。“兴、观、群、怨”，简言之，“兴”是用比兴手法抒情，使人感动，从而影响人的思想感情，达到教化的目的；“观”是从诗所反映的现实中，认识世情的兴衰和得失；“群”是说诗可以帮助人沟通感情，和谐人际关系；“怨”是表述诗以及文学的情感宣泄功能。这四个字高度概括了文艺包括诗的认识作用、教育作用与审美作用，为历代评家所首肯。

这是一笔多么巨大而丰富的文化遗产。让一代又一代的莘莘学子继承这笔遗产，是语文教师义不容辞的职责。我在教学中十分重视古诗词的诵读。我认为，“中学生如果有上百首诗词打底，别说发展形象思维，就是语言能力也会大大提高”。因此，在我的课堂上总是回响着诗的旋律。每当上课的预备铃声响起，学生已经在课代表的带领下，一首又一首地背起诗来。课还没有开始，语文的气韵已经铺洒弥漫开来。

在教学过程中，我还不失时机地信手拈来最贴切的诗词调动学生的学习情绪。朱自清的《春》是一篇意境优美的散文。课一开始，我就满怀激情地说："一提到春天，我们就会想到春光明媚、绿满天下、鸟语花香、万象更新。古往今来，许多文人墨客用彩笔描绘它、歌颂它。同学们想一想，诗人杜甫在《绝句》中是怎样描绘春色的？（学生背《绝句》）王安石在《泊船瓜洲》中是怎样描绘的？（学生背《泊船瓜洲》）苏舜钦的《淮中晚泊犊头》一诗中又是怎样写春的呢？（学生背《淮中晚泊犊头》）"在学生背诵古诗之后，我因势利导地进一步"引"："现在我们就欢快地生活在阳春三月的日子里，但是我们往往知春而不会写春。那么请看看朱自清先生是怎样来描绘春景的色彩、姿态的。"新课伊始，师生已经进入了万物苏醒、生机勃勃的春景之中。

2.
引用文论诗评强化文化底气

关于这一点，比较突出地体现在我的作文教学中。我对作文教学的追求是：学生能思风发于胸臆，言泉流于笔端，能写出情真意切、文从字顺的文章。为达此目的，我非常重视"讲评"这一环节，制订了众多切合实际的讲评计划，将讲评和作文指导结合起来，并充分调动自己的文化积累，适时适度地引用古今文论诗评，作点拨，讲规律，进行深入指导。早在20世纪80年代我出版的《作文评讲五十例》里随处可见闪烁理性光彩的引用。

"着意原资妙选材"——"秋色图"习作讲评

文无"意"不立——《一颗闪光的心灵》习作讲评

"心神"与"物境"合拍——"××礼赞"习作讲评

"目注"与"神驰"——《献上一支心中的

歌》习作讲评

感之深者言之切——“《黄生借书说》读后”习作讲评

学会在尺水中兴波——“故事一则”习作讲评

以上列举的是我作文讲评教案的标题。在教学过程中，我常常引用得更丰富更具体，我希望通过这些给学生更多理性的启示与文化的熏陶。比如，在阐释“心神”与“物境”合拍的写作原理时，我首先请学生听写唐代大诗人王昌龄谈诗歌构思时用的16个字“搜求于象，心入于境，神会于物，因心而得”，然后解释说：“你要在生活中真正对某一景物有所感触，才会得出志，抒出情；心得来自对生活中物象的启发，心神进入物境，才能写出有血有肉、释理抒情的散文。也就是力求所描述的客观景物与自己的主观感情契合交融，心神与物境才能合上节拍。”学生一下子对“情”与“景”的关系有了较好的领悟。又如，我用刘熙载《艺概》中“叙事要有尺寸、有斤两，有剪裁、有位置、有精神”的论述来讲文章的博约详略处理；引古人“起句当如爆竹，骤响易彻；结尾当如撞钟，清音有余”来强调开头和结尾的要求；引《文心雕龙》“论如析薪，贵能破理”来证明议论文写作的关键在于分析说理论透要害。文化的熏陶、理论的滋养就在这样的氛围里水到渠成。

3. 用历史、哲学、音乐、美术、戏剧、表演等相关知识来拓展文化领域

语文不只是“语”和“文”，语文教学更不能仅仅局限于“语”和“文”。在我的课堂里，教一篇课文绝不局限于这篇课文。语文和大千世界息息相通，每一堂课，我都注意凭借自己通过广泛的涉猎与

长期的积累所形成的艺术修养，自然地打通各学科之间的通道，把学生领到广阔的知识世界，让文史哲等各类文化信息奔聚眼底，开阔学生眼界，唤醒学生的联想力，提高他们的文化品位。

举一个被很多教师认为是经典的教例:《七根火柴》是王愿坚的作品。学生在学习时提出这样一个问题：文章结尾写“无名战士”牺牲了，卢进勇的眼睛“模糊了”，“远处的树、近处的草、那湿漉漉的衣服、那双紧闭的眼睛……一切都像整个草地一样，雾蒙蒙的”。可是，为什么只有那只指向正北方向的手是清晰的呢？这样不是矛盾了吗？在学生不得其解的情况下，我这样说道：“这是一个极其悲壮的场面，犹如舞台上的特写。此时，舞台上的灯光几乎全都熄灭了，唯一的一束光正打在无名战士用尽所有力气、直指正北方向的手上。模糊和清晰同时运用，收到了独特的艺术效果。这样写既表现了卢进勇失去战友的无限悲痛，又给无名战士高擎的手再加上一个特写镜头。二者交织在一起，伴随着整个草原的哭泣，为顶天立地的英雄唱哀歌、唱赞歌。”我在这里引进的关于舞台造型艺术的有关内容，调动了学生的生活和欣赏经验，开启了他们想象的门扉，从而激起了他们情感世界的层层涟漪。

这类例子还可以举出很多：教《孔乙己》，我介绍西方文论关于悲剧的分类；讲人物性格，就介绍京剧艺术中的脸谱；鼓励学生持之以恒，用王国维的“治学三境界说”；强调观察生活的重要，就趁势把罗丹和米开朗琪罗领到了课堂；为讲透古诗词中“留白”的道理，还将白石老人的国画《虾》拿来比照，欣赏它不着水痕、满幅皆水的高超手法。学生在这样的语文课上，获得的不只是“语文”，他们获得了整个“文化”，甚至更多。

五、
让课堂充满魅力：
我的教学语言

三尺讲台，每节课 45 分钟，对每个教师来说都是相同的，教学

效果却迥然有异：有的情趣横生，课堂气氛活跃，学生兴趣盎然；有的平板乏味，课堂沉闷窒息，学生昏昏欲睡。推究其中的原因，至少有一半取决于教师的教学语言。

语言是人类最重要的交际工具，任何精邃的见解、深厚的感情，缺乏驾驭语言的能力和技巧都无法打动人。语文教材大部分是古今中外的文学作品，有丰富的意蕴，如果教师的语言枯涩干瘪，就不可能传达文学作品的神韵，引导学生走进作品的艺术王国，更无法打动处于青春期、乐于接受形象思维的青年学子的心。因此，教学的艺术不妨称为语言的艺术，教学的艺术家也必定是语言的艺术家。

我曾经说过："语文教师必须具备良好的口头表达能力，这种能力不仅是加强教学效果的有力手段，而且能给学生以熏陶，使学生在潜移默化之中理解语言，提高使用语言的能力。教师要把课上得有感染力、说服力，须下苦功学习语言，锤炼教学用语，讲究语言艺术。"我还说："教师的教学语言虽属日常口语，但又不同于'大白话'，应该是加工了的口头语言，与随想随说的日常交谈有区别。教学用语既要有经过人民群众锤炼的活泼的口语，又要有优美严密的书面语言，教课时让学生置身于语言美的环境之中，受到教育与感染。"我自己从走上语文教学岗位起，就定下了奋斗目标："出口成章，下笔成文。"几十年来，我就是抱定"语不惊人死不休"的决心，坚持写详案，认真推敲反复琢磨每句话每个词，"先死后活，以死求活"，凭着这种孜孜以求的精神，终于在语言运用上达到较为理想的境地，形成了具有个性特色与魅力的教学语言，被人称赞为"一讲课就能出口成章，精言妙语脱口而出"。因为我始终在不懈追求着。

1.
追求生动亲切

我对教学语言的追求之一是生动亲切。美国心理学家、哈佛医学院儿童心理学家布鲁克斯的研究表明：教师的语言对儿童的学习极富意义。教师的语气如果单调呆板，儿童就不会产生学习兴趣。生动亲切的教学语言能很好地拉近教师与学生的距离。许多当年的学生告诉我，坐在我的课堂里，不会感到那是在接受教育，是在进行艰苦的脑力劳动，而是觉得春风拂面，赏心悦目；说我就像一位充满爱心和智慧的长者，循循善诱，又如一位平等亲近的友人，娓娓而谈；说无论再艰深枯燥的知识，从我的口里流出来时已经成了生动的、为他们所喜闻乐听的内容。把话说到学生心里，从来是为学为教之道的高境界。

《“丧家的”“资本家的乏走狗”》是一篇20世纪60年代的高中教材中有相当难度的杂文（今日早已不用）。尤其是“丧家”和“乏”两层意思又是全文的难点，我是这样设计教学用语的：“每到春天，我们喜欢吃竹笋。那竹笋是由一层一层的笋壳包裹着的，剥去壳方能观其笋肉。我们分析这篇文章，也采用‘剥笋’的办法，让我们层层剥下去。刚才我们剥去了论敌玩弄‘不知道我的主子是谁’的外衣，还其‘走狗’的本来面目。其实，他不仅是走狗，还是‘丧家的’‘资本家的走狗’。鲁迅在这里，剥掉了走狗这‘竹笋’的第二层壳。那么作者是怎样剥的呢?”一位学生答道：“鲁迅先生阐明‘走狗’定义后，又抓住论敌的境遇，一针见血地指出：这些‘走狗’即使无人豢养，饿得精瘦，变成野狗了，但还是遇见所有的阔人都驯良，遇见所有的穷人都狂吠的，不过这时它就愈不明白谁是主子了。从这里我们可以看出，这些走狗是‘丧家的’‘资本家的’。”我又问：“鲁迅还用了论敌自己的话，从反面映衬这点。同学们看得出来吗?”学生答：“论敌自叙他怎样辛苦。”我说：“是的，论敌说他很‘辛苦’。确实这样。他曾在一篇文章中大谈他在大学教书的‘苦境’，‘每天要跑几十里路，每天站立在讲台上三四小时，每天要把嘴唇讲干，每天要写字使得手酸’。请看，论敌的‘自叙’是这样‘辛酸’，然而因为是‘丧家的’走狗，始终得不到国民党当局的重用。请同学们想想，这样的‘走狗’，它的结局怎样呢?”学生回答：“结局是‘乏’，疲乏。同时由‘乏’而变疯，像疯狗一样穷凶极恶。”我微笑着，一边在黑板的标题上加上一个“乏”字，一边说："这一个'乏'字，一字千钧，最后显露了笋肉，把论敌之流置于死地。"在生动的讲述中，学生的心中、眼前已经赫然出现了那只失去主子、疲于奔命、断了脊梁的资本家的走狗的形象。从这个例子可见，生动亲切的教学语言来自教师正确的学生观，教师不是居高临下地"教育"学生，而是循循善诱地引导学生自己去寻找答案。这种生动亲切，同时来自我平时注重打下的教学功底，贴切的比喻能启发学生的联想和想象，精当的设问与反问能造成悬念，启发学生深究底里，气势流畅的排比能激起学生感情的波澜，适时的反复、强调能加深学生的印象。正是借助这些手段，我的语言拨动了学生的心弦，使学生以主人翁的姿态去主动求知。

我还努力使教学语言的生动亲切不仅表现在语气上，也表现在体态上。教师的体态语言指表情、神态、与学生的目光交流、与学生的空间距离等。我一直告诫自己，走进课堂时一定要有良好的心态，这是我的职业所决定的，也是我的使命所要求的。因此，无论在什么情况下，只要走进课堂，我脸上总是带着亲切温和的微笑，目光中饱含鼓励和期望。教态总是和颜悦色、富有吸引力。我总是站在学生中间，因为师生的空间距离往往也是心理相融度的反映。我从不把目光仅仅停留在最机灵的学生身上，而是面向全体学生，捕捉他们瞬间的变化，并及时用眼神与学生交谈。我用自己的体态语言向学生传递着强有力的师爱信息，这样的体态语言同亲切自然的语气互相呼应，相得益彰，显示出无穷的生命力。

2.
追求词采丰美

我对教学语言的追求之二是词采丰美。汉语是世界上词汇最丰富的语言之一，它反映客观事物、表现思想感情的精密程度和近义词之间的细微差别在世界各语言中是罕见的。几十年孜孜不倦地学习和积累，给了我一定的文化素养、较为丰富的词汇量以及一定的古文底子。储存丰富，底蕴足，教课时就能根据需要信手拈来，脱口而出。

因而，在课堂上，我能够运用同义词近义词转换，运用专业词语、成语、俗语，能够运用古典文学的精华和书面语言的精华等，避免语言的贫乏干枯，增加语言的风采。

上《茶花赋》一课时，我作了这样的煞尾："祖国如此伟大，人民精神如此雄健，一朵茶花能容得下吗？能给人以启发吗？能。为什么能？那是由于作者运用丰富的想象，运用巧妙的艺术构思，不断开阔读者的视野。由情入手，而景，而人，而理，水乳交融。意境不断深化，从茶花的美姿和饱蕴的春色，我们看到祖国的青春健美，欣欣向荣；从茶花栽培者的身上，我们感到创业之艰难，任重而道远；从茶花的含露乍开，形似新生一代鲜红的脸，我们对未来充满着无限希望。意境步步深化，而三幅构图又十分传神，像拨亮一盏灯，使满堂顿时生辉；又似金线串起散落的珠子，完成了一件艺术珍品，促人深思，引人遐想。"这段话中有成语"水乳交融""欣欣向荣""满堂生辉""引人遐想""任重道远"；有书面语"美姿""饱蕴""乍开""传神"等。至于我在教学中所引古人之语更是平常事："诗以一字为工""夫缀文者情动而辞发，观文者披文以入情"……正是由于我对古典文论较为喜爱，才能这般运用。

我还注意从戏剧、电影、绘画、音乐等各种艺术中吸取语言养料。"脸谱""光感""线条""中镜头"等术语在我分析课文的过程中随处可见。这些词语的运用不仅使教学语言词采丰美，而且形成了课堂教学浓郁的文化氛围。

3.
追求鲜明和谐的语言节奏

我对教学语言的追求之三是鲜明和谐的语言节奏。《人民英雄永垂不朽》一课的导语："每个同学的图画书里，都有这样一幅画——人民英雄纪念碑。当你们看到这幅画的时候，曾经想到过什么呢？我在一个阳光洒满天安门广场的上午，瞻仰过人民英雄纪念碑。啊！巍峨啊，它有十层楼那么高，看到它，先烈们的高大形象如在眼前；坚硬啊，花岗石，汉白玉，那样庄严，那样雄伟，象征着革命先烈意志如钢。站在纪念碑前，忆中国革命所经历的艰苦岁月，看现在获得解放的幸福生活，崇敬之情油然而生。我决心一定要继承先烈的遗志，在新长征中勇往直前。现在让我们随着作者的活动顺序和碑的方位顺序，认识和瞻仰人民英雄纪念碑，接受革命传统的教育。”这段话，从句型看，有陈述句、感叹句、疑问句、祈使句；从句式看，有单句、复句；从长短看，短则两三字，长则近二十字。句式的变化、句法的参差有致产生了抑扬顿挫、高低起伏的和谐的节奏，加上调控得当的音量，柔和自然的音质，时而舒缓徐慢，时而高亢激奋，时而停顿间歇，时而一泻千里的语调语速，综合成一种动人的音乐，入耳入心，给学生以美的享受。如果教师的语言单调呆板，始终只在一个平面上移动，而且等速度地流淌，学生只能昏昏欲睡，再好的教学内容也无法教到心里。

在坚守中创造精彩

《工人日报》2004 年 12 月 27 日刊登一刀的文章说，近日结束的以“发现翻译新人”为宗旨的翻译大赛传出令人忧虑的消息：由于缺乏上乘译文，不仅大赛一等奖空缺，而且还把二等奖发给了一个外国人。这一结果足以让国人汗颜。

中文是我们的母语，中国参赛者使用母语的正确、流畅、优美的程度竟然输给外国人，真是有悖常理，令人悲哀。然而，稍作冷静思考，就见怪不怪了。区区比赛结果只是露出水面的有限现象，谈不上是冰山一角，而产生这种现象的原因倒是应该直面正视，探讨研究。

中学语文教学承担着培养学生热爱母语、全面提高学生语文素养的重任。然而，由于它不能急功近利，不能立马显现“政绩”，因而日渐“失宠”，其地位与价值在开设的课程中实际上已下降到小四子、小五子，和外语已无法并驾齐驱。外语追求的是四级、六级，汉语只要应付过去就行了。于是，幼儿园教双语，小学一年级教双语，作为向家长兜售的卖点。这是教育的内环境。外环境更不必说了，以外语为时尚，为光荣，各种媒体中中文夹杂各种各样的英语名词术语，已司空见惯。

改革开放，走向世界，学生当然要学外语，而且必须认真学好，以适应社会发展的需要，更好地开拓前进。但母语是根基，它装载与传承着数千年来的中华优秀文化，蕴含着民族精神、民族智慧，与中华儿女有不解的情结。学好母语，无论是学习、工作，还是为人处世，一辈子都受用不尽。中学生学母语是责任也是义务。重“外”

本文发表于《语文教学通讯·高中版》2005 年第 6 期。

轻“中”，甚至以牺牲母语的学习为代价，不仅是得不偿失，而且是数典忘祖。

“一切都是外国的好”，思想上的殖民对学生学习母语形成了巨大的冲击力，语文教学面临着前所未有的严峻挑战。不少学生对语文漠然、无所谓乃至厌倦，使人忧心。其中有认识问题，体会不到民族的语言文字是民族文化的根，是意识、思维、心灵、情感、人格的形成者，对一个人的成长与发展起着至关重要的作用。但无庸讳言，施教的语文教师更应具有炽热的感情和创新的智慧，扎实的文字功夫和文化积淀。

语文是多情的沃土，盛产宝物。思想的结晶、情感的流溢、文字的精妙，琳琅满目，教师对它要满腔热情满腔爱，以自己的真挚和热情感染学生，以自己对课文的独特见解、深刻领悟引领学生进入宝库觅宝，体味语言文字的奥妙，享受文化智慧的欢乐。倾心于创造精彩，我们就能更有效地守护我们的精神家园。

目中有语法，胸中有中学师生
——对建立新的语法体系的要求

我是一名中学教师，才疏学浅，对语法理论上的许多问题是擀面杖吹火，一窍不通。下面只谈两点极不成熟的看法。

一、讨论问题的出发点与归宿

这次全国许多语言学家和语言教学工作者云集松花江畔，商讨语法和语法教学问题，研究建立新的中学语法教学体系，制定中学语法教学的“共同纲领”，我们在教学第一线的语文教师深为感谢。中学语法教学是中学语文教学的重要组成部分，在语文课里对中学生讲授现代汉语语法基础知识，无论对提高语文教学质量，还是促进全民族语言的健康与纯洁，建设社会主义精神文明，都有积极的作用。及时地制定中学语法教学的“共同纲领”，教有准绳，学有规范，能有效地改变目前语法教学中混乱的情况和困难的局面。

要讨论问题，就要注意出发点与归宿。出发点是什么？归宿又是什么呢？

1978 年，邓小平在中共中央工作会议闭幕会上作了讲话，确定了

这是作者在 1981 年全国语法和语法教学讨论会上的发言。

“解放思想，实事求是，团结一致向前看”的指导方针。最近党的十一届六中全会一致通过的《关于建国以来党的若干历史问题的决议》中明确指出：“社会主义经济建设必须从我国国情出发，量力而行，积极奋斗，有步骤分阶段地实现现代化的目标。”道理十分明白，考虑问题一定要从实际情况出发。从事经济建设要从国情出发，制定新的中学语法教学方案当然要从中学师生的实际情况出发，这个思想必须牢固树立。

学生的实际是什么呢？年龄小，知识少，思考能力、理解水平有一定的限度。十三四岁的初中生比较喜欢形象的东西，抽象的概念、有难度的理论不易接受。

教师的实际又是什么呢？中学语文教师是一支庞大的队伍，人数多达百万。经过“文化大革命”，师资队伍受到很大的破坏，理论水平、语文知识、教学能力参差不齐。除了有条件的地区，有条件的学校，少数教师能探索语法教学的种种规律外，绝大部分教师为繁重的语文教学任务与班主任工作所劳累，难以抽出时间对语法作某些探讨与研究。据统计，相当数量的老师还未能过教材关，即使如上海这样的大城市，市区与郊区的师资有差别，市区的重点学校与一般学校有差别，更不用说山区、林区、矿区、边区等的情况。

讨论问题必须了解和正视这两个实际，如果忽视或脱离这两个实际，即使再好的方案，也会成为空中楼阁。

语言专家犹如设计师，我们中学语文教师好像施工员，房子要我们去盖。设计师设计的时候要考虑到施工员的水平与能力。设计师应该目中有语法，胸中有中学师生。这样讨论问题就会实际一些。

出发点是中学师生的实际，讨论问题的归宿是建立合乎中学实际的语法教学体系，使语法教学在正常的轨道上进行，扎扎实实提高学生的语文水平。

二、对建立新的语法体系的要求

从中学语法教学的教与学的实际出发，要求新的语法体系简明扼要，与长时期使用的“暂拟”保持连贯性，制定方案时采取百倍慎重的态度。

1.
简明扼要

中学生不是大学生，他们需要学的是最基本的汉语知识，以了解汉语组词造句的基本规律，指导自己的阅读和写作，提高听、读、说、写的能力。中学语法教学的目的与任务从属于整个中学语文教学的目的与任务，不像大学的汉语课，指导学生进行语言的研究。正由于只要求中学生了解汉语的基本知识、基本法则，因而制定的体系必须简明扼要。

凡事皆有“度”，不把这个“度”掌握好，详了还要详，深了还要深，增加许多语法术语，“韩信将兵，多多益善”，教师教不了，学生难以接受，效果适得其反。过犹不及，即使是真理，超越一步，也会变成为谬误。中学教育是基础教育，好比盖房子中的打地基阶段；中学语法教学，当然也只是给学生在这方面做点铺基石的工作。看起来学的只是些最基本的东西，但最基本的东西往往是最有用的东西。学生学习语法不是一次完成的，随着年龄的增长，语言材料的丰富，理解能力的提高，他们会在原来学习的基础上加深加广，领略与研究语法各派学术的奥妙。只要有条件，有兴趣，完全可以做到。既然中学不是学习语法的“终结”，那么，中学语法究竟该学到什么程度，就应该牢牢把准。

简明扼要不是不讲科学性、系统性。只把语法教学看作培养学生辨别语句正误的能力是不全面的，认为对辨别正误有关的就教，无关的就不教，把汉语知识弄得支离破碎，那就破坏了知识的系统性。讲系统性，又不能弄成“压缩饼干”，看起来体积小，教起来非“泡大”不可，那就不是简明扼要。根据中学语法教学的目的与要求，对有关的语法知识作全面的、科学的研究，该详则详，该略则略，该取则取，该舍则舍。概念要明确，定义要科学，用规范的语言讲述规范的语言的法则。

2.
有连贯性

任何科学都是在它原有的基础上向前发展的。新的中学语法教学体系应是对过去使用的“暂拟系统”中合理部分的继承，又是在这个基础上吸取新的科研成果而加以发展。“暂拟系统”经过二十多年教学实践的检验，广大中学语文教师熟悉它，并运用它指导学生学习、理解语言现象，正确地使用语言，它在普及汉语知识、纯洁中学生语言方面起了不可磨灭的积极作用。如果这个体系中没有符合语言事实的合理的部分、科学的部分，那么它能为广大师生所接受，又能持续如此长的时间，那是不可思议的。

比如析句的方法，不少类型的句子抓住中心词来分析，句子主干突出，学生能迅速理解其含义，有助于阅读能力的提高。今年语文高考题中有这样一个句子：“很明显，在这一斗争中，凡是拥有某种尽管是微不足道的但是有利于生存斗争的个别特质的个体，都最有希望达到成熟和繁殖。”要求考生回答“拥有”的宾语是什么？只要抓住句子的主干分析，找准了中心词，问题就迎刃而解，不会犯宾语张冠李戴的毛病。主语是“个体”，什么“个体”呢？是“拥有……的个别特质”的“个体”，很清楚，“拥有”的宾语是“特质”。有些句子看来很长，似乎复杂，但只要抓住主干就一目了然。如初中语文第五册中有这样一个句子：“我们流连于他老人家青少年时代曾经在那里游泳的池塘，放牛、砍柴的小山，耕种的菜地和稻田，博览群书、探求真理的住房，教育全家投身革命的灶屋，指点江山、激扬文字的校园。”“我们”是主语，“流连”是谓语，拎起了主语、谓语，“于”和下面的联合词组作补语就一清二楚。也许是由于教师长期使用这种析句方法，驾轻就熟，教学时不感到困难。

又如兼语式、连动式问题，教学中也似乎无困难。“兼语”的概念一讲就明，告诉学生某个词在句子中一身兼二任，既是前一个谓语的宾语，又是后一个谓语的主语，学生印象深刻，分析句子，选这类句子，错得很少。区别兼语式与连动式也只要扣紧主语与谓语的关系说一两句话，学生就能理解。

“暂拟”体系由于经过较长时间实践的检验，优点表现得充分，问题也暴露得比较充分。比如，是不是所有的句子都要死扣中心词来分析？“热爱祖国是每个青少年应该做到的”，明明是“热爱祖国”这个动宾词组作主语，怎能机械地割裂，把“热爱”当作中心词呢？又比如以判断词“是”构成的合成谓语，“他是黑龙江省哈尔滨市第三小学三年级的学生”，“是”与“学生”隔得这么远，怎么“合成”呢？其他如对词、句子下的定义，动词、形容词名物化的问题等都可进一步研究。要尽量吸取语言研究方面的科学成果，使新建立的语法体系尽量科学一点，完善一点。

怕改革的保守思想是不对的，明显的不合理，而又可以改动的，就要认真改，但是也不能因为有这样那样的问题就来个底儿朝天，如果确实目前完美无缺或经过实践检验漏洞极少的新科学体系能够取而代之，我们会服从真理，从头学起。如果是互有长短，或者长处更多一些，就要考虑到中学语法教学的稳定性，尽量以原有的为基点，积极地吸收各家之长。否则，上百万的中学语文教师怎么培训？这是非常现实的不得不考虑的大问题。

总之，要注意连贯性，既要继承合理的部分，又不能裹足不前，要在原有的基础上努力向前发展。

3.
百倍慎重

新建的语法教学体系应该比原有的好，这是确定无疑的。所谓好，就是比原有的更精要、易懂、实用，比原有的更科学，更符合汉语语言的事实。

正因如此，考虑问题、制定方案必须持百倍慎重的态度。留什么，去什么，改什么，增什么，都要瞻前顾后，深思熟虑。要采取科学的态度，要相信实践是检验真理的标准，我们吃主观臆断的亏是不少的，经济建设上如此，教育上也如此。以推行简化字来说，第二次简化方案下来，立即在全国推行，我们语文教师拼命学，然后又卖力地教学生，书报杂志无不照用。可是曾几何时，又鸣锣收兵，不用了。学生本来就错别字多，这一来更增加了混乱。你叫他不要用这些简化字了，他偏用，他写在作文里，写在练习本上，你是理直气壮地说他写错呢，还是承认他写得对？无法下结论，十分尴尬。

因此，要采取百倍慎重的态度，不仅在体系本身具有科学性、实用性的要求，还在于它影响到整个中学语文的教与学。牵一发而动全身，这不是纸上的增加改动，而是关系到百万教师的教与几千万学生的学，教学上的混乱与折腾是提高教学质量的大敌，不能掉以轻心。

前面说过，我只是一个施工人员，高深的语法理论可以说自己全然无知，上面谈的一些看法与要求有不符合科学的地方，请专家们批评指正。我和许多中学语文教师一样，急切地等待着中学语法教学新体系的建立，我们一定认真学习设计师制定的方案，并运用于教学实践，教好学生，努力提高他们的语文水平。

既教文，又教人

如果有人问我在语文教学实践中最主要的体会是什么，我的回答是：既教文，又教人，把思想教育渗透在语文训练之中，使学生的思想水平和理解、运用祖国语言文字的能力获得双提高。

最近，有些毕业生来看望我，说了如下的一番话："老师，以后你还应多教《文天祥传》，让现在的小青年懂得什么叫中华民族的浩然正气。文天祥富贵不能淫，威武不能屈。可贫贱也不能移啊！外国的先进科学技术我们当然要学习借鉴，但是脚要牢牢站在社会主义的土地上。"这些学生离开中学虽已十多年，但中学语文课的教学还在他们身上起作用，这就使我对教文又教人的观点更加坚信，更加认识到在语文学科进行思想教育的重要性和必要性。

有的同志担心语文教学中加强思想教育会不会削弱对学生进行语文能力的训练，会不会降低教学质量，有碍于学生运用祖国语言文字能力的提高。这种担心是可以理解的。十多年来，林彪、"四人帮"破坏语文教学，对语文教学造成的严重创伤俯拾皆是。这伙丑类否定语文的工具性，对语文学科中基础知识、基本能力的教学兴师问罪，大斧砍杀，致使相当一部分学生错别字成串，空话、套话连篇，语言干巴，文理不通，造成语文教学负债累累，未担当起应完成的任务。而这些践踏活动又是在所谓"政治挂帅""加强政治思想教育"的大旗下进行的。这种做法搅乱了人们的思想，是扼杀语文训练的撒手锏。

我们在语文教学中进行思想教育，就性质、目的、做法等任何方

本文发表于《语文学习》1979年第3期。

面来说，与他们毫无共同之处。在“文化大革命”以前，由于广大语文教师的认真实践与研究，在这方面积累了行之有效的重要经验。这些经验告诉我们：语文课是进行思想教育十分有力的阵地，服从于培养社会主义建设事业接班人的总目标。然而，它进行思想教育既不同于系统地传授理论知识的政治学科，又不是贴政治标签，喊政治口号，穿“靴”戴“帽”加“浇头”，而是渗透在语言文字的教学之中，把思想教育与语文训练有机结合起来，水乳交融，使学生思想上受教育、感情上受熏陶、读写能力获得扎扎实实的提高。

一篇好的课文必然是作者情动于中而形于言的产物。我们赞其佳妙，不外乎言其思想深邃，见解精辟；言其感情真挚，掷地有声；言其绘景、状物、记人惟妙惟肖，巧夺天工。凡此种种，皆离不开遣词造句、谋篇布局的功力。语言文字是表情达意的工具，一篇教育人、鼓舞人、感染人的佳作，除了以思想内容取胜而外，在文字的运用上必然有独到的地方。教师钻研这样的课文，要有思想内容与表达形式辩证统一的整体观念，从语言文字的表达入手，仔细琢磨，反复推敲，真正理解作者的写作意图，体会文中所寓含的思想的高度、深度、广度；而在准确地把握文章的主旨后，再从语言和内容的结合上体察文字运用的奥妙与匠心，牢牢捉住作者倾注思想感情的传神之笔。如果把思想内容置之一旁，仅就词论词，就句论句，看起来似乎重视了语文基础知识，实际上鸡零狗碎，肢解体分，语言文字表情达意的生命力受到极大损害，这恰恰是削弱了语文知识的表现。

作者撰写文章时总是先明确写作意图，然后根据写作意图的需要选用最恰当的语言、最合适的表达方法，把文章的主旨准确、鲜明、生动地加以表现，做到情文并茂，以求深深打动读者心灵的效果。教师进行课文教学时就须充分认识和紧扣这个特点，在怎样表达文章主旨和为何这样表达上下功夫，因文释道，因道解文，吃准作者的写作意图；对表现力强的词句、独特的运思布局等抓住不放，指导学生通过听、说、读、写的训练，理解、揣摩、欣赏、品味，领会教材的精髓，受到教育与感染。若离开词句篇章去讲读分析一篇文章，文章的精髓就失去光泽，失去育人的作用与威力；分析推敲词句篇章，若不充分阐发其表达的情和意，就显示不出语言文字的精到佳妙。只有两者紧密结合，既废除架空的说教，又力戒支离破碎的诠释，把思想教育渗透在语文训练之中，把语言文字教“活”，才能充分发挥其工具作用，使学生对范文有真切的理解，从而学会运用语言文字表达思想。因此，在语文教学中加强思想教育，绝不是削弱语文能力的训练，而是更有效地提高语文教学质量。

有些文章是精品，教师只要用心地借助它们对学生施加影响，运用文中生动、美好的形象，抓住点睛之笔，以炽热的感情、晓畅的教学用语，把作者寄寓文中的思想情操淋漓尽致地传送到学生的心中，学生就不仅在思想感情上被潜移默化，受益匪浅，而且有些佳词美句如出自己之口、自己之心，经久不忘。有名学生从阅读中吸收营养后深有体会地说：“要文章写得好，一定要双锤炼。一锤炼思想，二锤炼文字，立意不高的文章，人云亦云，等于白写；但光有好思想不行，一定要选最确切的语言来表达，离开语言外壳的思想是没有的。要表达得好，笔下生风，非在语言上下苦功不可。”

在语文教学遭受林彪、“四人帮”浩劫以后的今天，有些学生不仅语文能力低下，而且是非好恶的辨别能力均受严重影响。为了把学生培养成为有用人才，为了适应四个现代化建设的需要，语文教学必须担负既教文又教人的任务。这是责无旁贷的。

“答客问难”之追求综合效应

一、关于中学语文教学的现状

20世纪70年代末兴起的中学语文教学改革，其范围之广，动员教师之多，是中华人民共和国成立以来所罕见的。首先是由于教师具有高涨的政治积极性，“文化大革命”万马齐喑的局面彻底改变，语文教师怀着翻身的欢乐从事语文教学，致力于改革的实践。其次是冲破禁锢，解放思想，许多教师从自己的文化积淀和对教育事业的挚爱出发，提出了多种多样的语文教改方案，形成了百花齐放、百家争鸣的繁荣局面。比较突出的成绩是：重视学生在学习中的主人翁地位，重视语文能力的培养和智力的开发，着力于编写实验教材和研究课堂教学质量的提高。总的来说，在教学方法上有较大的突破，基本废除了满堂灌，学生学习积极性得到了较大提高。不足之处是理论上的探索比较欠缺，国外或其他学科的某些观点和方法，也不一定是新鲜的，只是自己过去未接触过，就急于移植，乃至抄袭，做法令人眼花缭乱，但与中学语文教学实际往往糅合不起来。学科性质定位是教学中的首要问题，但由于理论上的模糊导致了实践中的盲目。正因为理

2000年前后，上海启动新一轮课改，全国课程改革也方兴未艾。中小学语文学科的教育改革面临着教材、观念、模式等重大问题。为了转变观念，破解难题，2001年，湖北教育出版社出版了于漪《追求综合效应》一书。“追求综合效应”，就是对中小学语文学科及教学整体功能的准确认定与回答。

论上缺乏深厚的根底，一些做法经不起推敲，碰到应试风就抵挡不住，甚而改弦更张，醉心于标准化试题。

考试是教育评价的基本手段，无论是终结性评价还是形成性评价，都是现阶段比较好的、公平的方法，问题在于把教育、培养人的宗旨淡化、扭曲了，把应试强调到极不恰当的位置。本应该教什么考什么，现在却倒置过来，考什么教什么，怎么考就怎么教。这样就相当程度地把语文教学引入了“死胡同”。语文教育现状极不令人满意。高校教师反映：学生入学时有些分数很高，但实际读、写、听、说能力低，书面表达能力尤其低，研究生不会写文章已不是新闻。中学教师反映：现在中学生的语文实际水平令人担忧。读得少，视野狭窄，积累很少。常常听到学生说：语文是“怪”学科，高深莫测，碰到阅读中的选择题，完全是凭着感觉连猜带蒙，是对还是错，完全无把握。语文到了答题“凭运气”的地步，这能算是培养能力吗？

现行语文教学走进了怪圈，学生厌学，原因是综合性的。理论上的模糊与薄弱，急功近利思想的驱使，观念、教材、教法、师资等各个环节恐怕都存在问题，而“高考指挥棒”确实起了推波助澜的作用。考试内容引入“标准化试题”，其初衷是扩大考核面，增强客观性，而结果事与愿违，语文教学，尤其是阅读教学，一步步被逼进那个怪圈。对标准化试题的弊端，国际教育界非议很多，遗憾的是我们尚未洞悉其中危害，尤其对语文学科的错误导向。

造成目前语文教学困境的原因很多，首先是对语文学科的性质认识不清楚，缺乏完整而科学的界定。其次是烦琐哲学在语文教学中泛滥，许多文质兼美的文章被“肢解”成若干习题，抠字眼，抠层次，文章的灵魂被忽视了。再次是严重脱离实际。课文本身同生活一样，丰富多彩，灿烂绚丽，同时又是最实际的。可现在的语文课成了“空中楼阁”，以作文为例，题型花样翻新，套路一套又一套，考试只要题型对路，按程式去套，就可应付。生活活水没有了，真情实感没有了，用文字反映生活的能力没有得到有效的培养。这不能怪学生，而是我们的教学出了问题。最后是语文教学中形而上学盛行。语言和内容严重割裂。语文中的字词，都是一定语言环境中的字词，脱离语言环境寻词摘段、抠字眼，说这个词用得好，那个词用得差，岂非笑话？抽去内容光讲技巧，把原先浑然天成、有血有肉的文章，变成鸡零狗碎、毫无生气的东西，怎么能让学生体味语言文字的表现力、感染力？又怎么能培养出他们使用语言文字表情达意的真本领呢？

无休无止的机械操练、无穷无尽练习册的倾销和名目繁多的标准化试题的出售，把语文教改的成绩打得落花流水。学生的思维被捆绑住了，成了试题的“套中人”。学语文，要讲究语感，讲究灵气。灵气对一个学生来说非常重要。所谓灵气，就是思维敏捷、视野开阔、想象丰富、富有创见。无休无止的机械训练把活生生的学生变成为“机器人”，学生的思维能力、想象能力、创造能力、个性、灵气都给打掉了。这样的语文教学会影响一支优秀语文教师队伍的形成，教师成了“操作工”，主动性、积极性、创造性受到压抑，跟着训练题转，捧着教学参考书上课，灵气也就在不知不觉中被磨掉了。语文教学成了学生用来敲大学之门的“敲门砖”，抽去了应用的灵魂，抽去了文化教养的根基，变味了，扭曲了。门一敲进，砖也就丢了。很多教师明知其中弊病，但人微言轻，身不由己，有的苦涩地说：“这是在带着镣铐跳舞。”此种状况亟待改变，否则语文教学不会有出路。

二、
关于语文素质教育

素质教育没有什么标准模式，它依赖教育者根据具体的对象、环境、条件、内容采取相应的教育措施。素质教育在本质上是一种思想，是一种新的教育价值观，是以学生为本位，以学生的个性发展为本位，以学生的可发展性为本位，面向全体学生的教育。

谈语文素质教育当然离不开对学生的研究与培养。德国教育家第斯多惠说得很对：“任何真正的教学不仅是提供知识，而且是予学生以教育。”离开了“人”的培养去讲“文”的教学，就失去了教师工作的制高点，也就失去了教学的真正价值。语文教学根据学科的特点，须引导学生在素质方面扎下深根。培养学生成为现代建设者，须着力培养他们成为文明的人，有良好的习惯，有奋发的精神，有追求真知的旺盛的求知欲，有克服困难、锲而不舍的意志与毅力，这些思想道德素质均可通过严格的语文训练来培养。

培养学生良好的学习习惯，培养学生读、写、听、说的真本领，培养学生会学习、会思考的本领，这才是语文素质教育的基本要求。

有一种模糊的认识，以为素质教育就是多搞课外活动，素质教育就是反对考试。必须明确：素质教育绝非非知识教育、非考试教育。在科学急速发展、科技竞争日益激烈的形势下，知识教育、理性教育始终应是教育工作的基础。素质教育不仅不忽视，而且非常强调知识与理性教育；不仅不反对考试，而且非常重视考试的运用与改革。课外活动要开展，培养学生兴趣、特长，发展他们的个性，但必须清醒地看到，课堂教学是素质教育的核心与主渠道。课堂教学是学校教育活动和学生学习、发展的基本途径，是学校工作的中心，课堂活动是教育质量的主要保证。要切实落实素质教育的思想，必须大力改革课堂教学，真正摆脱应试教育的干扰，使课堂教学充满活力，充满生机，使所有的学生得到全面的充分的发展。

附带说一说“语文活动课”与“快速作文”的问题。《全日制普通高级中学语文教学大纲（供试验用）》规定了语文学科的课程结构有学科类课程与活动类课程。活动类课程包括阅读活动、写作活动、听说活动等。进行这样的改革，目的在于改变以升学为目标的、单一的课程体系，使学生既能打好坚实的共同基础，又能发展个性和特长。根据语文学科的性质与特点，想只靠几本教科书就学好语文是不可能的，必须课外广泛阅读，开阔视野，参加社会实践，增长见识。因而，要学生学好语文，课外是十分重要的阵地。“语文学习的外延与生活的外延相等”，这句话一点不错。语文在我们的生活中无处不在，只要做有心人，随时都可进行读、写、听、说能力的训练，提高理解与运用祖国语言文字的能力。遗憾的是我们对这个广阔阵地长期以来重视不够，有效地占领更是谈不上。这对语文教学质量的全面提高，对学生个性特长的发展，尤其对文科人才的早期培养，无疑是有影响的。在语文课程结构中明文规定设语文活动课，有助于转变观念、提高认识、开拓语文训练新领域。不过，有一点很值得注意。语文活动课也不能模式化，要放手让教师和学生创造，否则又会步入僵化的怪圈。活动，活动，学生是主人，教师是参谋。

"快速作文"古已有之。《世说新语·文学》中记载：东晋权臣桓温北征鲜卑，立刻要发一篇露布文（一种紧急文书），命从征的袁虎倚马前操笔，袁虎运笔如风，一气写下七张纸，这就是"倚马可待"典故的出处。今天，在社会上繁忙紧张的工作交往中，主事的、办事的在动笔方面多少也得有点"倚马可待"的本领，能在信、电交往中迅速写成准确无误、明白晓畅的文字以灵通信息、决断问题。由于社会上有这种需要，在语文教学中加强快速作文的训练，切实而有效地培养和提高学生快速作文的能力，是重要的，也是必要的。

然而，"快速作文"训练只是写作教学中的一种形式，要以它来涵盖写作教学的全部似乎欠妥。语文能力的核心是"正确理解和运用祖国语言文字的能力"，这是语文教学承担的独特教学目的，是由语文的本质属性决定的。学生要能正确运用祖国的语言文字，准确、生动、简明、晓畅地表达情意，其中的学问很多，既需要教师引导他们进行知识积累，提高文化素养，又要指导他们放眼看世界、看人生，提高认识生活、辨别真善美和假恶丑的能力，至于智力的开发、情操的陶冶等寄寓其中，更是不言而喻。作文水平是语文能力的综合反映，从中可窥见学生的思想水平、认识水平、表达水平。因而，对学生作文能力的培养不能单一化，须是综合性的。总之，"快速作文"的训练与实验是有意义的，它可以训练学生思维敏捷，快速把握事物要点与精神的能力；如果只是追求某些模式，用以应考、应试以取巧，那就另当别论了。

三、关于教育模式问题

对"教育模式"有多种理解。有的是指教育在一定社会条件下形成的具体式样；有的指反映某个国家教育制度上的特点的模式；有的指某种教育和教学过程的模式，反映活动过程的程序和方法。这里讨论的是第三者。

有人认为现在的语文教育普遍实行的还是传统模式，我不同意这种看法。语文传统教育模式有哪些，各自的利弊如何，我们缺乏深入而科学的研究。集中识字、熟读、背诵、程式化的作文训练——八股文等，均属传统模式。程式化的作文训练因与科举关系密切，糟粕很多，束缚青年的思想。而今语文教学中，朗读、熟读、精思、博览已不大见，经常看到的是以中考、高考试题为依据，组织各种名目繁多的训练，课文常被肢解得不成样子。到了初三、高三，许多课文都弃而不学，考什么教什么。这究竟是现代模式还是传统模式，无法下结论，它是语文教学步入怪圈后的一种变种。

教育模式有千百种，国外教育杂志、教育书籍中列举起来可琳琅满目，然而，很少见到下断语，说这是传统模式，那是现代模式。挂一个“现代”有时能吓唬人，但其中的内容怎样，科学根据如何，很值得探讨、剖析，新瓶装旧酒有的是，甚至瓶也不新。教育模式可以多种多样，从语文学科的性质、特点出发，可以多多创造。只要有实际效果，不搞花架子就行。对传统教育模式中的精华应该吸取，但不能照搬，应根据现代语文教学要求加以改进或改造，至于糟粕，如程式化的作文训练，应该毫不留情地加以扬弃。遗憾的是目前“新八股”的训练的危害尚未得到充分的认识，甚至招摇过市，炙手可热。

语文教学要适应现代化进程，首先要准确定位。出发点是什么，归宿在哪里。不从教育观念上狠下决心转变，就难以创造出学生好学、爱学、乐学，教师喜教、爱教、乐教的，师生和谐互动、教学相长的好模式。

四、关于教材问题

语文教材应是培养学生语文素质的沃土。十年来语文教材建设应该说是有进步的。它纵向继承，横向借鉴，吸取了语文教学改革的成果，从全国或本地区范围的实际出发，力求符合语文学习的规律，有效地提高学生语文能力。教材一纲多本，甚至多纲多本，努力探索语文教学规律，这是中华人民共和国成立以来所没有的，应该肯定这种进步。且不说各套试用教材的特色，就其共性来说，进展也是明显的。比如，突出了语文能力的训练，强调了语文的实用性，注意发挥语文教材多方面的培养功能，重视语文自学能力的培养，等等。

当然，教材也并不尽如人意，不论是选文还是编排体例，可商榷之处甚多。说实在的，要选编文质兼美的文章实在不易，书籍、报纸、杂志上，有的文章猛一看觉得很不错，但往往经不起"推敲"，一"推敲"毛病就出来了。因为教材必须规范，语文教材文字更是要规范，仅这一点就够难的了。过去也强调过选"时文"，但教材中变动最大的往往是"时文"。速朽的文章最好少进教材，教师尽可推荐作为课外阅读，供学生浏览。但作为训练学生语文能力、陶冶他们情操的语文教材，不朽的，也就是说经过时间与空间的检验，育人价值不衰的文章，应该有相当数量。这些文章能构成学生的文化素养，把中华文化的根渗透到学生的血液里，使他们不仅理解语言、学习语言，更重要的是懂得做人的真谛，一辈子受用不尽。江泽民总书记在视察北京大学时，对北大学生说，有些诗文就是要背诵，其中寓意十分深刻。看教材千万不能用急功近利的眼光，今日学一篇，明日就见效，这不符合学语文的规律。学语文有个积累的过程，由渐进到豁然贯通。只搞技术性的操作，崇尚雕虫小技，是难以全面提高学生语文水平的。

不合适的教材，有明显缺陷的地方应该抽换。只要对语文学科性质、任务、要求认识一致，这些要做起来并不困难。

教材是教学的依据，当然应质优。但是，使用教材的主动权在教师手中。使用教材是一门大学问，是被教材牵着鼻子走，还是以教学大纲为指导，以培养目标为准绳，去熟悉教材，驾驭教材，为我所用，实现教学目的？其中有教学观念问题，有业务水平问题，有教学能力问题，还有周围众多因素的影响。有人把教材说得一无是处，这恐怕不符合实际情况。如像只要识几个中国字的人，都可以对语文、对语文教材提出批评，有些话很中肯，有些意见不一定正确，因为看人挑担不吃力，自己挑，可能腰都直不起来。教材应进一步改革，意见只要有一丁点儿对的都应该听，应该吸取，做到从善如流。教师对教材改革很有发言权，应该多提意见，多出主意，群策群力，搞好教材建设。

五、关于教法和风格问题

教有法而无定法。为了提高教学效率、教学质量，必须坚持从学生实际、教材实际出发，整个教学过程必须坚持启发式，充分调动学生学习语文的主动性、积极性。每位语文教师各有所长，都有各自行之有效的进行读、写、听、说训练的成功经验。关键在于静下心来，认真回顾，善于总结。一步一回顾，会有许多新的发现，对教材、对学生会有许多新的认识，对语文教学规律会有许多新的体会。教法特色靠自己在实践中创造，风格、流派靠自己在实践中创造。当然，这要靠苦功，靠正确的教育、教学理论和学科理论的指导。

我们希望青年教师成长、成才、成功，但以为用某种教学模式来规范他们的教学行为就能达到目的，这是不可能的。语文学科是如此丰富多彩的人文学科，只要基础扎实、执着追求、广为学习、坚持实验，就能上出一堂堂生动活泼、学生喜爱、质量上乘的课。不同体裁、不同类型、不同年级的课，完全可以采用不同的教法，整齐划一的做法就使课僵化了。语文教学中不能说哪一种教学模式是放之四海而皆准的，是最有效的，大家都要以之为榜样，都要如此做。各种教学模式的产生，自有它实践的土壤和一定的理论指导，但又往往伴随着不足与局限。因此，教学时提倡无恒式，是为了发扬各种教学模式之长，相互补充，百花齐放。用某一种模式来“统”，师生的创造性被抑制甚至被扼杀，课堂里就不可能有活水流淌，语文教学还哪来勃勃生机？

艺术界广为流传一句话：似我者死。亦步亦趋，食而不化，再好的艺术光华也被磨灭了。教育也是一样，长期受计划经济的影响，总想用一种模式来规范教师的教学行为，以期求得快速、惊人的效果，这不过是天方夜谭而已。教育的灵魂在于培养有灵性、有创造性的人，这一点不充分认识，不在教育过程中放在十分重要的位置，应该说是一种悲哀。

青年教师的成才、成功，应该博采众长，广为借鉴，但必须"以我为主"。自己必须有主心骨，不能甲说好就把"甲"奉为圣灵，乙说好又把"乙"奉为圣灵。要谦虚谨慎，不能狂妄自大、目空一切，但要有识别能力，要善于独立思考，辨别真伪，辨别科学的、合理的与貌似科学的、不合理的，要采取拿来主义的态度，拿来为提高自己的教学质量服务，拿精华来组成自己的教法，作为形成自己独特教学风格的"基因"。

一个人的成长、成才，无捷径可走。关键在实事求是地审视自己的教学业务，认清优点与不足，从思想道德、业务水平、教学能力等方面狠抓基本建设，多少年如一日抓住根本，使自己成为一个情操高尚、知识富有、教学上得心应手的教师。根深才会叶茂，只要孜孜以求，一心为学生，毫不懈怠，独特的风格与教法自然会形成。

爱这多情的土地

也许有人会诧异：在社会主义市场经济孕育与发展的今天，人们的目光投向、价值观念发生着急剧的变化，现在来谈语文教学这块园地，未免太不合时宜了。

其实不然。教育事业是生生不息、万古长青的事业；作为中国人，从孩童时期到青少年时代，都必须接受学习祖国语言文字的教育，因而，语文教育事业同样是万古长青的事业。这个事业内涵十分丰富，常谈常新。

改革开放给我国生产力的发展带来了无限的生机。抓住机遇，深化改革，发展生产，繁荣经济，富国利民。面对社会如此的大变革，各种思想碰撞，人们一下子难以有完全正确的认识。再说，对外开放，西方形形色色的思想，包括拜金主义、享乐主义的侵入，在一部分人的头脑中引起了混乱，于是，语文教师的价值、语文教学的价值似乎跌落了。认识上的错位必然导致质量的下降、事业的受损，因此，更有必要来探讨这个问题。

人是有感情的，热爱能释放无穷的力量，创造令人惊叹的辉煌业绩。工人阶级的杰出代表包起帆，这个国家级专家先后革新了 70 多项装卸工具和机械工艺，获得国际发明和新技术展览会金奖九个、银奖两个，国家发明奖三个，交通部和上海市科技进步奖七个。这些科研成果广泛使用，转化为生产力，使港口取得了可观的效益。这个原是码头装卸工的初中生是超乎寻常的人吗？我曾有幸和他多次在一起开会，几年前我曾请他到我们学校给师生作报告，他是那么普通，那么平凡，那么实在，又那么辉煌。他深深地热爱着海港，热爱着他的伙伴，装卸圆木，他亲眼看到“木老虎”血口下丧生的有十多人，造成人员重伤、轻伤的事故五百多起。他立下誓言：我的事业在工人之中，一定要制服“木老虎”，让工人摆脱这种繁重又危险的体力劳动。热爱平凡的工作，热爱自己的事业和同志，这就是包起帆年复一年把自己的想法变成图纸，把图纸变成样品，又经过实践检验、技术鉴定，把样品变成产品，并推广使用的秘诀，这就是他前进的原动力、内驱力。

教育园地和港口相比，毫不逊色，太值得热爱，太值得为此倾注青春和热血了。人不能自然成才，总要靠培养。培养青少年学生的历史重任落到教师的肩上。语文教师教学生语文，和其他学科教师一样，肩挑育人的重任，挑着祖国的希望，挑着社会主义建设事业的未来。人没有第二次青春，青春就是财富，这种财富难以用数据来衡量，不可能用金钱来交换。国家把青春年少的学生交给我们培养，寄予信任，寄予厚望，这份深情只有以赤诚的心、对事业对学生的奉献，才能报答一二。

学生是十分重情义的，教师在他们身上付出的心血，他们不会淡忘。每到教师节，每到辞旧迎新的时候，一封封信、一张张贺卡从四面八方寄来，“师恩浩荡”四个字言简意浓，会使你感到沐浴在春风之中，享受着人间最大的幸福。这绝不是虚言，凡认真做教师的都尝过这番甜滋味，我也如此。举个小小的例子，今年元旦前夕，一个刚获得物理硕士学位的学生从美国回来看望我，他的第一句话是：“老师，感谢你对我的教育，你教我懂得了做人。学坏容易学好难，我是中国人，在国外要挺起胸来堂堂正正做人。我语文基础打得好，外文学起来就容易，我一边攻读研究生学位，一边为华文报写稿。”三十多岁的人，在老师面前还像个孩子，那么真诚，那么稚嫩，师生之间的情意是如此纯真！这番话沉甸甸的，对我这个做教师的来说，就是最高的奖赏，教师的价值、人生的意义蕴含其中。

社会是各行各业的组合体，结构合理，发展就快。我们的社会是社会主义物质文明和社会主义精神文明并举，生产、流通、科技、教育等要协调发展，如果大家都去搞流通，或者都去搞生产，社会怎么前进呢？社会发展呼唤人才，人才需要教育。有事业心的教师把爱撒播到教育这多情的土地上，青少年学生就能茁壮成长。

语文教师在教育这片土地上耕耘，更是情上加情。祖国的语言文字是中华民族数千年深厚文化的载体，教学生读名篇佳作，感受作者热爱山川的深情、报效国家的壮志、艰苦创业的气概，是精神上的幸福，是文明的享受。读先秦的散文，你会陡然醒悟到时代造就了人才，各种各样充满智慧、充满才能的精英如天空中的日月星辰，灿烂，壮观；读现代人的杰作，作者思想的敏锐，洞悉事物的钻探能力，语言的深刻、幽默，乃至尖酸泼辣，会使你茅塞顿开，认识人生，认识世界。“大江东去，浪淘尽，千古风流人物”，苏东坡《念奴娇·赤壁怀古》中的词句就可幻化成无穷的遐想，有悲，有喜，有离愁，有别恨，有壮志，有豪情……寥寥 13 字，展示了辽阔的历史画卷，人生的悲欢离合，语言文字具有如此的魔力，如此的威力，怎不令人惊叹、折服？

要敢于向轻车熟路告别

面对中学语文教学的今天，展望中学语文教学的明天，我思索着……

凡教学卓有成效的地方都与改革紧密相连。由此，我联想到今日的语文教学面貌要有较大的改观，质量要有较大幅度、较大面积的提高，非下大功夫进行改革不可，改革陈旧的同社会主义现代化不相适应的教学思想、教学内容和教学方法。应该说，“改革”这个课题在语文教学领域已谈了好几年，但用“零售”的办法把“散装”的字、词、句、篇知识灌输给学生，把学生思维方面应有的负担和锻炼“转嫁”到记忆上的现象仍屡见不鲜。究其原因，恐怕不在于信奉什么法，而在于具不具备改革的意识、改革的心理意向。人心思“改”，行动上就能迈开步子，反之，别人创造再好的做法，可只是姑妄听之，或者是评头品足一番而已，强烈的改革意识、心理意向从何而来？靠引导，靠培养。既要充分阐述未来人才所必须具备的语文素养、语文能力，又要剖析陈腐的教学思想、教学方法的弊端，剥开现象，深入底里，揭露其落后与危害。锋刃所至，情理迴然，有切肤之痛，才会有勇气向轻车熟路告别，踏上语文教学的新的征途。

它山之石，可以攻玉。语文教学改革应放开视野，不拘泥于小圈子中打转。别种工作的宝贵经验可以开阔我们的思路，从中获得有益的启示。

比如外语教学，也有听、读、说、写的要求。在此不妨对照一下中国人学英文和英国人学英文。以听、说而言，英国人从小在英语环境里生活，不容易感觉到困难；读，就比较难，除识字外还得有相关知识；至于写，就更困难，因为写作还须有其他种种要求。对中国人来说，因为没有英国人那种语言环境，读、写难不说，听、说也不容易。以往我国外语教学着重语言，能听能讲即可。这容易给人以假象，似乎只消从伦敦街头找一个伦敦话说得好的一般英国人就可以在中国教好英文。其实不然，试想北京街头北京话说得好的一般的北京人，又怎能去英国做一个中文教学专家？单能听能说不行，更何况“听”能得其要领，“说”能表情达意，不加训练毫无语文教养的人是难以办到的。过去外语教学只注重语言教学，忽视文学教学，起点低，不易达到应有的听、读、说、写水平，质量长期上不去，浪费惊人。请来的有的外语专家学养不够，水平也不高。从中我们是否可得到启示：我们语文教学中应如何处理好语言教学和文学教学的关系？语文教改中教师的学养、知识覆盖面应占怎样的位置？

我又想到理科的教学。人们往往以为学理难学文易，其实不然。一次，我教《墨子·公输》“公输盘为楚造云梯之械，成，将以攻宋”，把云梯渲染一番，哪知有些学生认为云梯没有什么稀奇。我解释说不能以今天的科技水平看待两千年前，那时云梯是很大的发明。这使我联想到古时的科学家。以数学家言，若在汉代通《九章算术》应是出色的科学家，可是此书内容今天初中学生也能懂得。古时许多重大发明今天看来平常，许多科学家划时代的理论今天已成常识，后人远远超过前人。文科则不然。即以语文而言，千百年来人人从识字始到学有所成，几乎在很大程度上走着相似的路程，而这路程自幼至长相当长远，相当艰辛。以文学艺术而言，超过前人要花很大气力。自古至今语文教学研究得不少，而且反反复复研究，虽不如自然科学那么成科学体系，有直接效用，但其中甘苦，不能说毫无借鉴之处。早年读张志公先生的《传统语文教育初探》，很受教益，可惜以后不见有进一步的系统研究。这一重要课题只有认真研究，切实有所得，对于传统语文教育经验何者应扬弃，何者待发展，才能有更多的发言权。否则，改什么，革什么，雾里看花，若明若暗。

近来语文教学中常有人提到教学艺术，就难免联系到绘画的技法和戏剧表演的程式。技法与程式是长期艺术实践的结晶。如中国画技法、京剧表演程式确有一套，不能忽视它们在培养艺术青年成长中的好作用。但必须认识到这是起步，勤学苦练来日方长。而更多有成就的艺术家谈的是突破成规有所创造，并进一步指出创造必凭借深厚修养与高尚情操。读书，做人，自来并提。我们谈语文教学或进而谈教学艺术的话，又该如何考虑“读书”与“做人”这一对关系呢?

生命在于运动，体力劳动当然重要，但更重要的是动脑筋。脑子是“司令部”，“司令部”失灵，躯体易麻木不仁。人生最可悲的是脑子硬化，思想僵化。但这硬化、僵化并非与年龄大小有绝对联系。这又促使我想到教学问题，若我们的教学很死很机械，久而久之，在学生身上必然产生不良后果。我以为我们语文教学中除切实打好学生的基础外，更重要的是要使学生的脑子灵活。“心之官则思”，善于思索脑子就灵活，教学之道在于使学生的脑子“软化”。因此，我常常思索：改革之关键恐怕在于是否能开学生心窍，能使学生勇于思索、惯于思索、善于思索。

炉边絮话，抛砖引玉，以就教于语文教学的同行。

语文课堂教学改革漫谈

一、课要立体化，多功能

为什么要立体化？语文大纲的开头就谈到这个问题：传授知识，培养能力，发展智力，陶冶情操。

怎么把课上得立体化？我认为要继承传统，废除不足。对陈旧的、僵化的方法要改革，如死记硬背的方法。教给学生的应是金钥匙，不是给结论。如分段归纳段意，写下来让学生抄不好，应该让学生懂得应如何分。因材施教、学思结合、循序渐进、学而时习之等规律则要继承。教育是培养未来的人才，每个时代有不同的特征，人类是发展的，时代的发展需要提高课堂教学效率。所以，我们一定要不断改进课堂教学。

要把课上得立体化，多功能，必须注意五点。

1. 出发点

要改革不能单纯地从教师教出发，还要从学生学出发。教师教学，要教到学生身上，教到学生心中，使学生具备知识，具备能力。教师教学不是代替学生学，统治学生学，而是要引导，如果不考虑学生的学，没有针对性，就会做许多无用功。教师在课堂上的一、二、三、四，是培养自己的口头表达能力。教师的本事就在于引导，让学生在自己的引导下学会学习。

2. 联系网

课堂教学是有结构的，传统的教学是单向型的，教师讲学生听，后来又是学生问教师答，课堂的信息量受限制。我们知道，一个班往往只有几个语文尖子生，也只有几个人问，其他人是陪坐，这样就很难把班级所有学生的积极性调动起来。网络式教学，师生之间是和谐的，是辐射式的，师生之间、学生之间都有交往，使每个学生都学有兴趣。为什么要进行网络式教学？因为教师一个人的思考是有限的，学生常会有超水平的发挥，要把他们的智慧发挥出来。如我教《听潮》，作者用博喻的手法写浪潮来的声音，其中有像铙钹的声音。关于铙钹，注解上有，但有一学生问：词典上与书上注的不一样，是相信词典，还是相信书？我当场表扬了这个学生，并要求大家都去查一查，比较一下，看看哪个解释更准确。学生积极性很高，各种解释确有不一。我要学生最好到《辞海》的音乐分册去查，一查就知道“铙”有两种。这样学生获得了新知，查工具书的能力也得到了锻炼。再如我教《谁是最可爱的人》，文中有一个练习：在文中找出“虚心”的反义词，许多学生都找到了“骄傲”。有一个学生就不找。我问他为什么不找，他说书上没有“虚心”的反义词，书上的“骄傲”绝对不是骄傲，而是自豪。学生认真思考，常会超水平发挥，课堂上能者为师，教学相长。

3. 节奏

第一要清晰，第二要有起伏。文似看山不喜平，课亦如此。上课不能总是等速度，不能在一个平面上，要善于调动教材内容，安排讲练的环节，有起伏，有板有眼，要把握快慢强弱，粗细详略，主次分明，要和谐统一，形成一个整体。因此，要根据教学目的，很好地剪裁，要善于领会教材要点。一篇课文，字、词、句、篇、语、修、逻、文，要教的很多，不可能毕其功于一役，要根据目的大胆剪裁，舍得割爱，蓄之强干，才能达到目的。如我教《二六七号牢房》，抓住两个要点：一是揭露德国法西斯的残忍；二是表现捷克共产党人坚强不屈的崇高品质。这两个要点分布在各部分之中，文中突出这两个要点的就详，就要细，不是突出这两个要点的就删。如文章开头“从门到窗子是七步，从窗子到门是七步”，这里就要细讲：一方面描写牢房狭小，令人窒息，揭露法西斯对爱国者的迫害；另一方面表现作者渴望自由的感情和勇于献身的精神。

一节课是一个整体，各个环节要合理安排。第一，激发兴趣，引起学生学习的欲望。课的起始很重要，这是给课堂定调。高尔基说，写文章开头难，上课亦如此。要三言两语把学生的注意力吸引过来。第二，阅读理解，鉴赏分析，一定要根据教学内容、教材特点、学生实际，分清主次。第三，复习练习阶段，这是从学到用，加深理解。有时课还可设一个悬念，让学生带着问题下课堂。三个阶段互相穿插，每个环节都要设计清楚，方法也是多种多样的。有的轻点，有的细讲，有的重敲，有的让学生咬文嚼字，有时连线成体，也就是说，教师要善于把自己的教学内容与学生反馈的问题，一环一环扣起来，使知识成串。有的一笔带过，有的重锤重敲。如《二六七号牢房》中的“两个人，一间牢房，一年的生活”，这实际上不是句子，连缀起来，就把爱国者之间、父子之间的深情联系在一起。此处就要重敲。有的课可以顺着教，有的可以倒过来教，如《雷雨前》一课，就是倒过来教。一开始这样激发学生的兴趣：一首动人的歌，总是有主旋律，一篇好的文章也有主旋律，今天学的《雷雨前》一文的主旋律就是一句话，请同学把这一句话找出来。大家找出来了，即“让大雷雨冲洗出一个干净清凉的世界”。我问“干净”“清凉”的反义词是什么？学生说是“肮脏”“闷热”。我说对呀，作者为什么这样呐喊，就因为作者所处的是一个肮脏的世界，请看第一幅画——闷热。

每节课要把握45分钟是很难的，但每节课要有高潮，高潮部分要组织好，这是师生的思想感情在教材的结合点上高度和谐的时候。因此，节奏要适应学生的生理特点，讲节奏，还要有速度，现代生活节奏与50年代的大不一样。教育要有超前意识，培养的是未来的人才。因此，学生思维的敏捷度、应变能力很重要。

4. 容量

一堂课可以是白开水，可以是香茶，也可以是牛奶。因此，课要有容量，是多面体的容量。一堂课，要精心设计讲和练的内容，讲和练的内容要使学生能举一反三，不是单打一，要在广度上挖掘，要考虑讲和练的角度和方式，这样努力把课上得立体化，也就是说，使学生在有限的课时里能够进行思想、能力、智力的培养，也就是把知识的传授、能力的培养、智力的发展和思想感情的熏陶熔为一炉，在语文教学中，选择最佳结合点，把四者融为一体。

5. 时代活水

教材中的作品，很多是古人、外国人的，现代文很多是20世纪30年代的。教材跟学生的距离很大。我们教的是20世纪80年代的学生，怎样缩短教材与学生的距离？教学中要注意引进时代的活水，课堂上要有时代活水流淌，让学生感受到时代的脉搏。怎么引进时代的活水？方法多样，有时可用一两句话引一引。如教《祖冲之》，我说如果用电子计算机，可以把圆周率算到小数点后的多少位？一个学生马上回答，可以算到一百万位。另一个学生说可以算到无穷位。我问为什么？他说圆周率是不循环小数，一直可以算下去。我提这样一个问题，是把现代的计算机知识引进课堂，同时又使学生了解圆周率的算法，学生很有兴趣。

二、要激发学生学语文的兴趣，把课上得兴味盎然

国外教育教学改革都十分注意学生的学习兴趣，传统的教学方法也积累了不少经验，如“知之者不如好之者，好之者不如乐之者”“乐而不疲”，一个人喜欢的，就乐意去做。学生的兴趣调动起来了，就会获得良好的教学效果。怎么把课上得有趣，引起学生的学习兴趣？有这么几点要注意：

1. 学生的心理特点要了解

青少年学生都有好奇心、好胜心。青少年的求知欲是旺盛的，对有些东西很喜欢，对有些东西很厌烦。我们要充分利用这种好奇的特点，组织教学内容，选择恰当的教学方法。

2. 要培养学生学习的积极性

我做了几十年的语文教学工作，以前每学期第一节课都是讲学语文多么重要，老生常谈，这样的说教没有用。要把课上得生动活泼，有吸引力，要用事实说话。正如爱因斯坦解释相对论一样，一个男子坐在老年人身边，他觉得时间很长；如果坐在美貌的女子身边，就觉得时间很短。时间是一个常数，课也是这样，上得好，学生就觉得时间短；上得差，学生就觉得时间长。一定要废除说教，把课上得生动活泼。

3.
要实实在在让学生学有所得

一堂课真正学到了东西，学到了知识，对社会、人生的认识深化了，真正有所得，学生就有兴趣。语文学科与别的学科不一样，如果不是学有所得，兴趣很难持久，求知欲难保持旺盛。怎样使学生学到知识，学问很多。它不仅是个方法问题，而且牵涉语文教改的问题，从教学内容到教学方法，到教师的知识面。引起兴趣的方法很多，如直观演示，介绍物品；激发感情，设置悬念；等等。调动学生的积极性，方法是很多的，教师要做有心人，调动学生的学习积极性，增强学生的内动力。

第一，要把课上得趣味盎然，起始课可采用多种方法，把学生引入学习的轨道，但是我们所讲的趣味性，并不是讲一些庸俗笑话，或油嘴滑舌的东西，要把课建立在科学的基础上，学生要求知，我们就在“知”上下功夫。

第二，要把课教得有个性。教材是按文体编排的，比如记叙文，有共同的要素，但每篇又有不同的特点。我们教课要抓住共性，使学生进行规律性认识；抓住文章的个性，就使学生学得具体、深刻，学生能够真正得益。学生单是学习抽象的规律，还不能形成能力，还要学习这些规律在不同的文章里具体怎么运用，要把这个个性特色找出来。所以，教有法而无定法。教有法是说凡是教这门课的，有些法则是要遵循的。

① 从实际出发。一是从教材实际出发，二是从学生的实际出发。一个好的语文教师，要胸中有书，目中有人，教材的特点能准确把握，教材的来龙去脉要烂熟于心。我们是以教材为典范，培养学生的能力，发挥教育作用。对学生的实际要非常清楚，不清楚的话，教学就会无的放矢。

② 不管怎么教，都要取得效果、达到目的。要根据教学大纲的要求，培养学生的听、说、读、写能力。

③ 要启发诱导。教师的本事就是使学生开窍，要引导，要点拨，整个教学过程，就是启发诱导，不能代替学生。

但教又无定法。每个教师都有他的好的经验，都有他的长处。不同的教材，不同的教师，根据不同的学生可以创造出种种行之有效的方法。有的善于朗读，有的善于写作，有的善于分析，可以从不同的方面突破，教师可以发挥自己的优势。所以，课不能上得千课一面。语文跟数学不一样，数学不懂就不懂，语文往往处于似懂非懂状态。小学高年级可以读《水浒传》，中学可以读，大学如研究古典小说则还要读，它的阶段性不像数理化那样明显，这就给语文教师带来了极大的难处，要求教师要教懂学生似懂非懂的地方。因此，教与学不是在一个平面上移动，如果是在一个平面上移动，学生就学无兴趣。对学生糊里糊涂的地方，要一点就自然开通，浅者深之，窄者广之，似懂非懂的地方突然贯通，这样学生就觉得语文课上与不上大不一样。既然教无定法，所以，对于不同的课，教师就可以创造。教师从事的是精神劳动，是创造性的劳动，每个教师都是有创造性的，再好的教材，也要靠教师去理解，去调配，根据学生的实际去教。如初一语文《香山红叶》《济南的冬天》《春》《海滨仲夏夜》这一单元的教学是让学生懂得景物描写，学会景物描写，要教出每一课的特色。起始课，教师导入：我们祖国的锦绣山河，确实是美得令人陶醉，既不同于巧夺天工的工艺美，又不同于绕梁三日的音乐美，也不同于青春活力的健康美，在不同的地方，在不同的季节，美有不同的反映，看作家的笔下是如何展现不同的美的？《春》好像是一幅工笔画，先让学生朗诵，要求学生读准确、读流畅。再者是教师阅读示范，选取片段，对学生进行示范。教材是横式结构，选取一段，以“春花图”为例详析。我提出这样一些问题：这一段描写了什么？描写的顺序是什么？描写的方法是什么？语言色彩怎样？带领学生作细致的分析。通过这一幅画面的分析，学生掌握了分析的方法，“春风图”“春雨图”是怎样描写的，就让学生自己去分析。《海滨仲夏夜》是站在海边看仲夏的夜色，写的是变化的景物，以时间的推移为线索，是纵式结构，要带领学生学会定点观察。《香山红叶》是移步换景；《济南的冬天》要求学生找文眼，即济南的冬天是“温情”的。

教，有时候是平铺，有时候须倒过来，有的当中拎取片段，有的可以变换段落，其目的是让学生准确理解课文，教出个性来。教《花儿为什么这样红》，我一节课在课堂上教，一节课在校园里教。我们校园里的花很多，用教材上的知识去解释校园里花的变化。

第三，课要有一定的深度和难度。中学生和小学生不一样，中学生可以依靠自己的努力求得知识，因此，教他们时要尊重这种心理状况。在某些方面要有一定的难度，不能教得飘、上得浮。一节课要掌握几个关键之处，深入挖掘下去。如果他们看懂到什么程度教师就教到什么程度，学生就无兴趣；一定要技高一筹，选几个点高过他，有一定的难度和深度。这样，学生就觉得学无止境，一定要好好学习，不然，很难激发他们的求知欲。比如教《从百草园到三味书屋》，课文用了对比的方法，一定要弄清楚“比”在哪里，让学生知道对比之中有种种比法，有物与物、人与人的对比，有词的感情色彩的对比，要教到细微处。每篇课文，选一两个点，深入解剖，并不是要难倒学生，而是要培养学生一种进龙宫取宝的精神。

三、语文教师要做学生脑力劳动的指导员，要发展学生的聪明才智

中学教师的教学可以影响学生一辈子。我大学是学教育学的，后来改行教语文，如果不是中学语文老师给我的底子，我后来在课堂上是站不下来的，我非常幸运遇上了几位好的语文老师。学生的青春年华是非常宝贵的，中学时代的东西难以忘掉，小时候不认识的字，现在查十遍也容易忘。教师一定要教到学生身上，刻在学生心中。教是脑力劳动，学也是脑力劳动。对于学生，重要的是发展思维能力，因为掌握知识，获得能力，都要动脑子。孔子说“学而不思则罔，思

而不学则殆”，就是这个道理。学是接收和储存外界信息，思是分析、判断、处理外界信息，教师要把问号装进学生的脑子里，所以学思一定要结合。思维是学生学习的基本功，一个人的认识不能停留在感觉上，不能老是跟着感觉走，不能只认识事物的现象，而要认识事物的本质。

学源于思，思源于疑。一个班里，成绩好的学生经常问老师，成绩差的学生很少问，你要求他提问，他也提不出什么。这就需要教师去激发，培养学生提问题的能力。学生没有问题，教师要设疑。

备课有三：一备教材，心中有数；二备学生，目中有人；三备提的问题。运用教材，针对学生实际，设计好有质量、分层次的问题，激发学生思考。这些问题是学生学课文的桥梁，学课文的路子。这些问题设计得好与不好，关系到教学的质量，一个问题设计得好，一石激起千层浪，有时也能激起一阵涟漪。巴尔扎克说：打开一切科学的钥匙是问号。打开一节课的钥匙，毫无疑问也是问号。我们要使学生学到语文知识，培养思维能力，就要把问号安到学生脑子里。

有疑就有问，有问就要答，教师不是万能博士，要发动学生辨疑，启发学生挖库存，学生是有知识积累的。有一种误解，以为学得好的学生有库存，学习差的学生没有库存。其实不然，我们教的是中学生，再差的学生知识基础也不是零。有一条规律，温故而知新，启发学生挖库存，就是温故而知新。如《藤野先生》一文中写清朝留学生醉生梦死：“头顶上盘着大辫子，顶得学生制帽的顶上高高耸起，形成一座富士山。也有解散辫子，盘得平的，除下帽来，油光可鉴，宛如小姑娘的发髻一般，还要将脖子扭几扭，实在标致极了。”学生问“标致”是什么意思。我说你们太懂得标致了，找一找“标致”的同义词、近义词看，学生找的有：好看、漂亮、婀娜、妩媚、俊俏。它的反义词是什么呢？学生说：丑陋、难看。一个学生说：不对，不对，分量不够，应该是恶心。头上油光可鉴，还要将脖子扭几扭，简直使人恶心得要吐出来。我说是呀，可见鲁迅先生用词多么准确，“标致”的前面用“实在”，后面用“极”描写这种丑态程度，这样的形象实在令人恶心。启发学生挖库存，就不需要教师作过多的解释。

灵活运用多种比较方法，培养学生辨疑析疑的习惯。可以是纵向联系，也可以是横向联系。

辨疑时，对学生要注意层次，设计的问题、提的问题要有层级性，面对大多数，让程度好的、程度差的都跟得上，让每个学生都有所得，认识到自己是要攀登的。有时可以带着问题下课，允许课后析疑。上《木兰诗》，我说“历史学家范文澜先生在世时说历史上有双璧，一块是《孔雀东南飞》，一块是《木兰诗》，这是乐府中的两块美玉，写古代女子刚劲风格的就是《木兰诗》，音韵非常美，课后要好好朗读”。一学生站起来说：“好是好，但尽是吹牛。”我说：“何以见得?”他说：“你想想看，从军十二年，不知木兰是女郎，军队里的人全是傻子。”我要他说说理由，他说：“行军打仗，关山度若飞，跋山涉水。战争间隙就要脱鞋，就要洗脚，鞋一脱，洋相就出来了，因为古代女子是小脚。”我说：“那时女子不缠足。”于是他又进一步问：“老师，你说我国古代女子是什么时候缠小脚的呢?”我从来没有想过这个问题。我说：“我没研究过，不能回答你。这样吧，你也思考，我也思考。”课后我就找资料，经常注意报纸杂志上有关这方面的介绍。我从《陔余丛考》和《文物》杂志上找到了答案，回答了学生的问题。学生积极思维，也激发了教师的思考，达到了教学相长的目的。

四、注意培养学生的思想素质、道德素质、文化素质

语文教学的目的，集中起来就是通过语言文字的教学来渗透思想道德的教育。因此，几个模糊的观念要澄清。

第一，把语文看作纯工具。语文是工具，但它不同于斧头、锤子，它是表情达意的工具，是情和理的统一，它是语言形式和思想内容的统一体。思想感情的教育不可忽视。否则，这个工具就跟其他工

具没有区别。

第二，水到渠成的观念。每篇课文都有思想内容，因此，阅读一定会有思想道德的培养。语文教材里有先秦的作品，古人的思想情趣与今天不一样，外国人的思想情趣与我们的也不一样，即使是现代的文章，也是有差别的。古人之思，跟我们今天培养学生的思想要求不一样。有时水是到了，而渠没有成。我们还是要“拿来主义”“洋为中用”“古为今用”，必须剔除糟粕，汲取精华，必须有目的有计划地培养。什么是教育？教育就是有目的地培养。每个阶段都是有目的地培养。我们的教育要“面向现代化，面向世界，面向未来”，培养有理想、有道德、有文化、有纪律的新人，这就是我们的教育目的。

第三，政治课式的说教。我们对学生进行教育，不同于政治理论教育，我们是结合课文的实际，结合语言文字的特点，对学生进行思想教育，与政治课的教法不一样，我们的教育要“随风潜入夜，润物细无声”。进行思想品德教育绝对不是外加的，而是将课文的内在精华用我们的观点表现出来；要挖掘文章内在的思想性。一篇好的课文，一定是言简意丰、言简意深、言简意赅的。教时就要把较简单的语言文字后面的内在思想挖出来。

在美的世界里
——语文教学中的审美教育

学校是建设精神文明的重要场所。人的精神文明也有赖于美的陶冶，美感对于人的素质的培养起潜移默化的作用。教育者在塑造青少年学生素质的过程中，重要任务之一在于把美感，把人类许多世纪创造的美变为每个学生的心灵财富，变为他们认识世界的审美素养。学校中的艺术课程如音乐、美术等，不言而喻，肩负着这方面的重任，而语文学科也应该根据学科的特点，悉心地耕耘学生美感、情趣的土壤，把美的种子撒播其间。

中学语文教学大纲的制定者深知语文教学中渗透美育的必要性，故而在“总纲”第一部分“教学目的”中就明确提出：“在语文教学的过程中，要开拓学生的视野，发展学生的智力，培养学生的社会主义道德情操、健康高尚的审美观和爱国主义精神。”很显然，语文教学中的美育和语文教学中的德育、智育一样，既要充分肯定它的地位和作用，又要在教学实践中艰苦探索，寻找规律，以求取得陶冶的最佳效果。

教师要善于鼓励学生做美的发现者。美育是培养学生具有感受美、欣赏美、体现美和创造美的能力的教育，学生要能感受美、欣赏美，就要有发现美的冲动与追求。对于人们的眼睛而言，不是缺少美，而是缺少发现。语文课具有极其丰富的美育因素，要引导审美主体——学生，提高眼力，有所发现。教材是语文教学中审美的客体，

本文发表于《语文学习》1989年第4期。

它虽没有音符跳动的旋律美，也没有线条块面的组合美，但由于文质兼美，语言文字合乎规范，必蕴含诸多审美因素。许多文章是古今中外的名篇名作，其中相当数量是经典的文学作品。多种多样的文学作品构成了美的世界，它们汇集了众多的艺术形象，映照了多姿多彩的自然风光。指导学生发掘教材中饱含的内在美，如文中的景趣、情趣、理趣，文中的构思布局、曲笔直笔等，只要进入洞天，就会别有一番滋味在心头。到生活中寻找美，也是语文教学责无旁贷的任务。生活是写作的源泉，要有效地提高学生的写作能力，观察事物、认识社会很重要。在我们的社会生活中，到处充满了可供审美的对象。“凡物之美者，盈天地皆是也。”这是清代著名学者叶燮的话，它告诉我们要善于发现比比皆是的美。引导学生赏云蒸霞蔚，观社会奇景，听流水潺潺，闻花树芬芳，领略人间情深意长，高风亮节，不仅可积累写作素材，而且可发现美、感受美，进而择其优来表现美，发挥聪明才智创造美。

要着力于情境的再现，引导学生进入作品的艺术境界，通过含英咀华，感受美、欣赏美。美，寓于形象之中。语文教学中审美能力的培养主要靠形象感染来实现。因此，教师带领学生对作品中的形象进行有血有肉的分析至为重要。认识形象，理解形象，受形象感染，学生不步入特定的情境之中，难以有深切的感受。教材中不少诗文具有情境美，作者的内情与描写的外物相融合，情景交融，创造出一个个独特的意境，教学中要精心设计，运用绘声绘色的语言渲染气氛，采用多种教学手段调动学生的感觉器官和思维器官，使学生有身临其境之感。其中，激发学生展开想象尤为关键。因为知识往往是静止的、封闭的和有限的，而想象力是运动的、开放的和无限的，想象力是能动的知识。作品中形象的再现离不开想象力的发挥。把握文章的特色，抓住关键词句，可引发学生开展想象。关键词句一经点拨，文章的精神全出，就会使得学生情思萌发、乘兴翱翔，进入文中描述的境地，与文中人物呼吸相通，思想交融。富有诗情画意的情景描写，往往要涉及景物的形、声、色，若仅要求学生笼统地想象，形象往往难以在脑中显现。如果从视觉、听觉、嗅觉、触觉等多方面设计环链式的小问题轻轻叩击，调动学生的知识储备和生活经验，文中的图景就会在学生脑海中立体化，逐步清晰起来。在阅读中要让学生自己去观察、去欣赏，目注神驰，观此思彼，展开想象与联想，并以自己的生活感受为补充，理解文中形象的种种美——或激昂斗志的壮美，或匡正粗俗的优美，或催人奋进的崇高美，或令人断肠的悲剧美，或发人深思的喜剧美，等等，提高辨别真伪、区别美丑、分辨善恶的能力。教师只作引人入胜的启发和画龙点睛的指点。

要用心于感情的激荡，把诗情、文情传送到学生心中，以课文中人物高尚的情操激荡学生的胸怀。美感除了形象性以外，还有感染性的特点。没有人的感情，不可能有对真理的追求。喜怒哀乐，诗之情，文之情，教学中披文以入情是使学生感受美、欣赏美的又一重要途径。课文中作者的感情是客观存在的，有生活的欢愉、人生的思索，有热爱祖国山河的深情，有悲歌慷慨的壮志，有舍己为他人的胸怀，对这些审美客体，学生并非能一下子领悟。显露的尚能领略二三，而委婉、含蓄、深沉的，由于学生年龄和生活阅历所限，不易深味其中的甘甜。教师要善于沟通作品与学生之间的感情，采用介绍作者与写作背景、锤打重点词句、有感情朗读、深思回味等方法，以言传情，以情激情。美具有极大的诱发力，从感情深处触动，性格美、情操美、意志美、气质美都会震撼学生的心灵，对人的素质的塑造起潜移默化的作用。

在读、写、听、说训练过程中，精心地给学生提供表现美、评价美和创造美的条件。爱美之心，人皆有之。青少年学生爱美，并追求美，在进行语文能力训练的过程中，注入美感教育，放手让他们评价作品中的人情美、形象美、结构美、图景美、幽默美、雄辩美，从美的事物中找到美，学生心灵上可得到滋润，感情上会有所净化。要求学生根据课文的特点，选择恰当的词句，清晰生动地描述人物形象，描述自然环境；要求学生在深入阅读的基础上化景设景，表达自己的情意；要求学生借诗移情，借文移情，表达对生活的见解；要求学生续文、作文，把已经感知过的各种材料进行加工改造，创造出新的图景、新的形象。持之以恒地赏美、析美、表现美，心灵就会因受到自然美、社会生活美、艺术美的陶冶而美化起来，“如入芝兰之室，久而自芳也”。

语文教学中的审美教育须臾离不开语言这个工具。我们伟大祖国的语言生动优美，宝藏极其丰富，它表达情意的准确程度、细腻程度在世界上是罕见的。在训练学生语文能力的过程中，要带领学生怀着热爱它的深情，孜孜不倦地探求、挖掘，才能体味奥妙，领略风光。要对学生进行美感教育，教师的语言要富于艺术性。语言不是蜜，但是可以粘东西。语言是思想的外衣，教师要刻苦训练自己的思路，力求清晰通畅，要有意识地清除自己语言中的杂质，力求语言清楚明白。教师讲课所用的语言虽属日常口语，但又不同于“大白话”，应该是加了工的口头语言，既有经过人民群众锤炼的活泼的口语，又有优美严密的书面语言。教师要善于用同义词、近义词转换，善于运用专业词语、成语、俗语，能注意句式的变化，掌握和运用多种修辞手法，增强语言的形象性。阿·托尔斯泰曾这样说过：“在人的大脑里好像有着成千上万个，也许还是成百万个键子，一个正在讲话的人，就好像是用无形的手指在大脑的这个键盘上弹奏一样，而讲话人所奏出来的那支交响乐也就在知音者的头脑里回响起来。”这段话十分精要地道出了语言艺术的重要性。从中我们可获得深刻的启示：教师，尤其是语文教师，须锤炼教学用语，研究语言艺术，使自己用语言所弹奏出来的交响乐，能在知音者——学生的头脑里回响激荡，收到良好的教学效果。

语文课要上得美，优美的语言伴随着丰厚的感情、精湛的思想流入学生的心田，带领学生在美的世界里徜徉，让学生学得愉快，学得兴味盎然，获得艺术享受。

祖国语言美不胜收

教都德的《最后一课》时，一个学生突然站起来十分激动地问我："韩麦尔先生说法国语言是世界上最美的语言，最明白最精确的语言，是这样的吗？那我们中国的语言呢？"一石激起千层浪，教室里沸腾起来，大家七嘴八舌，饱含民族自豪的感情，盛赞祖国语言的优美。

确实如此，我们伟大祖国的语言生动优美，宝藏极其丰富，它表达情意的准确程度、细腻程度在世界上是罕见的。只有怀着热爱它的深情，孜孜不倦地探求、挖掘，才能体味其中的奥妙，领略其中的无限风光。

学语文，总要学写字，汉字具有诱人的形态美，仔细辨别，用心赏析，脑想手写，就会乐在其中。同样是方块字，写起来却可千姿百态。一个字犹如一幅画，有粗，有细，有直，有曲；结构的方式多种多样，上下的，左右的，内外的，各部分之间讲究比例，讲究间架，讲究匀称，讲究整体美。如"哀""衷""衰""裹"这类字是包孕结构的，"衣"字拆成字头"亠"和字尾"𧘇"，"口""中""⺲""果"包孕其中，正因为是包孕其中，就要注意比例，控制笔画的长短；如"中"的一竖，单写可拖长，露锋，以示挺秀，而被包孕在"衣"中，竖这一笔就不能这样处理了。同样的道理，"⺲"中的"一"要略超过"亠"中"一"的长度，"果"不能把下半部分拖长。相同的笔画，安放在不同的字中，有它特定的位置和作用，认识它们，掌握它们，写出来的字就会骨肉匀称。至于用行书、草书写成的篇，更是游龙走蛇，气象万千，多看多读，是一种艺术美的享受。

祖国语言文字反映了数千年中华民族深厚的文化。汉语同义词的丰富，近义词之间极其细微的差别，无与伦比。如果不了解这些特点，大而化之运用，不仅不能准确细腻地表达思想，而且会闹出张冠李戴的笑话，令人捧腹。就说“看”这个最普通的字眼吧，与它意义相近的词可列出近百个，有常用的口语“瞅”“瞟”“瞧”，有书面用语“睥睨”“谛视”“骋目”“凝眸”，有看的角度不同——“觑”“俯视”“仰望”，有看的程度差异——“瞪”“瞥”“扫”“盯”，有看的范围大小——“顾盼”“环视”“纵观”，等等，不一而足。在怎样的语言环境里选用怎样的词语，须深入理解，辨微析毫；只要认真咀嚼推敲，不仅能选准表意中的“那一个”名词、动词、形容词，而且进入词语宝库觅宝，其乐无穷。

“运用之妙，存乎一心”，语言知识丰富、语言实践勤奋的人，驾驭语言的能力可达到使人赞叹不已的地步。阅读这些人写的诗文，愈向深处开掘，愈能品尝到蕴含的甘甜。如诗文中的数字运用，深入钻研，韵味极浓。“一”字在日常生活中用得奇多，别的且不说，单以成语而言，像“一心一意”“一朝一夕”“一板一眼”“一唱一和”“一模一样”“一来一往”等，很多很多。打开《汉语成语词典》一数，归在“一”字下的成语有“一叫一回肠一断，三春三月忆三巴”（《宣城见杜鹃花》），用得十分生动。多接触多思考，就可发现诗文中的“一”有的是数字实用，有的只是虚词，从杜甫的《石壕吏》中可以看得清清楚楚。“吏呼一何怒，妇啼一何苦。听妇前致词，三男邺城戍，一男附书至，二男新战死……”其中“一何”之“一”是语助词，用来加强语气，而“一男”“二男”“三男”的数字皆为实数。运用数字如此之妙实属少见。

我们读诗时，常喜欢读色彩鲜明的语句，悦目赏心，印象深刻。比如有的诗句第一个字就是表颜色的字，这种遣词造句要推大诗人杜甫最出色。“绿垂风折笋，红绽雨肥梅”“红入桃花嫩，青归柳叶新”“青惜峰峦过，黄知橘柚来”等，诗句一下打入眼帘的是颜色，可以收到使读者眼前突然闪亮的妙用。有些诗句把多种颜色写在一起，不仅鲜艳缤纷，而且和谐协调，人所熟知的“两个黄鹂鸣翠柳，一行白鹭上青天”“深红浅紫从争发，雪白鹅黄也斗开”，就起这样的妙用。读诗如读画，丹青挥洒，美不胜收。

祖国语言编织的诗文如彩锦、如云霞，身入其境，仿佛行走在山阴道上，美景教人应接不暇。

建造母语教学的辉煌殿堂

今天一整天都处在一个欢乐、感激的心情之中。欢乐的是我们长三角那么多同行，能够在一起切磋、琢磨，讨论语文教学，这对我们上海来说是一个极大的推动；第二，今天来了很多老朋友，有的是大学的教授，也有很多位特级教师，我心里非常高兴，我们语文界这么团结，这是提升语文教学质量非常好的条件。

前面许多同志的发言使我非常受教育，上午是八节课，分两个会场，每个会场四节课同时开始的。因此，我只能有机会听了两节课，这两节课都是兄弟省市教师上的，我非常受教育。我在教学第一线几十年，深感语文确实非常难教，因为我教过历史，和历史比起来，语文难教得多。语文是一个变数，是X，历史相对稳定，顶多对历史现象的分析观点有些不一样，但是语文是时刻变的，很不容易教。比如历史讲李白时讲到李白的时代，它不会变，讲公元前221年秦始皇统一中国，它也不会变；而语文课本一天到晚在变，我这个老教师，教了几十年，永远是新教师。

有老师讲母语是我们的精神家园，所以今天济济一堂来讨论母语的课堂教学，意义非常重大。因为母语是民族共同体最后的精神家园，民族语言是民族文化的根。一个民族如果不注重民族语言的教学，那是非常悲哀的。可我们母语教学的处境是不理想的。我记得白先勇说过一句话："百年中文，内忧外患。"外患指来自西方语言的

本文根据2008年4月26日作者在首届"长三角语文教育论坛"的讲话整理而成。

冲击，汉语严重西化；内忧，则是我们媚外的文化心态和日渐衰落的母语自信心和自觉意识。我们的汉语语法其实就是西方语法的移植。我不是中文系毕业的，过去我不懂，等到我教语文了，我再去学各个语言学家的语法专著时，我才恍然大悟，我们的语法是“舶来品”，从《马氏文通》起，就是借鉴的，国外时兴什么，我们国内马上就时兴什么。我们受结构语法的影响很大，后来是教学语法。全国语言学会在湖北东湖宾馆成立，大专家王力、吕叔湘等都出席了，参加的还有个中学教师的我，我是大开眼界。也是在那个会上，否定了暂拟语法系统，文学和语言分家。因为这个否定，后来在哈尔滨开教学语法会议，我代表中学做了长篇发言，我就讲“零”在语法里的概念我是不能够理解的，如果这个概念进入中学语法的话，农村、山区的教师就要“二万五千里”长征了。我们怎么能懂？中学语文课堂讲的是常识，不那么深奥，但是对中学语文教学要求又是非常高的，就是不能既可这样也可那样，要准确，要正确，因为基础教育所传授的知识是陪伴人终身的，我们教的是知识的“核”，因此不可以既可以这，也可以那，含含糊糊的。我们要要言不烦、一语中的地阐述。由此，看到白先勇的这句话我深有体会。现在当然更不用说了，现在我们很多语言已经半洋化了，“妈妈”过去叫“母亲”，现在是“妈咪”。西语东进，对于汉语言的教学是极大的挑战，又是极大的冲击。再加上网络语言的冲击，让人看不懂的“火星文”，有时听别人的报告我听不懂，全是名词术语大汇串。

我始终认为理念是可以先进的，但是到了中学语文教师的身上，我以为我们要站在地上教语文，要非常实在。什么时候我们的改革理念是从中国的土地上生长出来的，这就好了，我们也就没那么难了。因为现在相当多的话语权不在我们自己手中，不能说是霸权，但是“西语权”确实是统治了我们。为什么这么说？比如讲民主，讲平等，讲自由，其实我们理解的东方、西方是完全不一样的。西方的民主、自由有个前提，是神学的前提，它说“上帝创造人，给人以平等”，这是它的前提，因此它的平等的终极评判者是上帝。中国的文化是人的文化。我记得上海“二期课改”研讨，最后要我讲，我就讲一点，我说我年纪大了，我已经 79 岁了，我的工作实在是不能承受之重，审教材要从小学一年级审到高中三年级，并且带两个语文教师培养基地。说老实话，与其说我是带基地，不如说我向基地学员学习。他们对文章的思考、他们的阅读、他们的实践经验，对我来说是一种养料，滋养了我这样一个衰老的生命。会上我就讲，我们的课改理念都是外国的，但是中国有上千万的中小学教师，他们有非常多的丰富经验，这两者对应不起来。

记得我第一次读《学习的革命》，我看到其中很多案例在我们中小学里都有。但是，这变成了他们的话语权，我们的第一线教师没有话语权。先进的理念，到了课程标准里面已经有落差，课程标准到教材又是一个落差，再到第一线教师又是一个落差，因此怎么能怪教师对这个理念不完全理解？教师不可能完全理解，一定要在实践中逐步地磨合，逐步地领悟。我想第三次课改我是看不见了，但是我希望第三次课改是中国特色的，是由致力于搞中国的教育学的大专家来推进。不要言必称外国，当然也不要言必称孔子，要有进步。其实孔子的理念到现在有好多都没做到，如因材施教，我们这些不肖子孙就没做到，而是搞应试教育，一刀切，这就是我们的现状。

上海推行“两纲”教育，其实就是根据中央 8 号文件，以及调研的中学生现实的精神世界的现状制定的。“民族精神教育”实际上抓三点：第一，国家意识。我们那个时代只有国家没有个人，公而忘私，社会教育功能和学校教育功能是一致的。现在学校教育的价值观和社会媒体的价值观是碰撞的，所以要培养国家意识。第二，文化认同。中华民族之所以历经内忧外患，五千年屹立不倒，归根结底是文化。中华民族有极强的文化融合力，各个民族要在中华国土上站住，全是站在中华文化的基础上，所以文化的力量是很强大的。但是，现在的年轻人对民族文化的认同是个很大的问题。现在快餐文化盛行，年轻人没有生活经验，没有文化积淀，错把腐朽当神奇。第三，公民人格。基础教育是培养合格的公民，学生从小就要明白，做一个合格的公民，需要什么样的素质。“民族精神教育”强调这三个方面，是做了大量的调研工作才制定的。

“生命教育”也是这样。现在的学生很脆弱，这样的人将来怎么担当重任？“天将降大任于是人也，必先苦其心志”，我们要实现中华民族的伟大复兴，要靠现在的年轻人，靠我们的后代。可他们脆弱得很，生命是一根脆弱的苇草，经不起挫折，经不起批评。一个人的人生道路，不如意者十之八九，如果没有一个乐观的生活态度、宽容的人生态度、求实的科学态度，怎么能走好人生道路？“生命教育”要求学生学会尊重生命，珍爱生命，使自己的生命有价值。我们培养人注重科学精神、人文精神。什么叫人文精神，就是对人生的根本问题进行根本的思考，如人生的意义和价值、历史和现状、物质与精神、道德与物质等。所以，“两纲”教育切合我们培养学生的现实需要。

我到教育部去参加基础教育高中语文课程标准的讨论，有一张图表触目惊心。它在调查了校长、学生、家长、教师后，相关情况用直观的柱状图表示出来。在这些人看来，知识与能力最重要，而责任心、求异思维、创新精神居次要地位。在教师心中，第一是知识，第二是能力，至于做人的其他素质，如责任心等，则不重要。说实话，一位真正的教师，第一要教给学生的是责任。美国通过调查认为 21 世纪的人才需要三大基础、五大能力。三大基础：第一是能力基础，第二是思维基础，第三是素质基础。素质基础的第一条就是责任心，第五条是诚实正派。我们现在诚实吗？前些时候我们举行作文比赛，作者写了承诺书、保证书，但查下来还是有相当数量的作文是网上下载拼凑的。因此教育的形势是很严峻的，我们要培养的是党和国家所需要的德、智、体全面发展的现代文明人，要有中国心，要能够做社会的建设者和可靠的接班人。这“可靠”两个字，千钧重！因此，“两纲”教育，不管是从上海来讲，还是从全国来讲，确实是非常必要的。现在有关方面要编写中小学德育大纲，第一条就是学科德育，我举双手赞成。我一直认为德育非进学科不可，不进学科是没有生命力的。过去把德育变成各种课余活动，是可以的，但归根结底，课堂是堡垒战，课堂影响学生的生命质量。课堂到底教什么，我记得意大利诗人但丁说过：“一个知识不全的人，可以用道德来弥补；一个道德不全的人难以用知识来弥补。”学科德育确实是为了学生的健康成长和祖国的未来发展。

“两纲”教育跟上海的“二期课改”，跟全国的第八次课改，理念是完全一致的。要把这件事情做好，前提是目中有人。要从学生的实际出发，教师一辈子最大的事情就是一个心眼为学生，因此我们的改革，就是一切为了学生，我们理念的核心就是以学生的发展为本，这和我们的科学发展观是一致的。过去的教学大纲和教材长期以来都是以知识为本，以知识体系为本，现在转化到以学生的发展为本，这是极大的进步，这是回归到教育的本质。教育的本质就是培养人。因此，这样的理念要落实，必须有三个维度的支撑，就是“知识和能力”“过程和方法”“情感态度和价值观”。任何一个事物，任何一个改革，都是很难的，因为在习惯的轨道上走惯了，驾轻就熟，从知识体系为本到以人的发展为本，这个步子跨得非常大，因此我们的课堂教学，仍然经常是只看到知识，我们的教师很长时间都是在研究教学方法。但方法从来是第二位的，本体知识和灵魂才是第一位的。

因此课堂教学不仅要讲究教学效率，更要讲究教什么。

教什么从课程来说，起码有三个层面：第一，课程的知识体系，比如定义、法则、公式等。语文有语文的知识体系，我们所有的公开课都是品味语言。语文只有品味语言？品味语言是要的，但是不能以局部来涵盖全体。我斗胆说，任何一门课，没有一个知识框架，那是很可怕的事情。我们现在的教学是零散的，品味这个词或那个词，怎么构成一个知识框架？学生要健康发展，必须有个基本的知识框架。第二，能力的提升。从柏拉图开始就讲，不要把学生当作容器灌输知识，而是点燃他心中的火把，点燃他的智慧，通过实践训练，形成他的人格。对语文来讲，能力的训练就是听、说、读、写。现在学生的写作能力很差，中考很多学生都是背 10 篇作文，然后拼凑，没自己的话。没有自己的话最可怕。人之所谓人，和禽兽不一样，就是他能用语言来表达思想情感。“读书实人类特有的神圣权利。”学习不是为了应考，而是为了一辈子发展。我曾经讲过，如果高考不考语文，起码有二分之一的学校不教语文。因为语文不能急功近利，数学、英语补一补课可能分数就上去了，而语文水平是人的素质的水平、知识的水平、思维的水平，它要磨炼，一点一点积累。第三，价值体系。所有的课程既有知识结构，又有价值体系。现在“以学生为本，促进学生的发展”这个概念不是口号，教育是没有口号的。真正的教育著作中，就没有口号。那么复杂的育人工作，三言两语概括成一个口号，就想把全部内涵囊括，这是经不起推敲的，不是哲学上站不住，就是语文本体自身也站不住。教育就是老老实实地教和学，它应该是教学的有效性和价值灵魂的感染熏陶积累起来的。

现在课程标准谈到语文的性质是工具性和人文性的统一。我在 20 世纪 90 年代写文章提出这个观点，很多人反对。其实，我是读了很多书、研究了很多学生的具体情况才提出的。我们教学中常一课一练，天天练，在题海、题库中浮沉，优美的文章被“碎尸万段”。文章本身是综合体，现在的语文教学只见树木不见森林，这不是语文。我们强调人文性并不是不要工具性。工具性从课程角度来讲，是培养学生的实用功能，而人文性是熏陶感染，是在价值观和人生观方面，在情感态度方面，让学生不断地提升，懂得做人的道理。读书就是明理，明做人之理，明报效国家之理，如果这两条都做不到，书就白读了。工具性与人文性是一个统一体的两个侧面，就是说教语言文字时把它的内涵，把作者的真正写作意图表达出来，就使得语言文字的表现力、生命力体现出来了，同时熏陶感染了学生的灵魂。所以，我们既要从实用功能上，一节课一节课，扎扎实实地培养基本功，又要培养、熏陶情感态度和价值观，两者是一而二，二而一的。

其实，这里面有个概念要转换。我们的教学较长时间以来是线性思维，从牛顿经典物理学以来，都是线性思维。我上了几十年的课，开始都是我讲，学生听；学生问，我回答。课堂是师生之间的线性往复。而现在，从爱因斯坦拉开近代物理学的序幕，我们开始多维思考。今日的课堂教学为什么要三个维度？从人类科学的发展、思维的进步来讲，必须是三个维度，才能够落实。一个是线性思维，只讲知识和能力，一个是立体的多维思考，使学生在学习知识、培养能力的同时，又学了学习方法，使情感态度和价值观受到熏陶。因此，要实践课改理念，不是那么容易。一个先进的理念，伴随着很多思想观念的转变。因此全国的课改也好，上海的“二期课改”也好，最大的挑战莫过于教师，因为教师是教育理想和教育现实的转换者，必须实实在在去做的。我们培养人，德智体美全面发展是理想，要把它变成一个个学生的个体成长，谁来转换？靠教师一堂一堂的课，一堂一堂的班会，一个学期一个学期的教。现在这个先进的教育理念，要靠我们把它转化成教育的实践，所以我们一直讲教师的教育是非常重要的。我一直在教学第一线，我从来都觉得责怪教师是错的。上一堂公开课不容易，我上了一辈子的课，上了两千多节公开课，没有一节课是十全十美的。我上好课以后反思，不是这里有毛病，就是那里有毛病。也正因为有这样的不足和缺陷，乃至错误，才促成我改进，教学逐渐完善起来，就像罗曼·罗兰说的：累累的创伤，就是生命给你的最好的东西。

在这样一个多元经济并存、多元文化碰撞的背景下，语文教学的处境是很困难的，但是再难，也要坚守我们的精神家园。母语是我们全民族的精神家园。我们不可能去改变社会，但是在大气候下可以营造小气候。课堂上我们还是主人，是可以主宰的。尼采曾说：只有经地狱磨难的人，才能有建造天堂的力量。教师就是这样，在教学中历尽艰难，就会力大无比。建造我们母语漂亮、辉煌的殿堂，靠的就是执着的精神。米开朗琪罗画西斯廷大教堂的顶，画了四年，他的《创世纪》至今没有人能超越。他能坚持能成功我想是因为他有这个理想。艺术家之所以成为艺术家，要有一个敏感的灵魂，教师和艺术家一样。在今日学生情感比较淡漠的情况下，教师首先要成为有敏感的灵魂的人，对外界的真善美，能够大量吸收，能够成为“自正”的人。

汉语言文字是世界上最美的文字，一个字、一个词语就是一个故事。你深入其中，热爱我们的传统文化，沉浸在中华优秀文化当中，就会感到自己成长了。我 80 岁了还要成长，这样总有一天，汉语的生命力真正掌握在我们手中。只有把我们的下一代培养好，中华民族的伟大复兴才不完全是美梦，而是辉煌的现实。

最后，再次谢谢大家！

走进新课标

各位老师：

中午好！

陆院长邀我给老师们谈谈对新课程标准的体会。在座的老师们都是骨干教师，一支队伍有了骨干，这支队伍的质量就能不断提升。其实我的体会也是有限的，可能不如老师们在自己的岗位上想得多，想得深，想得广。陆院长说你们在研究一个课题，是关于语文能力培养的，另外是在阅读能力培养的过程中，如何把听、说、写综合进去，在实施的过程中会碰到各种各样的矛盾，比如工具性和人文性的问题等，究竟应该怎么把握。我就所知道的一些情况、所体会到的一些认识跟老师们交流，谈得不对的，请老师们批评指正。

谈这个问题之前，首先要把前提搞清楚。中华人民共和国成立以来，这是教育部进行的第八次课程改革，上海现在是“二期课改”。全国的第八次课改和上海的“二期课改”的理念非常接近，很多地方是相同的。我们思考语文教改的问题，进行课题的研究，要有一些前提，这前提就是课程改革的大趋势。20 世纪以来，从世界范围看，有过三次大的课程改革。第一次课程改革主要是因为工业发展的需要、资本发展的需要。过去的教育是绅士教育，后来要变成大众教

2008 年前后，上海“二期课改”的主攻内容是对新课程标准内容的完善和内涵的理解；从课改工作推进上看，教师在课堂教学中的具体落实，是“内容完善”与“内涵理解”的关键。针对“落实”存在的问题，于漪于 2008 年 4 月 9 日应邀到上海市黄浦区教育学院作学术报告。本文根据这次学术讲演整理而成，题为《走进新课标》，收入“于漪新世纪教育论丛”《坚守》。怎样走进新课标呢？本文紧扣具体工作的实际，先解“思想疙瘩”；再讲以学生发展为本的“三个支柱”；尤其针对“标准化”命题突出了语文学科的人文性意义，通过列举教例来提升教师对于课程的基本认识。

育。到20世纪中期的时候非常强调知识，“知识就是力量”这句话是根据工业发展的需要倡导的。20世纪七八十年代以后，就开始世界上的第三次课程教材改革。这次课程改革最大的特点就是发现把人当成物是不行的，必须以人为本。这是一个很大的变化，必须以人为本，把人附着于机器是不能解决问题的，支离破碎的知识也是不能解决问题的。世界上的第三次课程改革还有一个很大的特点，也是前所未有的，那就是非常重视基础教育。如果基础教育不能保证质量的话，那么对人的培养就是没有根基的。

我们的这次课程改革是在世界课程改革的大潮里，其实现在世界各国的课程改革还正在进行中，并不是过去式。我们这次课程改革很大的特点，即核心理念，就是以学生的发展为本。这个核心理念和过去比有很大的不同。我参加过很多次语文教学大纲和语文教材的审查，过去讨论问题的时候总是以知识为本，以知识体系为本，现在转变到以学生的发展为本，这是极大的进步。大家现在看到，21世纪之争归根结底是人才之争，经济之争实际上就是科技之争，科技之争到最后就是人才之争。因此每个国家考虑的都是如何把人口变成人力资源。邓小平同志也讲过，我们这样一个人口大国，如果通过教育，成为人力资源的大国，那是世界上很少见的。人要成为人力资源，就要通过培养，因为人不能自然成才，所以教育就是非常重要的事情。放眼看世界，各国都是把教育放在战略地位上，而且把基础教育提高到了过去从未有过的高度。对我们而言，要接受以学生发展为本这个理念是很不容易的。

我们至少要解决三个思想疙瘩：第一是学生的培养是外塑的还是内建的。我们一般认为名师出高徒，学生的培养主要通过外在途径塑造，现在新的教育理念认识到，外塑是有作用的，但是归根结底要靠内在建构，因为所有学生的学习都是在他生活经验、学习经验的基础上不断地增添新的知识，增长新的能力，离开了他本身的学习经验和生活经验，很难说是学习。外塑必须通过内部的建构才能起作用。我们过去讲哲学思考：外因是变化的条件，内因是变化的根据。我们要学生学和学生自己要学是很不一样的，我们要学生学的时候，用十分的气力有时只收到一分的成效；学生自己要学的话，就以一当十。并不是所有学生的培养我们都花了精力，一定的外在条件是必须的，但是他能不能成才，就是中国一句老话：师傅领进门，修行靠自身。所以课改理念里调动学生的内在积极性很重要，一定要把学生的积极性、自主性激发出来，唤醒他，这样我们的教改才能成功。

第二是课堂的师生定位。我们长期以来是“三中心”：课堂为中心，教材为中心，教师为中心。课堂是重要的，学生接受教育的大多数时间是在课堂，因此课堂教学的质量直接影响学生生命的质量，影响学生青春的质量。学生一天八九节课都在课堂，他接受怎样的教育必然影响他生命的质量。但师生究竟怎么定位？过去往往是越俎代庖。我年轻时有很多错误的认识，常认为只要我讲清楚了，学生一定学得好。但这不见得，你讲清楚了，学生不一定学得好，教师一样地讲，学生有的就理解得很好，有的只理解 60%，有的甚至只理解 20%，还有理解错误的。因此，教师讲得好不等于学生学得好，这里有很多学生的主观因素。还有就是教师讲的是不是从学生的实际出发，因为教师是无法代替学生学习的。我做了很多年教师，我充当的角色是二传手，我把书上的知识自己理解了然后传给学生，对学生自己的理解体验我是不大重视的。实际上我们老师并不是起中介的作用，既不是代替学生学习，也不是一个中介，教师实际上是学生学习的引路人，给他指出一条学习的路。所以施教之功在于启发点拨，让学生开窍，课堂不只是教师传递知识的场所，还是教师引导学生学习知识、提高能力的场所。

我们的课堂经常是让学生隔墙看花，其实如历其境和身历其境是两个完全不同的概念。我们的课堂教学经常是让学生如历其境，好像进到这个境界中去了，实际上他还是旁观者。一定要让学生身历其境，去读去写去想，让课堂成为他实践的场所，成为理解和运用语言文字的场所。能力的培养一定要经过实践，教了多少年以后我才慢慢地悟到这个道理。有位《解放日报》的记者，当年是我的学生，我一堂课教下来要她复述课文，她起码可以复述 90%，这很厉害。但是有的人复述 50% 都讲不清，差别很大。一个班级的学生从分数看差不多，但实际上接受知识、理解知识的能力差距是很大的。我以前举过一个例子，汤显祖的《牡丹亭》中，丫鬟春香对小姐讲，现在春天到了，外面怎么怎么美，小姐是如历其境；等到她一到园子里，真是“不到园林，怎知春色如许”，这时候她是身历其境了。她会有很多想法，朝飞暮卷，雨丝风片，因此她会想到“生生燕语明如剪，呖呖莺歌溜的圆”。她没有亲身经历是体会不到的。从这里看师生定位，教师是指导者、组织者、参与者、点拨者、引路人；课堂教学是有计划的培养，不是放羊，因此课堂教学怎么组织，怎么结构，怎么运用资料，就看教师的科学和艺术。教师是课堂教学的组织者，也是参与者，师生平等，但教师是平等中的首席。我有时听课，发现有些教师放弃了这个身份，学生讲得并不怎么好，教师却说他好，这样是不对的。好就是好，较好就是较好，不行就是不行。课改对教师的要求更高了，要有判断力，课堂上能够即时应对，要有驾驭的艺术和能力，不是你好我好大家都好。教师是一个引路人，是一个助跑器，是帮他跑，并不是要你去披荆斩棘，而是组织学生来克服困难，克服障碍。

第三就是如何面对少数尖子和全体学生。我们的教育非常强调“两全”，全面贯彻教育方针，面向全体学生。在贯彻教育方针的过程中，体育不受重视，导致学生体质下降。现在有的小学会有这样的怪现象，一年级的学生下课也不准出课堂，上厕所要举手，这个怎么行？孩子像小鸟一样要接触自然。因为怕出事情，就不让出去了，这怎么行？因此要落实全面贯彻方针很吃力，没有勇气没有信念很难做到。面向全体学生，是基础教育的性质所决定的。因为今天的教育质量就是明天的国民素质，这是规律，是不以人的意志为转移的。在座的老师都非常年轻，你们没有经历过“文化大革命”。“文化大革命”，教育就断了十年，我们的教师队伍就有断裂层。国民素质不是一两个人的素质，不是少数人的素质，而是全体民众的素质，因此教育要面向各个层面的、各种类型的学生，都要通过教育在原有的基础上提高。现在的应试教育使很多学生成为陪读，一个学生如果只是充当陪读的角色，他再有什么样的能量都不会发展。脑科学最新的研究成果告诉我们，人都有巨大的潜能，我们要通过教育开发学生的潜能。

这两天晚上的“青歌赛”，评委中有一位是上海的男中音歌唱家廖昌永。廖昌永能成为歌唱家，全是因为碰到好老师。谁发现他的？不是音乐老师，而是政治老师。后来他到成都，但在成都老师认为他没有多少潜力；他就到了上海，碰到了周小燕老师，周小燕老师把他的潜能开发出来了。他的外语不行，但模仿能力极强，唱美声唱法，唱普西尼的歌剧极好。各人有各人的特点，一个农村的贫苦孩子，现在变成上海音乐学院声乐系的系主任，是因为老师给他指了一条路，他奋斗出来了。学生的潜能要靠老师发现，所以我们这些教师，特别是骨干教师，要慧眼识英才。

我一直强调分数不代表人，它不能完全反映一个学生的整体素质。我过去教的学生，有语文不及格的，但是慢慢调教，三年调教下来，照样考取清华大学。教师就是要调教，不断地调教，用你的耐心、你的爱心去调教。每个学生都有他的特点，尖子要不要培养？当然要培养。我们国家尖子不是多了，而是太少，我们缺具备综合素质的人才。所以我们首先要面向全体学生，同时也要抓住少数学生。我们这样的时代应该是逐步出文学大师的。易中天说这个时代不可能出大师，并不是这样。大师的出现要很长的孕育时间，一定是很多的人才都到一定的水平，才出得了大师。我们的体育那么困难，体育比赛是拔尖子，如果普及得好，就容易提高。我们的乒乓球优秀运动员那么多，就是因为普及得好。我们的足球那么困难，就是普及得不行。普及得不行，要提高很难。人是会变的，人的发展潜能是不可简单预测的。所以我们要以学生的发展为本，既要考虑学生的潜力，要面向全体学生，又要抓住一些尖子来培养。如果这个老师教出的班上有两三个、四五个尖子生，那上课就方便多了，深一点的、有层次的问题，启发一下学生就明白了，课堂马上就不一样了。并不是说素质教育不要尖子，而是任何时候都是大队伍中有尖子。如果我们认识上的这个疙瘩解开了，那么以学生发展为本就可以在我们脑海里扎根了。

以学生发展为本不是一个口号，不是权宜之计，它有三个支柱，也就是我们讲的三个维度：一个是“知识和能力”，一个是“过程和方法”，一个是“情感态度和价值观”。要落实以学生发展为本的理念，必须使课堂发生大的变化，所以课堂教学绝对不是线性思维，而是立体思维，这三者的融合就是立体的。要做到以人为本，语文教学必须传授知识，培养能力，指导学习方法。而指导学习方法是在教学全过程里，不断地点拨指导，在传授知识、培养能力的过程中，根据文本的特点、学生的特点来熏陶和感染情感态度和价值观。这个观念的提出并不是突如其来的，语文教学大纲里就有两段相关的话。第一段话强调要正确地理解和运用祖国的语言文字，培养学生阅读现代文的能力、阅读浅易文言文的能力，等等。第二段话是，在教学过程中要发展学生的智力，培养学生的高尚情操，培养爱国主义精神，培养良好的习惯。这个本来就有，我在平时教学中力求把这些教学目标在实践中融合起来。到了 20 世纪 90 年代，课程改革实际上就是把它拓展到所有的学科，因为所有的学科都要以学生的发展为本。

我们现在的一个困惑，就是知识和能力怎么处理。现在对这个问题的理解确实有很多偏颇，有的认为语文只有工具性而没有人文性，只要工具掌握好了，人文都在里头了；有的强调只要人文，根本不需要工具。我认为，对这个问题的认识，必须有一个历史的演化和一个全面的演化过程。首先，它是怎么发展而来的？工具性是叶圣陶先生提出来的，他是在 20 世纪初提出来的，是针对当时的八股以及经史不分提出来的。语文学科的独立只不过百年历史，原来文史哲是不分家的，我们过去都是读“四书”，读经典的。为了反对八股取士，为了分开经史，叶圣陶先生提出语文是工具。当时他的目的是没有错的，学生是有个性的，不能用八股文把所有的学生一律箍住，这是当时的情况。从国外来讲，列宁说过，语言是人最重要的交际工具。马克思也阐述过这个问题。所以“语言是工具”这句话不能否认。人们交流思想有很多工具，比如手势、眼神，比如我国古代打仗举烽火、拉美国家敲鼓，这些都是交际工具。但是人们最重要的交际工具是语言，这是无可争议的，这确实是它的本质属性。

后来人们对这个问题的认识不是很深入，不是很全面，就把它误解了，认为语言这个工具只有实用的功能，学识字就像学记账一样，把它只变成一个实用的工具，好像这只是物质生活的需要。这样对语言文字本质属性的认识就欠缺了，就落入了一个只是技术、技能、技巧的框框里。因为只要实用，必定就是技能技巧，但是语言文字这个交际工具和其他的工具不一样。老子讲过这是想心事的工具。这就把语言文字和思想之间的联系简单化了。其实人的思维是非常复杂的，所以这个工具绝对不是一般的工具，它是有人文性的。语言文字是人所独有的，别的动物没有。北大哲学教授贺麟先生曾讲过：人和动物的区别很多，但最本质的区别是两条，一是人能够制造并使用工具，而动物是不会的；二是人有文字，语言是口传的，有了文字后，人和动物的区别截然不同，因为有了文字，语言就能传承了，人类就进入了文明。中国传说仓颉造字，“天雨粟，鬼夜哭”，人就脱离愚昧了。人类把所有智慧创造的东西，用语言文字记录下来后，一代一代地传承，因此它确实具有人文性，这也是它的本质属性。我们说鹦鹉学舌，它不是语言，是一种模仿，而不是思维的表达，所以人文性不是它的本质属性。

现在从上海的“二期课改”到全国的课程改革，都强调语文的基本特点是工具性和人文性的统一。语文的属性很多，比如语文的实践性。实践性很重要，一个人会说，会表达，一定是很多口头表达的积累，不可能一生下来就口头表达能力强，或者就口头表达能力差。书写，写文章，实践得多了，笔就越来越轻；越怕写，笔就越来越重，写不出来。最近说高考要错一个字扣一分，我不太赞同。有记者采访我，我跟他说，我很难说错一个字扣一分是对的，或者错两个字扣一分是错的，我很难就这件事来判断是非，这样做无非是提高语文教学的地位，无非是给老师和学生再增加压力。学生的错别字绝对不只是一个符号的问题，而是文化的问题，是对问题的理解有误。中央电视台一些京剧的字幕错误完全是因为缺乏历史知识，错得很荒唐，是没有文化，而不是字的问题。有的学生作文很通顺，但是平淡如水，这说明他思考问题、认识问题还有差距。因此语言文字和思维有关系，跟认知能力有关系，他认识不到那么深刻就写不出来。有的学生写的作文有病句，但有思想，这类学生是孺子可教，错别字病句无所谓，他有思想、有看法就是好事。平淡如水的很难教，让他提高也十分困难；句子不通没有关系，可以调整，慢慢会好的。我们现在背了很多诗句，但是学生不会用，搭配不起来，有时胡乱搭配，因为它不是整篇的东西，他对整篇的搞不清楚。因此语文的实践性、综合性很强，和思维、文化积淀、认识问题的能力都有关系，归根结底是人文性和工具性，这是人独有的。

有人提出，人独有的东西很多，难道都叫人文性？不是，但语言文字不一样，语言文字是人的本源。语言文字讲起来是符号，但是所有的语言文字必然是有思想、情感、思维的。我做过很多傻事，为了理解语言和思维的关系，我曾试过，我不思考就说这个字，不可能。你要说任何一个词，一定有思想的内涵，有情感，如这是褒义词、贬义词，还是中性词？说语言只是工具，和思想没有关系，不可能。语文是语言文字，还是语言文学和语言文化。这次初中面试，我们就找了人教社教材中的冯骥才的很多民俗材料来考。这些民间的风俗要读懂，一定要对我们的民族有所了解。我们民族的融合在世界上也是少有的，汉族有一些登峰造极的文章大家。老舍是满族的，但他用汉语言文字创作；沈从文是苗族的，写湖南的凤凰，写湘西，用汉语言文字来表达民族风情，也是到了文学的顶峰。所以语言文字既是工具，又是中华文化的载体，它本身就是文化。语言文字的造字法难道不是文化？所以语文老师，教语文，心中一定要有汉字文化。

西方的文化是不一样的，基督教相信上帝，是神的文化；中华文化是相信人的，是人的文化。西方经过文艺复兴，但是包括大科学家爱因斯坦，最后还是相信上帝。我们现在了解的海德格尔，一些认识也很奇怪，他认为人是为死而生的，他知道自己必须死，因此活着的时候就要考虑精神家园，但是他不能明了生死，他找不到答案，因为最后明了生死的是上帝。中国就不是这样，陶渊明就明了生死，跟自然完全化为一体。因此西方的文学很多是悲剧，中国的文学很多是大团圆。中国的很多悲剧最后总是希望大团圆，表现了这个民族乐观的精神。汉语言文字就是表现这些文化，这是中华的文化、中华的人文。所以学生必须要有文化的底子。

工具性与人文性，这两者是统一的两个侧面，一个是内容，一个是形式；形式和内容是不能分割的，不能把它一刀两断。这就要求我们的语文教学必须是统一的、立体的。只重视某一个方面，学生的语文水平很难提高。记得我教高三时，有一年高考有道 4 分题是改错，于是区里就发了 300 道改错题让学生练。我是不做的，做这么多改错题，学生脑子里就大乱，他们不像教师对语法的规律、修辞比较熟悉，做了结果脑子里全是错的印象。学生一定要有大量的正确的知识，他们毕竟跟教师不一样，教师不断地教不断地学，比较熟练，学生是不熟练的。有的学生背《新华字典》，背出来最后也不过考一两分，得不偿失。因此整体的提高很重要，否定工具性是不对的，那违背了它的本质。如果只是强调人文性，那载体就没有了，所有的思想感情都是通过语言文字来表达的，我们就是来咀嚼语言文字，体会其中的奥妙的，怎么能舍弃了语言文字来提高人文？所以这两者必须是统一的。这个问题在国际上早有讨论，20 世纪 70 年代，就是从语言科学突破的。科技、经济的高速发展，人往往就成为机器的附庸，因此当时就呼唤人文的回归。语言绝对不仅是工具，语言是和思维、情感、思想同时发生的，这样就把表和里合起来了。我们说这篇文章学起来很有震撼力，一定是它的内容，但通过什么来震撼的，是语言文字，不可能把两者硬分开来，语言文字脱离了人文就没有了灵魂。舍弃人文，文字就变成僵死的符号，成为排列组合了。

语文教学苦头吃得最多的就是标准化试题。从标准化试题开始，语文教学的质量确实下降了。1985 年高考第一次出现了标准化试题。一次审教材的时候，我对命题的一位教师讲，语文用标准化试题真是不行，要害三代。当时出的阅读高考题，选了一篇翻译文章，我很不同意，难道中国就没有一篇好文章？标准化试题大多是排列组合，就是打钩打叉、ABCD。标准化试题先在一个省试行，那个省的教研员对我说："于老师，真是糟糕，学生连段落大意都不会归纳了，他只会打钩打叉。"这样考试，我说害三代，命题的教师跟我讲，你说得太严重了，顶多一代。我说起码三代，现在已经不止三代了，现在标准化试题已经变成牟利的手段了。标准化试题是从美国来的，在美国不过是两个州实行，由于美国没有统一的教育计划，没有统一的课程标准，没有统一的教科书，学生的质量怎么检查？于是用这样一个适用面非常广的标准化试题。现在变成全世界赚学生钱的产业了，一变成利益驱动，那就没有办法了。出版社最赚钱的是《一课一练》《课课练》，变换名目的机械训练，销量全国第一。语文现在是“求学不读书，要分不要人”。语文是学习语言的基础，是学习各门学科的基础，语文的理解和运用能力不仅是语文学科，而且是所有学科的基础。语文教学难就难在这里。我教语文的时候，是没有什么作业的，就是让学生读书，每个月一定要进行一次阅读交流，另外的作业就是写随笔。到了高三可以教点解题的思路，解题的概率 25% 是可以猜的，有的题不懂也猜出来了。

从世界的学科发展来看，从我们整个课程标准的界定来看，将来我们的认识可能会更全面更深入，但是根据今时今日的情况，语文的本质属性应该是工具性和人文性的统一。爱因斯坦讲过，语言的水平就是人的思想水平，所有概念的形成都要通过语言来表达。民族语言本身就蕴含民族情结，这两者是不能分割的。语文课就是语文课，语文课千万不能上成政治课，也不是文化课，语文就是通过语言文字阐发思想内涵，是通过字、词、句、篇章结构来阐发思想内涵，所以上课还是要抓住语言文字、词句、结构的剖析，在这一点上我们确实有欠缺。最近“两纲”教育的有关面试，用一篇文章作为教师面试材料。面试下来，高中也好，初中也好，通病就是脱离文本，大讲文化。为什么会出现这样的状况？一是对课程标准的性质、目的、任务缺乏深入研究；二是我们组织的一些课一开始就用多媒体，就不要工具性，这不是语文。看书、看文字跟看电视完全是两回事，看文字一定要动脑筋，看电视不一定要动脑筋。另外对二者的结合没有深入理解，应试只讲工具性。即使是应试，也是工具性和人文性的统一。语文课必须首先是语言课，必须通过语言文字的推敲把握文章内涵。

还有就是在实施过程中有这样那样的不足，这毫不奇怪，人的认识并不是一次就能到位的。比如听课，听课最主要的是看优点，因为听课的目的主要是研究，研究的目的是让它更好，更符合语文教学的规律，更符合学生认知的规律。我看了一些博士、硕士的论文，真是烦琐不堪，要照那样上课的话，课也不成课了，“碎尸万段”了。我们就是把人物化了，人是一个整体，不能物化。我们把一些东西量化了，但不是什么东西都能量化的，人的道德怎么量化？确实没有办法量化，它不是科学的。所以这个方面主要是认识问题，在实施当中逐步摸索就会完善。

我们现在往往觉得读很重要，我也这样认为，因为读不好也就写不好。写主要有两个来源，一是生活的来源，生活是写作之源；二是大量的阅读。生活的来源是鲜活的，为什么还写不好，往往是身在生活，心不在生活，因此视而不见，听而不闻。现在的学生生活范围是有限的，但是他们可以看到很多的东西，因为现在的社会是开放，学生可以看到的东西是很多的，但是他们很多没有用心去看、去观察。同样去校园里看春天，树叶的变化都不一样，黄杨是小嫩芽出来了，嫩绿的，但有些树还没发芽，他说春天所有都是绿的，实际上不同的树完全不一样；春天的花开了，有的全部是花，没有叶，例如白玉兰，先有花，后有叶，海棠也是。学生只是有一个概念，他没有去看，如果他认真看了，就能增长很多知识。现在上海有很多工地，所有的工地都不一样，去看一看工地，写的东西就很多了。生活是写作之源，学生往往视而不见，听而不闻，其实他们跟父母、老师的对话，在课堂里，都有很多鲜活的东西。看不见是因为没有用心。观察要用眼睛，但观察更要用心，用心是最重要的。

我第一次教初中，就对学生说，你们不要背什么现成的句子，你们只要看，看到什么写什么。很奇怪，我看到很多作文都是同一个面孔，学生写学校里的树，竟然都是一个样。我问为什么，孩子们很聪明，说：“抄！”我就说，抄的东西不是你自己的，你们写的东西要一个人一个样。一开始写不好是正常的，写得好是不正常的。谁能一下子就写好了？慢慢调教就写得好了。所以那时候学生写的东西很鲜活。比如有学生说：小孩手上的肉堆在手背上，好像大象的脚一样。我马上就表扬，因为这是生活中看到的。写炒菜，说：我饿得要死，门一打开，妈妈从厨房里出来，端着一盘青菜，细胞还活着呢！我大加表扬，这些都是他自己的认识，生动鲜活。还有学生读书，要读好的书，读好的文章。教师也要读书。现在做教师是苦不堪言，从早到晚累得要死，人的精力是有限的，就没有读书的时间了，考试这根指挥棒真能把教师压死。我做校长的时候，有人也会告状："哎呀！他们都在图书馆！"我说："我求之不得啊！"图书馆阅览室里都摆了藤椅，让老师休息，要给老师阅读的空间。

我这个人是把分数看透了。我年轻时做教师也是要分数的，后来发现最重要的是让学生有真本事，分数毕竟是有限的，应试时就去应试，底子好根本就不怕考试。预备班、初一、初二打好基础，高一、高二打好基础，到初三、高三熟悉题型，考试根本不怕。我们那时候高考满分 120 分，学生可以考到一百一十多分。所以归根结底还是让学生真读书，在阅读的过程中思考。其实有些文章，里面很多句子都值得推敲。如写小草，我记得夏衍写过一篇文章，说世界上顶大力气的是什么，小草。不管什么恶劣的条件下，都能生长出来。这就是生命力。你可以让学生充分理解这个本质的东西是什么，再困难、再挫折、再痛苦，生命都永远是向上的。这个可以引发出很多思考，包括对学生的生命教育。现在的学生太脆弱了，一点挫折都经不起。我们那个时候，家长把学生送过来求学，家长是老工人，说："于老师，我们家祖祖辈辈没有读过师范学校（师范学校那个时候是四年制，生源比市重点高中都要好，因为师范学校读书不要钱），他不努力你打也可以，骂也可以。"现在会这样吗？还打他骂他？说重一点的话都不行。现在难，重不得，轻不得，不教育又不行，对教师的要求更高，更要有艺术性。但没有办法，你做了教师，就得好好做。所以说选择教师职业就是选择高尚，就是这个道理。

教师有了这样一种课程认识，教学就能左右逢源，达到较高的境界。哪怕是一个词的用法，深入下去，也可以获得很多东西。初中课文《向中国人脱帽致敬》，里面有很多词非常值得挖掘。比如，"戳"字，为什么用这个词？可以比较，作者觉得这个法国的教授简直是在刁难，因此她狠狠地用眼"戳"着他，看人都是用藐视、注视，哪有用眼睛去“戳”的？又不是锥子、钉子，但这样用，字的分量就出来了。语言文字的价值就在这里，不是无生命的，而是传情达意的。我教课有时是一种还原，还原到作者写文章的境地。《社戏》里面有一段写的是月夜行舟，那些语言真是美极了，用了那么多比喻作用于读者的视觉、听觉和嗅觉。我在教的时候，要让学生把这段背出来。其实鲁迅先生写《社戏》月夜行舟这一段，就是还原小时候自己的事，所以他以童心来写当时的视觉、听觉和嗅觉。这样还原以后，这些词句就鲜活地立在纸上了。我们常常把一些鲜活的东西概念化，概念化就抽掉内容了，只是一个概念了，把思想情感还原进去，就不是概念，而是生活了，是人的生命，就不一样了。所以名句都蕴含情感。比如“春色满园关不住，一枝红杏出墙来”，作者来访友，门久叩不开，等了很长时间，本来是失望而走，结果看到“一枝红杏出墙来”，就有喜悦了。还原了作者喜悦的心情，就能从“红杏出墙来”推想出“春色满园关不住”。

教师还要有较好的文化意识。中国人的思维有时候是宇宙天地。如《周易》：“天行健，君子以自强不息。”“天行健”，天的运行一年四季非常强健，君子要向天学习，这个多有气魄！“地势坤，君子以厚德载物”。地是博大深厚的，因为德厚才能载物。把天地人全放进去了。我们民族这些气派很大的古诗和近体诗里都是天地人。曹操的《观沧海》：“日月之行，若出其中；星汉灿烂，若出其里。”从大海里就看出宇宙，日月星辰。我们民族的思维又善于聚意点睛，比如“一枝红杏出墙来”，就是那么一枝，就流传千古。又如“红杏枝头春意闹”，一个“闹”字，把蝴蝶、繁花、蜜蜂全部放进去了。“聚意点睛”，就好像画了龙，最后点睛，精彩全部点出来了。这些都是语言文字的魅力，是工具性和人文性的统一。

因此，教语文就是生命在歌唱，没有生命就没有语言。我们要把语言文字的魅力教出来，以文章的人文内涵震撼学生的思想和情感，在语言的推敲中提升学生的能力。为什么用这个词不用那个词，为什么这样结构文章而不那样，都有它的道理。如果我们还原到当初作者如何思考这些问题，教学就成功了。中国的文章是这样，外国的也是这样，比如《最后一课》。记得我教这课的时候，前面已经讲了很多内容，学生以为结束了，其实高潮在最后，我想学生一路学下来，已经很疲惫了，怎么掀起高潮？课快结束的时候，我就用录音机放了“当当当当”十二记钟声，学生一下子振奋起来，然后我拿出一张插图，就是韩麦尔先生在黑板上写的“法兰西万岁”，我让学生拿书阅读对照，说：“你们拿书和图对照起来看，是一个怎样的场景，然后用你们自己的语言来描述韩麦尔先生此时此刻的神情、语言、动作以及他内心的痛楚，再用你们自己的语言描述小弗郎士此时此刻有怎样的心情，有怎样的变化。”学生很认真地看了，朗读一遍，有的学生站起来讲，这是一个令人心碎的场景。有的学生讲，韩麦尔先生因为要告别学校，脸色苍白，他痛苦得说不出话来，因此只说了一句“我的朋友们”，就说不下去了，此时无声胜有声，这时他就用尽全身力气写下“法兰西万岁”。这实际上是把他丢失国土的痛苦，离开亲人的痛苦，对侵略者的仇恨，对收复失地的向往，全部表现在里头了。有的学生讲，此时此刻小弗郎士一下子就长大了，原来他学法语，不知道法语是这样的重要，韩麦尔先生是那样的可爱可敬，他后悔自己没有好好学习，悔恨对不起老师。有的学生讲，我如果是小弗郎士，这一课我也忘不了。有的讲，我不是小弗郎士，这一课我也忘不了。这一教学环节，是提高阅读能力，通过朗读、眼看、心想、口说，把读、写、听、说全部结合起来，而且思想情感受到熏陶。我也讲，这一课我确实也忘不了。小学时八一三事变，上海遭到轰炸，日本鬼子的铁蹄长驱直入，学校停课，最后一课是一位男老师的音乐课，教《苏武牧羊》。那时候只有破风琴，他就讲学校要关门了，记住一定不能做亡国奴。我们脑子里没这个概念，第一次听到，一辈子都忘不了。我们上一辈子课，很难让学生都记牢，但是应该上一些让学生一辈子都忘不了的课。一辈子都忘不了的课一定是教材非常精彩，语言文字和思想情感高度交融，是人类精神的精华，能使人震撼。在阅读过程中，有些章节完全可以把听、读、说、写高度统一起来，使工具性和人文性达到完美的统一。教师上课就是一种即兴创作，依靠参考书是要把人教僵掉的，完全可以放开你的思想，用你的智慧，用你的文化积淀，去打动学生的心，这一点是最重要的。学有所得是学生学好的基础，每一课都有所得就不一样了。今年清明节，一所中学的一位副校长在龙华烈士陵园上课，上《为了忘却的记念》，这会给学生留下深刻的印象。所以学有所得、学有兴趣、学有追求、学有方向，是非常重要的。

我们在改革的过程中，会碰到非常多的艰难。只要我们有一颗教好学生的心，对我们的祖国满腔热情满腔爱，很多困难在老师们的努力和执着追求下，一切就都可以迎刃而解。胜利一定属于你们，将来你们的课可以上得非常闪亮，因为你们每个人都是积极创作的人。就讲到这里，谢谢！

语文课堂教学有效性浅探

语文课堂教学的有效性是一道三十年来未能完美解决的难题。探讨这个问题须在特定的历史条件下考察其主客观原因，找准症结所在，创造条件，有的放矢地改进教学，以期获得切实提高教学质量的效果。

一、在特定的历史条件下

早在1978年3月16日，吕叔湘先生在《人民日报》发表了《语文教学中两个迫切问题》一文。文章尖锐地指出："中小学语文教学效果很差，中学毕业生语文水平低，大家都知道，但是对于少、慢、差、费的严重程度，恐怕还认识不足。"还指出："十年上课总时数是九千一百六十课时，语文是二千七百四十九课时，恰好是百分之三十。十年的时间，二千七百多课时，用来学本国语文，却是大多数不过关，岂非咄咄怪事！"（课时数量是当时《全日制十年制学校中学语文教学大纲（试行草案）》规定的）问题确实严重，但只要回顾历史，原因还是清楚明白的。"文化大革命"，摧残教育，摧残文化，不少学校的语文课形同虚设，有的与政治课合并为政文课，有的与音乐课合并为革命文艺课，语文学科失去其独立的地位。在

本文发表于《课程·教材·教法》2009年6期。

“知识越多越反动”的思想钳制下，不仅语文教学内容肤浅、贫乏，而且课外无书可读，大量的中外经典作品、佳作美文，都被扫入“封、资、修”的箩筐，与师生隔绝，谁也不敢越雷池一步。教师不敢抓文化，不敢抓质量。当然，教师自身也有水平问题，单就学历而言，就有大量不合格，更不用说专业能力。1978 年 3 月距粉碎“四人帮”还不到两年，教育战线刚开始拨乱反正，打碎强加给教育战线知识分子身上的枷锁，教育工作者蕴藏的工作积极性刚刚绽放，要一下子改变语文教学中的落后面貌是不可能的。面对种种对语文教学效果的评说，尽管教学第一线的教师深感委屈，但号角已经吹响，大家于是正视问题，想方设法改进教学，20 世纪 80 年代初在全国就出现了语文教学百家争鸣、百花齐放的繁荣局面，教学的有效性不断提升。

当下探讨的语文课堂教学的有效性，与三十年前比，完全不是一回事。三十年来，为了提高课堂教学质量，提高教学的有效性，语文教学进行了若干次大大小小的改革，积累了不少正反两方面的经验，对语文学科的性质观、目的观、功能观、承传观、教材观、教法观、质量观、测评观、体制观等均作了不同程度的探讨。此次语文课程改革制定的义务教育阶段与高中教育阶段的语文课程标准，不是在零的基础上起步，而是在新的教育理念指导下，对以往教学中行之有效的认识与做法进行提炼、深化与拓展，吸收并借鉴国外母语教育的先进经验，以指导教材的编写与教学的实践，以期取得良好的教学效果。语文课堂教学的有效性探讨正是在课程改革这样的大背景下展开的。

问题的提出与日益受到重视，首先在于预期效果与教学的实际状况有相当的距离。伴之而生的是对语文教学的走向迷茫、困惑、疑窦丛生，乃至裹足不前甚至走回头路。任何改革不可能一蹴而就，总是在实施、推行的过程中，从实际情况出发，不断调整、修正、完善，以取得良好效果。语文教学改革也是同样道理，不可能一改革就立马见效，学生的语文能力直线飙升。因而语文课堂教学的有效性不是什么突发性的新问题，而是在实施新课程标准的过程中必然会碰到的问题之一，须直面，须探究，寻求解决的办法。它的性质、内涵，须探讨与解决的方法、途径，与三十年前的大相径庭。以往历史形成的原因分量很重，而今应该更多地查找主观原因。

二、
教什么与怎么教

语文课堂教学的有效性不是看课上得如何漂亮，如何热闹，如何掌声雷动，而是要衡量学生学到了什么，知识有无增长，能力有无锻炼，求知的主动性、积极性如何，思想情操方面有无泛起涟漪，乃至掀起波澜，受到文本佳作“感情的传染”。

教什么必须放到课堂教学的第一位来考虑。课，须有明确的教学目标。这堂课要达到怎样的目的，教师心中应十分清楚。怎样教，是方法问题。比如要到某地，某地是目标。怎样去？乘车，坐船，乘飞机，这是方法。方法与目标不能含混，更不能重方法丢目标。目标是课堂教学的主宰，用怎样的方法教，师生之间的活动怎样组织，怎样开展，均应紧紧围绕教学目标，为实现教学目标服务。

常见的公开课、展示课、示范课、竞赛课，几乎都有神采飞扬、气氛热烈的标记，怎么教的方法与过程，设计得天衣无缝。从课的起始，一个环节一个环节推进、衔接，师生之间的默契，乃至心心相印，设计的精心、细致、别出心裁，令人叹为观止。然而，课终人散，只要稍加思考，若有所失的感觉就会升腾而起：学生学到了什么？好像学，又好像没有学，花里胡哨一阵，没在脑子里留下多少痕迹。这些课，教案上目标一定写得很明确，可惜的是在教学实践过程中已不自觉地把它丢在一边。过多地考虑教学过程，发现课文里有什么就教什么，于是，课就成了货郎担，什么货物都有，多目标成了无目标。教学过程中很多是蜻蜓点水，学生弄不清楚究竟要学什么，掌握什么。

应该说教这些课的教师课改的热情高，进取心强，只是对教什么和怎么教缺乏深入思考，对文本的钻研尚有不足之处。

课的有效与否，功夫在课外。课前准备是教学高效的基础，基础不牢，课就飘飘忽忽。两个方面的准备必不可少。一是文本解读。必须潜下心来，由语言文字到思想内容，由思想内容到语言文字，来来回回几次。把躺在纸上的文字读得站立起来，与作者对话，与编者交流，读出文章的个性，抓准文章的基调，抓住最动人最精彩的笔墨，读出独特的心得体会，领悟编者的编辑意图。此时此刻，就不是人是人，书是书，而是人读懂了书，乃至在思想情感、价值取向等方面呼吸与共，互补互融。教学目标的多而杂或大而化之、笼笼统统，往往源于浅阅读，或有甚者误读，错解作者意。问题出在未潜心钻研文本，独立思考，受各种各样的参考资料所左右。二是研究学生。学生的现状是教学的出发点，必须了解、研究。课前准备往往只见文章，不见学生，目中无人的糊涂观念至今对教师影响很大。须知，在教学工作中，学习者是第一因素，没有学习者就没有学习。教学是教师的教和学生的学两个方面的活动，施教之功就在于启发、引导、点拨、开窍，充分调动学生学习的自觉性和主动性，促使他们积极地发挥认识主体的作用。课要上得有效、高效，就须对学生的知识基础、认知水平、能力状况、内心需求作一番研究。学生已知、已掌握的，再去“炒冷饭”，学生味同嚼蜡，十分厌烦；未知的、疑难的，又轻易带过，乃至疏漏，学生求知欲受到抑制、伤害，兴味寡然。

学有所得，是课的质量的生命。无效、低效，就浪费学生的青春，浪费他们的生命。因而，学生学有所得，课堂有效，是教师教课的底线。学有兴趣，是学习的润滑剂，在欢悦中加大课的有效性，就能增添动人的色彩。

解读文本与研究学生的基本功打扎实，制订课的教学目标就有了基础。要中心突出，重点明确，难点找准。教学不是一次完成的，它有连续性、阶段性、层次性、反复性。教怎样的课文，达到怎样的目标，须放在特定的学习阶段、学习单元中思考，要减头绪，削枝强干，有所为，有所不为。切实根据学生的知识水平和接受能力制订教学目标，教什么心中就有了底。以目标为准绳，设计怎么教，对教学内容进行剪裁，决定取舍详略，课就眉目清楚。一堂课时间有限，大胆舍弃，化繁为简，不让枝枝叶叶掩盖主干，是教好课的本领，也是达到教学目标的必由之路。目标清晰，方法、步骤合理，学生努力的方向明确，哪些地方该咀嚼、推敲、着力，心领神会，学习效果就比较理想。

三、
偷工减料与违背规律

语文课堂教学的有效性不仅要对每节课进行研究，而且须在总体上加以考察。

中学语文课程从设置来看，从初一年级到高三年级，每年都有，一以贯之。然而，实际情况是，初三年级、高三年级语文课本多被丢置一边，集中力量搞应试训练。对准中考与高考要求，天天练，周周练，月月练，持续不断。教材编了是摆样子的。从时间来说，说中学学了六年语文，那是太冤了。较普遍的，初高中各减去一年，六年剩下了四年；好点的，初高中各减去半年，六年剩下了五年。这种偷工减料不谓不惊人。课程的有效性总是要有一定的时间来保证的，这是常识，无多少深奥的道理。由于对课本的小视，特别是毕业年级的语文课本形同虚设，那就难怪高考题中要求考生写出某篇课文的作者都会张冠李戴、错误百出。有的阅卷教师不得不诙谐地说："学生太客气了，送给他们分数，他们都拒收。"

有人不服气，认为中学语文就是六年，并未偷工减料。毕业年级课时猛加，练得更多。但一天一份模拟的考卷是学语文吗？求学不读书，不要说读经典，读文学作品、科学作品，连精选到教材里的许多佳作都不读，都无暇顾及，整日在训练中翻腾，有哪一类考题就采用哪一类的策略来对付。文章不读，但各类诗句、名言、成语、典故等背诵一大堆，各类古今中外名人名事可用以组成写作论据的也照背不误。如果说语文大厦是用各种建筑材料结构而成的，而今的一些做法只是取其中的某些钢筋、某些大理石、某些隔音板来让学生反复折腾，应对、应付，理解与运用语言文字的真实本领、语文的整体素养有意无意地被丢弃。那些零碎的、孤立的、五花八门的材料，装到学生的脑子里，学生的脑子如马蹄杂沓，还有什么有效性可言？个别不等于整体，个别与个别相加也不等于整体，教学内容的偷工减料对语文教学有效性的伤害显而易见。

有良知、有责任心的语文教师深知为考而教的危害，但由于所处的地位，不得已而做违心之事。考试在当今社会仍然是最公平的一种手段。但无论是检测性的，还是选拔性的，它不过是一种手段。我们的目标是育人，语文教学的目标是培养与提高学生的语文能力、语文素养。而今，为考而教，那就错把手段当目标，违背了育人的规律、教育的规律。

学语文要靠积累，多读多写绝对是一条有效的途径。学生在读写中能增长知识，锻炼思维，提升认识水平，领悟语言文字的表现力与生命力并学会正确使用，这有个过程。提高每堂课的有效性就是为理解、积累、使用祖国语言文字提供一步步上进的台阶，提供扎扎实实的语文素养的基础。急功近利、立竿见影、削足适履，必然违背语文学习的规律。

形成为考而教、违背语文学习规律的局面有来自社会、来自片面追求升学率的政绩观念的种种因素，但教育内部也应深刻反思，从事语文教育必须有坚守精神家园的定力。只看到眼前的分数、升学的百分比，不顾教育对象是否学到真本领，是否德智体美全面发展，实践能力与创新精神是否获得培养与发展，是对以促进学生发展为本的教育缺乏起码的责任心。育人扭曲为育分，不仅可悲，而且其负面影响对学生本人、对社会都难以估量。

四、
解放思想，走出困境

要走出语文课堂教学有效性不高的困境，最为重要的是解放思想，冲破束缚前进的不合理、不合规律的条条框框。

要争取社会文化大环境有进一步改善。由于多元经济、多元文化并存，特别是西方强势语言的浸染，母语地位正在下降，母语学习对青少年学生成长的重要性、对民族文化传承与凝聚力的重要性、必要性日益被忽视，这给语文教学带来极大的冲击。“外语热”不要说在中小学，甚至冲击到幼儿园，特别是在大城市。一些幼儿园以幼儿从小就学外语来招揽顾客，甚至在幼儿园墙上写了斗大的字：从小要做国际人。改革开放的中国，外语必须学，要走向世界，非学不可。然而，母语与外语的位置该怎样放，什么时候学，怎样学，是须严肃考虑的问题。母语是民族文化的根，蕴含着民族的情结、民族的智慧、民族的思维方式，不尊重母语，鄙视母语，是愚昧无知的表现。说穿了，什么重要不重要，背后是利益驱动。把利益驱动放在首位，是非就不分，乃至是非颠倒。由于对母语欠尊重，社会文化的方方面面都出现错别字连篇、文句不通的现象。语言文字瑕疵百出的状况屡见不鲜。低俗文化、垃圾文化、网络文化中的某些语言对学生也都会产生负面影响。如果社会文化纯洁、语言文字规范性加强、层次不断提升、语言环境良好，学生耳濡目染，实际上就支持了课堂教学的有效性，减少了相悖相左的摩擦与消耗。

还要争取教育小环境进一步符合育人的规律。由于语文教育不可能急功近利，它的地位和作用也就难以受到应有的尊重和重视。语文课程具有多重功能和奠基作用，是学生学好其他课程的基础，也是学生全面发展和终身发展的基础。对此，不少办学者缺乏应有的认识，更不用说深刻领悟了。在学校第一线工作的人常碰到这样的事情：自主招生、推荐生、保送生，测试的科目往往只是两门——数学和外语，语文不在其列。更有甚者，你诉说语文重要，希望有课时保证，听到的话却是：“要什么课时？外语、数学加课时，升学考会加二三十分，语文加什么？能加一分就很好了，弄得不好还会减分，还要什么课时？”实质仍是“考”。什么课程不课程？这样的教育理念不改，课堂教学的有效性只可能变味为反复的机械操练，学生在题海中消磨青春。

考试是指挥棒，这是不争的事实。但能不能在多发挥积极作用上深入研究，切实改进，促进课程方案的落实和语文课程标准的推进，促进课堂教学有效性的提高？我们不能要求教什么考什么，选拔性考试有它特定的要求，可以有一定的灵活性，但教什么总应是考的基础、考的出发点，考与教有联系有区别，但不能脱离。强调测试能力，就与教材中精选的课文不沾边，学生不重视课本，不认真阅读体悟，乃至弃之一边，也就不足为怪。该积累的不积累，到各种各样的考题、语文知识库中大海捞针，付出的劳动与收获，没有构成文化底蕴，得不偿失。至于考什么教什么，为考而教，那就落入本末倒置的泥潭。如果基础教育的走势如此，那不能不说是极大的悲哀。

要实现语文课堂教学的有效性，最为重要的当然是语文教师自身的提高，包括业务水平、教学能力、教育理念与对教育事业、语文专业的钟爱与深情。就拿课程教育理念而言，应认真学习，正确而完整地理解、把握。语文课就是语文课，以语言文字的理解与使用为核心，融合文本固有的情和意，把情感、态度、价值观与语文智育、学习方法指导融合在一起，使学生获得基本的语文素养，并在学习实践中不断提升。语言文字是表情达意的，教学中既要抓“表”与“达”的正确、规范的理解、使用，又要抓“表”与“达”的内涵“情”与“意”，两者密不可分。忽视或者抽去“情”和“意”，语言文字就变成了僵死的符号，坠入纯技术的桎梏；脱离了文本语言文字的咀嚼、推敲，把“情”和“意”凌空蹈虚发挥，乃至任意拓展、延伸，还美其名曰加强人文，那就不是语文课。认识指导实践，对语文教育的性质、目标、功能等的认识进入误区，行动上一定错位，课堂教学的有效性当然也就大大降低。

教师不能依赖教学参考书与《一课一练》，要练就阅读、写作的真本领。钻研文本，有自己独特的体会与见解，上课时就不会人云亦云，而是说自己的话。自己的钻研所得，虽是不知名的小花，由于植根泥土，容易与学生交流，能打动学生的心，因为它鲜活，带有泥土的芳香。语文教师要动笔写，有了写的实践，不仅在指导学生写作时可摒弃空对空的弊病，而且对文字运用的奥妙能深入底里，促进阅读能力、解读文本能力的提高。

语文课堂教学的有效性相当程度上靠语文教师的文化底蕴。技术活儿易学，文化底蕴的厚实非一日之功，靠细水长流地积累。因而，再忙也要读点书，文史哲精读几本，其他方面的读物广泛浏览，提升自己的认识水平、分析能力、文化判断力。自己功底厚实，教学就能游刃有余，左右逢源，指导学生进行有效的课外阅读就能成竹在胸。

教学千古事，得失寸心知。让我们每一位教师，以自己的尽心尽力感动学生、感动家长、感动社会，还母语教学应有的地位，建设我们美好的精神家园。

谈谈语文教学研究中的几个问题

近几年来，发扬民主，解放思想，教师受到很大的鼓舞，积极进行教学改革。从事语文教学的同志各抒己见，无论在教学原理、智力发展，或教学内容、教学方法等方面，都提出了许多宝贵的意见，有些在自己的教学工作中努力进行试验，取得了不少经验，这是十分可喜的。要进一步提高语文教学质量，必须重视教学的研究。下面就语文教学研究中的一些问题谈点粗浅看法。

一、指导思想问题

在教学改革中意见、主张难免不同，有时引起争论，也是正常现象。在探讨研究时，谁也不否认要有正确的指导思想，但在碰到各执己见、相持不下的局面时，往往会听到以下一些说法，颇值得思索辨析。有人说，“公说公有理，婆说婆有理”；也有人说，改嘛，只要“持之有故，言之成理”就行了。

“公说公有理，婆说婆有理”的说法，其错误一目了然。因为，

20世纪70年代末、80年代初，语文教学正处于拨乱反正的起步阶段，语文教学研究工作显得尤为薄弱，主要表现为：学术交流缺乏，语文教学主体思想不够明朗，教研力量不足，等等。在这一背景下，于漪在本文中所谈的“几个问题”，实事求是地列出了语文教研的基本思想与基本方法，提出了语文教学研究的“双基”问题，“指导思想”“批判继承”与“改革创新”既是思想认识问题，也是方法途径问题。这一综合性思考给人以启迪。

这样的说法泯灭是非，否认真理，排除正确的指导思想。至于“持之有故，言之成理”的说法，有时用得虽不妥当，但不是一下子能辨别清楚的。

古往今来，许多学者都说自己的学说“持之有故，言之成理”。有的思想家在此基础上建立了庞大的思想体系，五花八门，令人眼花缭乱。有一位康德的信徒曾说过，康德的思想体系犹如一个建筑整体，宫室庙堂，井然有序，周密深邃，大可优游其间，终生享用不尽。问题很明白，对这类宫室庙堂，研究思想史的当然可以也应该进去看一看，然而，没有正确的指导思想，进去了就很可能出不来。有些学者标榜自己的学说“持之有故，言之成理”，无非说明自己正确。你对我也对，大家都对。若是这两句话如此应用的话，就成了“公说公有理，婆说婆有理”的精巧的表达形式，同样是泯灭是非，否认真理，实际上也排除正确的指导思想。《荀子·非十二子》中，荀子批判了它嚣、魏牟等十二子的学说，有五处是这样说的：“然而其持之有故，其言之成理，足以欺惑愚众。”在荀子看来，这些学者的学说，正因为“持之有故，言之成理”，反而更能欺骗人。

然而，“持之有故，言之成理”的说法应用在一定的范围内是正确的。研究语文教学改革中的每一个具体问题，毫无疑问，立论不能无根据，论述不能无道理。但是，应用这两句话要有个前提，这个前提就是正确的指导思想，这正确的指导思想就是马克思主义。

语文教学研究必须以马克思主义为指导。众所周知，马克思主义是科学的理论，是经过实践证明了的认识世界、改造世界的真理，又在实践中往前发展。它指导我们正确认识自然界，认识人类社会，认识一切事物发展的规律。凭自己主观意志办事，想怎样就怎样是不行的。不顾事物发展的规律，就会如鲁迅先生所说的那样，“这是和说自己用手提着耳朵，就可以离开地球者一样地欺人”。同样，若是离开正确的指导思想着手语文教学改革，也是难以收到效果的。我们要在马克思主义基本原理指导下研究解决我们语文教学研究中尚未解决的问题，在这个指导思想下结合各自的教学实践，作科学研究，有根有据，合情合理，切磋琢磨，共同提高，建立中学语文教学体系，走中国自己的路。

要走出一条科学的有中国自己特色的中学语文教学的道路，有两点是绝对不能含糊的。一是在进行语文教学研究和教学实践的时候，一定要坚持唯物论，事事从实际出发；二是进行语文教学研究和教学实践，一定要坚持辩证法，处理好种种关系。

教学中坚持唯物观点是很不容易的。在进行任何试验和改革时，须清醒地考虑到以下三点：

1.
中国语言文字的实际

在语文教学中有个学习外国的问题，可是，我们在学习外国的时候，一定要清醒地认识到中国的语言文字与外国的拼音文字是有区别的，绝对不能照搬。我们使用的汉字是有形、音、义的文字，是形、音、义的组合体，是反映我们几千年中华民族深厚文化的文字。国外语言文字教学中的有些做法可以借鉴，但不能照抄照搬，要考虑我们文字的特点，不能把我们现在教学生的汉字与外国的拼音文字画等号。

2.
几千万中学生学语文的实际

我国有几千万中学生，大城市的、偏僻山区的，重点中学的、一般学校的，初中的、高中的，他们的年龄特点、心理特点不一样，他们学习语文的基础、习惯、方法不相同，他们学习语文的积极性、自觉性有差异。研究问题不能从几个学生、几十个学生出发，要考虑到绝大多数，从几千万学生的实际出发，又以提高几千万学生的语文能力为归宿。而在考虑这个问题时，还要注意“文化大革命”对文化教育摧残遗留的恶果，有些家庭语言环境很差，社会上文化水平不高。进行语文教学的实践与研究，这些因素也必须注意。

3.
在我们社会主义国家进行语文教学的实际

中学各个学科的教学都是为了培养社会主义新人，我们语文学科的目标一定要为培养社会主义新人这个总目标服务。我们的语文教学既不同于封建社会的私塾教学，也不同于国民党统治时期旧社会的教学，更不同于今天发达的资本主义国家的学校教学。资本主义发达国家的教育培养的是有技术的工人和管理工人的人，我们今天培养的是社会主义的新人，这是我们社会主义学校所特有的，是党和国家给我们规定的任务，时刻不能忘记。

总而言之，进行教学实践与教学研究，要适合我们的国情。我们从事任何工作，要收到好的效果，一定要从实际出发，离开这些实际，离开我们汉字实际，离开中学生实际，离开我们社会主义实际，教学研究、教学实践就会建筑在沙滩上，很难作出成绩。教育的周期较长，教师教学效果或好或差都不能完全在课堂上、考试中反映出来，有些情况，甚至一二十年以后才有所反映。因此，从事教学，从事研究，须分外认真仔细。如果我们遵循唯物论，调查研究我们的实际，从这些实际出发，教学改革的基础就扎实，只要坚持不懈地努力，就能够逐步摸索出中学语文教学的规律。

进行语文教学研究与教学实践要坚持辩证法。“文化大革命”，形而上学猖獗，在探讨研究问题时要注意清除这种影响，不能孤立地、片面地看问题。分析语文学科，就可发现它的“家庭成员”十分复杂，一篇课文里就牵涉到字、词、句、篇的知识，语、修、逻、文的知识；还可发现它的“社会关系”非常复杂，旁及哲学、历史、地理、自然科学。中学语文是基础课，可是，就其内容来说，上自天文，下至地理，古今中外，广为涉及。对这一特点，要正确认识。在教学实践中，如何处理教文与教人的关系，教材与教法的关系，知识与能力的关系，能力与智力的关系，听、读、说、写之间的关系，讲与练的关系，课内与课外的关系，教与学的关系，语文学科与其他学科的关系，等等，如果不坚持辩证的观点，往往就会挂一漏万，顾此失彼，往往就会单打一，就局部论局部，缺乏整体观念。如果不坚持辩证法，在进行实践或开展研究时，就可能钻牛角尖，搞得很片面，弄得不好，把第二位的东西弄成第一位的，流连忘返，影响教学的健康发展。比如改病句的练习，对培养学生运用语文知识、提高辨别正误的能力是有作用的，但如果把这种练习提高到不恰当的位置就出毛病了。我看到一本改病句练习的小册子，一改就是 300 句，题海战术，学生怎么受得了呢？别说是学生，教师改起来也要头脑发胀。教师熟悉语法、修辞、逻辑，修改时能居高临下；学生初学，只有经过逐步的训练与实践，才能加深对有关知识的理解，培养和提高运用知识的能力。要学生改几百个病句，无疑是把学生引入迷津，他们就乱猜，碰运气。改病句原是好事情，由于处理不恰当，把第二位的东西提到第一位，失掉了原来应起的、能起的好作用。再从教育观点来看，教育青少年学生应以正面教育为主，怎能让乱七八糟的错误的东西先填满他们的脑袋，然后再教他们改变成正确的？我们对学生的教育，大量的应是正面的人物，正面的语言，正面的行为，让他们多接触正确的、美好的东西，就可收到潜移默化的效果。当然，改错的练习不是不可以做，关键在于要有“度”，要考虑与它相联系的种种关系，如果“过”度，就等于“不及”，“过犹不及”嘛！列宁曾说过，真理超越一步，就会变成谬误，这个道理说得十分深刻。

总之，语文教学研究与试验要在正确的思想指导下进行。德国大文豪歌德曾说过这样一句话：“一切理论都是灰色的，唯生命之树常青。”我对它的理解是：理论来自生活，生活是最丰富的源泉，所以生活之树常青，理论往往来不及反映，或反映不上。如果理论空洞抽象，它当然会给人以苍白的感觉，歌德这句话是有一定道理的。马克思主义的理论来自实践，在实践中受到检验，并在实践中不断得到丰富与发展。从这一点来说，我们的理论之树是常青的。我们的中学语文教学就要用这常青的理论之树作为指导思想。

二、批判继承问题

有这么一种看法，认为语文教学中传统的东西都是陈旧的，只有外国的才是先进的。恐怕不能这样看，马克思主义的活的灵魂是具体问题具体分析。我们今天的语文教学不是建筑在零的基础上，不是从零开始的。今天是昨天的发展，历史不能割断。为了走正、走好今天和今后的路，就得回顾一下以往是怎么走过来的，就得对语文教学的传统进行一番研究，审视一下哪些东西可以批判地继承。这是个需要花相当精力研究的问题，这儿只就思想、精神、教学方法粗略地谈一谈。

关于思想、精神方面的，有三点似乎比较明确。

1. 教书又教人

自古以来语文教学就很讲究文道结合，读书做人。“文以明道”“文志于道”“文以载道”的说法比比皆是，许多大文学家，如韩愈、柳宗元等都讲过这个问题。语言文字不是抽象的符号，而是表情达意的工具，文章的语言文字与思想内容是有机结合的。为什么要读书？读书要明理，要与做人结合起来。南宋的文天祥兵败被俘，从容就义，在他的衣带中发现有这样的话：“读圣贤书，所学何事？而今而后，庶几无愧！”这千古流传的名言就是读书做人的明证。

今天我们同样要讲究读书做人，教文育人。但内容不一样，要赋予新的内容、时代的内容。教师不是教书匠，在传授知识的同时，要塑造学生的心灵，做塑造人的灵魂工程师。今日的教书教人，不是机械地用古人的标准去套，而是要培养我们的学生成为建设物质文明、精神文明的德才兼备的新人。读书做人的原则有了崭新的社会主义的内容。

2. 爱国主义教育、气节和操守

爱国主义是中华民族赖以生存、发展、兴旺发达的精神支柱，民族气节、民族操守是我们引以为荣的民族魂。我们这个古老的民族历经内忧外患，至今能屹立于世界之林，而且以崭新的面貌出现在世界人民面前，与我们的爱国主义传统、讲究民族气节与操守的传统，有十分密切的关系。那些歌颂统一、反对分裂，歌颂民族团结、反对民族压迫，歌颂反抗反动统治，歌颂创造发明，歌颂抗大灾、除大患，歌颂鞠躬尽瘁、以死勤事，歌颂祖国大地山河的作品在语文教学中长期流传。到了近代，更增添了新的内容，歌颂反对帝国主义的侵略与奴役，歌颂革命，歌颂革命人物、革命群众的作品不断涌现。这些都是我们教文育人的好教材。屈原的诗、陆游的诗、辛稼轩的词、柳宗元的《捕蛇者说》、诸葛亮的《出师表》、《汉书·苏武传》、文天祥的《〈指南录〉后序》《过零丁洋》等无不闪耀着中华民族的精魂，是我们语文教学中育人的不可缺少的瑰宝。讲气节，讲操守，无不建立在爱国主义思想的基础之上。岳飞的《满江红》以其慷慨激昂直捣黄龙的气概激荡了多少人的心灵？谁又能估量出舒缓敦厚的“苏武留胡节不辱”的歌曲同样能给爱国者以多么巨大的鼓舞力量呢？思想、精神上的作用是难以用数字来表示的，谁能计算出文天祥的“人生自古谁无死，留取丹心照汗青”的忠贞鼓舞了多少志士仁人为国捐躯、为民献身？

我们进行语文教学时，须有明确的教书育人的思想，自觉地把爱国主义种子、民族气节操守的种子撒播到学生的心里。如果我们的青少年没有强烈的爱国主义思想，怎能建设好我们的社会主义国家？当然，我们今天讲语文教学中进行爱国主义教育，不是停留在赞赏过去，而是在批判地继承的基础上，丰富以崭新的内容，那就是热爱党，热爱伟大的社会主义祖国，对社会主义、共产主义前景有坚定的信念，并立志为其尽毕生的精力。

3.
学养

古人学语文，很重视打宽广的基础，重视读万卷书，行万里路。见多识广，下笔就有物，就能如行云流水；不仅见识要广，而且讲究思想修养、道德文章。甚至相关的知识技艺也颇为注意，所谓诗词歌赋，琴棋书画，也就是说，在当时的条件下，根据当时社会的需要，注意多方面的修养。

今天，我们进行中学语文教学，必须努力做到对学生全面培养，不能“患近视眼”，只盯在升学考试上。如果我们不引导学生广为涉猎，相关知识枯竭，而只在一条线上企求立竿见影，质量就可想而知了。“见影”不“见影”也很难说，即使见影，也只是瘦瘦的一条。知识是相通的，任何一个成才的人总在知识上有一定宽广的基础，鲁迅、郭沫若是大文学家，知识广博到惊人的程度。我们在语文教学中必须引导学生多读一些，多看一些，多积累一些，多实践一些，文、史、地、音、体、美、天文、航海、航空，广为涉猎。必须懂得：根深叶才茂啊！

封建传统教学没有什么班级教学，也不分年龄大小。宋濂在《送东阳马生序》中写自己从师就是负箧曳屣，千里迢迢。但是，有两点颇可借鉴。

（1）启发式

《论语·述而》中说：“不愤不启，不悱不发。举一隅不以三隅反，则不复也。”学习的人必求通而未得之，口欲言而未能之，教的人就开启他的思维，帮助他用恰当的言辞表达出来。《论语》中《子路、曾皙、冉有、公西华侍坐》一章，孔子对各人言志的教育就是注意启发的好例子。对子路的言志，夫子“哂之”；曾皙言志，夫子喟然叹曰“吾与点也”。同样言志，孔子根据弟子的不同情况进行启发，教学时针对弟子的实际，做到因材施教。

（2）因材施教

汉朝，特别是东汉，一个大师讲学，从学者竟至千人万人。在私人讲学、书院讲学中都很讲究启发式教学与因材施教。东汉马融为世通儒，常坐高堂，施绛纱帐，前授生徒，后列女乐。郑康成在马融门下三年，没见到马融。一个老师教几千人，必定由他的高足弟子教，这也是因材施教。

康有为于1891年在广州长兴里设立万木草堂，弟子梁启超、陈千秋等20多人，学习方法主要是自己读书、写笔记、著书立说……课堂上上下古今，中学西学，纵横天下大事，根据各人所长，因材施教。

今天的中学语文教学与那时大不相同，然而，调查了解教育对象的特点，注意启发式，进行因材施教是很有借鉴作用的。至于语文教学中多读多写的方法，众所周知，就不谈了。以上所谈的是在教学内容、教学方法等方面可以批判继承的，至于糟粕，应该扬弃。如封建社会文人赖以安身立命的《十三经注疏》，现在除了需要个别人作些专门研究外，一般说来可以不必接触了；至于封建科举时代的敲门砖八股时文，那是早已被扬弃了。

总之，我们不能妄自菲薄，看不到传统教育中有益的东西，又不能抱残守缺，裹足不前，要取其精华，去其糟粕，努力做到古为今用。

三、改革创新问题

回顾过去绝对不是为了复古，为了模仿古人。我们今天的语文教学重要的在于改革创新。回顾过去是为了今天的改革，今天的创新是为了明天的路走得更好一点。教学必须注重革新，因为社会在发展，时代在前进，不革新，生命就停滞，就闯不出新路。这同批判继承不矛盾，继承就意味着发展，唯有发展，才是最好的继承。

改革创新的天地十分广阔。大而言之，教材、教法、师资、计划须进行总体改革；小而言之，一个问题一个问题须进行具体摸索。只有在正确的思想指导下，群策群力，才能揭示出当今中学语文教学的规律。

这个问题涉及的范围非常广泛，这里只就所想到的谈一点粗浅的看法：

1.
学习与研究外国教育学、心理学、
语言教学实验研究的新成果，
从中吸取养料

中学语文教学要更前进一步，要提高效率，不仅要认真地研究过去，古为今用，而且要研究外国，借它山之石，攻我语文教学之玉，做到洋为中用。

随着世界科学技术和社会生产力突飞猛进的发展，国外一些教育学家感到知识推陈出新的过程在加速，教育仍走机械地传授知识的老路行不通，因此，着手进行新的实验、新的研究。如苏联的赞可夫的研究着力于找出教学与人的发展之间的客观规律，以尽可能大的教学效果促进学生的发展，提高他们掌握知识、技能和技巧的本领。他强调儿童对教学采取的“内部态度”的重要性，认为儿童对待教学的影响，可能采取积极“接受”的态度，或者中立的态度，或者消极“排斥”的态度。因此，内部矛盾是儿童发展的源泉，教育作为外因，必须通过儿童的内因起作用。赞可夫的这些见解对我们认识教学过程、改革语文教学很有启发。

又比如苏霍姆林斯基研究现代教学论，他认为，教学过程内部最重要的规律性认识——科学的教育思想是教学工作的灵魂。他把丰富儿童的精神生活和发展他们的创造性智慧摆在教学论的中心地位；他认为智育的主要目标是发展智力，把知识、技能和技巧的学习看作全面发展智力的广阔途径，即全面发展观察能力、想象能力、思维与语言能力、记忆能力等的途径，而全面发展智力又构成学好知识的条件；他认为学生始终是学习的“主体”，教师应“充当学生脑力劳动

的指导员”，教师的作用不单是教学知识，重要的是指导学生脑力劳动，等等。这些教学论的研究又与心理学研究相结合。这些认识对我们语文教学的创新也很有教益。

不仅如此，生理学方面的某些研究成果与教育教学也密切相关。如根据近代脑生理的研究，大脑可以分为四个功能部位：感受部位、判断部位、贮存部位和想象部位。人脑的记忆容量相当于五亿本书的知识总量，记忆能保持70%至80%以上。但是，如果由于教育的缺陷，即使记忆力好的人也达不到记忆的1%。想象区一般人也只用了15%。这方面研究有权威的人士断言，人脑还有90%的潜力未加以利用，有近100亿（总共140亿）个神经元没发动起来参加工作。不管这种研究数据是否完全符合事实，我们仍可从中受到启发，认识到大脑有很大的潜力，可以进一步开发，教育教学要努力促进学生脑的发展，从而获得良好的教学效果。

国外语言教学中研究语言和思维的训练，文学作品教学中的情景教学，讲究趣味性、形象性、科学性等，都是颇值得借鉴的。

总之，对国外有关的研究成果要认真学习，打开思路，开阔视野，要采取“拿来主义”的态度，根据此时此地我们中学语文教学的实际，或取，或舍，或使用，或改造，既不能莫名其妙地完全摒弃，又不能稀里糊涂地照单全收。学习外国的目的，是为了丰富自己，使我们的语文教学在科学的道路上前进，效率增强，质量提高。

2.
探索语文教学科学的序列，
按照循序渐进的原则传授知识，
进行听、读、说、写能力的训练

有一种误解，认为中国人学祖国的语言文字不同于学外文，也不同于外国人学中文，从小就有学语言的环境，很难寻求科学的序列。其实不然，任何一个学科的教学都要讲究科学性，用最少的时间获取

最好的效果。语文学科当然也不例外。只是由于长期以来在这方面缺乏认真的、系统的科学研究，似乎小学识字教学有规律可循，一到学文，就阶段不明，深浅难以严格划分了。不探讨科学的序列，教学中有些十分突出的问题很难解决。比如重复劳动的问题，对某一语文知识小学教，初中教，高中还教。必要的循环是可以的，但如果既未在广度上加以开拓，又未在深度上进行发掘，那就浪费了师生的时间与精力，教师进行了许多无效劳动，做了许多无用功。又比如写作训练的问题，有些学校要求小学一二年级学生就作文，但是进入初中仍然错别字连篇，写一两段话都写不通，更不必说组篇成文了。中学教师教语文时，常常碰到这样的“夹生饭”，简直很难纠正，很难提高。训练是要有“序”的，要由浅入深，由易而难，由简到繁，什么样的阶段该着重训练什么，得根据学生的年龄特征、心理特征，根据他们的知识、能力、智力，寻找科学的“序”，不能凭主观良好的愿望。有时愿望虽好，但得到的是揠苗助长的结果。

探索语文教学科学的序列既要有一条龙的思想——整个基础教育阶段语文教学的目的与任务，教学内容、训练内容的科学安排，如小学与初中的衔接、初中与高中的衔接；又要有每个阶段横向的科学安排，如各种文体的教学在各个年级的分量、比例怎样最适当，阅读与写作怎样各有序列，又怎样相互结合、相互促进，语法、修辞、逻辑知识教到什么程度，与听、读、说、写能力培养的关系如何，听与说怎样循序渐进地进行训练；凡此种种，都是值得研究的课题。如果语文在知识的传授、能力的培养序列问题上有所突破，教学必然大大减少盲目性；增强科学性，质量必将有明显的提高。

3.
改革课堂教学，
提高课堂教学效率，
让学生做学习的主人

早先，在中国，说不上有什么严格意义的分班级课堂教学，欧

洲中世纪也是如此。随着生产的大发展，资本家需要管理人才，也要求工人具备一些基础知识，这就需要大规模办学，采取了以班级为主的课堂教学形式。只要大规模培养人才的客观实际存在，班级课堂教学就不能贸然废止。今天，我们社会主义制度与资本主义制度迥然不同，但我们需要在更广泛的基础上培养建设社会主义的人才，因而，必须认真研究课堂教学，让学生在课内有限的时间学得实一些，多一些，好一些，充分发挥这个教学基本形式的作用。

课堂教学的频率要提高。看 20 世纪 30 年代的电影，哪怕是 20 世纪 50 年代的有些电影，讲话、动作都是那么慢吞吞的，一句话拖腔拖调说好久，一个动作、一个情节得费不少胶卷，看了心里直发急。过去教课也是如此，一篇课文教六七节课，细细咀嚼，嚼烂了喂给学生。科学技术的发展导致生活的节奏、社会各个方面的工作节奏加快，学校教育当然要适应，课堂教学的频率也要相应加快。因此，烦琐的讲解，一字一句磨得粉碎的教法必须去除，形式主义的东西必须停止。一堂课在传授知识、培养学生语文能力方面要厚实，要有相当的容量。

课堂教学要有主宰的灵魂，语文的具体目标服从于培养社会主义新人的总目标。社会主义学校的课堂是育人的重要场所，课堂教学须有鲜明的思想性。无论是传授字、词、句、篇的知识，还是培养听、读、说、写能力，都要注意渗透正确的思想观点，以高尚的道德情操熏陶感染。要本着因文释道、因道释文、文道统一的观点，组织教学活动，帮助学生理解掌握，引导他们进行语文能力的训练。一篇课文是一个有机整体，切不可把文情并茂的文章教得支离破碎，思想观点模糊，骨肉分离。

课堂教学要处理好知识、能力、智力三者的关系。讲述任何语文知识都要着眼于学生语文能力、自学能力的培养，在培养学生语文能力的过程中引导学生正确地理解知识，掌握知识；传授任何语文知识都要着力于调动学生的思维器官和感觉器官，发展学生的思维力、记忆力、观察力、想象力。要抓住能力培养这个重要环节，把知识敲扎实，把知识教活，引导学生举一反三，触类旁通，智力获得发展。课堂教学要有活水汩汩流淌，教师精心设计问题，促使学生思想上迸发火花，学得愉快，学得有劲。

课堂内如何调动不同学生的积极性，如何因材施教，如何安排课堂教学的组织形式，等等，均有改革创新的天地。

4.
课外开拓新局面，
寓知识的涉猎、能力的
培养于生动活泼的活动之中，
培养学生浓厚的学习兴趣

要有效地提高语文教学质量，使学生听、读、说、写能力获得全面培养，只局限于课堂教学是不行的。一条腿走路哪有两条腿走路顺当，效率高？课堂教学要改革创新，提高质量，课外更要开拓新天地。"读万卷书，行万里路"对开阔学生视野、增长见识、提高运用语言文字的能力是有效的措施。在新的历史条件下，课外阅读的广泛性与过去更为不同，课外活动的目的、内容、形式更应该具有当今时代的特点。如何根据我国中学的特点，创造有民族风格、民族特色的生动活泼的语文课外活动形式也是十分重要的研究课题。

在改革创造方面要大力提倡进行科学实验，总结系统的经验，做到有理论有数据，从而推动面上的语文教改。

谈素质教育背景下的语文课堂教学改革

全面推进素质教育的根本宗旨是提高国民素质。素质教育的重点主要是两方面：一是实践，我们培养的人不能只会动口，不会动手，虽然奥林匹克学科竞赛我们名列前茅，但是我们的动手能力还不怎么行；二是创新，如果我们永远跟在人家后面走，就永远都不能超越。既不能超越自我，也不能超越他人。教育说到底就是培养人，培养怎样的人是个大问题，一定要认真研究。所以，要在全面推行素质教育的背景下来看我们的语文教学，其实也不仅是语文教学，各学科的课堂教学确实都必须认真改革。

知识经济社会是以知识的生产、交换、分配、使用和消费为特点的一种新的经济类型的社会。这样的社会最重要的生产力不是我们原来工业社会的石油、机器。知识经济社会最重要的生产力是知识，而教育是生产知识的生产力。理论形态的知识，怎么能够转化成现实的生产力呢？这就需要教育，要求教育为人的发展提供四个支柱。第一个就是学会学习，就是具有理解力、分析力、知识系统化的能力，创新能力等。对中小学基础教育来说，怎样让学生学会学习，学会求知，是非常重要的，因为任何一名好的教师不可能在课堂上把今后学生所需要的知识本领全部教给他，但是他学会学习，学会求知，就可以一辈子受用。要教会他们怎么阅读，怎么分析，怎么辨别。第二是学会做事，学会做事就要有首创精神，要有合作精神。第三就是要学

本文发表于《课程·教材·教法》2000年第2期。

会共同参与，现在很多科研都要共同参与，再也不是那个小生产的时候，个人去发明创造，现在很多都是跨学科的，因此在课堂里就要培养合作精神、参与精神。现在根本不可能某一个人去搞一个高科技的东西。第四就是学会生存，学会发展，个人的潜能是怎样的，个性是怎样的，要开发，要教育培养。我认为，到现在为止最好的教学大纲就是目前供试验用的高中语文新教学大纲，中华人民共和国成立以来第一次提出要发展个性，这是要有胆量的，是很不容易的。我们教育的很大问题是一个模式，而人不是一个模式的，人有个性、特点。我想钱锺书这样一个学问贯通中西的大学者是考不取现在的大学的，他升学数学才考了 28 分，但是我们要几百年才出这么一个大学者。要发展学生的个性，发展他们的聪明才智，课堂教学必须改革。

最重要的就是要更新教育观念。我教学几十年，在课堂上站了几十年。长期以来教学中有“三多三少”困扰我的思想。第一是眼前的学生看得多，将来建设者的要求考虑得少。第二是知识看得多，能力看得不够。实际上成才的不一定是考高分的学生，而是综合能力很强、思维敏捷的学生。第三就是分数看得多，实际才干看得不够。学生有很多才华，但有时候在它萌芽的时候就被压制掉了。长期以来这“三多三少”困扰了我们的思想，因此目光短浅，其结果是重术轻人，只看到具体的技能技巧，而没有看到完整的要培养的人。21 世纪，我们国家要在世界上立于不败之地，其他的因素很多，但最重要的就是拼人才，谁的人才素质高，谁就能立于不败之地。这一点很多人还没有认识到，实际上培养怎样的人是非常重要的。我从 80 年代开始就试图破这个“三多三少”，就是要“目中有人”。我在 1978 年上海教育出版社召开的座谈会上发言，并在 1979 年《语文学习》第 3 期发表文章《既教文，又教人》，后来刘国正同志给我写了封信，肯定了这篇文章，说我切中时弊。切中时弊，就是能够在那样的情况下看到问题。我们教育始终是培养人的，千万不能重术轻人。现在的状况是淡化人，人似乎是虚拟的，是概念化的。实际上，培养人是要放在特定的历史条件和特定的社会环境下来认识的。我们现在需要的人是要基础扎实，思维敏捷，应变能力很强，有创新精神，而不是培养书呆子。然而，大量的题海战术让学生真的没有时间读书，说语文水平不好我们是很冤的。现在要确定语文教学的地位，这一点非常重要。这是要争的，不争就没有。听说上海新一轮课程改革行动纲领高中语文无必修课，我是不能接受的。20 世纪 70 年代末福建会议上我曾就这个问题发表过意见，我说学生初中三年语文是过不了关的。当时有个思潮叫“三年过关”，因此有的中学校长就说，这下语文课不要排了，只要排数学、物理、外语。我不知道这过的是“嘉峪关”还是“山海关”？因为我教了那么多年高中，到高中有些学生语文还不过关。这是一个大问题。初中的学生跟高中的学生完全是两码事，初中是孩子，是少年，他对阅读、对问题的理解，对事物的认识，跟十七八岁的高中生完全是两码事。我想语文在中学素质教育中的地位要确定，它到底有没有作用，这是一个比较大的问题。

教育观念要改变，要认识现代社会对我们的需求。我们不能关起门来教学，因为语文是最开放的学科，应该放在社会生活这样一个大环境中来培养学生的语文能力，所以最重要的就是要更新教育观念。现代教育观念是建立在对现代社会认识的基础上的，如果不认识现代社会，就不可能对培养目标有清醒的认识。我在教学时有八个字：“教在今天，想到明天。”教育事业是未来的事业，是为未来培养人的，因此要以对明日建设者的要求来指导和确定今日的教育教学。要根据需求来工作，用明日的建设者是怎样的这个要求来促进今日的教育教学工作。实际上对这个问题的认识，世界上各国都很清醒。日本就提出要培养 21 世纪世界通用的日本人。他们的口号是“世界通用的日本人”。美国为了培养 21 世纪的美国人，投入了大量的资金，90 年代初期就进行了调查研究，研究 21 世纪美国就业的人员需要怎样的本领，同时对美国教育的现状进行了调研。最后美国劳工部对 21 世纪美国就业者提出必须具备三大基础、五大能力。三大基础是能力基础、思维基础、素质基础。五大能力是能力基础中要求有较高的读、写、算、听、说的能力。它山之石，可以攻玉。如果只把语文看作技能技巧就是小看它了。它是民族文化的根，它对外是屏障，对内是黏合剂。秦始皇统一中国的文字功劳极大。因为统一了文字，我们几千年的文化才流传下来，我们才能够享受祖先创造的中华文明。因此不能把语文只看成技能技巧，应该完整地看到语文的全部，看到它深刻的内涵。不管从现实状况还是从国外来讲，我们确实要更新教育观念。还有一个问题就是课堂上怎么办，现在课堂上学生大部分时间在做作业，无穷无尽的每日一练，根本没有时间读写。有限的课堂无论如何要进行改革，课堂是我们最后一块阵地。

我想素质教育背景下的语文课堂教学有四点可以考虑。

一、出发点要转换好

长期以来，教师都是从教出发，现在要转化到从学生的学出发。我们的教是为了学生的学，教会学生会学语文。课堂不是教师演讲的地方，而是学生学的地方，教师引导、点拨，让学生作学习的主人，一定要让学生读教材，再好的教材读不进去也是没用的。读，要思考，自己说、自己写。因此课堂是在教师指导点拨下学生的用武之地，千万不能越俎代庖。我们现在大量的教师在做演员，特别是公开课。过去叫满堂灌，其实我们这些人都是被灌出来的。过去教师不讲究方法，但是他们有学问，我们很佩服。现在方法五花八门，但我总觉得方法无论如何是第二位的。教师有真才实学就能点拨，就能点在点子上，点在要害处，否则就是乱点。现在的教学一直在打外围战，学生忙得要死，攻都攻不进去，所以我觉得教师不能做演员。我们现在的教学是平时上课满堂灌，公开课满堂问，热闹非凡，说完了也就没有了，或者是满堂灌加上满堂问。我总认为教课不能教在课堂上，教在课堂上就会随着声波的消失而消逝殆尽，课要教到学生心中。教过不等于教会，教过所有的教师都可以做到，教会非常不容易。我谈的都是教训。所以我讲第一个是转换出发点，一定要从学生的学出发，让学生做学习的主人。教师做教练，做学生脑力劳动的指导员。

二、课堂结构要改变，要优化课堂教学结构

从单向型的课堂结构转换成网络型的结构。教师讲、学生听，或者是学生问、教师答，是单向型的直线交流。这样只是有一部分学生在听，其他都是陪客。我们是要教会所有的学生，要让他们在原有的基础上有明显的提高，要把所有的学生组织到课堂教学中来，所以课堂教学要网络设计，像太阳辐射。这样的好处是各个层面都能照顾到，也就是教师的“教”作用于所有的学生，而所有的学生的“学”都应该反馈到教师的“教”这方面来。学生跟学生相互作用，也就是说是一个共同探求真理的伙伴关系，共同寻求知识和真理，共同寻找解决问题的方法。这样的好处是所有的学生都被组织到课堂教学中来。教师总体上是超过学生的，但是在某一点上并非如此，师生完全可以起到教学相长的作用。我觉得课堂教学辐射的网络设计是非常重要的。我有一次上课，课上到一半，一个女生站起来，她说：茅盾先生讲白杨树怎么好怎么好，但白杨树是不成材的，楠木是贵重的，我这个初中生人微言轻，您可能不相信。她拿出一本屠格涅夫的《猎人笔记》，跟我较量。她说：屠格涅夫讲，白杨树叶子硬得像金属，枝条也不美。听后我表扬了她，她用课外的读物来印证课文，是动脑筋的表现。然后我讲，这是用象征的手法讲的，景随情移，客观的景物是随作者主观的情而改变的。有一个男生立刻站起来说：“别的我还想得通，有一个句子想不通，‘白杨树算不得树中的好女子’，‘是树中的伟丈夫’；说它‘伟岸，正直，朴质，严肃，也不缺乏温和’。严肃是使人敬而远之的，温和的人是使人容易亲近的，在一个形象身上又温和又严肃，是不是茅盾先生说话说矛盾了？”这个学生胆子很大，敢提出问题。一石激起千层浪，大家七嘴八舌，课堂气氛非常活跃。在这种情况下，教师一般表态是不行的。我脑子里突然跳出一个句子，《论语·述而》里，有人问孔子是怎样的人，得到的回答是：

"温而厉"，温和而很严厉；"威而不猛"，很威严但是不凶猛，不像张飞、李逵那样；"恭而安"，既恭且安。因此，一个人既严肃又温和是不矛盾的。这样讨论问题，教学相长，师生的关系亲密无间，非常和谐，使得教学研究向纵深发展。因此，我教了几十年，也是向学生学了几十年。有些学生的思维非常活跃，有的问题我们教师想也不敢想。我刚刚教初一的时候，教《纪念白求恩》，下课有一个男生对我说：白求恩是一个伟大的人，我很感动，但我觉得作者对他不尊重。他说我们普通人死了，可以用"死"，而一个伟大的人不远万里来到中国，为了中国人民，就这样牺牲在战场上，作者却用"对于他的死，我是很悲痛的"。他觉得"死"只能平常的人用。学生年龄小，不懂得毛主席的语言风格，这且不去讨论。我问他觉得应该怎样用，他说：依我来看，应该这样用——"对他的逝世，我是很悲痛的"，这样对白求恩就很尊重了，或者是"对他的以身殉职，我是很悲痛的"。这样的学生怎能学不好语文呢？

三、要拓展创造思维的空间

课堂上语言训练和思维训练是同时进行的，一个不会思考的人，怎么学得好？读也是有口无心，说也是词不达意，因此课堂里一定要拓展创造思维的空间，给学生发展的天地。教语文是一种享受。中外古今那么多佳作我们学了，使我们认识社会、体味人生、认识自然，有无穷无尽的乐趣。人不是站在平地上，而是不断地在登山，无限风光在险峰。所以我说课堂上一定要有拓展思维的天地。精华是千锤百炼留下来的。比如范仲淹的《岳阳楼记》，登岳阳楼的文人骚客太多了，诗词也很多，那么这篇为什么能流传千古？"先天下之忧而忧，后天下之乐而乐"，这种思想境界就超越了他同时代人的水平。这就是精华、精髓，人类思维的结晶、智慧的结晶，因此流传千古。我想这种精华无论如何是不能丢的。不可否认，我们的传统教育有很多弊端，比如重结论轻过程。教育就是一个过程，就是教师培养学生成长、成人、成才的过程。所谓“三成”，只有茁壮成长他才能成人，成人到一定程度就能成才。还有就是重记忆，轻创造。记忆是需要的，死记硬背不对，但积累非常重要，否则腹中空空，怎么写得出文章来呢？文化人和野蛮人有两大区别，北大一位哲学家讲，人和禽兽两大区别，一是人能够制造并使用工具生产、劳动，第二是人有文字。能读书著书是人跟禽兽的最大区别。因此我们要积累，但是不能轻创造。知识当然要有，但是能力非常重要，千万不可忽视。从静态的维度来看，知识是人类社会实践经验的总结；从动态的维度来看，知识更是认识的过程，是探求知识形成的过程。因此我们在培养学生求知的时候，千万不能忘记探究、发现、探讨这个知识是怎么来的。有些知识已经有了定论，比如，牛顿的经典力学。许许多多的物理学家都认为物理的大厦全都盖好了，今后就是怎么装修了。但是有人认为万里晴空还有两朵乌云，用牛顿的定理不能够解决，因此拉开了近代物理学的序幕，这就是探究。所以探究的过程无论如何是不能忘的。比如，三角形的内角和等于180°，但在球面体上，三角之和就不等于180°，它可以大于180°，可以小于180°。所以从静态来看，知识是认识事物的结果，但是从动态来看，它是认识事物的过程，意义更大。因此教学中这一点也是非常重要的，就是要拓展学生创造思维的空间。

课堂教学中，有两个方面必须重视。

一是要把语言训练和思维训练放在同等重要的位置，教语文就是要让学生正确理解和运用祖国的语言文字，要培养读、写、听、说的能力，但是我们不能十年寒窗苦，就读一本书。学生要读那么多书，因此思维训练显得非常重要，教师要把学生的思维调动起来。学生学习不仅用感觉器官，也要用思维器官。孟子说“心之官则思”。心的功能就是思考。学生不会思考问题就学不好。越是学习好的学生越是问题多，学习不怎么样的学生，你问他有问题吗，他总说没有，他认为都懂了，实际上并没有懂。要让学生能够发现问题、分析问题，从而寻求解决问题的方法和途径。所以在教课当中要启发学生发现问题，这个能力是培养的。然而，学生发现问题没那么容易，我是捧着人教社的教材，要学生先从教材当中发现问题。怎么发现呢？要“三看”，看课文，看注释、提示，看后面的思考问题。教材的前前后后都要看，看了以后想一想哪些懂了，哪些没懂，还有哪些问题。然后要查，查工具书、查资料。三看一想一查，这样学生能从最简单的字词入手，然后到篇章，到写作方法、写作特点，最后再跟生活这个根联系，跟课外阅读相联系。这样问题就很多，有时学生能够问出一二十个问题，而且非常有质量。因此要给学生思维的空间，一定要让学生有发现问题的能力。因为语文教材是宝藏，是宝库。我们教的只是千分之一、万分之一，根据教学要求，不可能把其中所有闪亮的东西都挖掘出来。所以一定要让学生有宝藏意识，学语文是来探宝的，要动脑筋去探求才能获得珍宝。有的时候一个很简单的句子，学生有一点想法，教师要立即捕捉。高中教材里的《林黛玉进贾府》，王熙凤的出场描写是天下妙句，她的语言表现也是非常精彩的。她看到林黛玉，说：“天下真有这样标致的人物，我今儿才算见了！”这，学生当然是看得懂的，用现在话说是新闻炒作、吹捧。接下来说“况且这通身的气派，竟不像老祖宗的外孙女儿，竟是个嫡亲的孙女”。学生问，王熙凤貌美如月，怎么讲话疙疙瘩瘩的，用两个“竟”干什么？不像个外孙女，倒像个亲孙女，不痛快吗？有的学生说你捧林黛玉就够了，为什么还要讲外孙女、嫡亲的孙女？学生对封建社会外亲、嫡亲的区别不太懂，因此要启发学生思考句子的妙处，让他有思维的空间。比如，这样一个吹捧、赞赏，绝不是一般的阿谀，这种吹捧是不留痕迹的，是“高品位”的。王熙凤工于心计，她是不是只想捧林黛玉呢？她其实主要是捧老祖宗，老祖宗怎么个捧法，这个很有讲究。老祖宗讲过她最喜欢她的女儿，女儿的女儿就是这个外孙女林黛玉，因此王熙凤捧的是老祖宗。但是旁边的邢夫人、王夫人、迎春姐妹怎么办？要皆大欢喜，这样就显出了王熙凤语言的功力，因此她说“竟不像老祖宗的外孙女儿”“竟是个嫡亲的孙女”这样的话，邢夫人、王夫人、老祖宗皆大欢喜。中国语言文字的表现力、魅力真是世界上少有的。这样，在探究的过程中学生就理解了语言的魅力，就看懂了。

二是一定要留给学生创造思维的空间，留出空间让他想象。因为诗情画意一定要想象，想象时脑子里意境就出来了，内情和外景交融的时候意境就出来了。要拓展创造思维的空间，想象是不能够忘的。学生要思接千载，视通万里，这是很重要的，因为课堂是有限的，有限的课堂就好像画在框里一样，要开拓无限的想象空间。想象是创造思维最重要的东西，想象是一种酶，它能够活化知识。脑子里要有具体的图景。比如地球，所谓的纬线、经线、赤道，实际上地球上都没有，这是好多学者搞出来的理论框架，如果没有创造思维，就没有这个理论框架。有了这个理论框架学起来就方便了。又如，我在教《变色龙》的时候，听课的人很多，教到快结束的时候，一名学生突然站起来说："老师，您教错了。"我觉得好像没有错，更不知道错在什么地方，于是就请她上讲台来讲。这名学生语文成绩差，考文言文不及格，但是她胆子大，什么听课、录像，旁若无人，我觉得这很好，经常鼓励她。她慢慢就悟到点子上了。初中的学生小，他们对多变的现象感兴趣。因为狗的主人是将军，狗就变成娇贵的狗；如果不是将军家的狗，就变成野狗。我在教这篇时，根据这个现象画了一条波浪线，表示多变。我说这多变的现象是由不变的本质决定的，又画了一条直线，代表不变的本质，这个不变的本质就是趋炎附势。于是她说：这个变色龙是沙俄的警官，您对他的理解还不够，您想，现在这个警官已经知道这条狗是将军哥哥家的了，他巴结拍马的心情就更急切了，您用这种等距离的波峰波谷怎么能够表达呢？这时他的心跳得更快了，频率更高了，就该是这个样子。她做了一个波峰突然升高的样子。她讲得非常好，我给予充分的肯定。其他学生讲：老师，您怎么没有想到？我在备课的时候，根据学生的实际，只想到了现象和本质的关系，是单向思维，实际上要多向思维。在现象变化的过程中，警官也在变，从这一点来讲，学生思维的严密性超过我了。我让学生上来改我的板书，用红笔修改我的白笔，大家都很高兴，学生最高兴的就是老师"挂黑板"。我老老实实，因为教育就是老老实实的，我告诉学生我确实没有想到现象在变的过程当中其他因素也是变化的，思维应该是多向的，这样一改学生就满意了。师生是平等的，求知不存在尊严，谁说得对就听谁的，服从真理，这就叫伙伴关系，这就叫合作关系，这就叫和谐发展。把学生发动起来，思想高度集中，就能够爆发出智慧的火花。教师要善于把一个人的火花变成集体的火花。这样，对课文研究就深入了，就水涨船高了。课外也应该是大大的一块。如果星期六下午没有课，我的时间都给学生，这个星期看灯展，下个星期看画展。假如我没有时间，就叫我的徒弟带学生去游览。我的特级教师津贴全部给学生买书。有的学生看《静静的顿河》，写了很多页笔记，对人物进行评论。学生可以写出对《傅雷家书》不同的看法，提出各种各样的问题。我觉得教课要胸中有书，使教材如出自己之口、自己之心，这样才能运用自如。最不好的就是照抄参考书。我们那时候没有参考书，所以必须自己读懂，不读懂上课就没法讲话。现在参考书太多了。我觉得人教社新编高中语文课本的参考书比较好，教学参考书就应该只提供相关资料，教师自己去组合。有的可以只给起个头，其余由教师自己去找，这样才能够培养青年教师。我认为一套好教材不仅能培养学生，还能培养教师。我这个教师就是教材培养出来的。我是老老实实地钻研教材。另外，就是要目中有人，时时刻刻不要忘记我们的使命是教育人。怎么教，方法多得很。如教鲁迅的《一件小事》，半个世纪前的小资产阶级知识分子跟我们现在的区别很大，要把它教得让学生理解，就要把教材和学生的距离缩短。车夫扶老夫人进巡警所，“我”看到车夫的背影很高大，他越走越远，越来越大，写作者心灵震动。学生要理解这种心灵的震动太难了。于是我说，这个时候车夫的形象是非常高大的，你打个比方看，高大到什么程度？学生讲，像高山一样，像青松一样，像高山上的青松一样。我都没有表态。学生又说，都不像。我说，任何一种修辞手法都有它的局限性。鲁迅先生在这里就没有用一个比喻来讲车夫是怎样高大的。车夫越走越远越高大，你们想想，这就好像是电影镜头一样，是连续转动的，我们的视觉形象是越近越大，越远越小，而这里，是一反视觉形象，越走越大，越远越大，用连续转动的镜头表示心灵震动，而后仰视，高山仰止。再精彩的语言都要经过教师的思维和学生的思维才能从中吸取营养。因此，课堂要留给学生充分的思维空间和时间，跟学生一起探究知识的形成与结论。这样，学生就会越学越聪明。这样，教学就成功了。

四、推进好课堂教学改革，最重要的是教师自身

我 22 岁从复旦大学毕业，站课堂站了几十年。最乱的班级、最乱的年级、最乱的教研组、乱得不堪的学校，我都带好了，还担负许多社会工作，写许多文章，我真的很累。前两年重病，我到医院里话都不能说，筷子都拿不起来，我才体会到四个字的分量：心力交瘁。我要把乱年级带好，六点钟集合，五点五十我就站在操场上，要学生做到的我自己先做到，教师应该是学生的榜样。我们这所学校要求教师一身正气，为人师表，我这个校长坦坦荡荡，没有不可告人的事情。我时常觉得对不起学生，尽管备课很认真，但上完了就觉得这个地方有毛病，那个地方有毛病。因此我想到大文学家罗曼·罗兰讲的：累累的创伤，就是生命给你的最好的东西，因为它标志着前进的一步。我教了一辈子课，不断地看到自己的创伤和缺陷，正因为看到了不足、缺陷和创伤，因此战战兢兢，感到自己要努力学习，这样才对得起学生。什么叫敬业？就是认认真真，恭恭敬敬。学生是我们的后代、国家的希望，我们要对他们恭恭敬敬，认认真真，稍有疏忽就是大问题，因此，不仅要尽力，而且要尽心。我一天只睡四五个小时的觉，我曾经想过等我退休了别的什么都不干，就睡觉，实际上是做不到的，因为年龄大了，就睡不着了。我爱人对我很有意见，他说：我没有别的爱好，只想看看山水。我说，等我退休了一定去。现在年龄都大了，山水看不成了，但是我觉得心里很充实。做教师站在课堂上就是生命在闪光，非常愉快。不能因为语文难教就觉得苦，如果你只感到苦怎么能教得好呢？它是苦中有乐，那种对情感的熏陶，对语言文字的品味，你会觉得乐在其中。当然要下功夫，不花时间、不下功夫哪有乐呀？我觉得再好的大纲、教材，还要教师创造性的劳动，

才能够教好。德国教育家第斯多惠说过，教师要找到最强的刺激。从事教学要有活泼泼的生命力，就要找到最强的刺激，这个刺激就是自我教育。不断地自我教育，自我学习，就能够不断地提高本领。打铁还需自身硬，要把学生锤炼成才，自己先要锤炼成才，把学生教好了，自己也就成长了。基础教育不像高等教育那么辉煌，不像发明创造那么名满天下，但是基础教育是对人从事基本建设，基本建设时期是学生长知识、长文化、长身体的时候，所学知识陪伴人一辈子。我们基础教育虽不辉煌，但是“齐鲁青未了”，绵延一片。生命是有限的，但是教师的生命是在别人身上延续的。我的写作能力就是我的语文老师教出来的。我的逻辑思维来自数学老师，他逻辑思维的严密使我刻骨铭心。所以说，我老师的生命在我身上延续，我的生命在我的学生身上延续。人是要老的，这是自然规律，但是事业是常青的。我想教育不仅是太阳底下最光辉的事业，而且是太阳底下永恒的事业，社会要进步就离不开教育。将来虽是终身教育，但青少年仍然离不开学校教育，因此，教育是永恒的事业。教师的价值在学生身上体现。教师是用自己的肩膀把学生抬上去的，学生的成长是对教师最大的安慰，因此我觉得我没有什么遗憾的，很忙很累但生命非常充实。教育教学非常艰难，但是，不艰难要我们教师干什么呢？正因为难度大，更要迎难而上。刻苦再刻苦，创造再创造，我们的国家总会成为顶尖的国家。我们这么一个大国，有人说世界知名的教育家就一个孔子、一个陶行知，如果真是这样，实在是太少了。我们教师要立大志，艰苦奋斗，成为有中国特色的真正的语文专家。长江后浪推前浪，年轻教师要快快成长，不辜负国家对你们的期望。

中学语文教学的回顾与前瞻

近两年来，社会上掀起了语文教学改革的大讨论。在这次讨论中，最强音是来自知识界人士。有批评是正常的，只要意见中肯，切合实际，就能促使我们更加清醒地回顾与反思，帮助我们在改革的道路上奋然前行。

中学语文学科是一门基础学科。这门学科对于提高学生思想道德素质、科学文化素质，对于他们学好其他学科以及日后工作与继续学习，对于弘扬民族优秀文化和吸收人类的进步文化，促进国家现代化建设，提高民族素质，都具有重要意义。本着历史的、辩证唯物的观点，审视二十年来这个学科的教学所走过的道路，应该说进展很大，取得了不少成绩。主要表现在：

（1）拨乱反正，正本清源，恢复有序状态。结束了“左”的干扰与影响，还语文学科以本来面目。党的十一届三中全会以后，语文教学与其他领域一样，都拨乱反正，通过大家的努力，逐步清除了“左”的思想路线对语文教学的干扰与破坏，把语文从“政文课”“革命文艺课”“跟着社论走”等乱七八糟的做法中解放出来，还语文学科以本来面目，明确了语文学科是中学课程建设中的“基础中的基础”，这就挽救了语文学科的生命，功劳很大，不可抹杀。

（2）语文教育观念不断更新，时代的特点有所反映。语文教学既重视传统教育中的精华，又广泛地学习借鉴。教师对学科的性质、任务有了新的认识，更新了教育观念。原本只重视语言文字的工具作用，对它们装载的思想、情感、文化比较忽略。现在有所进展，认识到语言和人（身体、大脑）是俱在的，思想、情感、语言是同时发生的。过去较多地偏重于传授知识，而今进展到培养能力，强调培养学生理解和运用祖国语言文字的能力，进展到发展智力，发展学生的观察力、思维力、想象力、记忆力，进展到提高素质，提高思想道德素质和科学文化素质，以实现知识、能力、智力、素质的和谐统一。这就给传统的语文教学注入了新鲜的血液，符合语文学科自身的性质与特点。每一次的认识的发展不是对过去认识的简单否定，而是在时代需求的感召下有所超越，有所升华。

（3）语文教改实验风起云涌，创造了许多提高教学质量行之有效的经验。20 世纪 70 年代末，吕叔湘先生提出语文教学存在“少、慢、差、费”的弊病以后，全国广大语文教师致力于解决这个问题，解放思想，大胆探索，改革教学内容，革新教学方法，开展了丰富多彩的教学实践活动。虽然不能说创造的经验都比较科学，比较成熟，但这种钟情于语文学科的热情，这种积极性，这种“师气”“民气”是极其可贵的，是提高教学质量的宝贵财富。而且，这种改革大都是运用教育学、心理学理论来指导，这应该说是一个很大的进步。

（4）语文学科建设逐步推进，对大纲、教材、评价体系均有新探索。丰富的教学实践推动着语文学科理论的建设。改革的层面由教学方法探索进而深入教学内容的探索，再进而到课程、教材、训练体系、评价体系的探索。从本学科的特点出发，借助教育学、心理学的基本原理的支撑，引进并吸收系统论、信息论、课程论有关原理，初步建立语文学科教育学的理论框架。在不断提高认识的基础上，这些年来相继制定了《九年义务教育全日制初级中学语文教学大纲（试用）》和《全日制普通高级中学语文教学大纲（供试验用）》，在大纲指导下，编写了新的教材，“一纲多本”，实现了统一要求下教科书的多样化。大纲与教材的制定与编写，力图既保证学生基本素质的培养，又发展学生的个性与特长；力图突出能力训练，又注意发挥语文学科的多功能。与以往相比，讲究了科学性，前进了一大步。大纲与教材的建设并不是少数同志杜撰的，而是凝聚了一代人的心血，汇集了上百万语文教师的共同智慧和汗水。

当然，还有其他方面，如在教改中锻炼了一大批中青年骨干教师，研究气氛增浓，出现了不少语文教学研究组织，出现了众多的语文报刊，它们在传播语文教育思想、介绍语文教改经验等许多方面起了重要作用。总体来说，二十年来中学语文教学生机勃勃，取得了前所未有的成绩。

语文教学改革的路就是这样走过来的，但是路并不是笔直的。20世纪80年代后期，语文教学改革的热潮就逐渐降温，取而代之的是围绕升学率，尤其是高考升学率这根指挥棒转。那时并没有什么行政指令，但是片面追求升学率却成为大家共同追求的目标。“升学率是立校之本，竞赛得奖率是扬名之本”，这是众所周知的。应试教育走向极端，语文教学深受其害。语文教学要向前迈进，举步维艰。当前语文教学的主要弊病在：

（1）局限于课堂教本，远离生活实际。学语文应有广阔的天地，语文与生活结伴而行，语文学习的外延与生活的外延相等。然而，沉重的课业负担使学生很少与自然接触、与社会接触，就是在校园里操场上的体育活动也少得可怜，至于社会实践，也不过是点缀而已。不是学生不愿意身入生活、心入生活，不是语文教师不知道“行万里路”对培养学生认识社会、认识人生、认识自然的重要作用，对培养学生观察能力、思维能力、表达能力的重要作用，而是身不由己，只得在课堂里、课本里做文章。语文作为人与人之间最基本的交际工具，与社会生活紧密相连。它源于社会生活，应用于社会生活，一旦离开了社会生活，也就丧失了生命力。生活不仅是写作的源泉，而且是学习语文的源头活水，远离它，干瘪、干枯的情况就可想而知。

（2）积累匮乏，文化底蕴薄弱。文化的积淀靠的是积累，语言文字理解与运用能力的提高同样需要积累。语文教学最可悲的是上课学生无兴趣，考试过后学的还给老师。较长时间以来，语文教学重分析，轻积累，有的文章甚至被分析得支离破碎，这不能不说是一种严重的失误。阅读是吸收，足以怡情，足以傅彩，足以长才；阅读就是在仔细观察第二生活，就好像在镜子深处，寻找着自己的主角，寻找着自己思想的答案，与作品中的人物接触、沟通、交流，在“感情的传染”中提高认识生活、理解生活的能力；阅读佳作就是与智者交往，思想受启迪，情操受熏陶，人类的优秀智慧通过极有表现力、极有魅力的语言文字流淌到心中。祖国语言的美妙在阅读中通过朗读、吟诵、潜心思考，才能真正领会、体味、感悟。而如今的学生读得太少。课内积累少，课外几乎很少有读书的时间，少读乃至不读，无疑在为语文教学釜底抽薪，学生怎可能有较扎实的文化底蕴？怎可能有较强的语言文字能力？阅读教学可说是语文教学中的重中之重，应该读多少文章多少本书，怎样指导阅读，怎样积累，须进行科学研究，随意不得，马虎不得。

（3）训练机械，模式框住，学生学语文的积极性、主动性受到抑制。学生应该是学习语文的主人，语文因其内容的丰富多彩与语言文字所具有的独特的魅力，本应对学生有诱人的吸引力。而今只重视符号的训练，学生被淹没在大量的题海之中，做自己不愿做又不得不做，似是而非而又必须非此即彼的练习。语境不见了，趣味没有了，独特的体会、见解、创意不允许，只得在预先设计编织好的答题框子里浮沉。阅读有阅读的模式，作文有作文的模式。作文瞄准高考评判的标准设计内容，设计模式，引导学生往里面套。学语文重在应用，运用语言文字表达自己的情意。只教套路，不考虑学生的真情实感，不注重学生的生活积累，学生的作文又怎可能有活泼泼的生命力，又怎可能闪现灵性？学生学语文除了规定的必须读、背、写之外，应该有一大块读写的自由天地，可以驰骋想象，可以信笔悠悠，如今规定学的都用框框套住，更不用说课外的天地了。学生被动学习，被迫学习，求知的欲望就大受压抑，兴趣就会荡然无存。

（4）学科理论建设滞后，难以驾驭教学实践，指导教学实践。理论上的模糊容易导致实践中的盲目。语文教育学的研究对象、性质任务、结构体系、教学方法、学习方法、语文基础性学力、语文发展性学力、语文评价体系、语文教学中教师个性与学生个性的发展、语文学科在基础教育课程设置中的目标定位、与其他相关学科的关系等，虽零星有所阐述，但不够系统、不够清晰，尤其对性质任务的把握，或以偏概全，或滞留在浅层，重术轻人，至今缺乏令人信服的、大家能普遍接受的理论阐述，因而，责难、非议在所难免。

还有其他一些弊病，这里不一一述说。

尽管存在的问题不少，但只要有清醒的认识，正确对待，从宏观到微观，从语文理论工作者到广大教师，从教育行政部门到学校第一线的校长，齐心协力，共同寻求解决问题、克服困难的途径和方法，前景必然光明灿烂。

首先，要站在时代的制高点和战略的制高点认识语文学科的目标定位和提高学生语文水平的重要意义。21 世纪是充满了竞争与机遇的世纪，我们培养的是 21 世纪祖国的建设者和接班人，要教在今天，想到明天，以明日建设者的要求来指导和促进今日的语文教育工作。现代社会，即将步入知识经济时代，在知识经济时代，区域优势逐渐失去，资本和财富的优势也将变得次要。培根的“知识就是力量”的名言，再一次得到形象而深刻的诠释，而大量的知识都是以信息的形式出现的。现代社会的人需要比较强的独立阅读能力，如理解、判别、筛选、吸收、系统化；需要比较强的表情达意的能力，要思维敏捷，反应快速。语文能力强，在网上同样能取得优势。我们这样的泱泱大国，需要千千万万素质良好的劳动者。不管我们培养的学生，他将来从事什么职业，身上总应具有一些文化的气质。素质不是一种技巧，可以轻松掌握。素质是一种心灵的塑造，在塑造人的心灵的过程中，中华优秀文化能起到以一当十的作用。语言文字装载文化，对外是屏障，对内是黏合剂，学生时代在这方面打下扎实的功底，一辈子受用不尽。

其次，吸收新知识新信息，有浓郁的时代气息。破阅读程式化、作文模式化，告别机械操练，教学方法百花齐放，学生的个性、潜能、创造意识得到发展，运用语言文字的能力明显提高。先进的教育技术在语文教学中得到有效运用。课外有学生自由支配的时间与空间，丰富多彩的社会实践活动为读、写、听、说能力的培养与提高提供广阔天地，在课内外双促进的进程中涌现出一批语文尖子，为文科人才的塑造作早期培养。

再次，语文学科建设有符合汉语文规律和时代鲜明特征的突破性进展。建设要有厚实的基础，一是研究传统语文教育的历史渊源，吸取其中优秀精华；二是科学地总结半个世纪以来语文教学实践第一线的经验与教训，提炼到理论上认识、阐述；三是有计划、有目的地开展多层面的科学实验。实验在常态下进行，有明确的理论指导，然后作实事求是的结论，经验是什么，问题是哪些，促进面上教学改进与提高；四是横向借鉴，采用“拿来主义”的办法，为我学科建设服务。教材可多元，供不同地区、不同学校选用。评价测试进行改革，语文考试不只是一种形式，既有水准测试，更有测量特长的方法，能体现学生个性，体现学生创新精神。当然，测评最为重要的是符合中国中学语文的性质与任务，真正有利于推进素质教育的落实，提高学生的思想道德素质和科学文化素质。

展望前景，中学语文教学可做的事甚多，实践的天地、研究的天地、创造的天地均十分广阔，解放思想，深入研究，大胆探索，努力实践，事业必蓬勃发展，质量必长足提高。

实事求是研究中国语文教学的规律
——在“中学语文教学研讨会”上的发言

很高兴能参加今天的“中学语文教学研讨会”。我很羡慕参加“中学语文骨干教师研修班”的11位中青年教师。学历教学能使人有扎实的基础，而能不能成才，主要在岗位。岗位成才的过程中，有自身的努力，也有外界的关心和点拨。“百千万工程”寄希望于学科带头人，教育学院就是实现“百千万工程”的一个方面。我在教学实践中有这样一个体会，很多时候觉得是在黑暗的胡同里摸索，如果有人点拨一下，指导一下，就会产生豁然开朗的感觉。“研修班”的同志有这样一个良机，是很幸福的。

11位老师所写的论文和他们所作的介绍，语文教学的方方面面都涉及了，其中包括语文教学的性质观、价值观、教材观、教法观以及课堂教学的具体操作。他们对这些问题都作了深入的思考，使人感到他们身上所体现出来的一种锐气，这是非常可贵的。教学改革需要教师深入思考，并敢于发表自己的意见。

语文教学不仅是语文能力的操作问题，如果仅仅把它看作操作问题，那么就太小视语文这个学科了。这是一门使人终身受益的学科，是塑造人的人格、性格、思想、灵魂的综合性很强的学科。就是对从事自然科学的人来说，语文也是非常重要的。一次我到香港开会，在图书馆借书时看到了杨振宁先生所作的报告。我寻求解答一个问题，为什么这个从事自然科学研究的科学家很重视语文，很重视中国的基础教育？看了这个报告后逐步得到了解答。他初中时，数学已很有天分，他父亲也看到了这一点，暑假里请了家庭教师，但不是教他数学，而是教他《孟子》。他说，学了《孟子》后，懂得了中国的历史，懂得怎样做一个中国人，就是“富贵不能淫，贫贱不能移，威武不能屈”。由此可见，语文教师绝对不是操作工，而是要把中华民族的文化和其中所蕴含的做人的道理点点滴滴地渗透到我们的下一代的心头，这就是塑造心灵。

什么叫教师？教师就是人类灵魂的工程师，而在塑造人的灵魂方面，语文教学的功效是其他学科所不能比拟的。如果说民族文化是民族的根，那么语文就是民族之根的根，民族语文能力不强，语言文字不能传递文化的话，民族的希望又何在？

我常在想，我们这一代的教师基本上是操作工。我是三十来岁改行教语文的，那时不敢写文章。“文革”前写文章，都是“钦定御批”的，教育局长要你写，你才敢写，否则就是走“白专”道路，是名利思想。由于历史大背景，要有很多成就是不可能的，不像现在，青年教师成长很快。现在时代要求教师的目标是成为学者型教师。作为跨世纪的骨干教师，就必须在理论与实践的结合上下功夫。课要上得好，每一节课都能公开，而不是大家导演好了去表演。有一个曾培养过我们这一代的老教研员，我们这些人都是她听课听出来的，为了培养年轻人，她一所学校一所学校去听课，而且听课也不通知你，上课前十分钟她来了。我现在想想，我一辈子都在上公开课，堂堂课都有人听，甚至早读课都有人来听，日子是很难过的，但有一个好处，就是我丝毫不能懈怠，这就是实践出真知。一个青年教师要成才，就得在火上烤，否则就不能成为真金。除了课要上得好以外，还要进行理论研究。教师不是操作工，如果理论上模糊的话，一定会导致实践中的盲目。没有正确理论指导的实践，往往是事倍功半。

我教过好几门学科，最难教的是语文。单单做一个操作工并不难，难的是语文要塑造人。读、写、听、说能力与一个人认识生活的能力、理解分析的能力、情操、审美等方面紧密相连，因为语言是人类所特有的，是与人的身体俱在的，是人的一部分，因此不能把语文仅仅看作工具，它是思想的直接现实。语言与思想，一个是外壳，一个是内涵，是不可分割的整体。有很多问题一定要从根本上、从理论上加以研究。

教中学语文，如果不对其性质有正确的、完善的认识的话，要提高课堂教学的效益和质量是不可能的。现在理论研究方面有一些似是而非的议论，就是把科学与人文对立起来了。科学学科与人文学科确实是不同的，自然学科搞的是感官的延伸，比如做实验，用望远镜、显微镜等仪器，就是手的延长、眼睛的延伸，人文学科研究的是人与人、人与社会的关系，往往靠语言的应用。但是，二者并不是对立的，因为人文学科也同样要有科学的精神，如认识语文学科的规律，这就是科学。科学精神就是要把那些烦琐的、形式主义的东西去掉。人的一生是有限的，要学生去读那些支离破碎的东西来消磨青春，是一种罪过；搞一些似是而非的题目，不叫科学，而是对语文学科的阉割。如果我们的高考和其他各种考试，能让学生的语文能力大大提高，那当然是好的，但现在的问题是花了很多气力，学生的语文能力并没有多大提高，一到大学就完全忘掉了，高考不就是标准的敲门砖吗？似是而非的题目现在甚至影响到了小学。某小学有一个测试题目，要学生填“东风吹，天气____（A. 温暖　B. 温和　C. 暖和　D. 良好）”，只有一个答案是正确的，其他都错，这怎么叫科学呢？照我看，“温暖”“温和”和“暖和”都可以，怎么只有一个是对的呢？这样来搞，怎么来谈语言的表现力、生命力呢？语言的表现力、生命力就在于表达思想，在一定的情境下表达一定的思想，中国的语文让中国人都不懂，怎么叫中国的语文？又怎么谈得上表达思想？很多问题应该是明白如话的，搞得那么玄，能称为科学精神吗？

什么叫科学？科学就是实事求是地还事物的本来面貌，不要用很多的名词术语来骗人。如“地心说”认为太阳是绕着地球转的，是不科学的；哥白尼说地球绕着太阳转，这就科学，因为自然本来就是这样的规律。语文本来是什么就是什么，不要搞得那么玄。母语教学与外语教学是不一样的，外语教学可以听说领先，因为它本没有语言的环境；而母语教学，学龄前的儿童说的能力已基本能应付他的生活了。上学后，是规范他的语言，扩展他的思路，开拓他的阅读视野，提高他的思维层次。语文老师，尤其是青年同志，一定要把这些思路理清楚，从理论上认识什么叫科学。在社会转变的过程中，正确和谬误是结伴而行的，因此，一定要提高理论素养，提高辨别的能力。真理并不是要说一些谁都听不懂的话。爱因斯坦说，智慧就是简单，从中我们该领悟到，怎样才能真正实现语文教学的科学化。

人文科学与自然科学有相通之处，但毕竟是不一样的。自然学科随着科技的发展，有些知识老化了，这就要更新；人文学科不是这样的，它是教会学生从客观上来认识世界，这一方面，东方的文化，尤其是中国的文化，在世界上是首屈一指的。我们的理论研究，就是要立足本国、本学科，立足中华民族的文化，而不是生搬硬套一些外来的东西。现在搞科研有一种很奇怪的现象，就是把一些心理学、教育学的许多名词术语拿来贴自己的文章，这样似乎就有学术水平了。有很多文章都在为人家的教育学家作例证，通过自己的研究，认为这就是布鲁纳的“学习发现法”，那就是布鲁姆的“掌握学习法”，这算什么理论研究呢？理论研究就是要有自己的东西，而不是拿外国的东西来贴标签。有人说，汤显祖是中国的莎士比亚，这显然是不对的，为什么不能说莎士比亚是中国的汤显祖呢？《牡丹亭》中的词曲写得好极了，“不到园林，怎知春色如许”，包含着多少潜台词！如果连这些潜台词都不能品味，学什么语文？潜台词的品味就包括人格的塑造，知、情、意都蕴含在里面。因此，中国的母语教学就应立足于本国，实事求是。

马克思主义的活的灵魂，就是具体地分析具体的情况。我们一定要从实际出发，把很多经验教训加以分析，并上升到理论加以认识，再来指导我们的实践。为什么有些论文没有深入第一线教师心中呢？因为这些文章讲了些谁也听不懂的话。我们要脚踏实地，为中华民族争光，为中国的语文教学出力，民族素质的提高，相当一部分的责任就落在语文教师的身上，确实是任重而道远。

育人之妙，存乎一心

21 世纪振兴中华的劳动大军和各类专门人才，现正在数以千万计的中小学课堂里学习，接受启蒙教育，接受基础教育。

基础教育是经济建设中人力资源的“奠基工程”，它的质量高低关系到社会发展的面貌和经济的能否起飞，影响广泛而深远。“今日的教育，就是十年以后的工业、农业及其他行业”，这个论断深刻地揭示了基础教育和经济与社会发展的内在联系，一语道破了教育的战略地位，令人耳目一新。从事基础教育的各学科教师在提高育人的质量方面当然应该克尽自己的天职，语文教师由于学科教学的特点，更应多做努力。

一、制高点

语文教学中要做到教书育人有实效，首先必须解决认识上的制高点问题。通常的看法是：语文教师的教书育人主要是在学科教学中注意对学生进行思想政治教育，或者说是把思想政治教育渗透在语言文字的教学之中。这样的看法似乎无可非议，但深入一步探讨就可发现思想上奋斗的目标并不具体、清晰。教书育人，20 世纪 60 年代这样提，70 年代后期也这样提，80 年代后期同样这样提，这究竟是笼而统之的口号，还是随着时代的发展而有其生动活泼的内容？当然应是后者。

语言文字是工具，人们用它来表情达意。既然是表情达意，用它来组缀而成的作品总有一个思想性问题，总蕴含有一定的感情色彩。思想感情为里，语言文字为表，这就决定了语文课的基本特点：工具性和思想性。教学中须既授文又传道，二者要有机地结合起来，使学生的思想、情操和听、说、读、写能力获得扎扎实实的提高，这应该说从60年代到现在是相同的。不同的是在不同的历史时期培养学生所瞄准的目标各有特点，各有特定的要求。过去的姑且不说，当今的教书育人须有超前意识，须站在时代的高度，瞄准21世纪。

人是生产力中最活跃的因素，经济要腾飞，教育要先行。21世纪经济、科技的竞争，说到底是人才的竞争，现在日本和韩国、新加坡正倾注全力调整教育发展战略，酝酿教育的重大改革，目的是为适应高技术发展培养具有竞争能力、能解决各种复杂问题的劳动大军和合格人才。我们的基础教育应该瞄准21世纪，以提高全体劳动者素质为目标，努力适应社会发展的需要、国际竞争的需要。

育怎样的人，脑子里须有总体的设想。把目光瞄准21世纪，就要着力培养具有外向型的思想、意识、才能和魄力的未来建设者。由于外部环境和教育内部的种种原因，不少中学生思想素质下降，缺乏应有的朝气、抱负和爱国主义思想高度，因而增强国家意识，培养艰苦奋斗精神，经得起开放、改革的考验，是进行育人、教育的重要内容。当前教育虽比较重视文化知识，但往往多考虑纵向的升学，没有真正转到为经济和社会发展培养素质优良的劳动者为主的轨道上来。正因为脱离经济建设和社会发展，弥补知识的缺陷，去除烦琐的、过深的内容，扩大知识覆盖面，提高总体的知识水平，提高文化素质至为重要。至于有正确的审美观念，较为高尚的审美情趣，辨别真善美与假恶丑的能力，也是在基础教育阶段必须打下扎实的基础。

语文教学不言而喻是“教文”，但其最终目的是“育人”，如果目光短视，只见课堂里的学生，不思未来建设者的要求；只见试卷上的考分，不着力培养自学能力、更新知识结构的能力；只见知识的重要，不思思想、情操的优化，就难以把学生培养成为素质优良的劳动者和各类合格人才。立足点高，育人的目标明确，教学中就容易做到居高临下，针对性强，收到良好的教育效果。

二、核心是增强国家意识和民族意识

爱国主义是千百年来巩固起来的对自己祖国的一种最深厚的感情。爱国主义是中华民族数千年来赖以生存、发展、兴旺发达的重要精神支柱，民族气节是我们的民族魂。学生青年时代心中撒播了爱国主义的种子，并长期得到雨露的浇灌、阳光的抚育，种子就会生根、发芽、茁壮成长。语文教学中育人的核心就在于培养学生具有深厚的爱国主义思想感情，具有这种思想感情应该是做一个现代中国人最基本的素质。教学中应有意识、有目的地充分运用语文教材中这方面的优势，细水长流似的进行滴灌、渗透，使学生的国家意识、民族意识日益增强，将来面对国际上的竞争，面对各种复杂的政治局面、经济局面和文化局面能有主心骨，保持和捍卫高尚的人格和国格。

文学作品教学中特别要注意文章内在的思想性，从语言文字入手，仔细琢磨，推敲词句篇章，真正理解作者的写作意图，体会文中所蕴含的思想的高度、深度、广度，把思想精华所在牢牢抓住，揭示阐发，启发学生深思。如《藤野先生》中作者弃医从文的主题就饱含了极其凝重的爱国主义思想、强烈的民族自尊心和为改变祖国落后状况而顽强战斗的精神。要使这个主题得到充分的表露，并以此叩击学生的心灵，教学时就应对一些重要段落、关键词句着力推敲。文章起句是“东京也无非是这样”，稍一疏忽，这个句子就会在学生的眼皮底下滑过，因为它既无生字，又无难词。倘若请学生解答：“前面并无句子，这里为什么用‘也’？不用这个关联词行不行？阅读全文以后，请你把文前的潜台词补上，并说明这样表达渗透了作者怎样的思想感情。”文章起句应标其目，这样开头，看来平实，但作者跨洋渡海寻求救国救民真理的热情，对“清国留学生”龌龊生活的厌恶与鄙夷深寓其中。激发学生思考，领会其中饱含的爱憎，不仅对作者离开东京赴仙台的思路能加深理解，而且可深刻感受到作者胸中爱国主义感情的激荡。又如文中写的受到日本学生的歧视、包围的情节，帝国主义电影宣传对作者强烈的刺激，等等，都不能只从写作材料、写作方法上平面地理解，要充分地“载道”“载情”，尤其是其中的关键段落，如“中国是弱国，所以中国人当然是低能儿，分数在六十分以上，便不是自己的能力了……在讲堂里的还有一个我”，就须组织学生反复朗读，仔细咀嚼，通过有显有晦的文字的咀嚼，让高尚的爱国主义思想、强烈的民族自尊的感情流入学生的心田。

对待古代的、外国的作品，也要尽量发挥这方面的作用。如都德的《最后一课》就可采用移情的方法，文中韩麦尔先生向学生告别的场景是文章的高潮所在，教学时出示韩麦尔先生写完“法兰西万岁”大字后的照片，组织学生图文对照起来仔细阅读和观察，要求学生用饱含感情的语言描述课堂上庄严肃穆的气氛，描述人物的神情、语言、动作，表述韩麦尔先生内心的痛楚和期望。在表述中，学生的认识得到深化，文中庄严而令人心碎的场景虽发生在 19 世纪的法国，然而那种强烈的爱国主义精神是人类最美好的感情之一，把这种情移到学生身上，能使学生心中热爱祖国的火焰燃烧得更旺。

三、
关键在于激励学生立壮志

我们在 20 世纪末实现“四个现代化”的奋斗目标十分明确，现代化，要先化人，人的素质提高了，化物就迎刃而解。因此，新的一代在学生时期就须受到“一个中心，两个基本点”的熏陶。在经济建设、社会发展、文化建设的高难度工作面前，没有追求，没有抱负，没有勇气和毅力，是不可能有所作为的。这方面的素质同样要在中学时代打下扎实的基础。

语文教材中很多佳作反映了古今中外许多人物对事业的执着追求，表现了高出常人的思想境界。这些教材在教师手中得到创造性的运用，引导学生心中树立起做人的高标，学生往往会终生受益不尽。

在社会主义初级阶段，在社会主义商品经济实施的过程中，青年

学生立振兴中华、艰苦奋斗之志尤为重要。在金钱、货币面前要有清醒的头脑，不能因利而失志，而丧义。志是人的灵魂，志并非生来就有，而是靠后天的培养与磨砺。语文教学中进行这方面的教育，不是进行空洞无力的说教，而是通过一件件具体的事、一个个具体的人、一句句至理名言，作用于学生的耳目，渗透到学生的心田。

教学时教师要做有心人，抓住课文生动感人之处锤炼、生发，晓喻以理，振奋学生的斗志。如范仲淹的《岳阳楼记》就是激励学生立志的好教材，它感慨时事，写景抒情，议论风发，集史才、诗笔、议论之长，“先天下之忧而忧，后天下之乐而乐”更是文中精髓之笔，教学时抓住这个千古传诵的名句，用“一解二评三想四写”的方法教，可使这人生乐曲的主旋律在学生脑际萦绕。一解名句含义，理解“以天下为己任”的责任感，使学生初受教育；二评作者彼时彼地提出这个抱负的积极意义，在评论过程中让学生了解为岳阳楼题诗作赋撰文的名家名流甚多，唯独《岳阳楼记》流传千古而不衰，这是由于作者“不以物喜，不以己悲”“先天下之忧而忧，后天下之乐而乐”的思想境界高于常人，这种思想境界是中华优秀儿女崇高品质的反映；三想时代赋予青年的重任，须紧迫地培养学生吃苦在前、享乐在后的精神；四写自己的壮志，树立正确的“苦乐观”。在阅读、理解、评析、表达的过程中，文章的主题在学生脑中反复浮现，并赋予时代的内容与要求，学生受到切实的启发。

四、随时注意以美来陶冶情操

别林斯基说过：美是道德的亲姐妹。语文教学大纲中规定在语文教学的过程中要培养学生的“社会主义道德情操、健康高尚的审美观和爱国主义精神”。语文教学在训练学生听、说、读、写能力时，开拓视野、发展智力是教师责无旁贷的任务，但与此同时，要随时注意对学生进行美的熏陶。美是智力的好朋友，它通过视觉、听觉的途径而作用于人脑，在人的脑海里激起兴奋的浪花、感情的波澜。运用教材中所表现的思想美、形象美、性格美、节奏美和语言美等给学生以感染，对学生道德情操和智力发展均有很大帮助。

以美陶冶，须紧紧扣住教材的个性，抓准内容、语言和写作上的特色，在具体、细微、深入上下功夫。如《雨中登泰山》是一篇游记，指导学生阅读分析，让他们遨游于祖国壮丽河山之中，可享受自然美、人文美。教学时如停留在一般的赏析上，就会失之笼统，效果不佳；如果紧紧抓住一个“雨”字渲染，重点推敲雨中山岚烟云、水墨山水似的层峦叠嶂、声喧势急的飞泉瀑布的描写段落，辅之以朗读、口述、换词换句的比较分析，扩展阅读《登泰山记》，等等，雨中泰山别具情趣的景物就会跃然纸上，激发学生热爱生活，奋发向上。在以美熏陶学生的同时，对那些破坏自然风光，在名胜古迹上乱涂乱刻的不良行为加深认识，鄙视，厌恶。这样做，正如苏霍姆林斯基所说：“美教给人识别恶，并与之进行斗争。”

以美陶冶，更要注意课外活动的作用，也更要注意与其他学科的横向联系。斯宾塞曾这样认为：“没有油画、雕塑、音乐、诗歌以及各种自然美所引起的情感，人生乐趣会失掉一半。”语文教材中所表现的图画美、诗情美、德性美、哲理美、语言美当然应充分运用，而在课外组织诗歌朗诵会、名画名作欣赏会、月下诗与音乐赏析晚会、踏青寻美等活动，也是必不可少的。只要指导思想明确、组织方式恰当，美就能流入学生心中，滋润学生心灵。

育人之妙，存乎一心。当语文教师对教材的深刻理解和育人的崇高职责紧密相碰的时候，课堂上就会闪烁智慧的火花，产生能量，推动学生思想感情升华，就会延伸扩展到课外，创造出一个个具有独特性的、富有吸引力的教育情境。

关于语文教学目的的思索

在《中学语文教学》创刊十周年之际，作为一个忠实的读者，于奉献庆贺之意的同时，想就语文教改谈一点粗浅的看法。

十年的道路不算短，《中学语文教学》常常得风气之先，从理论和实践结合的高度发表了许多启人深思、指导语文教学改革的文章，读后深受教益。十年教改，从语文教学目的任务的探讨到语文教材体系的构想，从教学方法的创新到各项实验的逐步深入，语文教师和语文教育工作者倾注心血，赢得了教学园地生气勃勃，春意葱茏。且不说多种教材的编写、教学方法的百花齐放、教学评估的多角度的探索，就以教学目的的确定而论，与过去比，也有了很大的发展。

1986 年颁布的《全日制中学语文教学大纲》对教学目的作了这样明确的规定："中学语文教学必须以马克思主义为指导，教学生学好课文和必要的语文基础知识，进行严格的语文基本训练，使学生热爱祖国语言，能够正确理解和运用祖国的语言文字，具有现代语文的阅读能力、写作能力和听说能力，具有阅读浅易文言文的能力。在语文教学的过程中，要开拓学生的视野，发展学生的智力，培养学生的社会主义道德情操、健康高尚的审美观和爱国主义精神。"既保留了 1978 年《全日制十年制学校中学语文教学大纲（试行草案）》的基本点，又吸收了这些年来广大语文教师进行教学改革的行之有效的经验，我们很有必要正确而完整地理解。

本文发表于《中学语文教学》1989 年第 10 期。

对学生进行严格的语文基本训练，使学生具有现代语文的阅读能力、写作能力和听说能力，具有阅读浅易文言文的能力。这个目标所有的语文教师都在想方设法、尽心尽力去实现。传统的教学方法重知识轻能力，重记忆轻运用，重读写轻听说的弊病，由于教学目的的导航，在教学实践中必将日益得到纠正。但是，读、写、听、说之间的关系，只要稍加思考，就可发现在提法上是相当考究的。一般地说，讲语文能力往往说成听、说、读、写，而大纲增加的“听说能力”这一项却放在读与写能力的后面，且将听说归并在一起，现代社会是信息社会，信息量空前增长，迅速传递信息，准确地进行交流，均需有较强的听说能力。故而，听说能力的训练十分必要。然而，这种训练与外语训练有所不同。外语教学是听说领先，学生学语文学的是母语，从牙牙学语开始，听的、说的都是母语，语言环境大不一样。再说，读与写以文字为工具吸收与表达，吸收知识，表达情意，而听与说是以口头语言为工具的。能说的人在社会上很多，但不一定具有文化素养；中学生是要打下扎实的文化基础的，为此，阅读训练最为基本，阅读是获得知识的主要途径。写作是知识和能力的综合体现，是衡量学生语文水平的重要标尺。从这个意义上说，训练学生的阅读能力、写作能力至为重要。读、写、听、说能力在训练过程中各放在合适的位置上，相互促进，效果定能显著。

对学生进行严格的语文训练，目的还在于“使学生热爱祖国语言”。教学目的中增添这一内容，蕴含了相当强的现代教学意识。国家理应认真地教育青少年热爱自己祖国的语言，因为其重要意义远不局限于学生学好语言的本身，更在于使他们了解祖国的文化，激发他们热爱祖国的热忱。就拿学习本身而言，长时期来，在教学过程中强调苦读书的多，“十年寒窗苦”不仅是封建社会读书人的写照，即使现在，痕迹也不少。正由于在学习兴趣、学习效果上缺乏研究，下的功夫不够，学生对语文的厌学情绪时有发生，比较普遍的情况是认为语文重要但不喜爱。这种状况，教学者必须正视。不喜爱的原因多种多样，应深加分析，采取切实措施，千方百计调动学生学习的积极性。现代教学理论十分重视学生学习兴趣的培养。兴趣是情感的外观，学生兴趣激发起来，选择了自己热爱的对象，就会产生巨大的热情。热爱是学好的前提，只有热爱祖国语言，才能学好祖国语言。引导学生进行语文训练，绝不是干巴巴的机械动作，而是要意蕴其内，情注其中。要真正使学生学有成效，空道理应少讲，而是要善于抓住学生的心理，把课上得有吸引力，像磁石吸铁一样，牢牢吸引学生的注意力。学生真正热爱了，课内课外都会发挥巨大的潜力，收举一而反三、学一而知十的良效。

教学目的中还有一个重要内容是："在语文教学的过程中，要开拓学生的视野，发展学生的智力，培养学生的社会主义道德情操、健康高尚的审美观和爱国主义精神。"很显然，这是要求广大语文教师在从事语文教学的过程中，从整体着眼，在培养学生语文能力的同时，帮助他们发展智力，陶冶情操，建构健康的审美心理结构，塑造良好的心理素质。这种提法鲜明地表露了教文育人的指导思想。语文教学要服从育人的大目标，也是育人大目标中重要组成部分。语文的"基础工具课"的性质经过近四十年的争论，特别是十年语文教改的实践，这一思想已为广大教师所接受，因而把语文能力的培养提高到前所未有的位置，和传统的传授基础知识为主相比，大大前进了一步。但是，语文教学当然不能停留在"知识性"或"能力性"的水平，它必须顾及学生智力因素的发展及非智力因素的培养，也就是在训练语文能力的同时，须着眼于人的素质的提高。就拿教学目的中的"教学生学好课文"来说，它不仅是带领学生学习规范的书面语言的问题，不仅是借课文为例训练学生读、写、听、说能力的问题，还在于培养学生具有一定的文化素质。中外古今各类体裁的文章对学生来说，除了语言的表情达意的功能须咀嚼、理解、吸收、借鉴外，还有对世界、对社会、对人生等诸多事物的认识价值，对思想、情感、品德、意志的教育作用，记忆与背诵一些名篇佳作，又构成了知识上的储存和文化方面的素养。这也包含了教文育人的深意，与教学过程中开拓视野、发展智力、陶冶情操是一致的，紧密相连的。

然而，有些教师在教学实践中对语文教学目的理解得不完整、不全面。两句话常常只记住前一句，而在前一句中又只记住能力的培养；或者认为培养语文能力是硬任务，而开拓学生的视野，发展学生的智力，培养学生的社会主义道德情操、健康高尚的审美观和爱国主义的精神，尤其是后者不过是软任务，或者是稍微带带而已，认为“水到”自然“渠成”，认为讲究这些就会削弱语文学科的工具作用。殊不知语言文字这个工具有表达情意的独特功能，思想感情为里，语言文字为表。文章的精髓离不开词句篇章的表达，教学中如离开词句篇章架空地讲析内容，文章精髓就失去光泽，失去育人的魅力；学习词句篇章，如不充分阐发它们所表达的情和意，当然也就显示不出语言文字的精到之处。只有二者有机结合，教学目的才可能真正实现。

大纲制定这样的教学目的，实质上是熔智育、德育、美育于一炉，既有育人的高度，又突出了语文学科的个性，也体现了时代的特点与要求。智育中强调读、写、听、说语文能力的严格训练，但又精心地把语文基础知识放到恰当的位置，这种基础知识不是庞杂的、烦琐的，而是中学生学好语文“必要的”知识。智育中强调要教学生学好课文，但又绝不囿于课文，明确指出要开拓视野，就是须以课内带课外、促课外，从生活上拓宽，从书本上延伸，认识生活，博览群书，既精学又博览，有一定的覆盖面，形成有自学能力的较佳的知识结构。德育任务的完成有赖于教学内容的教育和感染，它渗透于语言文字的教学之中，高尚的道德情操，爱国主义的激情，正确精湛的思想见解，伴随着语言文字的推敲、理解撒播到学生的心中，使学生耳濡目染，起潜移默化的作用。在语文教学中开展美育，有得天独厚的优越条件。教材充满了美育因素，有思想美、情趣美、品质美、语言美、结构美、形象美等。不少教材展现了图画美、音乐美，不少教材蕴藏着哲理美，有声有色地进行教学，学生在进行语文能力训练的同时，个性可获得全面和谐的发展。德育、智育、美育相互渗透，统一在语言因素的教学、语文能力的训练之中，以提高学生的思想道德素质和科学文化素质。

教学目的中明确规定“中学语文教学必须以马克思主义为指导”，这就是说在整个的教学过程中必须有正确的指导思想。马克思主义的认识论和方法论，是迄今为止经过实践检验被认为是最先进、最科学的，要在语文教学中获得理想的质量，收到预期的效果，必须尊重科学、讲究科学，废除主观唯心主义和形而上学的种种做法。比如教学中要坚持从实际出发，从学生的实际出发，从教材的实际出发，也要从教师自己的实际出发；把教学活动建立在唯物的基础上，对教育对象应了解、熟悉、研究，掌握他们的语文基础、学习心态、学习潜力，掌握他们的兴趣、爱好、性格、习惯；不深知他们的个性与共性，教学就缺乏针对性，往往是闭着眼睛捉麻雀，广种而薄收。对教材要深入钻研，特别是对教材的个性特点要能洞悉于细微之处，笼统地泛泛了解，所教的课难以避免雷同的毛病。对教材必须烂熟于心，如出自己之口，如出自己之心，这样，才能准确而深入地把握文章的脉搏，才能体味并用生动的语言表述遣词造句、谋篇布局的佳妙。胸中有书，目中有人，才可能切切实实教到学生身上，教到学生心中，而不是声波在课堂上飘浮，随着时间的消逝而难以留下清晰的痕迹。教师也要洞悉自己的特点，扬长避短，寻找教学上的“突破口”，从而登堂入室，收提高教学质量之效。又如要以辩证的方法，妥善处理教学中的种种关系。语文学科是一门方面多综合性强的学科。从知识来说，有字、词、句、篇、语法、修辞、逻辑知识、文学常识等；从能力来说，有读、写、听、说。就语文本身来说，要考虑语文各类知识、语文各类能力之间的关系；就语文与其他学科的关系来说，又要注意配合、依存、渗透与促进。再者，语文教学中要结合语言文字的教学，十分注意智力的开发和非智力因素的培养。至于思想内容与语言文字的关系、课内与课外的关系等，都须认真根据语文学科的特点，全面地恰当地进行处理。从语文教学质量的整体考虑，把知识、能力、智力开发、情感熏陶有机地融合为一体，才能使众多方面协调发展。

语文教学目的是语文教学的总纲，教材的选编、教学内容的组织、教学方法的选用，均应以此为准则。它是十年语文教改的经验结晶，又指导着广大语文教师的教学实践。

实践不断开拓人们认识的新领域。随着教改的深入，语文教学目的会有新的进展，不过，就当前而言，完整而深刻地理解它仍有重要意义。

语文教学应以语言和思维训练为核心

教学过程应该是师生共同参加的一个系统的脑力劳动过程。教师的脑力劳动应当与学生的脑力劳动相结合，而最终目的还是让学生开展积极的脑力劳动，从这个意义上说，教师应该是学生脑力劳动的指导员。语文教学的核心是从学生实际出发，按照教学大纲的要求，对学生进行语言训练，教师在对学生进行语言训练的同时，必须大力发展学生思维的能力。

在现代社会从事语文教学工作，当然不能采用嚼烂了知识喂给学生的陈腐办法，要学生死记硬背，不能用“零售”的办法把“散装”的字、词、句、篇送给学生，使学生难以捉摸规律，把思维方面应有的锻炼“转嫁”到记忆上。思维训练和语言训练应放在同等重要的位置。思维是对外界事物的概括的、间接的反映，思维是借助于语言来实现的。语言是思维的工具，没有语言的思维是不存在的；思维是语言的内容，没有思维就不可能有语言。学生要学好语文，提高语文能力，取得综合效应，思维方面应进行扎扎实实的训练。如果忽略这一点，学生不认真进行思维训练，读，就有口无心；看，就浮光掠影；说，就不得要领；写，就内容干瘪，词不达意。学习困难的学生

本文发表于《课程·教材·教法》1994年第6期。20世纪80年代初，中小学语文教学比较重视“双基”，即基础知识和基本技能。应该看到，这是对“文革”时期语文教学“假大空”现象的拨乱反正。但是，强化“双基”过程中，思维培养不够、学生主体地位不够等直接影响了“语言和思维”的提升。语文教学领域开始反思实践，探索门径。本文呈现了于漪的个人经验，以“激疑”“辨疑、析疑”和“重点突破”为线索，熔语言和思维训练于一炉，作出了充分发挥学生主体性的教学示范。

在思维方面往往有很大的弱点，比如提问题，他们不是不想提，而是提不出问题，发现不了问题。不会思考大大阻碍了他们学习的步伐。早在两千多年前孔子就说过："学而不思则罔，思而不学则殆。"光学习不思考会迷惘无知。教师要想方设法让爱思考的学生多思、深思，让不会思考的学生爱思、会思。在教学过程中，教师要善于根据教学目的与要求选用恰当的钥匙，不断拧紧学生思维的"发条"，使它转动起来，不断开启学生思维的门扉，引导他们发挥聪明才智。

教学过程实质上就是教师在教学大纲指导下有目的有意识地使学生生疑、质疑、解疑，再生疑、再质疑、再解疑……的过程。在此循环往复、步步推进的过程中，学生掌握了知识，获得了能力。基于这样的认识，我在教学中经常问："为什么?""怎么样?""有何根据?""理由何在?"不但要让学生理解并掌握现成的结论，更要让他们积极思维，懂得形成结论的过程以及怎样去掌握结论。

我经常的做法是：

一、激疑

众所周知，学源于思，思源于疑。疑是思之始，学之端。要学得知识，就得思考，而对所学的内容产生疑问则是思考的开端。"疑"是刺激学生积极思维的诱因，激发学习的动力。求知欲从某种意义上来说，就是解疑欲、解惑欲。为此，语文教学中要激发学生在求知过程中产生疑问，有所发现。教师不是把整理好的知识预先包装好，一包包地传授给学生，而是带领学生积极参加探求知识的过程，让学生用自己的头脑思考、辨别、分析、归纳，亲自获得知识。教师备课不仅要备知识，还要精心设计足以启发学生思考的问题，创设学生生疑的种种条件，启发他们积极思维。

1.
鼓励学生发现问题

在授新课前要求学生先自学课文，独立阅读，发现问题。学生初步自学课文时，要求做到“三看一查一提问”。三看就是看课文、看注释、看课文前后编者的引导与设计的思考与练习；一查就是查字典、词典与有关的工具书；一提问就是提出自己阅读时不清楚的、有疑问的、不会解答的问题。学生自学前教师可提些思考的问题启发。学生并不是一开始就会提问题，尤其是有质量的问题的；发现问题的能力是逐步培养起来的，开始学生生疑往往只在文章字词的表面，这个字怎么读，那个词什么意思，教师要指导他们深入篇章之中，把文章的前前后后、段落与段落之间联系起来思考。当学生生疑有所进展时，教师再拓开他们的思路，要求他们把阅读的课文与课外阅读、与自己的生活经验联系起来思考。这样步步引导，持之以恒地培养，有质量的问题加以鼓励、表扬，或组织学生讨论，学生发现问题的积极性增强，发现问题的能力也大大加强。几乎每篇课文学生都会提出几个有质量的问题，包括对思考与练习的异议；有些课文乍看似乎没有问题，但经过独立思考，学生会提出一连串的令人思索的问题。如学生初学契诃夫的《变色龙》时，提出赫留金说了这么一句话：“不瞒您说，我的兄弟就在当宪兵……”为什么他要有话没话地插上这一句呢？奥楚蔑洛夫为什么一会儿脱下大衣，一会儿又穿上大衣呢？整篇文章没有一处提到变色龙，为什么要用“变色龙”做文章的题目呢？文章注释里只说变色龙是蜥蜴的一种，皮肤的颜色随着物体的颜色而改变，字典还解释为比喻在政治上善于变化伪装的人，课文中明明是第二种意思，为什么编书的人不注解呢？是不是编者故意留给我们思考的呢？事情明明是从人玩狗和狗咬人引起的，为什么只写狗咬人这部分，而人玩狗却一笔带过？等等。问题不停留在词句的表面，材料剪裁、谋篇布局，乃至细节描写都涉及了。学生独立阅读，把问号装进脑子里是思维积极的表现，大大有助于阅读的深入。

2.
在学生不易产生疑问处设疑，启发学生动脑筋思考

有些课文，或课文中的有些词句，学生阅读时一晃而过，不觉得有问题，而这些地方往往是理解课文的关键所在，或者是容易发生差错的。针对这种情况，教师可故意设疑，激发学生思考。比如教《孔乙己》时，我故意设疑，问："作品的主人公姓甚名谁?"有的学生一愣，接着笑了，说："不知道姓和名字，绰号叫'孔乙己'。"这一"愣"很有好处，学生动脑筋想一想，理解就准确了。不塞不流，不止不行。要学生产生疑问，思维积极，教师用问题堵一堵，塞一塞，一堵一塞，学生的思维就会活跃起来。

3.
抓住矛盾加以展示，激发学生思考

对立的事物互相排斥，人们碰到这种情况容易引起思考，学习也如此。抓住课文本身的矛盾，抓住学生理解课文过程中所产生的种种矛盾，引导学生开动脑筋。魏巍的《我的老师》中写蔡老师"从来不打骂我们"，怎么"仅仅有一次，她的教鞭好像要落下来"，又打了呢？聂华苓的《人，又少了一个》中骨瘦如柴的女人明明活着，还"回过头来，冷笑了一声"，还"漠然望了我一眼"，怎么说"又少了一个"呢？挑起矛盾，让学生思想上碰撞，学生就能全神贯注地阅读课文，理解词句及文章蕴含的深意。

许多事实强有力地说明：大部分伟大的发现都应归功于喜欢问"为什么"，生活的智慧常常在于逢事就问个"为什么"，教学也是如此。教师要善于使读书无疑的学生有疑，有疑才生问，有问才积极思考，追根穷源。

二、
辨疑、析疑

思维从发现问题开始，但要不断深入进行，却有赖于分析问题、解决问题的逐步展开。教师激疑、生疑后，要注意设置辨疑、析疑的条件与气氛，引导学生谈看法、摆见解，比较，分析，判断，推理。学生提出的问题，教师不必急于回答，应该在头脑里立刻进行梳理，分清主、次、轻、重，按一定的顺序巧妙地安排在教学过程中逐一解决，引导学生相互启发，寻找答案。教师千万不能因赶进度而放弃启迪学生思维的良机。再说，教师不是所有的方面都超过学生，学生积极性调动起来以后，常常会产生很多意想不到的火花。这种火花是思维进入最佳状态的结晶，教师敏捷地抓住这些火花，把它在全班学生心中点燃，语言和思维训练的效果会大大加强，可以说是拨亮一盏灯，照得通屋明。

怎样指导学生辨疑、析疑呢?

1.
注意调动学生“仓库”里的旧知识

教学时要善于调动学生知识小仓库里的知识，使其运转，发挥作用。学生的基础不是零，他们有知识库存，即使是程度差的学生也是如此。温故而知新，要启发他们运用旧知识，促进对新知识的理解和掌握。如《藤野先生》一文中描写清朝留学生的丑态时，有“实在标致极了”的句子。为了让学生理解“标致”的含义，教师要求学生列举与之相关的同义词、近义词、反义词，学生积极性高涨，举出“美丽、漂亮、俊俏、婀娜、妩媚、潇洒、丑陋、难看”等；讨论句中的“标致”应怎样理解时，有的学生说：这里是说反话，“丑陋”“难看”不足以表达作者的感情，应该是“恶心”，词的前面附加

“实在”，词的后面还要加个“极”，实在恶心到极点，表现了作者对醉生梦死的清朝留学生极端厌恶的感情。在辨疑的过程中，学生感到自己有知识、有力量、有希望，求知欲更旺盛。学生在自己知识仓库中寻找适当的词句时，不仅思维得到锻炼，而且对语言的识别能力大大加强。

2. 灵活地运用各种比较方法，培养学生良好的思维习惯，发展他们的思维能力

从思维的类型看，可以分为形象思维和抽象思维；从思维的过程看，可分为分析、综合、判断、推理等。要发展学生这些能力，在教学语言文字时经常采用比较的方法可收到一定的效果。教学中比较的天地十分广阔，古今作品之间、中外作品之间、同一作者的不同作品之间、文章的遣词造句、材料的选择剪裁等，都可以通过比较对学生的语言和思维进行训练。

教学时可采用纵向比较的方法，促使学生进行垂直思考。古今作品比较，课文中前前后后的比较就属这一类。如教吴晗的《说谦虚》一文，学生对论述的深刻性不易理解，教学时就可采用古今比较的方法促使学生加深认识。一是从课文出发，与《尚书·大禹谟》中的“满招损，谦受益，时乃天道”进行比较；二是与民间长期流传的“半瓶水晃荡，满瓶水不响”等俗语比较，让学生领悟到“谦受益，满招损”的格言受时间与空间的检验，真理性很强，而作者再来论述这个问题，不是过去认识的重复，而是旧题注新意，从马克思主义认识论原理出发，从揭示人们认识规律的高度来论述谦逊的必要性，大大超过古人。这样透过事物的表面现象，一下子深入事物的本质。通过比较，解决了学生心中的疑问——这种老题目有什么值得再谈的，是不是多此一举。

抓住课文关键词句或某些段落引导学生进行前后对比，可帮助学

生把握事物的本质。如学《孔乙己》时，学生对孔乙己排出九文大钱的“排”字的生动性容易理解，但这在刻画人物中究竟起多大的作用，学生往往理解不了，为此，教师要在培养他们思维深刻性方面导航。阅读时，可采用比较的方法指导学生深入理解教材，挖掘教材思想和艺术的内涵，探求作者的艺术匠心，弄清作者思想深刻之处。学《孔乙己》，要求学生不仅注意“排”，而且要找出与它相应的字“摸”，并启发学生辨析：为何作者此处要把“排”改换为“摸”？这对刻画人物精神面貌起怎样的作用？“排”与“摸”同是在咸亨酒店付酒钱的动作，但入木三分地反映出孔乙己处境的变化。“排”，活画出孔乙己冒充斯文的酸腐相；而腿被打折以后，他已够不着柜台台面，无法“排”了，到了欲充斯文而不能的地步。“摸”，用意十分深刻，刻画了孔乙己精神彻底被摧毁的悲惨情状。通过前后比较，学生对作者遣词造句的功力赞叹不已。

教学时也可采用横向比较的方法。也就是说在一个时间平面上同时将几个方面的问题进行比较，开拓学生视野，培养他们思维的广度，培养他们学会比较全面地、具体地分析问题，把握这一事物与那一事物之间的本质联系。如学习《有的人》时，教师可引导学生将其与《论鲁迅》比较，同是纪念和评价鲁迅，但二者的体裁、写法、语言等均不同，通过比较，可让学生思考问题的广度有所拓展，对作品的个性特征认识得更为清晰。

教学中可经常进行换词换句的练习，对学生语言和思维进行训练。用词的准确性、语句的言简意赅等，常可通过更换比较而显示其耀眼的光芒。如《一件小事》中有这样一个十分精彩的段落：“我这时突然感到一种异样的感觉，觉得他满身灰尘的后影，刹时高大了，而且愈走愈大，须仰视才见。而且他对于我，渐渐的又几乎变成一种威压，甚而至于要榨出皮袍下面藏着的‘小’来。”作品与学生相距大半个世纪，要学生深入理解作品中“我”内心的感动与觉醒，理解“我”在车夫高尚灵魂感召下自惭形秽的思想感情，困难是大的。我采用了更换关键词句的方法进行比较，分解难点。按观察事物的常规，应该是近大远小，而此处作者用一反常规的视觉形象刻画自己心灵的震动。在学生初步理解的基础上，要求他们把“而且愈走愈大，须仰视才见”换成比喻句，描绘车夫高大的形象。学生积极动脑筋，以高山、青松、巨人等作喻，但立即又自我否定，领悟到没有一个比喻合适，领悟到此处用喻就把车夫的形象束缚住、限制住了，显示不出他本质的光华。而“愈走愈大，须仰视才见”，运用了连续摇动的特写镜头，留给读者丰富的想象余地，感染力极强。“榨”也是传神之笔，不仅极言外力之大，而且音调铿锵。

有时还可以进行有无之间的比较。如《论雷峰塔的倒掉》中“和尚本应该只管自己念经。白蛇自迷许仙，许仙自娶妖怪，和别人有什么相干呢？他偏要放下经卷，横来招是搬非，大约是怀着嫉妒罢，——那简直是一定的”一句，要求学生阅读时除去“偏要”“横来”“那简直是一定的”，比较用好还是不用好，用了起怎样的作用。通过有无的比较，学生体会到用了这些词和句，笔锋犀利，揭露深刻，剥开法海的伪善面孔，让其卑鄙下劣的灵魂公布于众，语言的表现力极强。

有比较，才有鉴别；有鉴别，才能深入认识事物的特点，掌握其规律。故而在读、写、听、说能力的训练过程中，把比较的方法用在节骨眼上，学生思维能得到有效的锻炼。

3.
鼓励创造精神

学生辨疑、析疑时，教师无论如何不能以自己思考问题的范围给学生“画地为牢”，叫学生“就范”。学生思考问题通常有一种习惯性的思路，如怎样根据种种事实下判断，怎样进行分析，进行归纳等。有时由于某些因素的触发，会突破习惯性思维的羁绊，闪发出创造性的火花。教学中教师要善于把握种种因素，培养和鼓励学生的创造精神。如教《变色龙》时，为了让学生理解文中主人公奥楚蔑洛夫多变的现象背后掩盖着谄上压下的不变的本质，我以一条波浪线和一条直线表述。有学生提出不同意见，认为波浪线的波峰波谷不能等距离，前后振幅应有变化，当主人公确实知道那条小狗是将军哥哥家的狗时，巴结拍马的心情更急切了，频率应加速。学生思维的火花令人兴奋，我立即鼓励、表扬，并请她修改黑板上的线条，说明修改的理由。一石激起千层浪，其他学生积极性高涨，七嘴八舌，不断提出修改的意见，读课文，谈看法，课堂上热气腾腾，语言、思维双锻炼。

学生十分可爱，教师要理解他们。他们最感兴趣的不全在长知识，更在于独立开展抽象思维过程本身，也就是喜欢长知识和长智慧相互结合的智力活动过程。学生在学习语文的过程中常有“吃不饱”的感觉，多半是由于教师对学生这一心理特征缺乏认识，有意无意对他们的创造性思维起了抑制作用的缘故。

在辨疑、析疑的过程中，特别要重视课堂上的“神来之笔”。因为此时此刻，学生情绪高昂，内心喜悦，求知的欲望倍增，语文能力、认知能力往往超水平发挥，推动教学往纵深发展。

三、重点突破

课堂上常有这种情况：举手、质疑、辩论常集中在某些学生身上，他们学习得特别主动积极，而有的学生主动性就差些。对他们除须深入了解原因外，要采取重点帮助的办法，为他们创造条件，促使他们开动脑筋，提高使用语言的能力。思考能力是逐步培养的，发表见解的能力是逐步锻炼的。

怎么突破呢?

在难易适度上做文章。教练员训练运动员要善于发挥每个运动员的才能，教师训练学生也是如此，要认清学生的差异，使程度好的、中的、差的，思维敏捷的、迟钝的都开动脑筋，有所进步。对学习困难的学生尤其要保护他们的点滴进步，不挫伤他们的积极性。在设计课堂提问时应有难有易，有简单有复杂，高低兼顾。如教《哥白尼》一文时，对哥白尼学说的重大作用，我设计了三个台阶式的问题启迪各类学生的思维，组织他们进行语文能力的训练。先要求学生找出表现哥白尼的学说对人类思想发生深刻影响的关键词语。学习困难的学生也能迅速找出，这就是“天翻地覆”。接着要求他们迅速改变词序而不变本意。“地覆天翻”“翻天覆地”，一般学生都能答上。然后要求学生说明怎样天翻地覆，天动—地动，中等程度的学生能用完整的语句抓住要点回答。最后要求学生组句，用这个关键词说明哥白尼学说对人类思想发生怎样的深刻影响，这就有了一定的难度了。“哥白尼的学说不只在科学史上引起了空前的革命，而且对人类思想的影响也是极深刻的，深刻到把人类的意识天翻地覆地倒转过来。”设计阶梯式的问题，由简到繁，由易到难，程度差的学生不仅能当堂积极思考，而且由于给他们指出了攀登的途径，攀登的勇气也就被激发出来了。

变换训练的方式，不总是教师提问，学生举手回答。有时约定不举手，大家思维都处于兴奋状态，教师指人答；有时可七嘴八舌地答；有时采用轮流答、重复答、跳答。采用多种多样的方法的目的都是让学生的脑子动起来，转起来。

注意加温。教师教说、帮说，寻找学生优点真心实意地表扬、鼓励。思考能力是逐步养成的，发表见解的能力是逐步练好的，学生每有进步，必予充分肯定。

总之，教师要妥善组织和安排好每一堂课，指导和鼓励学生通过自己的脑力劳动学习语言文字，千万不能依靠灌输与注入。学生在学习中要记住一些知识，但更重要的是理解，托尔斯泰在其教育论文集中说，靠记忆力来掌握未检验过的概括，是破坏思维进程的最大祸害。这一论断是很有道理的。培养学生独立思考、独立解决问题的能力，从来都是教育学中一个重要课题。

怎样进行德育和美育

一、在语文教学中为什么要进行德育和美育

中学教育，说到底是对青少年进行素质教育。青少年学生思想道德素质和科学文化素质的提高，不仅对他们自身健康成长具有重要意义，而且对我国未来的民族素质和各行各业的建设面貌将产生积极而深远的影响。教师是塑造学生心灵的工程师，他的崇高职责是对学生进行良好的素质教育，为学生做人打下良好的扎实的基础。也就是说，教师不仅要在学生心田撒播知识的种子，而且要在撒播知识种子的同时，还要精心地撒播做人的良种。

学科教学对学生进行思想道德教育和科学文化教育，具有特殊的重要作用。学生天天上课，在三年或六年的中学学习生活中，大部分的时间是在课堂里学习各门知识。学习的内容虽不深奥，但丰富多彩，涉及自然科学、人文科学等。学生日复一日、年复一年地学习，伴随着科学文化知识的吸收，可受到辩证唯物主义思想、历史唯物主义思想的教育。在学科教学中进行思想、道德、情操教育的途径最经常、最基本，这种教育的特点是潜移默化，能使学生点点滴滴入心

语文教学过程中体现德育和美育的方式方法本来应是自然而多样的。由于20世纪90年代语文教学“机械操练”现象严重，教育窄化为应试，从而削弱和淡化了德育与美育。针对这一普遍存在的问题，本文在阐述强化语文教学重要作用的基础上，着重在途径与方法上作了个人经验的概括：一是上课要精心设计；二是课外要科学延伸；三是积极引导，思想、文字双锤炼。这三条体会，既体现了语文学科的特性，又具有扎实的实践推广价值。

头，对正确的人生观、世界观的形成起重要作用。

语文学科是中学课程中的基础学科，课时多，教学时间长，学生天天接触，月月训练，耳濡目染，在思想道德素质和科学文化素质方面所受到的熏陶感染往往是其他学科所难以比拟的。这是因为语文学科的基本特点是具有工具性和人文性。学生要能正确掌握、熟练运用语言文字这一工具，必须严格地加以训练，而语文这个工具又不同于生产上用的如机器或犁锄等工具，也不等同于一般的生活工具如筷子或拐杖。它是人们表达思想、情感以进行交际的工具。这种工具是只有人类才拥有的符号。它不但有自然代码的性质，而且有文化代码的性质；不但有鲜明的工具属性，而且有鲜明的人文属性。语言文字组成的作品，是表达一定的思想内容，寓含一定的感情色彩的。基于语文学科工具性和人文性密不可分的特点，语文教学应该也必须对学生进行德育和美育。

1992 年《九年义务教育全日制初级中学语文教学大纲（试用）》规定初中语文教学目的是："在小学语文教学的基础上，指导学生正确理解和运用祖国的语言文字，使他们具有基本的阅读、写作、听话、说话的能力，养成学习语文的良好习惯。在教学过程中，开拓学生的视野，发展学生的智力，激发学生热爱祖国语文的情感，培养健康高尚的审美情趣，培养社会主义思想品质和爱国主义精神。"1996 年《全日制普通高级中学语文教学大纲（供试验用）》规定高中语文教学目的是："高中的语文教学，要在初中的基础上，进一步提高学生正确理解和运用祖国语言文字的水平。要对学生进行有效的语文训练，指导学生学好课文和必要的语文知识，使他们具有适应实际需要的现代文阅读能力、写作能力和听说能力，具有初步的文学鉴赏能力和阅读浅易文言文的能力；掌握基本的学习方法，养成自学和运用语文的良好习惯，具有分析问题、解决问题的能力。在教学过程中，指导学生进一步开拓视野，增长知识，陶冶情操，发展智力，发展个性和特长，培养学生热爱祖国语言文字、热爱中华民族优秀传统文化的感情，培养健康高尚的审美情趣和一定的审美能力，培养社会主义思想道德和爱国主义精神。"纵观初高中语文教学目的，可清晰地领悟到：从事语文教学必须德育、智育、美育三育并举。语文学科是一门综合性强的多功能学科，要以语文智育的培养为主干，结合语文学科的性质与特点，体现德育和美育，使学生读、写、听、说能力和思想道德素质均获得提高。

总之，无论从教师的职责、学科教学对学生进行教育的重要作用来说，还是从语文学科的性质、语文教学的目的来说，语文教学必须对青少年学生进行德育和美育，语文教师必须既教文又育人。

二、在语文教学中怎样进行德育和美育

语文教学中寓于语言文字训练的思想、道德、情操的教育是极其丰富的，有我们中华民族赖以生存、发展的最重要的精神支柱爱国主义精神，有反对剥削反对压迫、以解放全人类为己任的共产主义思想，有无私忘我、献身于人民的高尚情操，有认识世界的科学的立场和观点，有徜徉于山水景物、风土人情中的健康的审美情趣，等等。教师进行这些教育时不能倾盆大雨，不能从主观臆想出发，而是要紧紧扣住教材的特点，针对学生的实际，细水长流似的滴灌，在“润”上下功夫。

在语文教学中进行思想、道德、情操教育的途径和方法很多。输送知识信息，听、读、说、写训练，课外阅读，课外其他活动，等等，都是教育的途径，只要选择和创造恰当的方法，途径畅通，那些闪光的思想、闪光的精神就会伴随着语言文字渗入学生的心田。

（一）精心设计，使课堂教学闪现思想的火花

学科教学体现德育，课堂是主要阵地。语文教学在授课时应力求

熔知识传授、能力培养、智力发展和思想情操陶冶于一炉，力求课上得立体化，发挥多功能作用，提高课堂教学效率。方法很多，常用的有：

1. 挖掘课文内在的思想性，揭示其中蕴含的深意

对学生进行思想教育绝非强加于学科，游离于学科之外，而是由学科本身的性质和特点所决定的。问题在于教师是否洞悉所教学科的性质，做有心人，全面理解和落实教学大纲。一篇好的课文必然是作者情动于中而形于言的产物。既然是佳作，总离不开思想深邃，见解精辟，感情真挚，语言优美，富于表现力。钻研教材时要从语言文字入手，仔细琢磨，反复推敲，真正理解作者的写作意图，体会文中所蕴含的思想的高度、深度、广度，把思想精华所在牢牢抓住，揭示阐发，启发学生深思。例如《在马克思墓前的讲话》开头一段是这样写的："3 月 14 日下午两点三刻，当代最伟大的思想家停止思想了。让他一个人留在房里还不到两分钟，等我们再进去的时候，便发现他在安乐椅上安静地睡着了——但已经是永远地睡着了。"从表面看，这段话平平实实，用陈述句交代了马克思逝世的时间、地点。但是，只要透过字面深入挖掘，就可领悟到其中蕴含的对马克思这个伟人的崇高评价，对马克思的如海一般的深情。

"3 月 14 日下午两点三刻"，马克思逝世了。然而，文中没有直接明写"逝世"，而是用"停止思想了""安静地睡着了""永远地睡着了"来表达。为什么用"停止思想"，而不用一般人逝世时用的"停止呼吸"或"心脏停止了跳动"？这是因为，用"停止思想"更能突出马克思是"当代最伟大的思想家"。他批判地继承了人类全部的精神财富，他的伟大思想是人类智慧的结晶。他"停止思想"，就意味着一盏多么明亮的智慧之灯熄灭了，人们的悲痛难以用语言表达。为什么写"安静地睡着了""永远地睡着了"，而不写"与世长辞"或"离开了人间"？因为这样遣词造句能含蓄而深沉地表达恩格斯对失去战友的无限悲痛。他认为他的战友永驻人间，只是"睡着

了”而已。然而，事实是无情的，毕竟是“永远地睡着了”。在反复激荡的词句中蕴含着感人肺腑的深情。教师带领学生咀嚼词句，不仅能使学生体会到作者运用语言文字的功力，而且在推敲文字表现力的同时，人物的伟大形象、战友之间高尚的情操就和语言因素糅合在一起，滋润着学生的心。

2. 重锤敲打关键词句，使它们溅出耀眼的火花

一篇好的课文总有一些言简意赅、言简意深、言简意丰的重点词句、关键词句。教学时要注意把握这些词句，引导学生用重锤敲打，使其中所饱含的思想情操溅出耀眼的火花，照亮学生的心灵，引起他们的共鸣。也就是说，教师不仅要在深入挖掘教材内在教育因素的基础上把握教材的总体，而且要把握教材的局部乃至细部，对词句蕴含的深意能真正有所领悟。例如《荔枝蜜》中有这样两段话：

“老梁说：‘蜂王可以活三年，工蜂最多活六个月。’我不禁一颤：多可爱的小生灵啊！对人无所求，给人的却是极好的东西。蜜蜂是在酿蜜，又是在酿造生活；不是为自己，而是为人类酿造最甜的生活。蜜蜂是渺小的，蜜蜂却又多么高尚啊！”显然，作者写这段话时是动了情的。教学时可抓住“颤”这个词要学生推敲：“颤”是什么意思？为什么作者会“颤?”又为什么“不禁一颤”？“颤”以后流入笔端的是怎样的思想，怎样的感情？经过思索，推敲，学生懂得了：“颤”是抖动，振动，因外因而产生的抖动。工蜂“最多”活六个月，整日整月采花酿蜜，不辞辛劳，生命却如此短暂，作者意想不到，心颤动了。作者被老梁说的话猛然一击，情不自禁地做出反应，故而是“不禁一颤”。这个“颤”是对辛勤酿就百花蜜，留得香甜在人间的小蜜蜂的赞颂，是对小蜜蜂短暂的生命所显示的意义和价值的领悟。所以，紧接着是发自肺腑的赞美，随后又融情于理，评述蜜蜂对美化人类生活所做出的贡献。显然，抓住“颤”这个词锤打，就拎起这一段的议论抒情，注情于蜜蜂小生灵，使“对人无所求，给

人的却是极好的东西”的高尚情操散发耀眼的火花。当然，锤打的词句要选准，不可就事论事，要选表现力极强的，能打动学生心的。教这两段文字时，如果把“颤”“最多”等丢弃，而抓“对人无所求”这个句子反复述说，就难以收到以情激情的效果。

3. 创设情境，带领学生置身于情境之中，使他们耳濡目染，受到熏陶

人的情感总是在一定的情境中产生的，或欢乐，或悲哀，或崇敬，或憎恶，语文教学中要创设与教学内容相应的情境，创造和渲染气氛，使学生有身临其境之感。创设情境的关键在于能否采用多种教学手段调动学生的感觉器官和思维器官。如语文教材中描绘祖国壮丽山川的篇目不少，看来写景，实则抒情，“一切景语皆情语”。教学时如采用听录音、朗诵、配乐朗诵、口头描述等方法，引导学生眼看文字，耳听音响，口述佳景，心游四方，学生就会进入文中的意境，赏心悦目，受到感染。创造环境、渲染气氛是文学作品很重要的表现手法，学习时也不能忽视这一点。即使是外国文学作品，写的是他国他人他事，教学中只要发挥移情的作用，同样也可收到育人的效果。如都德的《最后一课》中韩麦尔先生向学生告别的场景就可移情。教师可出示韩麦尔先生写完“法兰西万岁”大字后的照片，要求学生图文对照，仔细观察，仔细阅读，要求学生在理解的基础上用饱含感情的语言描述课堂上庄严肃穆的场景，描述韩麦尔先生的神情、语言、动作，以及他内心的痛楚和期望，描述此时此刻小弗郎士的心情和感受，说明这个场景在“最后一课”中的地位和作用。通过三个“描述”、一个“说明”，连点成线，连线成体，在学生心田弹奏爱国主义最强音。韩麦尔先生向故土、亲人告别的庄严而令人心碎的场景发生在19世纪的法国，然而那种强烈的爱国主义精神是人类最美好的感情，把这种情移到学生身上，能使学生心中热爱社会主义祖国之火燃烧得更为旺盛。

4. 进行反馈，在检验知识和能力的过程中，强化思想感受

学生对课文思想内容和语言文字的理解不是一次完成的，有的部分须重复多次，有的可通过反馈的方式检验学习效果，在加强理解的同时，强化思想感受。例如学生学了《周总理，你在哪里》这首诗以后，要求学生就课文内容和平日对总理的了解与认识，谈一谈自己对“周总理，我们的好总理”的“好”的新感受、新体会，要求言简意赅，可引用名言。学生经过思索，会用许多精彩的语言倾吐心声。从“好”生发开去，学生不仅可进一步理解这个极其普通的词所包含的极其丰富的意义，而且沉浸在赞颂周总理伟大人格、高尚情操、不朽功绩的气氛之中，思想升华，感情净化。

课堂教学闪现思想火花的方法甚多，以上只是举其要而言。课要能闪现思想火花，又与美育密切联系。美育就是用美的事物让学生获得美感，而美的事物离不开形象。语文教材中充满了多种多样的形象美，单景物美就举不胜举，高山峻峭，云海苍茫，彩霞映天，繁花似锦，曲径修竹，流水潺潺……教学时把握教材的特点，运用形象化的教学手段，激发学生产生美的丰富的联想，可使他们获得美感。美育最富有感情特征。人类的感情尽管千变万化，但基本态度不外两大范畴——爱和憎。“夫缀文者情动而辞发”，文质兼美的文章由情铸成。教学时要运用文中描绘的自然美、社会美和艺术美所蕴含的高尚而优美的情感陶冶学生，激发学生对真、善、美的爱，对假、恶、丑的恨。

课堂教学要能散发思想的光芒，有两点须注意：一是要潜心研究，寻找进行德育的最佳结合点。要找准知识传授、能力训练与思想、道德、情操教育的最佳结合点，十分重要的是把握教材的个性，不仅把握教材的总体，而且对教材的每个段落、每个层次等个性均有所领悟。共性寓于个性之中，个性越把握得准，把握得深，知识点、训练点越明朗，越显露，德育、美育的渗透点也就越落实。二是满怀深情地激发学生热爱祖国语言文字的感情。德育、美育不是架空的，须有附着物，或知识点，或训练点。语文课的知识点与训

练点离不开语言文字。我国许多伟大作家的作品在世界上闪耀着夺目的光辉，带领学生学习古往今来运用祖国语言文字写成的佳作，犹如身入胜境，在无数瑰丽璀璨的珠宝中观赏遨游，美不胜收。学生在体会祖国语言文字的表现力和生命力的同时，思想情操受到熏陶感染。

（二）课外延伸，在美的氛围中徜徉

学科教学有两个阵地：一课内，二课外。课外是课内的延伸。学科德育、美育既要落实在课内，又要延伸到课外。前者面对全班学生，后者可有较大的灵活性，人数不拘，形式多样，因材施教，发展兴趣爱好，发展个人特长。德育、美育有“面”上的教育，有“点”上的滋润，点面结合，学生就徜徉于良好的思想教育、情操教育的氛围之中，耳濡目染，潜移默化。

1. 鉴别信息，加强指导，培养和提高学生的识别能力

语文教材中有古今中外的作品，教学时当然要在“析”上下功夫，区别时代，区别古人与今人，区别思想内容的进步性和局限性，区别精华和糟粕。而课外阅读更须加强指导。由于国际社会、历史渊源和现实生活本身的复杂性，各种信息中的美和丑、善和恶、健康与腐朽常夹杂在一起，出现在学生眼前。语文教师要抓住时机，及时指导。初中学生由于涉世不深，常喜爱看情节离奇、荒诞不经的，爱看武打的、言情的，如不引导，学生不仅耗费精力，而且思想、道德、情操会受到消极的影响。高中学生对西方哲学、西方文化，由于知之甚浅，往往盲目崇拜，有时会错把腐朽当神奇。为此，更要作一点深层次的指导。第一，教师要通过多种途径了解他们课外阅读的情况，如购买什么书籍，阅读哪些书报杂志以及在图书馆的借阅情况。了解的目的在于加强指导的针对性。第二，经常推荐好作品，给学生提供

精神食粮。可从课内延伸到课外，选与课文有关的作品对比阅读，扩展阅读；可截取名家名作中部分精彩段落朗读或解说；不失时机地推荐新出版的佳作。与此同时，组织学生相互推荐好作品。第三，定期组织读书会，交流读书心得，评述作品优劣。第四，做有心人，因材施教，随时指导，及时指导，等。课外阅读如此，电影、电视也不例外，同样要加强指导。经常引导学生鉴别涌到身边来的各种信息，学生的识别能力就会逐步得到锻炼，逐步增强。

2. 组织健康的课外活动，开拓学语文的广阔天地

读万卷书，行万里路。一方面从书报杂志中获得知识，一方面从生活中汲取知识养料，是学好语文的重要途径，二者不可偏废。

观察是认识世界的窗口，教师要千方百计创造条件让学生多看多听，多接触大自然，多接触社会生活。如因时因地组织参观、访问、游览，组织演讲、写作、查找图书资料等兴趣小组，举办佳作欣赏、诗画欣赏、配乐朗诵等活动，既丰富学生的课外生活，使其语言文字能力得到训练，又让学生在思想情操上受到感染。

组织课外活动有两点须注意：一是指导思想要明确，不是为活动而活动，也不是为教育而教育，而是站在“教文育人”的高度，在开阔学生视野的同时，激发学生热爱生活、奋发向上的情感；二是增添兴趣，善于引导，把学生课外毕竟有限的宝贵时间用在点子上。课外活动应是健康的、多彩的、趣味性浓的，对中学生有吸引力的。“随风潜入夜，润物细无声”，学生在兴味盎然地参加种种活动的同时，心田受到美的事物、美的思想情操的滋润，久而久之，身心可获得健康的发展。

（三）积极引导，思想、文字双锤炼

写作教学是语文教学的重要组成部分，中学语文教学的主要目的

之一是培养和提高学生的书面表达能力。学生要能正确运用祖国的语言文字表达情意，须坚持不懈地、有计划有步骤地进行作文训练。作文是学生语文知识和能力的综合体现，它不仅反映学生的思想认识水平，而且显示学生的语文根基和智能水平。在作文训练的过程中有意识地进行德育与美育，与阅读教学中的教育一样，至为重要。

1. 指导学生用两只眼睛看世界，锻炼正确认识事物的本领

生活是写作取之不尽用之不竭的源泉。生活中可入作文的材料比比皆是，无论是自然景物，还是社会上的人和事，只要做有心人，细细观察，处处留意，就可吸取到丰富的养料。但是，学生年纪轻，阅历浅，认识事物常失之肤浅，或失之偏颇，例如只见现象，不见本质；只抓一点，不及其余；只重局部，忽视整体；等等。如不及时加以指导，学生常会得出不正确的结论，形成错误的观念，影响对事物的真切认识和理解。

学生观察生活、捕捉形象、体察生活时，要激发他们热爱生活的感情，指导他们用两只眼睛看世界，用辩证的、唯物的观点实事求是地分析事物。习作指导的过程就是指导学习运用马列主义基本观点的过程，进行审美教育的过程，就是引导学生正确认识自然、认识社会、认识人生的过程。文章的光彩在于思想的发光，从生活中摄取材料写成文章，必须进行思想的提炼。把握写作中“立意”这个重要环节，因错综复杂事物各自的特点，揭示其内在本质，就能带领学生逐步深入事物的内核，提高思想认识水平和洞悉生活的能力。

2. 透过习作窥探学生心灵，发挥讲评的育人作用

作文讲评指导思想要明确，不能只就词句篇章做技术性的处理，要站在时代的高度、育人的高度来认识，评文育人。以育人的观点指导评文，想得远，想得深，能敏锐地洞悉习作中的思想潜流，及时引

导，发挥讲评的教育作用。

学生习作是学生思想、情操、品格、意志的反映，是学生自己生活和周围情况的部分写照。言为心声，透过习作能窥见学生的心灵，摸到他们思想深处的脉搏。教师要善于察微见幽，把习作中所反映出来的活思想、活情况，及时地加以分析，进行引导，在带领学生推敲如何运用语言文字表情达意的同时，启发他们明辨是非，区分美丑，褒善贬恶，奋发向上。不仅如此，就是讲评中的语言设计，也要对学生有教育感染作用。有教师讲评学生习作《课余》时是这样开头的："在我们国家，欢乐是生活的主旋律。同学们这次写课余生活，笔底下涌现的都是欢和乐。"这两句话，乍一看来，似乎是在语言优美上着力，其实，是通过语言信息以热爱祖国、热爱社会主义生活的感情细流滋润学生的心田，用含而不露的方法进行熏陶。

讲评课切忌抓消极的东西大加渲染，把学生习作中的缺点罗列一大堆，万弩齐发，其结果只能使学生难堪，心里凉了大半截。习作讲评要坚持正面教育，坚持输送养料，评得热气腾腾，学生在眼看、口说、耳听、心思的过程中受到思想、文字双锤炼。

三、
语文教学中进行德育和美育应注意的几个问题

(一)
避免架空说教

语文教学中进行德育和美育，千万不能误解为脱离语言文字架空地分析大道理，不能误解为抓住课文中的某一观点、某一事物大加发挥，甚而所谓联系学生实际，把学生劈头盖脸说一通。至于外贴标签，外贴口号，外贴美妙的语句，当然不行。语文课就是语文课，语文训练和思想道德教育应辩证地统一起来。教师要善于引导学生在学习语文的过程中提高思想认识、道德修养和审美情趣；在领会思想内容的同时加深对语言文字的领悟，培养语文能力。

（二）
克服“水到渠成”的看法

有人认为既然语言文字是表情达意的工具，只要教学生掌握语言文字，德育、美育任务也就完成，“水到渠成”。殊不知，一切有成效的教育活动都是在自觉的、有意识的指导下进行的，语文教学中的德育、美育自不例外。文质兼美的文章是对学生进行教育的好依据，但是，任何好的课文都要教师去教，教师理解、领会得如何，采取怎样的方法教，直接影响教材教育作用的发挥。再说，教材中有相当比例是古人与外国人的作品，教这类文章，除引导学生在语言文字上观摩借鉴外，思想内容须注意用历史唯物主义观点进行简明扼要的评析，以求古为今用、洋为中用，提高学生评析和鉴赏的能力。

（三）
关键在教师自己要具备进行德育和美育的基本功

罗曼·罗兰说过，要撒播阳光到别人心中，总得自己心中有阳光。教师要在语文教学中对学生进行德育与美育，适时，适度，有效，自己就得具备观察社会、认识世界的唯物辩证思想，就得净化感情，有高尚的道德情操。要以理服学生，首先得以理服自己；要对学生进行爱国主义教育，自己就得把心贴在祖国的事业上。具备了进行德育和美育的基本功，就能居高临下，开辟教育渠道，创造教育的多种多样、生动活泼的方法。

也谈“模糊理论”与语文教学

西方中世纪流传人造人的故事，“人造人”给造出来了，哪知它回过头来控制并奴役这造出“人造人”的人——这是悲剧。人们常常引用这个故事来比方机器，说机器是人造出来的，可人反而受机器控制。这里且不谈其社会原因，然而不得不承认，许多机器能做的事，人们反而不能做。今天，机器人日新月异，情形更是如此。不过人们还是可以安慰自己，说不论机器、机器人毕竟都是人造出来的呀！这样说对不对呢？对，但又不完全对。还应加上一句：有些事普普通通，人做起来很方便，但机器、机器人却无能为力。被称为“计算机之父”的冯·诺伊曼曾这样说过：“人脑是这样一台计算机，它在一个相当低的准确水平上，非常可靠地进行工作。”这个论断非常精彩。因为事物和现象往往有它的复杂性和不确定性，人们对此形成的概念，相对于精确的科学概念而言，是模糊性概念。对这种复杂、不确定的现象，凭人脑进行综合一体的直觉反映去认识，往往准确可靠。人脑既能处理精确信息，又能处理模糊性信息，效用最大，人的智能最高。处理复杂的模糊现象，势必借助模糊性概念。机器、机器人讲求精确，不能“模糊”，而人却能“模糊”——“模糊”既有如此妙用，于是悲剧又翻成喜剧。

如果把人类语言中词语所表达的概念没有明确外延的称作“模糊性概念”，那么此类概念比比皆是。以表达时间而言，表达一日夜

本文发表于《语文教学通讯》1986 年第 5 期。

的时间概念，诸如黎明、清晨、早上、薄暮、傍晚、深夜等莫不如此；以表达空间而言，则大小、长短、厚薄、高低也是一样，有不少模糊性概念。下面举个有关数字概念的有趣的例子。杨慎在《升庵诗话新笺证》中说道：“唐诗绝句，今本多误字，试举一二。如杜牧之《江南春》云‘十里莺啼绿映红’，今本误作‘千里’。若依俗本，‘千里莺啼’，谁人听得？‘千里绿映红’，谁人见得？若作‘十里’，则莺啼绿红之景，村郭楼台，僧寺酒旗，皆在其中矣。”显然，在这段诗话中我们发现：杨升庵认为“千里”模糊，而“十里”才精当。这样理解未免太死心眼儿了。难怪编《历代诗话》的何文焕在他的“考索”中说：“余谓即作十里，亦未必尽听得着，看得见。”讲诗如“十里”“千里”这样执着死板，拘泥于非此不算“精确”，无疑是不可取的。

描状人物和自然景物又何尝不是如此呢！

宋玉在《登徒子好色赋》中是这样描写美人的：“增一分则太长，减一分则太短；著粉则太白，施朱则太赤。”这样描绘形象十分动人，似乎是无比精确清楚，可是如果进一步问一问：“本来究竟是多长多短？本来究竟是多白多赤？”肯定还是模模糊糊的，难以回答。

鲁迅先生在《且介亭杂文二集·人生识字胡涂始》一文中写道：“例如我自己，是常常会用些书本子上的词汇的。虽然并非什么冷僻字，或者连读者也并不觉得是冷僻字。然而假如有一位精细的读者，请了我去，交给我一枝铅笔和一张纸，说道，‘您老的文章里，说过这山是“峻嶒”的，那山是“巉岩”的，那究竟是怎么一副样子呀？您不会画画儿也不要紧，就钩出一点轮廓来给我看看罢。请，请，请……’这时我就会腋下出汗，恨无地洞可钻。因为我实在连自己也不知道‘峻嶒’和‘巉岩’究竟是什么样子，这形容词，是从旧书上钞来的，向来就并没有弄明白，一经切实的考查，就糟了。此外如‘幽婉’，‘玲珑’，‘蹒跚’，‘嗫嚅’……之类，还多得很。”渊博精深如鲁迅先生也竟说自己对这些字词是模模糊糊的，这究竟是怎么一回事？难道他真的不懂吗？原来这都是意义表达程度上引起的概念上的模糊。看起来不明白，讲起来不清楚，但人们都能知道，都能理解。

情感上的寄托带来的字词意义上的不清楚也是常见的。这种情感上的寄托是由于长期以来生活方式、风俗习惯和深厚的文化教养积累而形成的。越是文明文化源远流长，积累就越丰厚，我们祖国的语文正是这样，美不胜收。

古代的人往往老死不相往来，因此人间离别成了大事，多少诗词写离别、羁旅行役的苦况。古人送别常到十里长亭，故而人们一读到“十里长亭”四个字，脑子里马上就会升起一幅离别图，而这幅图画远非三言两语能描述清楚。读到“故乡”“故土”等词也是如此。千百年来凡读李白《静夜思》的游子，思故乡之情莫不油然而生。苏叔阳有本长篇小说叫《故土》，看过这部小说或电视剧的，对“故土”二字又会有怎样的情怀呢？显然一定会比字面上丰富得多。特别是“中秋”二字能在我们中国人心中引起无限思绪，其中所包含的极其丰富、复杂的情怀，则远不是“中秋者，秋之中，八月十五日”这种字面上的解释所能包容得下的。上面所举词语若仅照字面讲也似乎清楚，其实反而更糊涂了。

我国是诗的王国，流传下来的大量好诗之所以长久地为广大人民所喜爱、赏鉴，是因为它们寄托着人民的情感。一首诗蕴藏情感，诗句蕴藏情感，甚至诗句中的字词也蕴含丰富的情感。即以字词而论，例子就不胜枚举，诸如“大江”“青山”“绿水”“春雨”“秋风”“春花”“秋月”“他乡”“故国”“塞北”“江南”等。它们对中国人来说寄托了多么丰富的情感！以“江南”为例，诗文里数不胜数，若照字面解释为“长江之南的地方”，好像意思讲清楚了，可是蕴藏的情意没有了，使诗意更模糊了。照“模糊理论”说，“江南”等本该属于模糊性概念。对于这类字词，金岳霖先生说“意义愈清楚，情感的寄托愈贫乏，情感上的寄托愈丰富，意义愈不清楚”。我国是文化深厚而源远流长的国家，许多字词积累的情感十分丰厚，这些字词显然不是三言两语能说清楚的。

由上可知，在我们语文教学中，即以字词而言，程度上、感情上十分深厚丰富，照字面讲不易清楚，甚或反而更模糊。既有这种情况存在，能否在教学中运用“模糊理论”去研究一番？能，但要防止望文生义、一知半解。讲述字词，无论如何不能模棱两可、无是无非，不能为“只能意会，不能言传”等说法开绿灯。然而，我们可以从中得到启发：要认识人，人有感情，人的智能高，有综合一体直觉反映认识事物的能力，这是机器、机器人办不到的。因此，教师要目中有人，而对活生生的教育对象要着重进行启发式教学，激发他们的情感，培养他们独立思考的能力，发展他们的智力。从“模糊理论”角度看，对于上述教学工作中这规律性的问题，我们不是可以领会得更为清楚更为深刻吗？

语文教学中面对如许模糊性概念，课是否就会讲不清楚呢？不会。尽管我们教师在任何情况下都不可能比作者对自己作品的感受、对自己身世的感受、对自己所处社会环境的感受知道得领会得更丰富更深刻，但只要认真去备课，深入钻研，把作者的身世，把社会环境、风俗习惯、生活方式以及作者的思想感情等弄得十分清楚，那么本来模糊不清的地方，也就可以教得比较明白。由此可见，我们对模糊性概念不仅不能在教学中不细作分析、模糊了之，而且要更加多下功夫，多角度启发，多途径开拓思路，调动学生的积极性、主动性，使他们对字词的含义及情感领悟得更全面、更深刻、更不含糊。

我曾听到有人对我们语文教师说：“你们语文教师讲课，若以作画来比方，有的诗文好像是大写意，而你们把它描成工笔画，描得更加工细了。”我们虽乐意听这话，但还应补上一句：“我们的画毕竟不是原作，要说好还是原作好。但愿不失原作精神，如果我们的刻画能加深学生对原作的领会，那就算多少尽到点责任了！”

要重视文化背景

语文教学要重视文化背景。教学成语典故更是如此，成语典故之丰富且深入日常生活，就从一个侧面反映出我国文化源远流长。我曾指导学生写一本《历史·成语典故双读》的通俗读物，要求他搜集常见的有关我国历史的成语典故，按时代先后有系统地编成一本书，好使读者以成语典故来读中国历史，结合历史加深理解和记忆成语典故，以期一举两得。在编写过程中，他了解到我国成语典故形成很早，并且在早期就十分丰富，广为流传。后来历代虽续有增加，但相形之下比较少。特别到了宋代以后，增加的就不多了。这当然不能用来作厚古薄今的张本，但从中可知成语典故的产生、发展、流传这一文化现象自有其规律，是一个值得研究的问题，语文界有志之士大可深入探讨一番。

中国文化的优点在于“化”，能广为吸取、消化外来文化。最近看到了中国佛教文化研究所编写的《俗语佛源》，方知我国许多俗语的来源。书收集了五百余条词目，正如赵朴初先生在前言中所说：“当然，如果着力搜寻下去，肯定会获得更多的果实……但由此可以看到佛教与我国民族文化的关系，确实是悠久深厚，密不可分。”从这段话中，我们可获得深刻的启示，我们教语文确应注意文化背景。

外国学者更有以文字创新和字义变化为凭借，研究人类社会文化发展的历史。英国学者雷蒙·威廉斯写过一本书，叫《文化与社会：1780—1950》，就采用了这个方法。他在书中说：有五个字（词）——“工业”“民主”“阶级”“艺术”和“文化”是近代人类思想的特种图标。他以“文化”一词举例说：文化本是“对自然生长的扶持”，后来变为“心灵的普遍状态或习惯”的意思，又变为“整个社会智性发展的普遍状态”的意思，再变为“艺术的整体状况”的意思，最后变成“包括物质、智性、精神等各个层面的整体生活方式”的意思。作者还指出有的词语是新的，有的则另有了新的意义。如“意识形态”“知识分子”“科学家”“集体主义”“无产阶级”“社会主义”等都是新词语；而“教育”“进步”“改革家”“科学”等原来的词语已赋予新的含义。

我国的语言从鸦片战争以来发生了翻天覆地的变化，这是因为人们的思想也不断发生新变化。有些词语早就不是原来的含义，有的甚至一变再变。我们能否从严复（或许更早）翻译英国的《天演论》《原富》以来的近代著名思想家、学者的有代表性的著作中，勾出最重要的有代表性的新词语，来探讨它们的产生、演变，从而来揭示近代中国人在思想上的大变革？这比空谈大道理实在得多。语文界有志之士也不妨花点力气去试。

语文教学、语文研究切不可忽视中华民族的文化背景，否则，讲出来、写出来的东西苍白无灵气，单薄无支撑。对待文化问题不能形而上学，像笨熊摘苞谷，摘一个，扔一个。扔掉的未必旧，新摘的未必新。须知：人之作为人，文化上也有一个基本稳定的问题。前些年，有人到洋人树上摘果子，以为凡“洋”都是好的，都是新的。其实不然。有好的，有新的，当然要吸取、要消化，丰富自己，但不少是连洋人自己都已扬弃的烂果子。不辨新旧，不辨真伪，凡“洋”的，不管与中国语文对不对口，都大肆宣扬，实质上是推销文化上的伪劣产品。德国大诗人歌德说：“对于一个国家来说，只有植根于本土，出自本国一般需要，而不是猴子式模仿外国的东西，才是好的。”这意味深长的话值得我们三思。

熏陶感染塑心灵

中学语文教学是打基础的工作，要趁学生青春年少之时，帮助他们打好使用祖国语言文字的基础、打好做人的基础。我们语文教师要怀着春风化雨的热情，在培养学生理解和运用祖国语言文字能力的同时，以美好的事物、高尚的情操熏陶感染他们，在他们的心灵深处撒播美的种子，使他们对人类的光明前途坚信不疑，对生活中的善与恶、美与丑爱憎分明，激励他们勤奋学习，勇往直前，为建设社会主义新生活而不懈地奋斗。

在语文教学实践中，如何充分运用教材，发挥教材中语言文字的威力，培养学生的思想品德，陶冶他们的性情，使他们的心灵优美高尚起来呢？我经常采用的方法是：娱目，动情，激思，励志。

一、娱目

教师要有计划、有目的地以文学艺术的精品娱学生耳目，带领他们进入作品的优美意境，领略无限美妙的风光。中学语文课本里有不少描绘祖国大好河山的文学作品，在钻研教材时，教师须努力把握作品内在的思想感情，由景入情，以情观景，步入作品描绘的境地。自己有了真切的感受，教学时就能通过朗读、吟诵，把无声的文字变成有声的语言；再通过绘声绘色的描摹渲染，在学生眼前展现一幅幅动人的画面，使学生获得美的享受。

本文原载《光明日报》，复印报刊资料《中学语文教育》1981 年第 10 期转载。

比如《泰山极顶》，这是篇诗情浓郁、结构精巧的散文。教学时怎样把学生导入作品的意境以至乐而忘返呢？我采用了三者结合和三个调动的方法。三者结合就是把文章和诗、画结合起来教学，三个调动就是调动学生的视觉、听觉和思维器官，启发他们开展想象。文中有这样一句话："我觉得呈现在眼前的不是五岳独尊的泰山，却像一幅规模惊人的青绿山水画的长轴，从下面倒展开来。"抓住这个关键性的比喻，我绘制了彩图，引导学生读文看画，跟随作者足迹步入画境，移步观赏沿途美景。又以杜甫的《望岳》诗激发学生"会当凌绝顶"的志趣，开阔"一览众山小"的胸怀。移步观景时有重点地注意调动学生的感觉器官与思维器官。"对松山"曾被誉为"岱宗最佳处"，行文至此，作者不惜笔墨地描绘。我就扣住有关词句着力开拓意境，问学生眼前看到了什么，耳畔有哪些声音作响，"坐在路旁的对松亭里"，心情如何，引导学生读描述情景的词句，说描绘的形象，使"满山峰""奇形怪状的老松"在脑际浮现，使"流水"的叮叮咚咚和"松涛"的奔腾呼啸在耳边奏鸣。学生既是看画人，赏心悦目，又是画中人，仿佛身临其境。使画面"活"起来"动"起来的传神之笔要十分珍惜，充分利用。形容老松"颜色竟那么浓，浓得好像要流下来似的"语句中的"浓"与"流"，用得颇为精湛。我就要求学生结合生活中的感受发挥想象，细细品味，体会作者运用文字的匠心。这样，学生就具体感受到不凋老松苍翠欲滴的色彩、情态和旺盛的生命力，鲜明的形象就历历如在目前。

娱目的意图，不仅仅是让学生饱眼福，得到美的享受，而且应当让他们沉浸于美妙意境的同时，培养爱国主义的思想感情。《三峡》所绘景象的奇崛峭拔，《小石潭记》画面的清幽秀丽，《白杨礼赞》铺描西北黄土高原的开阔雄伟，《沁园春·雪》中千里冰封、万里雪飘的壮观，无不是熏陶感染学生的好教材。讲述这些艺术精品，要让学生感受到祖国山河处处美，感受到祖国辽阔肥沃的大地孕育自己成长，与自己血肉相连。教学中进行经久的持续的耳濡目染，学生就能逐步掌握写景叙事的技巧，就能培育出闪光发亮的民族自豪感。

二、动情

教师要努力运用课文佳作中所包含的真挚感情，叩击学生的心弦，激起他们感情上的共鸣。教师钻研教材时必须沉进去，披文以入情，把握作者的思想脉络，体会作者感情的波澜。教学时，教师要紧扣作品中的文字，用准确生动的语言打动学生的心，使他们胸中或泛起涟漪，或掀起波涛，激发他们爱憎分明的感情。这种情，应当是高尚的、健康的、向上的、火热的，能激发学生热爱党、热爱祖国、热爱人民，激发学生憎恨敌人、憎恨剥削、憎恨侵略。如果只是用平淡的语言，进行支离破碎的注释和客观冷淡的叙述，就很难收到沁人心脾的教学效果。

以《茶花赋》为例，怎样把文中洋溢的爱国之情传送到学生的心头呢？一上课，我就从情入手，满怀感情地说："这篇散文是一首歌颂伟大祖国的赞歌。祖国，一提起这神圣的字眼，崇敬、热爱、自豪的感情就会充盈胸际，奔腾欲出。我们伟大的祖国有几千年的古老文明，有九百六十多万平方千米的辽阔土地，有许多令人神往的名山大川，有以勤劳勇敢著称于世界的各族人民。每当提起这些，我们心中就会激荡起热爱祖国的感情……"充满真挚情意的语言，能燃起学生爱国之情的火苗。当学生全神贯注之时，我又抓住作者表达思国之情的曲折起伏，叩击学生的心扉。"难免""搁"是表现作者思念祖国感情跌宕深沉的关键词语，我剖析、渲染、生发，把作者"久在异国他乡"抑制不住的（"难免"）时隐时现的怀念祖国之情，把时而扬至高峰（"极"），时而收入谷底（"搁"）的爱恋祖国的感情波澜，细腻地传送到学生的心坎上，让学生的心潮随着作者的感情激流澎湃。为了使学生的爱国火苗吐红升腾，我着意添柴加温，讲到"画点零山碎水，一人一物，都不行"时，就要求学生背诵李白的《望庐山瀑布》，苏轼的《题西林壁》《饮湖上初晴后雨》，让学生在情绪激昂之中，对美丽祖国心驰神往，歌颂咏叹，荡气回肠。在学生神思飞越、情深意切之时，我又顺势而下，按照文章的节奏，把学生引入佳境。从春深似海的意境中，激发学生和作者一起饱享现实生活的美；从美化生活的雕塑师身上，引导学生领略革命精神的美；从童子面茶花的含露乍开，展望革命前程无限美。整个教学过程，我层层推进，步步加温，潜移之，默化之，师生都沉浸在旺盛的爱国主义感情的海洋之中。

三、激思

教师应从学生思想感情、知识能力的实际出发，运用文章精要之处，开启学生思维的窍门，激发他们生疑、质疑，探索生活的道路和人生的真谛。塑造学生心灵，不能停留在对文章所写的人、物、事的表面理解上，而要由表及里，深入事物的本质，进行分析、解剖、比较、辨别，在理性认识上达到一定的深度。唯其知之深，心灵上才会镌刻上永不磨灭的印痕，久而久之，收到豁然贯通的效果。不着眼于让学生“思”，课文便好似浮光掠影，瞬息消逝，学生得益甚微；不着眼于让学生“多思”“深思”，学过的课文虽也能似雁过留声，但尔后回味甘醇则如黄鹤一去。教师每教一篇有意义有价值的作品，都要善于发掘作品中揭示主题、塑造人物的关键语句和精彩段落，开辟思维的蹊径，领着学生与文中高尚的人、高尚的思想反复接触，领受教育与感染。

比如教《刑场上的婚礼》一文，为了深入说明周文雍、陈铁军二位烈士的崇高革命精神，我把激发学生思考贯串在教学的全过程之中。首先我抓住起笔的不寻常发问生疑：“‘刑场上怎样举行婚礼？婚礼又怎能在刑场上举行？’这是作者揣测读者必然会生疑的问题。‘刑场’是死亡的场所，意味着生命的结束，是悲的气氛；‘婚礼’是欢乐的事情，意味着幸福，是喜的气氛。然而，如此矛盾的事确实发生了，这究竟是怎么一回事呢？”当学生急于要知晓事情的真相时，我紧扣第2段文字中的四个句子提出一系列的问题，激起学生思想的浪花：“这件事发生在什么岁月？什么地点？具有怎样的意义？为什么说是‘壮举’？为什么说是‘亘古未有的壮举’？又为什么说‘这亘古未有的壮举，像一柄锋利的匕首，直刺不共戴天的死敌’？”这时让学生思考，咀嚼“壮怀激烈”“视死如归”“气吞山河”等词语，就可初步体会到二位烈士面对死亡，洋溢着对生活的热爱，执着于对幸福的追求，充满了乐观主义的精神，胸怀是多么宽广，情操是何等的高尚。理解“生命诚可贵，爱情亦美好，若为革命故，二者皆可抛”语句时，我又用一连串的问题激发学生深思：“这几句话是从什么诗中脱化出来的？有哪几个字做了改动？这样的改动意味着什么？展现了怎样的内心世界？”这样就能开辟学生思维的蹊径，引导他们与匈牙利诗人裴多菲原诗作比较，体会虽改动了“价更高”“自由”几个字，但充分表明奋斗目标的不同，爱情与事业的位置迥异，显示了共产党人崇高的精神境界，显示了把坚贞不渝的爱情植根于对伟大的无产阶级革命事业无限忠诚之中。正因为如此，才会有把刑场当战场、当婚礼礼堂的惊天动地的壮举。当学生仔细聆听烈士在刑场上气贯长虹的讲话，受到可歌可泣场景的感染时，再启发他们潜心思考这些闪射光芒的语言揭示了怎样高尚的情怀，把剖析的刀往深处开掘，促使他们深入事物的本质，从历史发展的必然规律寻求答案。我要求学生回答：“这种甘洒青春血，笑迎未来春的壮举源泉何在？为什么他们高大的形象光照人间？”引导学生深入地进行思索，他们就会懂得源泉在于树立了伟大的共产主义理想，在于对旧世界的“彻底否定”，对新世界的“热烈向往”；懂得革命理想是伟大的火种，能点亮人的心灵，使生命灿烂辉煌；懂得一个人只有树立伟大的革命理想，才会无比忠贞、英勇顽强。

四、励志

志是人的灵魂。教师要充分运用教材中卓有建树的人物的思想言行，给学生施以良好影响，激励他们树立远大的志向，启迪他们培养坚忍不拔的意志和奋斗不息的精神。志向和意志不是从天上掉下来的，而是靠后天的培养与磨砺。对当今的青年学生来说，要花极大的气力帮助他们树立革命的人生观，激励他们胸怀天下，坚持真理，勤奋刻苦，孜孜以求。语文教学是进行这方面教育的重要阵地，它不是进行架空无力的说教，而是通过活生生的一件件具体的事、一个个具体的人、一句句至理名言，作用于学生的耳目，渗透到学生的心田。教师只要做育人的有心人，抓住课文的生动感人之处锤炼生发，就可以理晓喻学生，振奋学生的斗志。

励志，可以从抓文中关键词语入手。比如《七根火柴》是进行革命传统教育的好教材，讲文章结尾部分时，我举出凝聚着卢进勇复杂感情的词语“数”，在激励斗志上做文章。抓住“数”，要求学生通观文中描写火的词句，理解在长征途中火柴的意义与价值；抓住“数”，要求学生想无名战士的语言、动作，理解他为革命事业把生的希望送给同志，把死亡留给自己的伟大品格；抓住“数”，要求学生体会卢进勇对战友壮烈牺牲的无限哀思，对战友崇高品质的敬仰，体会卢进勇忠诚于党的事业，革命到底的坚强决心。当光芒四射的伟大品格、伟大志向强烈地撞击学生心灵时，我就势由文而人，激发学生深思：“在红军过草地的艰难岁月里，无名战士把火柴‘数’给卢进勇，进行深情的嘱托；卢进勇克服重重困难，最后用异样的声调把火柴‘数’给指导员。今天，这个‘数’与我们有没有关系呢？在我们这些革命后来人的面前提出了一个怎样严峻的问题？你从这个‘数’上受到了哪些启发和教益？”我提出这些问题，让学生思考，应当怎样继承先烈遗志，学习革命前辈好榜样，树立雄心壮志，在人生道路上勇往直前。

娱目、动情、激思、励志，均着眼于把思想教育落实到语言因素的教学之中，与语文训练有机地结合起来，力求做到水乳交融，使学生思想上受教育，感情上受熏陶，理解与运用语言文字的能力获得提高。熏陶感染讲究一个“润”字，“随风潜入夜，润物细无声”，锲而不舍，精心浇灌，就会春华繁茂，秋实累累。

弘扬人文　改革弊端
——关于语文教育性质观的反思

一、关键在性质观

眼下，语文质量不尽如人意是众口一词，不少人都怪罪高考地位特殊，认为它指挥了整个中学语文教育，影响所及，甚至到小学低年级。这种责怪并不十分公平。升学考试从来是指挥棒，其他学科如此，国外也如此。问题的实质在于，操纵这根指挥棒的是只无形的手，那就是语文教育观念。

教学行为受教育观念支配。群体性的教学行为，往往受到某种思潮的教育观念的支配。语文教育观念是对语文教育诸问题的看法，从语文教育性质到目的任务，到教材教法，到师生作用，到质量评估，到考试方法，到课外教育，等等，构成体系。教育观念附着于教育者脑中，形成心理定势，有意识地或不完全有意识地指挥教学行为。在语文教育观念体系中最为核心的是性质观，它统率语文教育的全局，决定语文教育的发展方向，由此而引发出目的观、功能观、承传观、

本文发表于《语文学习》1995 年第 6 期。20 世纪 90 年代初，针对语文教学机械操练现象，语文教育研究领域开始反思所谓的科学主义盛行、真正的人文主义丧失的深层次问题。《语文学习》杂志发挥了重要的揭示问题、引导讨论的学术作用。本文发表后，产生广泛影响，统一了广大教师对于“弘扬人文　改革弊端”的基本认识，“人文性”也逐渐成为语文教学研究的基本概念并写进语文课程标准。同时，也引发了学界对于语文学科性质观的进一步讨论。

教材观、教法观、质量观、测试观、体制观等等一系列观念。

作为对“文革”期间语文课上成政治课的一种否定，20 世纪 70 年代后期语文教育十分强调工具性，甚而至于有些纯工具论的倾向，个别的宣称“什么时候语文教学进行思想教育，什么时候语文水平就下降”。于是，产生了继 20 世纪 60 年代的新的文道之争。不过，这场争论并未掀起大波，思想教育不能外加，应渗透于语言文字的教学之中的看法较快地得到认同。多数论者认为，任何一篇课文都是思想内容和语言形式的统一体，思想性是语文的固有属性，它蕴含在语文教材里，贯串在语文训练中。语文学科的思想性与工具性一样，都得到了认可。1992 年颁布的《九年义务教育全日制初级中学语文教学大纲（试用）》（以下简称《大纲》）从不同的角度对这二者先后加以肯定。即：“语文是学习和工作的基础工具。语文学科是学习其他各门学科的基础。”在“教学目的”中提出“在教学过程中……培养健康高尚的审美情趣，培养社会主义思想品质和爱国主义精神”。

在特定的社会文化背景下，对语文学科的性质作出以上的理解和判断，无疑是有十分积极的意义的。我曾经乐观地认为，从此语文教育的航向已够清楚明白，只须循章行事便是。然而，现在看来，20 世纪 80 年代涉及语文学科性质的讨论，主要是在语文教育界内部，在操作性层面上展开，未能吸引诸多相关学科的共同参与，未能利用国内外语言学、心理学、教育学、人类学、社会学等领域的新的研究成果，未能对母语教育和外语教育进行系统的比较研究，视界不够开阔，学理缺乏底气，若干有价值有新意的理论观点又没有得到充分的论证和及时的整合。在多种因素的作用下，“语文课就是基础工具课”的思潮广泛地支配着群体教学行为。

二、准星发生偏差

按照《大纲》的精神，工具性与思想性在语文教育中应是统一体，互相依存，不可分割。可是在阐释与实施的过程中偏线了，正好像瞄准靶子打枪一样，准星发生偏差，当然发出去的子弹乱了套。近些年来，工具性的砝码越来越重，许多文质兼美的文章的思想意义在相当程度上形同虚设，只是寻词摘段，用解剖刀肢解，作为训练语言的例子，学生在知、情、意方面有多少收获要打个问号，与《大纲》的要求相距甚远。如若不信，请看下面的事实：

1994 年语文高考写作占 50 分，据广东省抽样统计，全省平均为 29.07 分。各项得分率是：内容 51.39%，语言 60%，结构 60%，书写 69%。从统计看，内容项的分最低。考生在作《尝试》这篇作文时，写了学骑单车、学走路、学说话、学煮饭、学炒菜、学洗衣服，甚至学谈恋爱、学做小偷等，不一而足。很明显，文中所反映出来的生活与高中生的实际生活是很不相称的，所表现出来的肤浅甚至丑陋的思想是不可等闲视之的（见《广东语文报》1995 年第 4 期《大声疾呼：语文的思想性》）。于是，作者大声疾呼："作文的思想性，你究竟哪里去了？"

作文的思想性当然不能也不必由语文教育包揽，但是，思想性的失落，与语文教育在导向上的偏差密切相关。

在简单片面的语文教育工具化思潮的冲击下，尽管作文的题型花样翻新，套路一套又一套，但作文教学与往昔比，不是日益发展、日益火红，而是有点萎缩。首先是重视程度减弱。作文是语文能力、认识水平的综合反映，要拿高分不易，须细水长流，难收突击之效。下功夫不上算，考试只要题型对路，就可应付。其次是写得太少。刀不磨不锋利，笔少用必笨拙。一学期写四五次作文，有的只写一两篇，学生怎能练得出过硬的本领？这且不说。学生写，怎么指导，标准是什么，大有讲究。标准似乎越来越低，"读普通文，写普通文"，只要成为"生活工具"就行。学习上有个十分平凡的道理，就是取法乎上，由于种种原因，有时也只能得之于中。写文章总要往高处看，有基本要求，抽去内容或忽视内容讲文字形式、文字技巧，学生学了干什么呢？"诗言志""文以载道"是写诗文的基本道理。凡是经得起时间考验的优秀诗文，无不具有深刻的思想力量，给人以无尽的启迪。我们虽不要求学生都能写出优秀文章，但文章要有充实而健康的内容，总是应该的吧。

早在1958年，郭沫若在《文风问答》一文中就明确指出："文章是人写的，因此，首先是人的问题。古语说'文如其人'，这说什么样的人，就写什么样的文章。文章要写得准确、鲜明、生动，首先要看写文章的人的思想、立场、作风怎样。你的思想正确、态度鲜明、作风正派，那么，你写的文章也就有一定的准确性和鲜明性。这是基本问题。"学生习作重点不在于探讨文风，而在于懂得作文与做人的关系。作文教学训练学生写作能力时应二者有机结合，否则，一手"硬"（文字技巧，其实并非真硬），一手"软"（思想内容），质量无法保证。这种情况看来似乎是方法问题，实质上是错误的语文教育性质观在起作用。

作文教学如此，阅读教学呢？"不闻读书声琅琅，但见习题如海洋"恐怕是极形象的概括。好端端的文质兼美的文章肢解成若干习题，抠这个字眼，抠那个层次，文章的灵魂不见了。有些佳作名篇学生学过后对文章的脉络、作者的写作意图、文中思想的闪光点竟然不甚了了，脑子里如马蹄杂沓，堆砌了许多字、词、句的零部件，这个知识点，那个知识点，用以"备考"。

肢解也非易事，见段不见文，见层不见段，有些教师实在手不熟，赶不上趟儿，于是种种命题专业户诞生。不管什么文体的文章，都能排出一套套题目以飨师生。你推波，我助澜，一时间遍及城市农村。阅读教学究竟该担负怎样的任务？阅读教学走向何方？许多教师困惑了。至于语文的听说训练、思维训练、课外教育，也因准星发生偏差而大受影响。

三、究竟怎样定位

语文教育的"位"究竟定在哪儿？有老师发出这样的疑问：语文教学是什么？语文教学干什么？现在仍然在扯皮。把语文教学看作文学教育，看作文化教育，看作审美教育，看作政治教育，看作道德教育，看作思维教育的议论与做法真是说不清，道不完。（见《语文教学通讯》1995 年第 2 期《反传统，不在于方法，而在于思想》）

这位老师的想法和情绪是有代表性的。在我看来，这恰恰反映出进一步认识语文教育学科性质的重要性和紧迫性。人类文明发展史上，任何一门学科的成长，总是与“自身到底是什么”的争论相伴随。人文学科中，哲学、文艺学、美学、历史学、语言学、心理学、教育学，有哪个门类不是至今还在讨论定位问题？特别是在一门学科面临突破性进展的时刻，更要对自身的性质进行深入的反思。著名语言学家张志公先生早就提出，现有汉语语法学“基本上不符合汉语特点”（《闲话语言》，《扬州师范学院学报》1980 年第 2 期）；不久前，他向《语文建设》记者发表谈话，指出中学语法难教“根本原因在于语法系统无论哪个流派哪个学派都是从西方引进的”，“实事求是地说，到现在为止，恐怕还没有任何一部是真正汉语的汉语语法”，“语法学乃至整个语言学，是一门应用科学，不是纯理论科学……如果不是为了应用，不是为了提高应用能力，那就不必研究语法，不必教语法，不必学语法”（见《语文建设》1995 年第 2 期）。张志公先生对汉语语法学、语法学乃至语言学的状况和性质所发表的意见，正预示着学科内部孕育着深刻的变革。时处世纪之交，语文教育的社会文化背景变化迅猛，语言环境日趋复杂。语文教育现状不理想，对《大纲》的阐释有歧义，师资队伍和教育对象出现许多新情况、新问题，现代教育技术日新月异……所有这些，都在要求语文教育须对自身性质进行新的探讨。矛盾是回避不了的，分化，综合，再分化，再综合。语文教育学科建设，将围绕以性质观为核心的教育观念的讨论，在多元化的观念和实验的碰撞中，在否定之否定的辩证行程中，赢得螺旋式的上升。

给语文教育定位，先得给语言定位，给汉语定位。长期以来，语文教育界强调语言的工具性，这是无可非议的。然而，语文绝不等同于一般的生产工具，如机器或犁锄；也绝不等同于一般的生活工具，如筷子或拐杖。语言是表达思想进行交际的工具，是思维的物质外壳，是信息的载体。这种工具、外壳、载体，都是只有人类才拥有的符号。在符号的意义上把握语言的工具属性，恐怕较为恰当。问题更在于，“语言是思想的直接现实”（马克思、恩格斯《德意志意识形态》）。各民族的语言都不仅是一个符号体系，而且是该民族认识世界、阐释世界的意义体系和价值体系。符号因意义而存在，离开意义，符号就不成其为符号。这就是说，语言不但有自然代码的性质，而且有文化代码的性质；不但有鲜明的工具属性，而且有鲜明的人文属性。

西方学者把语言看作开启人类社会文化起源和发展的奥秘的钥匙（意大利维柯 1668—1744），认为语言是一种创造性的精神活动（德国洪堡特 1767—1835），不仅视语言为一种文化现象，称语言基本上是一种文化和社会的产品（美国萨丕尔 1884—1939），还把语言看作文化建设中的一种力量（德国魏斯格贝尔 1899—1985），认为语言和文化相互塑造，相互渗透，相互从属（美国沃尔夫 1897—1941）。如果说，世界各民族语言都具有人文性，那么，汉语汉字的人文性可说是特别突出。在中国古人看来：“人之所以为人者，言也。”（《春秋穀梁传》）“不知言，无以知人也。”（《论语·尧曰》）著名的名实之争，文道之论，言意之辨，在某种意义上，都关涉到汉语人文性的阐发。朱熹说：“道者，文之根本；文者，道之枝叶。惟其根本乎道，所以发之于文，皆道也。三代圣贤文章，皆从此心写出，文便是道。”（《朱子语类·卷第一百三十九》）从此类论述中，可以体悟古人是如何把语言同人性、天道、事理联结在一起的。中国现代学者对于汉语的人文性，也多有创见。20 世纪 80 年代后期关于中国文化语言学的理论探索和争鸣，论争双方都为如何理解汉语的人文性提供了丰富的思想资料。汉语言文字不是单纯的符号系统，它有深厚的文化历史积淀和独特的文化心理特征。汉语和其他民族语言的工具性和人文性，是一个统一体的不可割裂的两个侧面。没有人文，就没有语言这个工具；舍弃人文，就无法掌握语言这个工具。

弄清楚语言的特质，语文教育是什么，具有怎样的性质，也就迎刃而解。法国学者加斯东·米亚拉雷曾指出：“学校的语言首先是占统治地位的文化的传播工具。因此，所谓母语教学的问题从来就不是一个纯技术问题……在母语教学中，社会学和政治方面的因素占举足轻重的地位。”［《世界教育史（1945 年至今）》］人们在给语文学科定位时，使用的“性”超过 10 个。我想“人文性”较之“思想性”“情意性”“科学性”“文学性”“社会性”“政治性”“民族性”等等，似乎更为合适。语文学科作为一门人文应用学科，应该是语言的工具训练与人文教育的综合。

四、
弘扬人文，改革弊端

语文教育人文性是一个古老而年轻的课题。汉语文教育有优秀的人文传统，培育出一代代道德文章彪炳千秋的文人学子，哺育出千千万万的美诗佳文，传播中华民族的优秀文化。今日的语文教育对汉语文的人文性未给予足够的重视，甚至感到陌生。要走出困境，提高质量，须弘扬人文。

不承认语文的人文性，必然是只注重语文形式，忽视语文内容。文化内涵本是语文的固有根基，教材中的任何课文都是思想内容和语言形式的统一体，不可分割。只讲形式，就架空内容，语言形式就失去灵气，失去光泽，变成任意排列组合的僵死的符号。对这个问题，叶圣陶先生从修改文章的角度谈到过：“修改文章不是什么雕虫小技，其实就是修改思想，要它想得更正确，更完美。”语言文字是载道明理的工具，“道”与“理”不讲究，这个工具又怎样有生命力，怎能完美呢？忽略语文的人文性，必然只强调语文工具而看不到使用语文工具的人。学语文不是只学雕虫小技，而是学语文学做人。语文教育就是教文育人。语言文字是文化的载体与结晶，教学生学语文，伴随着语言文字的读、写、听、说训练，须进行认知教育、情感教育和人格教育。只强调语文工具，用解剖刀对文章进行肢解，枝枝节节，只见树木不见森林，闪光的启迪智慧的思想不见了，吸引人、凝聚人、感人肺腑的情感被肢解得无踪影了，留下的是鸡零狗碎的符号。

弘扬人文，不是照抄过去，而是在继承的基础上出新，赋予时代精神。今日的语文教育要有中国特色，就要弘扬优秀的民族文化精神，就要有面向新世纪的浓郁的时代进取精神，变语言形式教学的单一功能为知、情、意教育统一的多功能，变低效率为高效率，尊重和发展教的个性与学的个性，探索与现代教育技术结合的途径。

要变语文自我封闭性为开放性，开发语文教育空间，面向生活，面向社会，面向活泼泼的中学生，不用机械训练消磨学生的青春。

要坚持汉语文教育自身的特点，学西方语言，学西方测试，要在“化”上下功夫。照抄照搬，不仅淡化甚至有悖民族文化精神，而且会把许多语文教师引入误区，进入考试怪圈，局囿其中，脱身不得。

对语文教育性质观的反思，目的在于求得语文教育健康发展，使五千万莘莘学子深受其益。

准确而完整地认识语文学科的性质

1995年6月，《语文学习》发表于漪《弘扬人文　改革弊端——关于语文教育性质观的反思》一文。这是一篇关于研究语文学科性质的文章，在语文教育界产生了广泛的反响。因为，在这之前和之后，同一主题的论述性文字不断见诸语文报刊。

时隔一年，《语文学习》记者闻达访问于漪，就“准确而完整地认识语文学科的性质”这一论题，作了访谈。

于漪

《语文学习》是我喜爱、看重的一本刊物。好多年前，刘国正先生对《语文学习》有过四字评价：新、实、活、雅。我觉得是恰如其分、名实相符的。的确，《语文学习》无论在教学理论的探索方面，还是对教学实践的指导方面，都显出了刊物自身的个性和追求，形成了自己的风格。因为它并不迎合某些庸俗的做法，比如把一本好端端的期刊常常改头换面地变成一本又一本的习题集。常言道，文如其人。其实，刊物的品位也就是编辑部的品位。这也就是我一直喜欢并看重《语文学习》的主要原因。

闻达

谢谢于老师对《语文学习》的夸奖。

本文是《语文学习》编辑部记者采访作者的访谈录。

于漪

我喜欢《语文学习》的另一个原因，是它拥有一批名牌栏目。其中“争鸣篇”就是我非常喜欢的。

闻达

“争鸣篇”是《语文学习》的常设专栏。编辑部有一个想法：要让《语文学习》成为广大语文教育工作者自己的园地，应该营造一种学术争鸣的氛围。在坚持四项基本原则、坚持党的教育方针和邓小平同志关于教育要“三个面向”的前提下，只要能够自成一说，能够活跃思想、开拓思路，就予以发表。

于漪

我赞同《语文学习》的办刊思想。的确，任何一门学科的发展，需要实践探索，更需要理论研究。中学语文作为一门实践性和理论性兼强的学科，研究者会从各自的角度、各自的实践特点和学养构成，得出对这门学科各不相同的看法，形成见解相左的观点，这是正常的。语文学科要前进，要发展，必然碰到许许多多理论的和实践的问题，怎么办？我主张各抒己见，展开争鸣。思想碰撞，才能把问题引向深入，才能从狭窄的认识中走出来。

就整体而言，没有理论指导的实践是盲目的实践，必然导致事倍而功半；理论上的探索与争鸣，可以唤起更多人对某些问题的关注，促进思考。当然，有些争鸣，涉及教学上的一些根本的、影响全局的问题，这就需要慎而又慎。

闻达

比如——

于漪

比如，我最近读到关于语文学科性质的争鸣文章，有些提法值得商榷，而且有必要澄清。近十多年来，我参加了多次国家教委组织的关于语文教学大纲的修订工作。这是一项极其严肃极为认真的工作。每一次修订都是对前一阶段语文教学实践的总结，也是对以后一个阶段教学工作的理论指导；因此，每一次修订都如同一个人前进的脚步，步子不大，却很坚实，一步一步，朝前走着，直到今年审查发表《全日制普通高级中学语文教学大纲（初审稿）》。

闻达

我手头有一份资料。请允许我摘引其中的一段——

“1996 年高中大纲规定：‘语文是最重要的交际工具，也是最重要的文化载体。’不仅给语文定性为工具，而且突出了语文这个工具的特点：交际工具——负载文化的交际工具。这个性质观有利于正确规定语文学科的教学目的、教学内容、教学方法，并且还突出了语文独有的汉语言、文学及其文化的民族内涵。工具——基本工具或基础工具——负载文化的交际工具，这就是近 50 年的语文性质观的发展轨迹。”（见《语文学习》1996 年第 4 期）

于漪

谢谢您的摘引。关于语文学科性质的论述，近来有文章提出了不同的观点。

闻达

如有的文章认为语文学科在“工具论”的指导下，得出“语文课既具有工具性，又具有思想性”的双重基本属性，在哲学上犯了“二元论”错误。

于漪

是的，我注意到这篇文章。我首先想说的是，对于语文学科性质的认识，尤其是近十年来，已经取得了突破性的进展，然而这也只能说是努力去接近了“真理”，还要发展，也一定能够发展。其次，说语文学科具有工具性，我是赞同的；说语文学科具有思想性，我认为

“思想性”一词不能涵盖语文教学内容丰富而多彩的特征，我有自己的看法。

闻达

那么先从哪儿谈起呢？

于漪

我们先从“语言是什么”谈起。有一个基本观点：语言的本质属性确实是工具性。所谓语言是文化的载体，载体者，也就是“工具”的意思。这个观点不是我首创的，而是马克思主义经典著作早就阐述清楚的。“语言是人类最重要的交际工具”是列宁说的。（《列宁选集》第二卷《论民族自决权》）“语言是思想的直接现实”“语言和意识具有同样长久的历史：语言是一种实践的、既为别人存在因而也为我自身存在的、现实的意识。语言也和意识一样，只是由于需要，由于和他人交往的迫切需要才产生的”是马克思和恩格斯说的。（《马克思恩格斯选集》第一卷《德意志意识形态》）我以为，语言又是具有物质基础的。意识（精神）注定要受物质的“纠缠”。物质在这里（在有关意识的关系上）表现为振动的空气、声音——简言之，就是语言。思想是通过语言表达的，因而“语言是思想的直接现实”。

闻达

很钦佩您为了搞清语言的本质属性，翻阅了大量的马克思主义的经典作品。确实，语言伴随着人类社会的形成而产生，又伴随着社会生活的变化而发展。语言在人类社会形成和发展的长河中，经历千万年，它发生了、成型了、丰富了、洗练了、发展了，它是一个民族中任何阶级任何集团都可以使用的一种工具。

于漪

对的。语言是工具，然而又不是一般的工具。我多次讲过，语言是一种与榔头、锄头等不一样的工具。语言和人（身体、大脑）是俱在的。语言不是独立于人而存在的一种工具，而是人类、也只有人类自身才能拥有的工具。语言这一工具是和其装载的文化、思想不可分割的。也就是说，语言不能凌空存在。我们常说“语言是思维的外壳”，这“外壳”其实是与“内核”不可分离的一个整体。

请吃糖——没有什么招待，恰巧抽屉里有几颗糖。

闻达

谢谢!

于漪

这与糖果不同。糖果可以分成糖纸和糖。颗粒的糖可以用纸包装，也可以用塑料包装。

闻达

可是，这与语文，或者说与语文学科、语文教学又有什么关系呢？语言和语文是两个概念。甚至，语文与语文教学也是两个不同的范畴。

于漪

是两个不同的概念，但又是有着紧密联系的两个概念。只有对语言的属性有了切实而准确的了解，才能谈语文教学。好比数学，离开了数字，离开了 1、2、3 谈数学就失去了意义一样，离开了语言文字，怎么能谈语文学科或语文教学呢？中学语文学科是一门基础学科，打文化的基础，是非常实用而且内容丰富多彩的一门学科，是属于人文学科范畴的，因为语言文字本身装载着文化。民族的文化是民族的根，语言是文化的根；所以，语言是一个民族的根之根。

闻达

所以语文学科又具有人文性。

于漪

对呀！

闻达

您的意思是不是说：语文学科是培养学生掌握并运用祖国语言文字这一工具的一门学科，因此它也就有了工具性的属性；而语言文字又与装载的文化思想密不可分，因此它也就有了人文性的属性。这样一来，对语文学科性质的阐述是否存在着陷入逻辑上或哲学上困惑的可能？因为有文章认为“认定语文教学有两个性质，实际上是一种二元论”，“二元论内在的理论上的逻辑矛盾必然导致本质论的取消”。

于漪

我注意到了这一提法。首先，一个事物有两个或两个以上的本质属性，不能简单地称之为“二元论”或“多元论”。比如“人”，有语言、能思维、能创造生产工具，是“人”的本质属性。“人”的本质属性有多个，但你不能说是“多元论”。其次，“二元论”就其严格意义来说，是一个哲学概念，不宜滥用。所谓“二元论”是指世界有两种各自独立、性质不同的本原（即物质和精神）的一种哲学学说，主要代表有法国的笛卡儿，或者更广义地指任何将宇宙分为两个独立部分的哲学学说，如柏拉图的“理念和事物”说，康德的“本体和现象”说，等等。

闻达

如此说来，是否可以把您的观点作这样的表述：语文学科的工具性和人文性是一个统一体的两个侧面，不可机械地加以割裂。

于漪

是的。我们进行的是母语教学。语言和文化不是两个东西，而是一个东西，是一个整体。说语文学科具有人文性，绝对不是排斥它的科学精神；说语文学科具有工具性，也绝对不是削弱它的人文精神。不存在限制这一个、张扬另一个的问题。两者不能割裂，更不能偏废。所以我强调要准确地完整地认识语文学科的性质。语文学科有多个基本属性，正表明语文是一门很特别的学科，工具性和人文性——两者不是一增一减，而是如何想办法沟通交融、互渗互促的问题。当然，语文学科的非本质属性就更多了。它有多种关系需要我们在教学中加以把握。比如听说读写、字词句篇等，它们之间的多向关系究竟呈现怎样的互为作用，也需要我们在教学中不断地认识它，把握它。用什么？用科学的眼睛。对于语文教学来说，现在科学精神不是太多，而是太少。这是另一个话题。总之，语文学科是多重属性、多种关系、多向互为作用而构成的复杂的统一体。

闻达

有一种现象不知您注意到了没有？正如您说的，语文学科是具有多重属性的一个统一体，既有工具性一面，又有人文性一面。然而，学科性质上的多重性，很容易导致语文教学理论上和实践上的飘忽性。有人撰文指出："纵观整个现代语文教育史，语文教学实际上是在不断地在不同层次上走回头路：一段时期走到工具性一极，走不通，又退回到思想性；思想性的一极还是走不通，于是又退回到工具性。如此反复，周而复始。"（见《语文学习》1996 年第 5 期）

于漪

语文教学中一个时期的偏这偏那，是不足为怪的。人的认识有差异，对《大纲》的领悟有不同，各自的教学对象、教学环境有不同，等等，可能会导致在实践上或者在观念上的不同。但，这与《大纲》是两回事。教学是一种个体意识很强的工作，实践中出现的各种问题，应该认真总结经验，而不能把实践中产生了这样那样的问题，说成是语文学科的多重属性出了问题。好比考试，谁也不否认考试的重要性，关键是考什么、怎么考，倘如在考什么或怎么考上面出了一点岔子，就认为"这是考试不好，要取消考试"，岂不荒唐？

刘国正先生说过这么一件事。三年前，他很认真地答了一张高考语文试卷，按标准答案严格计算，结果只能达到 70 分。他有些激动地说，语文课是国语，是一门知识面广、既实且活的基础课，全都搞成 A、B、C 标准答案，考国语岂不成了考外语吗？干脆不叫考语文，改叫考“托福”更准确。

这难道叫科学训练？不，这是打着科学的招牌。机械操练，只在语文形式上兜圈子，A、B、C、D，1、2、3、4，语言就因失去灵魂而暗淡无光，步入排列组合文字的死胡同，当然就无语言的表现力、生命力可言；脱离语言文字的运用，架空讲内容，讲人文性，就步入另一个误区，都不是语文课。只有完整地辩证地把握，还语文以本来面貌，教起来才会得心应手。

闻达

刚才谈到“思想性”，您说有自己的看法——

于漪

从语文学科具有“思想性”到语文学科具有“人文性”，我自己的认识是有一个过程的。早在 20 世纪 70 年代末，我比较倾向于语文教学工具性和思想性的结合。

闻达

那个时期，代表您教学思想的主要作品是《既教文，又教人》？

于漪

可以这么说。那时我从教学实践中意识到，语言文字绝不是僵死的符号。比如教“春风又绿江南岸”一句，一个“绿”字用得多么传神！满眼的绿，生机勃发的绿，那种喜悦，那种对生命的礼赞与讴歌，仅用一个“绿”便跃然纸上！如果抽掉它，我觉得无法讲。后来，到了 80 年代中期，我感到“思想性”的提法对语文教学有局限，“思想性”不能涵盖语文学科的丰富多彩性。因为有许多内容除了具有思想性，更具有道德的、情操的、审美的特征。过分强调语文教学的思想性，容易给极“左”思想有可乘之机。直到 90 年代，我才明确地提出“人文性”。

闻达

这么说，到了 90 年代，体现您教学思想的代表作是《弘扬人文 改革弊端——关于语文教育性质观的反思》一文？

于漪

也可以这么说。但在那篇文章中，我似乎言犹未尽。很想再写一点东西。

闻达

希望能早日拜读大作。那么在这里，您能否用一两句话概括一下您今天谈话的主要观点？

于漪

中学语文是教文育人。中学语文的基本任务是教文，它的终极目标是育人。谢谢你的采访。

语文是进行素质教育最有效的一门学科

语文学科的改革只有根植于土壤才有生命力

唐晓云

我们正在进行的这场教育改革是革命性的改革。素质教育已为教师、家长乃至全社会所接受，但要形成素质教育的有效机制，仍需进一步努力。很想就这些方面，得到于老师的指点。

于漪

我非常赞同素质教育。它不是一个口号，更不是一个时髦口号，好像流行歌曲、时髦服装那样，流行一阵过时了，又换一个口号。我不是“追风族”，在二十年前，当时没有提“素质教育”，而我一直认为，基础教育阶段是人的知识和能力发展的关键阶段，是学文化、学做人、德智体全面发展的阶段。

唐晓云

现在有些语文教师是否失掉了主动性和创造性？语文教育受到来自社会方方面面的关注乃至批评，20 世纪 70 年代末语言学家吕叔湘先生对中学语文教学耗时多、效率低的现象发出“咄咄怪事”的感

本文发表于《语文学习》1999 年第 5 期。

叹，至今并无根本改观，高考指挥棒仍一年一度强有力地指挥着语文教师的教学模式乃至思维模式。

于漪

有这么一个规律，语文教学改革每前进一步，总要对其本源进行一次反思，这是自然的，也是必要的。然而，反思要与培养目标（“四有”新人）相结合。教育就是培养人，提高人的素质。通过悉心培养，使青少年获得有效的发展，成长、成人、成才。语文学科的改革要根植于土壤，才有生命力。这土壤就是教育乃至社会改革的大背景。

语文是民族之根

唐晓云

说到学科改革，我想我们都赞同这样一个观点，即对语文学科的性质、任务如何阐述，是非常重要的。近年来，《语文学习》刊登了不少关于语文学科性质讨论的争鸣文章。以《大纲》中的有关表述为话题，有的阐述了“工具说”的科学内涵及其意义，有的呼唤语文应“向人类精神文化靠拢”，有的干脆提出“工具论批判”的口号，也有的力图重构语文学科的性质内涵……对此，您持怎样的观点呢？

于漪

二十年来，语文教学大纲的制定和语文教材的编写凝聚了一代人的心血，做出了可贵的努力，同时也融入了上百万语文教师的共同智慧和结晶。然而我们不应故步自封，更不能抱残守缺。语文“是交际工具……是文化载体”的提法是不错的，但不够全面。20 世纪人文学科最大的突破之一是语言学的突破。思想、情感、语言是同时发生的。语言不仅仅翻译思想，不仅仅是载体，而且是意识、思维、心灵、人格的组成部分。把语文学科视作“工具性学科”的观念是滞后的。语文有字词句篇、有语修逻文，倘若就词句教词句，就工具论工具，这与其说是教学方法上的问题，不如说是我们的学科教育目标发生了偏差。“先天下之忧而忧，后天下之乐而乐”，寥寥数言，人生观蕴含其中；“两情若是久长时，又岂在朝朝暮暮”，短短两句，爱情观渗透在内。瞧，语言多厉害！它是春风化雨、润物无声的。语文（这里当然指母语）是民族之根。它无声地记载着本民族的物质文明和精神文明，记载着民族文化的地质层，母语教学必须与民族文化紧密相连。

语文是进行素质教育最有效的学科之一

唐晓云

说得真好！我理解您首先思考的不是语文学科属于什么“性”什么“说”，而是语文的本源，语文对人的教化与陶冶功能。可是，回看当今的语文教学，确有一种漠视内容、注重形式的倾向。您多次撰文指出，一篇篇声情并茂的美文，本是一栋栋或精巧或雄伟的楼宇，却在教学中被分析得支离破碎，被指陈哪是柱、哪是梁、哪是瓦，味同嚼蜡，学生也因此不喜欢语文课。分析这一现象，是否与一度流行的标准化测试有关?

于漪

对语文教育的有关问题，我提倡不纠缠具体事情，但要廓清有关是非。比如，对标准化测试，我是反对的。在一个时期产生标准化测试，并且风靡全国，有它当时生存的土壤。现在不必责怪谁引进了标准化测试，引进也很自然，20 世纪 80 年代初，我们还处在科技补课阶段，对自然科学和人文科学的前沿与突破缺乏足够了解，改革开放的浪潮把我们一下子推到世界面前，于是就“拿来主义”了。标准化测试的长处是客观性加强，批改误差减少，真正的阅读能力和人在阅读时的审美感受却视而不见了。标准化测试在理念上崇尚知识结构至上和向数字化管理靠拢。这就使本来诗意的、审美的，即以形象思维为内核的语文教学向标准化、机械化转向，容易导致语文课的人文精神和审美趣味的缺失，同时催发语文教学的匠化和应试训练的泛滥；加上某些出版单位的利益驱动，《一课一练》之类读物的推波助澜，对语文教学应该走什么道路起了负面影响。

唐晓云

然而，主观性测试（姑且这么说）也存在问题。不同教师面对同一篇作文的评分，上下可以相差数十分，这并非没有例子！高考是选拔性考试，面对考卷中的阅读文章（或语段），一味地品评、涵泳、感悟，面对五花八门的答案该如何评判、如何筛选呢？有人说，高考毕竟不是坐在冬日暖阳下的一种阅读鉴赏活动。

于漪

据报道，美国有一官方的考试机构——美国教育测验中心（ETS），常年主持大学入学考试（SAT）和研究生入学考试（GRE）。若干年前，我国考试改革的方案是“标准化”，然而在ETS的语言中已将“标准化考试”称为“传统考试”，该机构正在从事所谓“真实性考试”和“操作性考试”的开发研究。

唐晓云

有学者指出，正是由于考试所考查的是“技巧”不是“素质”，才会有“素质”与“应试”的矛盾。结果一旦考试可以考查“素质”，素质教育与应试就得到了统一。看来对于推进素质教育，考试制度和考试内容的改革至关重要。

于漪

测评与考试一定要改革。语文是没有绝对标准的答案的，其答案更不是非此即彼的。语文最有创造性，“水很活泼”多生动！“我的笔在纸上快乐地蹭痒”多形象！当然也应该看到，掌握了语言规律，形成了语文能力，对学习其他学科也具有“工具”的作用。但最重要的，仍是学科建设要有新的突破。语文是进行素质教育最有效的学科之一。

让学生真正成为学习的主人

唐晓云

而现在却把最开放的一门学科禁锢在考试的小圈子里，把最广阔的天地挤压到一个狭窄的角落里。我记得您有一句名言：“读写是语文的两翼。”可是学生现在没有时间读，也很少动笔，偶尔作文，也大多东拼西凑……

于漪

通常所说的语文能力包括听、说、读、写。其实这一认识也是浅层的。语文学科在养成学生这些能力的过程中，更应注重培养学生对生活的认识能力和参与社会的实践能力。仅就听、说、读、写而言，我的观点是，听和说很重要，但语文教学更应重视读和写。读要有分量，教材要多选好文章。现在无谓的练习多得不得了，学生天天上“三班”，甚至过半夜。哪个成人长年做三班？学生作业都来不及做，还读什么书？少读，对语文教育是釜底抽薪！少读，对学生语文能力的养成是致命的一击！

唐晓云

刚刚读了教育部《面向 21 世纪教育振兴行动计划》。“行动计划”的主要目标中提到要“培养造就一批高水平的具有创新能力的人才”。如今把培养青少年的创新精神，作为实施“跨世纪素质教育工程”的核心，已成为全社会的共识，对此，您是怎么看的？

于漪

我觉得，创造型人才应该具有爱国主义精神，具有高尚的情操。

在基础教育阶段，各学科都要培养学生具有探索的愿望和能力，教学要从给答案改为如何学习寻找答案的方法。在传统观念中，一般认为创造与基础教育无关，而今人们则日益认识到培养青少年创造性素质的重要性。因此，教师的自身素质提高也就变得更为迫切。我教了一辈子书，深切感到对一个教师来说，最可悲的是把学生变成操练机器的同时，也把自己变成了一架操练的机器，没有了思想，忘了什么叫真正的语文教育，不知不觉把自己束缚在教科书中，变成“教参”的传声筒，倒霉的岂止是学生！

因此，语文教师，尤其是跨世纪的一代青年语文教师，要增强自信、发挥特长、形成风格、创造性地工作。教育的着力点是培养一大批创造型人才，不是一两个精英。让学生真正成为学习的主人。

唐晓云

是“主人”，不是“主体”？

于漪

“主体、客体”的提法，乍一听很专业、很学术。但在课堂教学中，主体和客体是在不断变化的。我坚信，在教学中发挥学生的自主性和创造性是第一位的。校园文化、各学科语言、课外读物、社会实践等等，都是学习语文的材料。正如《语文学习》封面上引用的一句名言“语文学习的外延与生活的外延相等”，我是非常赞同的。

母语是对后代的精神哺育

唐晓云

展望即将到来的21世纪，您有什么想法？

于漪

语文教育改革要有更高的起点、更新的观念、更宽的视野。对母语的认识应建立两个基本概念：民族的智慧积淀在民族的语言中。母语教育不能如同外语教学中的“商业对话”训练，不是“英语900句”，不能老在几个句型上兜圈子。教母语，同时也在教民族的思想和感情。还有一个概念，将来信息网络化了，世界变小了，区域的界限没有了，母语仍是维系民族团结的纽带。说文化是综合国力的一部分，是因为文化这一资产是长期积累的，维护它，珍爱它，一个民族就不会垮。母语是对后代的精神哺育。

唐晓云

1998年世界银行的一份报告提出：知识就是发展。有研究表明，一个国家若普及小学教育可对该国国民经济的发展起到58%的作用。因此，对教育的投资是一种生产性投资。扑面而来的信息技术对教育的冲击将引发一场基础教育的革命。

于漪

是的。在知识经济时代，区域优势失去了，资本和财富的优势也将变得次要，知识是新兴产业发展之源。培根“知识就是力量”的名言，在21世纪将再一次得到形象而深刻的诠释。信息技术产业化的进程不可阻挡。它将改变人们的生活、学习、生产，乃至生命形成的形态。就这一点而言，我们同世界上其他国家，甚至发达国家是在同一条起跑线上。认识世界的发展趋势，了解高新技术的发展前景，对思考语文学科如何改革、如何发展，是很重要的。

语文教学应重在创建与发展

从1997年11月《北京文学》发轫以来，社会上掀起了语文教学改革的大讨论。人们也许早就注意到，这次讨论中，最强音是来自知识界人士，而语文教育界却似乎比较沉默，从而形成了一种“圈外热，圈内冷”的现象。时下正值全国深入教育改革、全面推进素质教育之时，我们认为是到了改变这种现象的时候了。我们知道，如果“圈内”不热起来，缺少改革的热情与紧迫感，语文教学要想真正提高质量是无从谈起的。因此，笔者（孙军业）走访了语文特级教师于漪先生，就语文教学的建设等问题向她请教。

孙军业

于老师，今天能够和您交谈，感到很高兴。您知道，最近社会上对语文教学批评得很厉害，可以说是“批评之声不绝于耳”，以至于有的教师感到有些委屈，我想请您首先谈谈对当前这种现象的看法。

于漪

根据我的回忆，从我改行教语文以来，几十年中对语文教学不批

本文发表于《中学语文教学》1999年第9期。

评的时候是很少的，可以说，我的语文教学生涯都是在社会批评中学语文教学质量不高的岁月中度过的，只是有时声音较弱，有时声音较强罢了。但是像这样集中批评语文教学还是不多见的，可能有的教师对此感到有些委屈。我认为，有批评是正常的，因为再好的学校，再好的班级，学生语文能力参差不齐也是寻常事，更何况我们的质量确实不理想；再说，有些批评很中肯，一语中的，特别是在我们语文教改不奋勇向前的时候，外力来一次大的冲击，能帮助我们进行更深入的思考，这是一件好事。从某种意义上来说，批评是一帖清凉剂，可以促使我们更加清醒地进行回顾与反思。看到那么多老教授、那么多知识界人士出于对民族语言的热爱、对民族文化的热爱、对万千学子的热爱，关心语文教学，从心底发出呐喊，我们应该感到语文教学大有希望。这样思考问题，我们就会心平气和，不会有什么委屈了。

孙军业

这次对语文教学的讨论，有一个现象，就是"圈外热，圈内冷"，如果一直这样下去，根本问题仍然无法解决。对于这个问题，您是怎么看的？

于漪

你说得很对。批评能打开思路，活跃思维，帮助找到症结所在，但语文教学要想改变现状、解决问题，最终还必须落实在建设上，也就是说应该解决怎么办的问题。

孙军业

建设国家，必须正确认识国家的历史；同样，要建设好一门学科，也必须对这一学科所走过的道路有一个清醒的认识。清醒的认识是正确行动的前提。我想请您回顾一下语文教学近二十年来走过的道路。

于漪

我只能以一己之见，简单说一说。任何事物的发展都是曲折的。

语文教学不可能一下子来一个质变，达到尽善尽美，但是我们可以通过研讨，对语文教学走过的道路有一个清醒的认识。本着历史的、辩证唯物的观点，“不溢美，不隐恶”，实事求是，有助于下一步走得更扎实。近二十年来，应该说，语文教学有了很大的进展，简言之，主要有：

结束了“左”的干扰与影响，还语文学科以本来面目。党的十一届三中全会以后，各条战线都在拨乱反正，语文教学也同样，通过大家的努力，逐步清除了“左”的思想路线对语文教学的干扰和破坏，把语文从“政文课”“革命文艺课”“跟着社论走”等乱七八糟的做法中解放出来，还语文学科以本来面目，明确了语文学科是中学课程建设中的“基础中的基础”，这就挽救了语文学科的生命，功劳很大，不可抹杀。

鲜明地提出“加强基础”“培养能力”“发展智力”。过去较多地偏重于传授知识，粉碎“四人帮”以后，通过广泛地学习借鉴，在语文教学中特别强调培养学生理解和运用祖国语言文字的能力，具体地说，就是培养学生读、写、听、说的能力。而在加强基础、培养能力的同时，又注意如何培养和发展学生的观察力、思维力、想象力、记忆力。这就给传统的多读多写注入了新鲜的血液，符合语文学科自身性质、特点，不能不说是一个很大的进步。

语文教改实践风起云涌，创造了许多提高教学质量行之有效的经验。20 世纪 70 年代末，吕叔湘先生提出语文教学存在“少慢差费”的弊病以后，全国广大语文教师致力于解决这个问题，解放思想，大胆探索，改革教学内容，革新教学方法，开展了丰富多彩的教学实践活动。虽然不能说创造的经验都比较科学、比较成熟，但这种钟情于语文学科的热情，这种积极性，这种“民气”是极其可贵的，是提高教学质量的宝贵财富。而且，这种改革大都是运用教育学、心理学理论来指导，这也是一个很大的进步。

1992 年颁布了《九年义务教育全日制初级中学语文教学大纲（试用）》，2000 年颁布了《全日制普通高级中学语文教学大纲（试验修订版）》，编写了新的教材，“一纲多本”，实现了统一要求下教科书的多样性。大纲与教材的制定与编写，力图既保证学生的基本素质，又发展学生的个性与特长；力图突出能力训练，又发挥语文学科的多功能。与以往相比，讲究一点科学，前进了一大步。大纲与教材的建设并不是少数同志杜撰的，而是凝聚了一代人的心血，汇集了上百万语文教师的共同智慧和汗水，这也是有目共睹的。

当然，还有其他方面，如在教改中锻炼了一大批中青年骨干教师等。我说这些不是为了摆功，路就是这样走过来的，那时只有这样的认识水平，只能做到这样的程度，实事求是。

孙军业

于老师，对于目前教学上存在的众多问题，您又是怎么看的呢？

于漪

路是这样走过来的，但是路并不是笔直的。20 世纪 80 年代后期，语文教学改革的热潮就逐渐降温。那时并没有什么行政指令，但是片面追求升学率成为大家共同追求的目标。"升学率是立校之本，竞赛率是扬名之本"，这是众所周知的。但这并不能简单地责怪大家，语文教学质量不高的原因是复杂的、多方面的，有浅层次的，也有深层次的。

改革考试方法，力求公平、公正，本是值得称道的，但究竟怎样改才符合学科特点却缺少深入的科学的探讨。这十多年来，语文高考的内容、题型乃至分量等等对语文教学起的作用，其强度、力度、深度，是中华人民共和国成立以来所未有。纵向看，一直指挥到小学低年级；横向看，大概没有一所中学不受影响。考试本是对教与学的测评，本是为了选拔，而这些年来的语文教学实质上步入了为考而教的轨道，一切以考题为准绳。于是，教学出现了程式化、刻板化；于是，题海战术泛滥：于是，语文课成了纯技术的训练课，脱离学生的思想和生活，至于广泛阅读、课外活动天地，更是形同虚设，甚至子虚乌有。如果语文能力的培养是纯工具性、纯技术性、技巧性，那只要反复操练就可取得显著效果。问题在语言文字毕竟不是僵死的符号，它负载着人的思想、情感、意识、心灵，是有灵魂、有生命的，离开了生活，离开了文化熏陶，离开了认识能力的培养，缺情少意，是不可能有效地提高语文水平的。

升学考试只是一种现象，是浅层次的原因。深层次的原因很复杂，育人观念淡漠，急功近利思想不胫而走，等等。其中有两点特别值得思考。一是高考问题说到底是就业问题，在成才期望值高的同时，相当数量的家长与学生存在这样一种心态，即想以比较轻松的劳动、“高级”的劳动去获取最丰厚的回报。于是在全社会形成了一张升学网，学校、家庭都在这张网上拼搏，升学考试指挥棒能如此强有力地指挥也就不言而喻了。二是中学语文作为一门学科，应该有科学理论的支撑与指导，从学科的性质、任务、教学内容、原则、方法、途径、手段到训练系列、评估测试等均应在理论上作系统的、较长时间的研究，有令人信服的说法，使教学实践者有明确的指导思想。而实际情况是，既无专门机构从实际出发研究学科理论，又无以理论为指导的较长时间的科学实验和长时间的跟踪调查、反复验证。零散的实验、研究不少，但没有聚集力量，形成语文学科的科学理论。面对几千万中学生的语文实践可以说是丰富的、斑斓的，而理论则是苍白无力的。因而，经常出现公说公有理、婆说婆有理的令人啼笑皆非的尴尬局面。学科缺少自己的独有的理论，因而，只能移植其他学科的，于是，就出现了文字学、语言学、语法学、修辞学、文章学、文学、美学、写作学、史学、哲学等的拼盘，取其一点，或取其数点，或压缩，或简化。外力能如此左右这门学科，教学质量难以令人满意就在情理之中了。

孙军业

面对这种现实，我们是不是就束手无策呢？

于漪

我想不是。只要我们能够选准突破口，多管齐下，语文教学质量的提高还是有希望的。

孙军业

那么，您认为这个突破口在哪儿呢？

于漪

我认为，首先是认识上的突破。作为课程、教材改革的组织者、参与者，作为语文教育工作者，对语文学科以下几点应该有个明确认识：

基础性。中学教育是打基础的教育，而语文又是基础的基础。小而言之，近而言之，学好语文可以为学好其他学科打下基础；大而言之，远而言之，伴随着语言文字的理解与训练，高尚的思想情操、人类文明的精华就流淌到学生的心田，塑造学生心灵，哺育学生成长。基础打得扎实，学生一辈子受用不尽。培养学生成为21世纪素质优良的中国人，是各个学科共同担负的责任。但语文学科起着独特的、别的学科难以替代的作用，因为语言文字是民族文化的地质层，积淀了中华文化的精粹。语言和思想、情感是同时发生的，它不仅仅是载体，实质上它就是意识、思维、心灵、人格的组成部分。教学生语言，也就是同时在用人类的精神文明，用中华文化的乳汁哺育他们成长，提高他们对自然、对社会、对人生的认识。“文”和“人”有着天然的血肉联系，不可分割。语文是民族的根！素质教育意在提高全民族的素质，要提高全民族素质，其中最有效的阶段可以说是青少年阶段。幼功是了不得的，“三岁儿童映八十”，只要我们现在花大气力，几代下来，中华民族的素质就会有一个很大的提高。相反，如果我们忽视这一点，人的培养所受的损失就难以估量。

应用性。语文学科是一门最开放的学科，语文与生活同在，应用性极强。学科教学中有生活活水的流淌，就能创造多种多样教学方法，开辟提高语文质量的有效途径。照本宣科、一刀切、拘泥于某种固定的模式，应该与语文教学无缘。把最开放的一门学科禁锢在考试的小圈子里，把读、写、听、说最广阔的天地挤压到一个狭小的角落里，对其“敲门砖”的功能放大再放大，语文的应用性又如何体现呢？现代社会，即将步入知识经济时代，在知识经济时代，区域优势逐渐失去，资本和财富的优势也将变得次要。培根提出的“知识就是力量”的名言，再一次得到形象而深刻的诠释，而大量的知识都是以信息的形式出现的。现代社会的人，如果没有独立的、比较强的阅读能力，怎么能适应时代社会的需要呢？就表达来说，现代社会虽不要求倚马可待，但也确实要求人们思维敏捷、反应快速。表达，绝不仅仅指学生在学校写几篇文章应考，更重要的是培养他们观察生活、认识生活、运用语言文字表情达意的能力，为将来的工作和继续学习打下牢固的基础。

积累性。文化的积淀靠的是积累，语言文字能力的提高也同样需要积累，不能考过试后，学生学的就还给老师了。较长时间以来，我们的语文教学重分析，轻积累，有的文章甚至被分析得“碎尸万段”，这不能不说是一种严重的失误。“厚积而薄发”，学生“积”得很少，又“发”什么呢？我们这样的泱泱大国，需要千千万万素质良好的劳动者。不管我们培养的学生，他将来会从事什么职业，我们总希望他身上具有一些文化的气质。这不是一朝一夕所能解决的问题，因为素质不是一种技巧，可以轻松掌握。素质是一种心灵的塑造，在塑造人的心灵过程中，中华优秀文化确实能起到以一当十的作用。如果没有积累，语文能力的提高就是空中楼阁，语言表达上的贫乏也就见怪不怪了。

实践性。语文是实践性很强的一门学科，单靠课堂，单靠教师讲授是解决不了问题的。学生是学习语文的主人，要自己读、自己写。现在读得极少，也很少动笔，偶尔作文，也大多东拼西凑。读、写是语文的两翼，少读对语文教学是釜底抽薪；少写，哪来较好的表达能力？要加强学生的语文实践，引导学生做学习语文的有心人，广泛开展语文读、写活动，让学生在广阔的语文天地中练就一套过硬的本领。

先进性。这里的先进性，不仅指教学手段、教学内容的先进，更重要的是指整个教学指导思想的先进。作为语文教育工作者，必须能够站在时代的高度，引进时代的活水，使自己的学科充满时代的气息。这样，和学生距离近，共同语言多，打基础也就容易。先进性和创新性往往是孪生兄弟，要保持先进，也就必须时时想着创新。一个强盛的民族，是能够做到兼收并蓄、创新前进的；一名优秀的语文教师，也同样能够做到解放思想，创造性地“拿来”世界上一切人类的先进成果，针对学生的个性因材施教。

认识上突破了，语文在中学课程设置中的地位，大纲、教材的修订与编写也才能有新的进展。一言以蔽之，语文教学千万不能忘了“教文育人”。“育人”是终极目标，“教文”为育人服务。学生语文能力、思想文化素质均明显提高，才是语文教学的成功。

孙军业

听了您的宏论，受益匪浅。邓小平曾经说过：“发展才是硬道理。”根据您前面所说的意思，当前语文教学最迫切的问题是发展、建设。我特别想听听您对当前语文教学发展、建设的想法。

于漪

语文教学确实要致力于建设。但建设不是建筑在零的基础上，也不是说过去的教学一无是处。审视过去和剖析现状，是为了总结经验，吸取教训，更好地前进。

我们认为语文就是语文，不是大学里某些课程的移植。作为基础教育的一门重要学科，应有自己专门的理论研究。我们的理论水平落后于实践。一个学科要有大的发展，必须要组织自己学科的理论队伍，研究自己学科本身的特殊规律。在建立理论的过程中，必须注意两点：一是对于我国行之有效的传统的语文教学经验、理论，决不能因其“老”而舍弃，应当整理、提炼，赋予新的生命；二是对于外来的经验和理论，也不能因其“洋”而觉得什么都好。特别是在引进“洋”理论的时候，不能仅仅满足于拿我国的情况作例证，必须像蜜蜂采蜜一样，经过一番“提炼”，只有这样，才能称得上是创造。

要静下心来，认真地做一些试验。立志献身于语文教育事业，就要有一颗耐得住寂寞的心，扎扎实实地去进行试验、研究。试验、研究要在常态下进行，否则缺乏说服力，缺乏推广的价值。在试验的基础上，进行科学的分析、总结。一项试验成果，在全国推广，必须有一个长期的十年或者二十年的跟踪调查，在获得反馈的基础上，不断地修正、提高。这才是真正的科学，而不是“跟着感觉走”。我们特别需要有实事求是的精神，试验成功就是成功，失败就是失败，这也是符合事物发展的客观规律的，没有什么可大惊小怪的。

当然，考试也须在深入研究的基础上进一步改革。关于高考，从事基础教育的教师从来没有多少发言权，而是间接被测试的对象。但我和许多教师有一个共同的强烈的愿望，就是希望对语文学科松绑，给教师和学生一点自主发展的天地，一点施展才华的机会，不愧对学习母语的重任。

孙军业

展望即将到来的21世纪，最后，我想请于老师对跨世纪的一代青年教师提几点希望。

于漪

语文教学的质量，说到底就是语文教师的质量。语文是一门既充满艰辛又充满希望的学科，这样一门学科，教师完全可以充分发挥自己的主观能动性。作为跨世纪的青年教师，特别应该注意以下几点：

热爱自己选择的事业。作为一名青年语文教师，首先对所教的学科要倾心相爱。“热爱是最好的老师”，有了一颗热爱语文之心，就可以入门；而只有入门，才有可能登堂入室，体会到其中的酸甜苦辣。我体会到教语文的过程，也就是学做人的过程，我自己教了一辈子语文，也是学了一辈子做人。教育事业是爱的事业，爱学生，爱祖国，首先必须爱自己选择的事业。

学会独立思考。作为一名青年教师，切忌人云亦云、缺乏主见。我们必须有自信心，要把握语文学科的特点，从学生的实际出发，发挥特长，形成风格，找到适合学生学习的最佳教学方法。现在的年轻一代教师，都受过良好的教育，只要把心扑在工作上，努力创新，完全可以创造出很多提高教学质量的方法与经验。要善于学习，学理论，勤于读书，博采众长，有所发现，有所创造。切不能把自己变成教学参考书搬家的机器。

上好每一堂课。素质教育的攻坚战在课堂。语文教学的总目标只有通过每堂高质量的语文课才能实现。每一堂课都是一个有血有肉、师生共同参与的过程。语文教学不仅是科学，而且是艺术。语文教师必须让学生从每一堂课中确实受到培养，认识得到提高，智力得到发展。“台上一分钟，台下十年功”，语文课堂教学是最耗费教师心力的，不是只上好一堂公开课，做给别人看，而是真正把教语文作为神圣的事业，以全副身心去热爱、去钻研。

总之，语文教师，尤其是跨世纪的一代青年语文教师，要立志做一名中华文化的传播者，世界文明精华的传播者，学生语文能力培养的行家里手，中学语文学科的真正专家。

关键在于树立现代语文教学观念

上海语文教学改革与全国语文教学改革的情况一样，二十年来取得了令人瞩目的成绩。

在党的十一届三中全会路线指引下，教育领域拨乱反正，清除了“左”的干扰与破坏，语文学科还本来面目与应有的育人地位，教学中充满了改革与创造的蓬勃生机。特别是上海课程教材改革的启动，把培养素质、提高能力、发展个性作为改革的突破口，为语文教学改革增添了强大的推动力。上海课程教材改革第一期工程历经十年，广大语文教育工作者和中小学语文教师积极投入，研究教学内容，改革教学方法，探索评价体系，教材建设取得了前所未有的成果。我们可以自豪地说：我们在前进，语文教学在发展！

历史车轮飞速向前，我们已经清晰地听到了 21 世纪的脚步声。时代的挑战，全国教育工作会议发出的深化教育改革，全面推进素质教育的号召，促使我们在回顾成绩的同时，清醒地认识到语文教学中存在的问题与不足，激励我们振奋精神，努力探索中小学语文教学规律，使教书育人、提高教学效益步上新台阶。

本文发表于《上海教育》1999 年第 8 期。20 世纪末 21 世纪初，正是上海推进“二期课改”的起步期。所谓中小学课程改革的“第二期”，聚焦的关键问题是什么呢？是“学习社会”与“知识经济”对教育的根本要求。本文在分析近二十年来语文教学改革成绩的基础上，敏锐地抓住时代性根本要求，提出了三个“一定”的基本观点：“一定要立足现代化，放眼世界，放眼未来”；“一定要废除教师的越俎代庖，让学生真正成为学习语文的主人”；“一定要改变对语文学科的陈旧看法”，突出语文学科的现代价值。三个“一定”，语言简短，立意高远，体现了时代特点。

语文学科作为基础教育课程体系中的一门基础学科，它的基础性、应用性、实践性极强，不但对学生今日的学习起重要作用，而且对学生明日的工作与继续学习同样起重要作用。语言与生活同在，它对学生美好心灵的塑造，良好素质的培养，思维能力、语言能力、创造能力的发展的功能是其他学科难以替代的。语言与学生一辈子为伴，学生今日与明日应用与实践语文的需要，应该成为深化语文教学改革的准绳。

在深化语文教学改革中，要探索、研究、解决的问题很多，而最为关键的在于树立现代语文教学观念。观念的转变影响改革的全局，观念转变了，就能居高临下，看得清楚，看得透彻，纠缠在一起的问题也比较容易剥离，一通百通。现代语文教学观念不是凭空产生，而是建立在对现代社会深刻认识的基础上的。现代社会是怎样的社会？由工业经济向知识经济迈步，由学历社会向学习社会过渡。以知识为基础的经济，是建立在知识的生产、交换、分配、使用和消费基础上的一种新的经济类型。在知识经济中，知识是最重要的生产力，而教育是知识生产力。理论形态的知识转向现实形态的生产力离不开教育。这样的社会要求教育为人的发展提供支柱，这支柱就是学会学习、学会做事、学会共同生活、学会发展。而学习力、理解力、消化吸收能力、创造精神、合作精神等均蕴含其中。面对新世纪的挑战，发达国家是如何谋划、寻求对策的呢？仅举一例说明。早在20世纪80年代中期，美国劳工部就成立了21世纪就业技能委员会，经过全国调查和深入研究，提出了21世纪全体美国就业人员应具备三大基础、五大能力。其中三大基础指能力基础、思维基础和素质基础。五大能力即读、写、算、听、说。总体上说，强调完整的人，有负责精神，有创造能力。

它山之石，可以攻玉。要在新世纪竞争中立于不败之地，确实须反思不少问题，增添一点忧患意识。是否可这样考虑：

一定要立足现代化，放眼世界，放眼未来。学科教学无论如何要把培养学生成长、成人、成才放在首位，冲破见分不见人的羁绊，为各级各类人才的培育奠定人力资源基础。

一定要废除教师的越俎代庖，让学生真正成为学习语文的主人。课内课外要创造一切机会让学生读、写、听、说，加强语言实践，加强语言应用，在语言实践与语言应用中提高语文能力，发展思维力、想象力、观察力、记忆力和创造力。

一定要改变对语文学科的陈旧看法，即认为语文只是读读、写写等技术性、技巧性的小事，对现代人的培养无足轻重。殊不知语言、思想、情感同时发生，语言这个交际工具不仅是文化的载体，而且是意识、思维、心灵、人格的组成部分。语言用来表情达意，如果缺情少意，又怎可能表达得好呢？对语文学科的完整性千万不能阉割。知识经济社会对网上获取信息、筛选判断、吸收利用等要求极高，没有很强的阅读能力及输送信息的表达能力，又怎能适应社会的需求呢？语言文字是智慧的宝库，有了这个大宝藏，学生能从中受到精神哺育，创造精神也能从中获得培养。

中小学语文教学的一个重要任务是为学生走向社会打好基础，它具有宽泛性、长效性的特征。俗话说，基础不牢，地动山摇。如何以高度负责的精神进行中小学语文学科的理论研究与实践探索，树立正确的现代语文教学观念，是开创语文教学新局面的重要课题。我们只有全力以赴，方能获胜。

语文教学观念的更新

今日语文教学的成果是昔日对语文教学规律探讨与认识的表露与检验；要在语文教学领域有新的突破，最关键的是语文教学观念上的更新。

第一，了解社会，把语文教学改革建立在对现代社会了解研究和科学分析的基础之上。研究语文教学改革必须考虑大背景。语文教学改革当然有垂直方向的比较研究，去陈，创新，但也应该有水平方向的比较研究，既植根于本国社会建设的实际，又参照国外的有效改革，消化吸收，创新突破。

第二，研究人，把语文教学改革建立在对教育对象个体和群体深入研究的基础之上。教育的对象是活生生的青少年，他们各具其态、各有特征。不在人的研究上有突破，教学质量难以进一步提高。学生的群体有时代的特征，他们对语文的认识、要求、爱好、追求，有共同的一面，抽象出其中的共性深入研究，就为语文教改提供了一个方面的科学依据。

第三，深入研讨语文教学的任务，使学生具有获取新知识的能力和运用知识于实践的能力。不能只注意学习的近期效果，轻视适应社会的长远需要。须重视学生实际语言能力的培养，指导学生会读、会写、会听、会说、会交际，通过语言文字的学习与训练，扩充对生活的认识能力，发展思考力，丰富感受力。语文教学的历史发展线索是一条纵线，社会联系是一条横线，两线交会处就是当今语文教学的位置，以此来确定今天语文教学的任务。

本文发表于《语文学习》1987 年第 1 期。

第四，创新课堂教学模式和研究语文知识、技能的“核”与“壳”的问题。目前，课堂教学仍然是学生在教师引导下获得比较系统的基础知识和基本技能的主要途径，也是发展学生智力、培养学生能力的主要途径。当然，课外活动也十分重要，因材施教，能使每个学生的智能和特长自由地发展。语文课堂教学模式近几年来有了不少改革，从原先的教师为中心，发展到师生之间交流，又进而发展到教师与学生交流、学生与学生交流的交叉型立体式的教学模式。最佳的当然是不断交叉、积极反馈，课堂传递的信息量大，训练的频率高，师生的积极性充分调动，不时闪现智慧的火花。语文教学要革除烦琐，得弄清楚语文双基中“核”与“壳”的问题。“核”是要求学生掌握的最本质的东西，讲外壳正是为了弄懂“核”。切实掌握了“核”，能力就强。“核”，往往四十年、五十年不变。“壳”变化快，易老化，因此语文教学要教最基本的东西。

对中学语文教学现状及实施素质教育的认识

一、对中学语文教学现状的看法

20 世纪 70 年代末兴起的中学语文教学改革，其范围之广、动员教师之多，是中华人民共和国成立以来罕见的。首先是由于教师具有高涨的政治热情，“十年动乱”、万马齐喑的局面彻底改变，语文教师怀着翻身的欢乐从事语文教学，致力于改革和实践。其次是冲破禁锢，解放思想，许多教师从自己的文化积淀和对教育事业的挚爱出发，提出了多种多样的语文教改方案，形成了百花齐放、百家争鸣的繁荣局面。比较突出的成绩是：重视学生，让学生做学习的主人，重视学生语文能力的培养和智力的开发，着力于编写实验教材和研究课堂教学质量的提高。总体来说，在教学方法上有较大的突破，基本废除了满堂灌，学生学习积极性得到了较大的发展。不足之处是理论上的探索比较欠缺，对国外或其他学科的某些说法，也不一定是新鲜的，只是自己过去未接触到的，就急于移植，乃至抄袭，做法可令人眼花缭乱，但与中学语文教学往往糅合不起来。学科性质定位是教学中的首要问题，理论上的模糊必然导致实践中的盲目。正因为理论上缺乏深厚的根底，一些做法经不起推敲，碰到应试之风席卷而来，就抵挡不住，甚而改弦更张，醉心于标准化试题。

考试是教育评价的基本手段，无论是终结性评价还是形成性评价，都是现阶段比较好的、公平的方法。问题在于把教育培养人的宗旨淡化、扭曲了，把应试强调到极不恰当的位置。本应该教什么，考什么现在却倒置过来，考什么教什么，怎么考就怎么教。这样就相当程度地把语文教学引入了死胡同。语文教育现状极不令人满意。高校教师反映：有些学生入学时分数很高，但实际读、写、听、说能力低，书面表达能力尤其低，研究生不会写文章也比较普遍。中学教师反映，现在中学生语文实际水平令人担忧，读得少，视野狭窄，积累很少。学生中常常能听到：语文是“怪”学科，莫测高深，碰到阅读中的选择题，完全是凭着感觉连猜带蒙，是对还是错，完全无把握。语文到了答题“凭运气”的地步，这能算是培养能力吗？

现行语文教学进入怪圈，学生厌学，原因是综合性的。理论上的模糊与薄弱，急功近利思想的驱使，观念、教材、教法、师资等各个环节恐怕都存在问题，而“高考指挥棒”确实起了推波助澜的作用。考试内容引入标准化试题，其初衷是扩大考核面、增强客观性；而结果事与愿违，语文教学尤其是阅读教学一步步进入怪圈。对标准化试题的弊端，国际教育界非议很多，遗憾的是我们尚未洞悉其中危害，尤其未洞悉对语文学科错误导向上的危害。

造成目前语文教学困境的原因很多，主要有：一是对语文学科的性质认识不清楚，缺乏完整而科学的认识。二是烦琐哲学在语文教学中泛滥，许多文质兼美的文章被“肢解”成若干习题，抠字眼，抠层次，文章的灵魂却被忽视了。三是严重脱离实际。课文本身同生活一样，丰富多彩，灿烂绚丽，同时又是最实际的。现在的语文课成了“空中楼阁”，以作文为例，题型花样翻新，套路一套又一套，考试只要题型对路，程式套进，就可应付。生活活水没有了，真情实感没有了，用文字反映生活的能力没有得到有效的培养。作文中“假货”很多，背上作文选里的若干篇文章，考试时“套”，押宝，以取得好成绩。这不能怪学生，应怪我们的教学出了问题。四是语文教学中形而上学盛行。语言和内容严重割裂。语文中的字词，都是一定语言环境中的字词，脱离了语言环境，寻词摘段，抠字眼，说这个词用得好，那个词用得差，岂非笑话？抽去内容而光讲技巧，把原先浑然天成、有血有肉的文章，变成鸡零狗碎、毫无生气的东西，怎么能让学生体味语言文字的表现力、感染力？又怎么能培养出他们使用语言文字表情达意的真本领呢？无休无止的机械操练、无穷无尽的练习册的倾销和名目繁多的标准化试题的出售，把语文教改的成绩打得落花流水。学生的思维被捆绑住了，成了试题的“套中人”。学语文，更要讲究语感，讲究灵气。灵气对一个学生来说非常重要。所谓灵气，就是思维敏捷，视野开阔，想象丰富，富有创见。无休无止的机械训练把活生生的学生变成了“机器人”，学生的思维能力、想象能力、创造能力、个性、灵气都给打掉了。这样的语文教学会影响一支优秀语文教师队伍的形成，使教师成了“操作工”。他们的主动性、积极性、创造性受到压抑，跟着训练题转，搬着教学参考书上课，灵气也就在不知不觉中被磨掉了。语文教学成了学生用来敲大学之门的“敲门砖”，抽去了应用的灵魂，抽去了文化教养的根基，变味了，扭曲了。门一敲进，砖也就丢了。很多教师明知其中弊病，但人微言轻，身不由己，有的苦涩地说：“这是在戴着镣铐跳舞。”此种状况亟待改变，否则语文教学不会有出路。

二、关于语文素质教育的基本认识

素质教育没有什么标准模式，它依赖教育者根据具体的对象、环境、条件、内容采取相应的教育措施。素质教育在本质上是一种思想，是一种新的教育价值观，是以学生为本位，以学生的个性发展为本位，以学生的可发展性为本位，面向全体学生的教育。

谈语文素质教育当然离不开对学生的研究与培养。德国教育家第斯多惠说得很对：“任何真正的教学不仅是提供知识，而且是予学生以教育。”离开了“人”的培养去讲“文”的教学，就失去了教师工作的制高点，也就失去了教学的真正价值。语文教学根据学科的特点，须引导学生在素质方面扎下深根。培养学生成为现代建设者须着力培养他们成为文明的人，有良好的习惯，有奋发的精神，有追求真知的旺盛的求知欲，有克服困难、锲而不舍的意志与毅力。这些思想道德素质均可通过严格的语文训练进行培养。

语文教学中要着力培养学生良好的学习习惯。“为学贵慎始”，没有规矩，不能成方圆。读书、写字、说话、作文，均要严格要求。认认真真、踏踏实实、仔仔细细去读去写，绝非一日之功，这既是良好习惯的培养，也是坚强意志的锻炼。培养学生自己读书、发现问题积极思维的习惯，引导学生口到、眼到、心到，既可增强他们做学习上的主人的意识，又可激发他们不断进取的求知欲。学生对语言学科的特点，对学习这门学科的规律缺乏足够的认识，总希望一学就会，一写就提高，不理解积累有个过程，急于求成、立竿见影是行不通的。因此，要反复宣传语文学习积累与实践的重要性和必要性，培养他们学语文的韧劲，培养他们孜孜以求、锲而不舍的精神。教育他们不因一次作文、一次考试失利而气馁，也不因微小进步而骄傲。要脚踏实地、积词积句积文，一步一个脚印，在训练语文基本功的同时，提高做人的素质。教师教学生“学文”，也在教学生学“做人”。

语文教学要培养学生读、写、听、说的真本领。小时候练就的读、写、听、说能力犹如自己身体的有机部分，用起来得心应手，后劲很足。训练能力要树立全面培养的观念，不能以偏概全，以局部代整体。要把握读、写、听、说四种能力相辅相成的关系，全面培养。训练要有明确的阶梯，从出发点到目的地有一段路程，在这段路程中要步履清楚，拾级而上。语文教学大纲中的教学要求是训练的全局，训练时力戒笼统混乱，要有合理的布局，安排好恰当的“序”，引导学生步步登攀。训练语文能力的主要依据是教材，洞悉各类课文的个性，充分发挥它们的例子作用，可有效地训练学生读、写、听、说能力。在运用教材为例子的同时，不可忽视它们的教育作用。有些课文有认识价值，有些课文有审美价值，有些课文情透字背，训练时扬其特点，文字技巧和思想情操双管齐下，可加强学生的文化素养。

语文教学要十分注意培养学生会学习会思考的本领。有了这些“基因”，将来就能举一反三，有所创造，有所前进。培养学生读、写、听、说能力的同时，须有意识地在思维力、想象力、观察力和记忆力，尤其是思维力的锻炼上下功夫。苏联教育家苏霍姆林斯基说得好:“在学生的脑力劳动中，摆在第一位的并不是背书，不是记住别人的思想，而是让本人去思考。”培养学生的语文能力，无论是遣词、造句、谋篇、布局，无论是记事、写人、状物、说理，都须臾离不开积极的思维。因此，在训练读、写、听、说能力的同时，必须增进和发展他们的思考能力。

有种模糊的认识，认为素质教育就是多搞课外活动，素质教育就是反对考试。必须明确:素质教育绝非非知识教育、非考试教育。在科学急速发展、科技竞争日益激烈的形势下，知识教育、理性教育始终应是教育工作的基础。素质教育不仅不忽视而且非常强调知识与理性教育，不仅不反对考试，而且非常重视考试的运用与改革。课外活动要开展，培养学生兴趣、特长，发展他们的个性，但必须清醒地看到:课堂教学是素质教育的核心与主渠道。课堂教学是学校教育活动和学生学习、发展的基本途径，是学校工作的中心场所，课堂活动是教育质量的主要保证。要切实落实素质教育的思想，必须大力改革课堂教学，真正摆脱应试教育的干扰，使课堂教学充满活力，充满生机，使所有的学生得到充分的发展。

我们面临的教改实际是什么

随着教改的深入推进，我们认为在今后一段较长的时间里，语文教学发展战略研讨的主题应当是：着眼未来，面向实际，从研讨“当前语文教学如何面向实际”起步，通过宏观上的探讨和认识，寻求建立有中国特色的、科学的语文教学体系的途径和方法。

为什么选择这个总课题作为研讨的主题呢？我们是这样认识的：党的十三大系统阐明了社会主义初级阶段的理论，提出建设有中国特色的社会主义的基本路线，并依据这个路线制定全面改革的方针；党把马克思主义的基本原理和中国建设与改革的具体实际紧密结合起来，从丰富、生动的实践中对社会主义初级阶段的纷繁复杂的情况进行了创造性概括。这个极为精辟的理论，这条基本路线，一定会加快改革的步伐，一定会深化改革，在经济和社会发展等一切方面结出丰硕的成果。经济体制改革、政治体制改革是伟大的变革，必然促使教育也相应地产生伟大的变革，语文教学当然应该积极主动地以崭新的姿态，站在各学科改革的前列，冲锋在前。

语文教学改革有无新的活力，有无活泼的生命力，至为重要的是是否着眼未来，面向实际。面向实际，从实际出发，实事求是，教学改革就方向明、步子大，新的行之有效的经验就会层出不穷；反之，脱离实际，或与实际若即若离，就会陷入拉着自己头发离开地球的境地。

本文发表于《山西教育》1988 年第 9 期。

语文教学改革面向的“实际”究竟是什么？这是本次会议要深入研讨的第一个问题。比如，“实际”有社会实际，“社会实际”又有中国社会实际和世界社会实际；中国社会实际又有当今社会主义初级阶段的实际和数千年的历史文明古国的实际，以及百年来的半封建半殖民地的实际；社会主义初级阶段的实际又有三十多年来的社会主义的发展，九年来改革开放冲破了僵化的经济体制和使民族精神获得了新的解放的实际；九年来的历史性成就和即将来临的全面改革的实际又紧密相连。如此列举，一言以蔽之，就是要充分认识语文教学改革的大背景，站在时代的高度，作出历史的正确的分析，弄清经济建设、社会发展对教育的需求，对当今建设者和未来建设者语文素质、语文能力的要求。简言之，我们的语文教改必须牢牢植根于中国国情的土壤之中，认清社会对语文教学方面的具体需求，语文教学改革的“供”才可能真正做到有的放矢，确有实效。

又如，“实际”有学生的实际；学生的实际中有大、中、小学生的实际；中学生实际中有初中学生实际和高中学生实际；初中学生、高中学生实际中又有直接参加建设、劳动就业的实际和升入高一级学校继续学习的实际，他们中数量的比例和质量的实际，群体的共性和个体的特性的实际，现有的水平和潜在能力的实际，等等。凡此种种，研究得透彻，不是雾里看花，就能作出合乎客观的科学的判断。从而真正从他们的实际出发，切切实实进行改革，提高教学质量。

再如，“实际”有语文教学的实际。改革不是从零开始，对语文教学的历史与现状进行认识、剖析、反思，总结经验和教训十分必要；语文教学实际是语文教改的基地，基地整理得一清二楚，就能在基地上兴建大厦。

还比如，“实际”有语文教师的实际，队伍的结构与素质，人员的心态与发展，也都应作恰如其分的评估。充分调动这支队伍的内在积极性，充分发挥他们的聪明才智，也是要研讨的重要课题。

因此，围绕“实际”这一基本点可探讨与认识的内容极其丰富，从现实走向未来，须牢牢了解和把握实际。

当前语文教学改革如何面向实际？围绕“如何”可展开的问题

很多，从指导思想到具体做法，从语文教学理论到听、读、说、写训练的实践，从大纲、教材到一堂堂课，从旧的课堂教学模式的辨析到新的教学结构的探索，从中外古今教学方法利弊得失的评估到语文教师素质、才能的提高，都可提出若干课题进行讨论研究。提出什么课题，讨论怎样才能深入，关键在于解放思想。拿问题来说，当今的语文教学是否已经树立或正在树立为经济建设服务、为社会服务的观点？当前一整套语文教学的体系与模式究竟是封闭式的，还是开放式的？当前究竟是全员性的语文教育，还是实际上为部分学生升学服务？目前综合型的教材从小学到高中三年级一个模式究竟是否科学？学生语文质量的测试与评估重在书面试卷，忽视实际运用能力的现状究竟应不应该，能不能够改变？语文教学中脱离实际的表现究竟有哪些？最严重的倾向是什么？要改变这种状况，突破口应选择在哪里？……

我们提出这些问题目的是向同志们请教，希望能就语文教改的方向，语文教学的任务、方法、现代化等进行深层讨论，百花齐放，百家争鸣，各抒己见，畅所欲言。通过讨论与争鸣，语文教学改革面向实际的问题必将引起更多的重视，在理论上的阐述必会大有进展。

澄源正本　提高实效

语文教学几乎步入了怪圈，教者苦恼，学者乏味，高等学校及社会用人单位对毕业生语文水平不满意。是教师不努力吗？语文教师为各种各样的语文试题所困扰，为学生在考试中，尤其在升学考试中能取得优良成绩而拼搏，辛苦得很。是学生不勤奋吗？学生为各种各样的试题所包围，机械地进行操练再操练，压得喘不过气，苦不堪言。是高等学校及用人单位特别苛求吗？用祖国的语言文字表达情意，做到文从字顺，这是一般的要求，无半点刻意挑剔之意。那么，毛病究竟出在哪儿呢？确实需要认真研究，找准问题的症结所在，痛下决心，切实改革弊病。

从外部条件看，洋不洋、中不中的不规范语言，粗糙低劣的语言，错字、别字，干扰语文教学，侵袭了学生肌体；青少年成长中需要的社会上健康的、积极向上的、令人振奋的浓厚的文化氛围还未形成，学生从社会上、从家庭中能吸收的高雅、正确的语言文字养料不多，对学生学习语文帮助甚微。在不少学生身上，负面效应大于正面效应。学语文，语文环境不可小视。

从教育内部看，数理化等课程课业负担重，尤其到高中阶段，学生几乎没有时间阅读课外书籍，没有时间接触社会，接触大自然。直接经验缺少，间接经验贫乏，孤陋寡闻，文化底气、生活基础不足，给语文学习带来相当的困难。当然，这些都是外部因素，最为根本的是应从语文教学本身找原因。

语文教学几乎是为考而教，考试，尤其是升学考试，在语文教学

本文发表于《上海教育》1996年第12期。

中的地位上升到前所未有的高度，被来自各方面的看法与做法，人为地夸大到指挥整个语文教学，从教学内容、教学方法到教学模式、教学策略，语文教学被绑在考试的战车上，师生为之疲于奔命。

考试原是检测教学的一种手段，是教学评估中的一个重要方面。一是应该放在恰当的位置上，越位甚至本末倒置，必然带来不良后果；二是应该对教学起正面的积极的作用，促进语文教学的改革与发展，促进教学质量的提高。而今，这两方面都存在问题，关键在语文考试的成绩往往不能真实反映考生的语文水平。中学教师、大学教师几乎有这样的同感：语文成绩好的学生不一定是语文水平高的；而阅读面较广、社会实践较多、写作有点灵气的学生往往不是高考语文或中考语文的高分获得者。如果是个别现象，那就毫不足怪；有相当的面，而且年年如此，其中必有弊端。

试题内容、试题类型相当程度地脱离实际，违背语文学科的性质，违背语文教学规律。阅读理解整体感知十分重要，试题中东挖一句，西挖一句，抠这个词，抠那个句，支离破碎，“碎尸万段”。文章的灵气被阉割了，光彩显现不出了。阅读理解的标准答案只有一个，学生答题不能越雷池一步，否则就扣分。阅读理解只能是一个模式吗？可不可以有不同的感受？还给不给学生一点独立思考的权利，给不给学生一点发挥才能的天地？这篇文章中语言文字表什么情达什么意，当然要读懂，并能用明确的语言说清楚，然而，一切皆要纳入标准答案之中，未免有悖阅读能力的真正衡量。标准答案就那么标准吗？别说考生答得五花八门，就是阅卷教师也常为某题的答案而争论不休。挖空心思命题，挖空心思抠答案，用心十分良苦，想以此来区分阅读能力的优中差劣，拉开差距。然而，事实与主观意图距离很大。再者，20 世纪 80 年代中期标准化试题进入语文试卷后，语文教学出现了前所未有的灾难。只考结论，解题的思路和分析问题、解决问题的能力无法检测。某种题型的出现有它的具体土壤，有它的适用范围，有它自身的利弊，这些均需要深入调查，潜心研究。客观性标准化试题不能说毫无可取之处，问题在于其与语文学科固有的规律相左、相悖。它的负面效应是猜题之风盛行，机械操练流行，谋学生之利的各种 ABC 训练题大小不一、厚薄多样的册子充斥市场，在书店、学校、家庭满天飞，消耗家长钱财，戕害学生青春。这不是危言耸听，深入了解一下学生的怨气、教师的无奈、家长的焦急，就可从中知晓一二。

提高语文教学质量，进行语文教学改革，本不要花那么多的笔墨谈考试，但在目前情况下却非谈不可。考试指挥棒的威力、影响所及，一直到小学，乃至小学低年级。不以此为突破口，难以扭转语文教学低效率、脱离生活实际的状况。升学考试题目家长看不懂，数十年从事中学语文教材建设、研究语文教学规律的专家答考题得分在及格线下，大学中文系教授也不仅答题困难，而且无法指导自己在中学、小学的孩子学语文，有些作家说弄不懂学校的语文是怎么回事，凡此种种，说明目前的语文教学走入了考试的怪圈，非改革不可。

语文教学要走出怪圈，让教师教得才气横溢，学生学得兴趣盎然，就非改革不可；只有改革，才能提高实效。改革最为重要的是梳理思想，澄源正本。中小学语文学科究竟是什么性质，它的目的任务是什么，确实需深入探讨研究。语文教育工作者要研究，第一线从事教学实践的语文教师要研究，负责选拔考试的教授、专家更加要研究。中小学语文学科首先要定位在普通基础教育上，基础教育对青少年进行的是素质教育，要他们学会求知，学会做人，无须深奥，无须向某个学科某个分支的专门家方面引导，重要的是通过各科教学培养他们，使其具有良好的思想道德素质和科学文化素质。基础教育是培养人的基础，那些令人眼花缭乱的做法应少而又少，要扎扎实实抓知识的“核”，抓最基本的知识和能力。科学文化的底子打得坚实，一辈子受用不尽。正确理解和使用祖国语言文字的能力是作为普通劳动者或进而深造成为学者、专家、各方面专门人才的最基本的能力。语文是什么？是表情达意的工具，而且既是最重要的交际工具，又是最重要的文化载体。语言不是一般的工具，语言是人类独有的，和人（身体、大脑）俱在的。语言不是独立于人而存在的一种工具，而是人类，也只有人类自身才能拥有的工具。语言这一工具是和其承载的文化、思想不可分割的。也就是说，语言不能凌空存在。我们常说

"语言是思维的外壳"，这"外壳"其实是与"内核"不可分离的一个整体。语文教学对语言文字性质有准确而完整的认识，就会还语文学科工具性与人文性统一的本来面目，就不会只在语文形式上兜圈子，机械操练。名文佳作由情铸成，或思想深邃，或见解精辟，或情深意浓，教学时如果忽略或舍弃语言文字中蕴含的这些宝藏，语言就会因失去灵魂而暗淡无光，步入排列组合文字的死胡同，无语言的表现力、生命力可言。

教学行为受教学观念的支配，如果我们能正确地把握语文教学性质观、目的观、任务观、功能观，教学中就会心明眼亮，去除烦琐，去除形而上学，去除形式主义，带领学生真正进入学语文的天地。

读是吸收，写是表达，吸收不好，要能表达得令人满意，近乎天方夜谭。因而，阅读教学在语文教学中占有特别重要的地位。阅读课是指导学生咀嚼语言，整体感知，充分发挥课文训练学生语言、给学生以熏陶感染的作用，还是支离破碎，以应试为核心，围着考题转，效果是大不相同的。学生只搞语言文字操作，语文教学就失去了育人作用；而失去了育人作用，语言文字也必然掌握不好。只有把语言文字形式和思想情感内涵结合起来教，因文释道，缘道解文，语言文字的表现力、生命力才会显现光辉，而学生才可能学有兴趣，学有实效。语文升学考试必须改革，考什么，怎么考，从内容到题型，到分量，都须认真深入地研究，标尺是语文学科的性质与目的任务，千万不能因评分标准不易掌握而因噎废食；语文教学要改革，尤其是课堂教学，教师要深入钻研教材，确有切实体会，了解学生实际，千方百计调动学生学语文的积极性，力求把课教得生动活泼、神采飞扬，从搜集试题、模拟试题、校对试题中解放出来。只要指挥棒往正确的道路指，加上教师们解放思想，遵循语文教学固有规律，两方面都使劲，都正本清源，语文教学必能出现新局面。

"发展智力"略说

研究语文教学中发展智力、能力的问题，要弄清楚一个大前提，就是我们教的是中国语文。教中国语文，就要有中国语文教学发展能力、智力的特色。因此，一要研究我们自己多少年来积累的语文教学经验，二要研究外国。外国在教学理论上的研究确实有值得我们学习的东西；"它山之石，可以攻玉"，我们可以采取"拿来主义"，而绝对不是"言必称希腊"。

智力和基础知识是不可分割的。智能的发展离不开扎扎实实的基础。能力从何而来呢？举一才能反三。这个"一"很重要。基本理论、基础知识打得非常扎实，才能做到灵活运用。培养能力，如果离开了基础知识，很容易变成游谈无根，而且很容易在学生身上出现眼高手低、夸夸其谈的作风。我教的班级学生数学很好，从智力的发展来看，思路比较开阔，反映比较敏捷，但语文是很差的，小学的知识还没有很好掌握，现在要更好地发展智力，必须要重视给他们打基础。所以我觉得打基础与发展智力，两者应该紧密结合。发展学生的智力，一定要注意扎扎实实打好基础，不这样，发展学生的智力是不扎实的。

怎么发展智力呢？这也很值得研究。语文学科是一门科学，要讲究科学性。发展智力时，语文教学的思想性、科学性、知识性等都是应该注意的。至于讲到趣味性，是以语言知识本身来激发学生的兴趣，还是外加一些东西呢？我觉得激发学生学习的求知欲，最根本的是运用课文本身。语文课是语文课，是通过语言因素的教学过程发展学生的智力。语文课不是变戏法。语文课上得格调高还是格调低，是树人的问题，是塑造人的心灵的问题。

有的发展智力的课，只抓住课文中的某一点进行练习，另外的知识全没有了，字、词、句、篇也没有了。文章是一个整体，怎么能把它教得支离破碎呢？这样的所谓发展智力，我是不同意的。

如何发展学生的智力是很有学问的问题，很值得探索，有不少老师采取的方法是行之有效的。比如开启学生思维的门扉，启发学生在无疑处见疑，促使学生生疑、释疑，等等。培养学生的思维能力，要教得精、教得深、教得连贯，由表及里，由此及彼；还要培养学生的想象能力。学生善于展开想象，思维才能活，才能驰骋翱翔。要培养学生，使其有独立见解，人云亦云是学不好的，不会思考的人不会学习，更不会学有成就。

积极改革才能开创语文教学的新局面

如何开创语文教学新局面是广大语文教师和语文教育工作者十分关心和迫切希望解决的课题。这个新课题振奋人心，它涉及的方面既广又深，大有探讨研究的必要。

语文教学要开创新局面，必须坚定不移地贯彻邓小平同志“教育要面向现代化，面向世界，面向未来”的重要指示，必须对不适应“三个面向”要求的教育思想、教学内容、教学形式、教学方法等进行改革。语文教学的出路在改革，质量的提高也在改革。不改革，语文教学就裹足不前，开创不了新局面；不改革，因循守旧，学生的语文能力难以得到有效提高。

一、改革，首先是教育思想的突破

教文育人，长期以来，“教文”谈得多，研究得也比较多，而“育人”并未放到足够重要的位置；“教文”讨论得比较具体实在，而“育人”往往轻描淡写地带过，比较抽象，比较笼统。改革语文教学就要牢固树立“育人”的观点，把“教文”纳入“育人”的大目标。我们所说的“育人”，不能只一般地理解为培养学生，而是应把它放置在特定的历史条件和社会环境中认识。我们的教育对象是

本文发表于《课程·教材·教法》1984 年第 4 期。

20 世纪 80 年代的中学生，毕业参加工作是 20 世纪末 21 世纪初，这正是他们大展宏图发挥才能的时候。那时，中国是怎样的情况？世界又是怎样的情况？怎样的人才面临那样的情况能应付自如、游刃有余？今天怎样培养才能给他们打下创造性的发展的基础？这些问题语文教师应该想，必须想。只看到学生的今日，不想到学生的明天，教学上就会患近视症，就会鼠目寸光。

邓小平同志的“三个面向”题词高瞻远瞩，开阔了我们的视野，启示我们考虑问题要想得远些，想得深些。教育面向现代化建设，就要培养各种专门人才，培养大批高质量的劳动者。他们不仅在 20 世纪能积极参加物质文明和精神文明的建设，而且能在“四化”宏伟目标初步实现后，把“两个文明”的建设推向新的高度。面向世界，面向未来，育人的要求就比以往任何时期的还要高。世界是复杂的，对外开放后，先进的科学技术进来了，这是好事，但随之也会带来形形色色的腐朽的资产阶级思想。如何增强学生的识别能力，增强抵制精神污染的能力，语文教学负有特别重要的责任。新的技术革命已经发生，一些尖端科学技术将有重大突破。科技的重大突破必然引起各个领域的变革，这就向学校教育提出新的要求。对这样的形势须有清醒的认识，要采取相应的措施，以适应形势的需要。

语文教学的“育人”就要站在这样的高度，从今天学生的实际出发，为他们的明天，为他们的未来着想。我们要培养的人应有高度的思想觉悟，能敏捷地接受各种新的信息，作出判断，作出正确的反应，能说会写，有一定的文化修养，也就是要培养为社会主义现代化事业奋斗的、有理想、有作为、思想敏锐、基础知识扎实的新一代人，语文教学要为实现这个目标打基础，做准备。

二、
改革，要有全局观念，
在大面积上下功夫

近几年来，部分学校，包括重点中学和少量的一般中学积极进行

教改试验，研究提高学生学习语文的质量，取得了成绩，积累了经验。但是，从大面积来看，当前相当多的学校，条件比较艰苦，学生基础差，教师工作难度很大，要开创语文教学新局面，要为 21 世纪培养出各条战线的生力军，这个问题非解决不可。一是提高认识，重视大多数学校语文教学质量。我们要培养和造就的不仅是成千上万的专门人才，还要培养和造就亿万具有社会主义觉悟的、掌握先进生产技能的新一代劳动者。要全面地辩证地看少数与多数的问题，只有大面积地提高，才可能从中涌现出数量众多的掌握尖端科学技术的人才和其他各种专门人才；而大多数学校学生的质量又直接影响建设的质量与速度。要向生产的广度与深度进军，在竞争中立于不败之地，要吸收世界的文化成就，发展民族文化，都必须面向全体学生，既要抓少数尖子的培育，更要抓大多数学校学生的提高，两者相互促进，才会水涨船高。二是认真研究学生的实际，对他们的思想状况、心理特征、兴趣爱好、学习方法、学习习惯等做一番细致深入的调查研究。无限度的拔高，不恰当地增加作业负担，或者听之任之，只管播种，不管收获，都不利于大多数学校学生语文水平的提高。重点学校语文要改革，大多数学校语文同样要改革，也可以说，改革更有迫切性。只有真正从学生的实际出发，加强语文教学的科学性和针对性，才可能极大地调动学生学习语文的积极性，激发他们旺盛的求知欲，减少无效劳动，提高教学效果。

三、
改革，要从死记硬背、
满堂灌的禁锢中解放出来，
发挥学生学习主体的作用

有一种误解，总认为讲得越多，学习质量越高，作业越加码，学生的语文能力越强。于是，语文教学越弄越烦琐，“花色品种”越来越繁复，学生弄得眼花缭乱，语文最基本的知识、最基本的能力反而冲淡了，削弱了。学生是学习的主人，语文教师教学生学语文，指导

他们学语文，教会他们运用语言文字的本领，绝不是用烦琐的绳索把他们束缚起来，更不能越俎代庖。说老实话，那些烦琐的无穷无尽的花样繁多的题海，任何一位语文教师也都有被考倒的可能。

各科教学都应当有时代色彩，语文教学也毫不例外。我们不能培养学生成为语文知识的书橱、书口袋，而是要培养他们会独立思考，能通过语言文字准确地接收信息和传递信息，能运用语言文字正确而畅达地表达自己的思想和情意。满堂灌，死记硬背，机械重复，影响学生智力的发展，抑制学生的聪明才智。死啃书本，充其量只能成为书呆子，而书呆子是不可能很好地研究学问、解决实际问题的。课堂教学必须打破沉闷的空气，大力改变教师讲学生听的单一状况，要力求多渠道地传递信息，教作用于学，学也作用于教，它们之间是相辅相成的关系。师生如果同处于积极思维的状态，那么，学生所接受的信息比来自教师单方面的要多许多倍，学生思维得到锻炼，就可变被动的容器般的状况为生动活泼的主动的学习。教师要尊重学生的创造性，大力培养他们的创造能力。我们事业的发展需要千百万能独立思考、有创见的年轻人。在给他们打基础的时候，特别要注意发现他们的创造性，培养和发展他们创造思维的能力。学生根据自己的知识储存和敏锐的观察能力，对教材的某些内容、语言表达上的问题，或对教师的讲解、同伴的发言提出不同看法时，教师要满腔热忱地对待，保护这种积极性，切不可置之不理，更不能挫伤、压抑，使刚爆出的火苗熄灭。

四、改革，要注意学生听、说、读、写语文能力的全面培养

传统语文教学重读、写，轻听、说。由于科学技术的迅猛发展，生活节奏加快，信息频繁，人们交流思想，说与写并重，甚至说的作用超过写的作用。然而，从语文教学现状看，听与说还缺乏有计划有系统的训练，学生开不了口的比比皆是，说得不得体，说得不流畅，

这方面的能力与日益发展的社会生活中交流思想的要求很不适应。听的能力的培养也很重要，听是吸收，有的学生听教师讲课能吸收90%以上，有的只能吸收一半，有的甚至更少，脑子里混沌一片，不得要领。听的能力与思维的敏捷、知识的基础等有密切关系，但怎么听也有个技巧的问题，听的准确度、灵敏度都有待于经常地、持久地训练。语文教学中听、说、读、写能力的培养有其自身的规律，不能等同于外语教学中听、说、读、写能力的培养，与小学语文教学中这些方面能力的培养既有联系又有明显的阶段区别。四种能力有各自的目标，四种能力的培养如何互相促进，如何有效地提高，在理论上须深入探讨，在实践中要努力创造。

对学生语文能力的全面培养，并不局限在课堂内，课堂外有广阔的天地。改革课堂教学，做到语文教学内容少而精，教学方法灵活，教学形式多样，教学效率就会提高，就会有利于开辟课外渠道。课外渠道开辟之后，就可着力于根据学生不同的具体情况发展他们的兴趣爱好。教学要多层次，对基础不同、性格各异、学习积极性有差别的学生千万不能一刀切，要从他们的实际出发，分层次地进行教学，使他们在各自的基础上都获得发展，有所提高。

要开创语文教学新局面，须探讨研究的问题远不止上述这一些，这里不再一一赘述。必须强调的是：积极改革，开创语文教学新局面的关键是语文教师的自身建设。努力学习马克思主义、毛泽东思想，努力学习教育科学理论，学习语文业务，注意知识更新，才能不断提高思想修养、文化素养和教学水平，才能站在开创语文教学新局面的前列。

千里之行，始于足下。改革的春风必会荡漾，语文教学的新局面定会出现。

研究一点语文教学理论

近年来，不少语文教师探讨了语文教学中的许多问题，创造了许多具体的宝贵的经验，对语文教学的改进确实起到了促进的作用。在这个基础上，今天我们可以进一步探讨语文教学中的一些理论问题了。

我们反对把具体问题的研究贬为“头痛医头，脚痛医脚”。头痛的病根若在头上，为什么不可以医头？脚痛的病根若在脚上，又为什么不可以医脚？只是有时头痛、脚痛的病根往往在另外的地方，这样做就只能收到“治标”之效。若要收“治本”之效，必须深究底里，找出根由，然后对症下药。从这个角度来看，这个俗语颇有教育意义，人们一直乐于引用。语文教学上有不少具体的问题，一对一地研究出具体办法来是好事。但要从根本上解决问题，还要进一步从理论上去探讨。我们在教学实践中，有些做法效果较好，但不能很好地讲清其中的道理，说不出令人信服的道道儿，这也要求我们在理论上加以总结，从经验中提炼出规律性的东西，提高教师对语文教学规律的认识。从理论上来认识问题，往往站得高、看得远。弄清一个理论问题，可以管一大片，收效会更大。

比如大家都反对注入式教学，赞成启发式教学，这是十分正确的。大家也知道启发式教学的关键在于教师是否善于开启学生思维的门扉，是否能使学生举一反三，落实到发展学生的独立工作能力上。这样“教”就可以达到“不教”的目的。“教”是为了“不教”，这应该是一条教学原则。但是如何去贯彻这条原则，其中的许多理论问题有待研究。

人的一生应该是“做到老，学到老”，总不能一辈子有一个教师把着手儿教。在社会上人人都要独立工作，尽管独立工作的能力会有很大的差别。这就要求我们在学校里及早注意到培养学生的自学能力。怎样达到这一目的呢？一连串问题来了：学校里课堂教学应居何等地位？如何恰如其分地进行必要的启发式讲解？课内活动如何开展？问问答答，热闹非凡，是否就是启发式？是否就是培养学生自学能力的最佳途径或唯一途径？初中阶段与高中阶段的培养是否一个样？若有区别，区别在哪里？语文学科中自学能力的培养与其他学科中自学能力的培养有何区别与联系？……围绕这一课题，要探讨的理论就很不少。弄清这些理论，对改进语文教学无疑将有很大的帮助。当然，理论的探讨必须来自扎扎实实的教学实践，绝非凭空臆造。不大量地占有材料，不审慎地对各种做法进行反复比较，不下由表及里、去伪存真的功夫，抽象出来的理论就会浮游无根，缺少生命力。

我们的语文教学是一座大宝库，上面说的只是掀起其中极小的一角。然而窥一斑可见全豹，仅从一个问题上就可推知有多少宝藏需要我们去勘探、采掘，辛勤的探索者是一定不会空手而回的。

引导学生学会学习语文

语文教学难度很大，受制约的因素很多，对于如何提高质量，如何有效地培养学生正确理解和运用祖国语言文字的能力，可说是仁者见仁、智者见智。这应该是好事，争鸣有利于我们接近真理，众多的做法有利于相互启发，相互补充，扬长避短，长善救失，最终赢得繁花似锦的局面，提炼出符合学科性质、特征的规律性的宝贵经验。

教语文，重要的在于引导学生学会学习语文，以达到自觉提高语文能力、终身受益的目的。

牢牢把握两个基本点

年轻时教语文，常常是见文不见人，重视文的知识传授，对人的培养考虑甚少。后来，逐步体会到教育就是培养人，任何学科的教学都要为培养学生成长、成人、成才服务。然而，这种认识还缺乏深刻性，对“人”的认识与理解往往停留在抽象的概念上，“文”是实的，“人”是空的，因而，重术轻人从认识到实践常自觉或不自觉地有所反映。

教训有时会使人清醒一点，考虑问题周全一点。通过学习、比较、思考、辨别，我领悟到教语文须牢牢把握两个基本点，才目标明，方向正，改革有准绳、有动力。

一是树立培育现代新人的大目标，二是把握语文学科的性质与功能，以此来指导自己的教学行为。

本文发表于《中学语文教学参考》2000 年 1—2 期。

培育学生成为国家的建设者，这是教师的责任。然而，凌空的、一般性的理解是远远不够的。育人，必须放在特定的历史条件与社会环境中认识，才具体，才会使教学工作有紧迫感。现代社会由工业经济向知识经济迈步，以知识为基础的经济，是建立在知识的生产、交换、分配、使用和消费基础上的一种新的经济类型。在知识经济中，知识是最重要的生产力，而教育是知识生产力。理论形态的知识转向现实形态的生产力离不开教育。要求教育为人的发展提供四大支柱：学会学习，学会做事，学会共同生活，学会发展。也就是要培养有个性、有潜能、学习力理解力强、有创造能力协作能力的完整的人。这就清楚地告诉我们，21 世纪各个建设领域的建设者，无论是专门人才还是一般劳动者，都应具有现代人的素质，应该是思想活跃，富于理想，自学能力强，善于吸收和处理各种新信息，能不断更新自己的知识结构，奋发向上，勇于革新创造的人。胸中有了大目标，思考问题就能登高望远，就能教在今天，想到明天，以明日建设者的素质要求、德才要求指导和促进今日的教学工作。淡化或忽视了现代人的培养，只在某个局部、某些技能技巧上兜圈子，恐怕是小得而大失，与基础教育的长效性相悖，耽误了不少学生宝贵的光阴。

中学语文学科是中学的一门基础学科，它不是文字学、语言学、语法学、修辞学、文章学、文学、美学、写作学、史学、哲学等专门学问的拼盘。尽管研究它的理论，也就是学科理论比较薄弱，尤其缺乏时代气息与中国语言文字特有的深厚的文化底蕴，常受到某些专门学问的左右，但其讲究实用，内容丰富多彩，在相当程度上已形成共识。为什么要讲究实用，这由语文的工具性质所决定。列宁在《论民族自决权》中说："语言是人类最重要的交际工具。"尽管交际工具多种多样，但在通常的场合，人与人之间每日每时大量使用的交际工具是语言。语言属于整个社会的全体成员，它为整个社会服务。文字是记录言语的符号。语言是表达思想进行交际的工具，是思维的物质外壳，是信息的载体。这种工具、外壳、载体，都是只有人类才拥有的符号，因而，须在符号的意义上把握语言的工具属性。

一个民族能够自立于世界民族之林，是由于它有自身许多特征组合成一个牢固的整体，如民族经济、民族文化、民族风俗习惯，还有一个更重要的就是民族语言。民族文化是民族的根，而民族语言负载民族文化，是根之根。语言文字在民族生命的组合中，对外是屏障，对内是血液，是黏合剂。语言文字这个工具在为民族政治、经济、文化服务的过程中渗进了民族的个性，成了民族的财富、民族的标志。可以这样说，语言是民族的生命、民族的血液。汉语言文字负载着中华民族数千年的文化，语言这一工具和它负载的文化、思想不可分割。也就是说，语言不能凌空存在。“语言是思维的外壳”，这“外壳”与“内核”是不可分离的一个整体。

中学语文教学进行的是母语教学，语言和文化不是两个东西，而是一个整体。语文学科的工具性和人文性是一个统一体的两个侧面，不可机械地加以割裂。没有人文，就没有语言这个工具（语言和人是俱在的，不是独立于人而存在的一种工具）；舍弃人文，就无法掌握语言这个工具。只强调语文工具，用解剖刀对文章进行肢解，枝枝节节，只见树木不见森林，闪光的启迪智慧的思想不见了，吸引人、凝聚人、感人肺腑的情感被肢解得无踪影了，留下的是鸡零狗碎的符号。教学生学语文，伴随着语言文字读、写、听、说训练，须进行认知教育、情感教育和人格教育，发挥多功能的作用。

心中时刻牢记培育现代新人的大目标，对语文学科的性质、功能有清晰的认识，从事教学实践就有了准绳。

培养旺盛的求知欲

俄国教育家乌申斯基曾精辟地指出：“没有任何兴趣，被迫进行的学习会扼杀学生掌握知识的意图。”语文是一门开放的学科，语文与生活同在，色彩斑斓，生意盎然，按常理说，学生应该十分喜爱。而事实上，不少学生除了被迫应考而进行一些操练外，感到语文索然寡味，少读少写，甚至不读少写，无求知的欲望，这是很可悲的。学会学习，学会求知，是现代人要适应社会发展必须具备的基本的也是最重要的能力，没有迫切的学习愿望，缺少旺盛的求知欲，怎可能真正进入学习语文的角色？又怎可能有效地提高质量？

学生是学习的主体，他们对学习的内部态度往往决定学习的质量。是积极寻求，还是消极应付，是兴味盎然地吸收，还是厌恶排斥，直接影响教学效果。教师教学生涯中最大的事就是一个心眼为学生，为学生的今天与明天着想。为此，要研究学生，从他们的思想、情绪、知识与能力基础出发，千方百计培养他们学习语文的动机，激发他们学习语文的浓厚兴趣和旺盛的求知欲。学生对语文有兴趣，有感情，在有限的45分钟的课里就能全神贯注，耳听、脑想、口说、手写，在课外无限的广阔天地里就能广为涉猎，赏析咀嚼，推敲积累。那种“我布置，你完成”的简单做法不可能激起学生学习语文的热情。

教学生学习语文，要能把学生的心抓住，使学生产生一种孜孜矻矻、锲而不舍的学习愿望。语文学科的教学，是通过一篇篇课文语言文字千变万化的运用接触学生思想情感的，有它独特的引人入胜的特点。教学中，要充分发挥语言文字的表现力与魅力，让学生领悟文章蕴含的情和意，激发内在的学习积极性。教学中最怕出现学生冷漠的、无动于衷的局面，其中可能有学生学习惰性的因素，也可能有因学业负担过重而滋生的厌学情绪，但不管是什么原因，都不可置若罔闻，而应反躬自省。如果教师把自己酷爱语文的火花移植到学生的心里，把自己酷爱思考的习惯传播到学生身上，教学状况就大为改观，学生会生龙活虎，兴味盎然。教师如果有本领把学生学习语文的兴趣与求知欲激发起来，教学就成功了一大半，学生学会学习语文就有良好的起点，不仅不以为苦，而且从中获得乐趣。

教学不能形成八股，不能单一模式。如果把某个模式定为一尊，课堂教学就失去了活泼的生命力。带领学生学课文，要了解与把握文章的个性。文章的共性寓于文章的个性之中，洞悉文章的个性，把握不同课文的特色，教学时重点显示，学生有新鲜感，学起来就会兴趣倍增。一课一个样，不是离谱，它受制于语文教学大纲总目标，受制于语文教学原则，受制于语文教学分年要求，当然，面对少数不同学生的特点，或超水平或降低要求，可不受局囿。教学思路不同于文章的思路，教学思路要开阔，不拘泥于文章的思路，不总用平推的方法教，不用什么几步法、几段论，而是要深入挖掘课文的特点，用多样的方法指导学生阅读。这些方法不是背离文章的思路，而是从不同侧面不同角度引导学生琢磨、体会、领悟，掌握重点，突破难点，理解作者的写作意图和构思匠心。

带领学生学习语文不仅要因文定法，更要考虑学生的实际水平，因人定法。浅文可深教，引导学生懂得从某一点深入，可窥视其中蕴含的精深的道理，培养他们学习阅读中如何深入探究。深文也可浅教。有些经典性文章内容博大精深，可探讨与学习的内容十分丰富，学生不可能在短短几节语文课里学得周全，那就要从学生的实际出发，紧紧围绕教学目标加以取舍剪裁。总之，教材不同，学生情况不一样，教法就应随之而变化。有的课文适合朗读，就让学生多读，边读、边想、边议；有的课文需要讲解、讨论，就层层剖析，步步深入；有的课文只要稍加点拨，学生就能掌握，那就放手让学生自己阅读，自己消化。即使是同一类型的课文，侧重点也可不同，如或侧重词句，或侧重篇章，或侧重某个写作方法，或侧重思想情操陶冶，等等。教学灵活绝非随心所欲，灵活的目的只有一个：让学生学得愉快，学得扎实，逐步学会自己学语文，更有效地实现教学目标。

不认真教学，永远不可能总结出有价值的教学经验；不认真求知，也永远不可能体验到求知的艰辛与欢乐。认知过程本身就是一个激发生动的不可熄灭的兴趣的过程。学习课文，认知语言文字，认知文章反映的大千世界，反映的色彩缤纷的社会生活及气象万千的自然景物，教会学生挖掘、攀登，探索知识的奥秘，学生就可从中获得求知的乐趣。兴趣绝不是建筑在表面的乃至庸俗的刺激之上，兴趣的源泉在于动脑筋发现问题，自己寻求解答。教师引导学生发现兴趣的源泉，孜孜以求，挖掘不已，就能体验到自己的智慧、自己的力量，从而更加奋发学习。

当然，关键在于教师要把课教得情趣盎然。中学生对学科的选择性很不稳定，兴趣、注意力容易改变，语文教师对他们施以相当的影响，会产生良好的效果。教师应力争创造学习语文的艺术佳境，使学生置身于高尚激越的情感、汩汩清泉的知识和妙趣横生的语言氛围之中，感受到学有所得的喜悦，感受到艺术享受。

拓展创造思维的空间

课堂是谁的用武之地？长期以来，教师滔滔不绝讲解占领了时间与空间，学生常常是被承受的容器，学习的主动性、创造性受到压抑。问题不在于教师的话讲得多与少，而在于是否让学生真正做学习的主人，去读，去说，去想，去写。“教”不是统治“学”，代替“学”，而是启发学生学，引导学生学，为“学”服务，为学生学习过程中闪现的创造思维的火花吹氧。课堂教学要面向全体学生，使每名学生学得主动，学得积极，学有收获。这就须合理地安排课堂结构，把课堂教学的构成从单向型的直线往复转换为网络式、辐射型的。也就是说，上课不是教师讲，学生听，或学生问、教师答的直线往复，而是教师的“教”作用于全班所有的学生，学生积极性极大地调动，既向教师反馈，又与同窗交流，形成思想、知识、情感、能力交流的网络，信息量大大增加，传递的渠道通畅。在特定的教学活动中，学生之间不仅可切磋琢磨，而且能充分发展个性和才能。广泛的知识信息交流常常是触媒剂，促使学生在学习中正常发挥，乃至超水平发挥。师生互动，和谐发展，能者为师，每名学生力争成为学习的“发光体”。

在现代社会从事语文教学，不能采用嚼烂了知识喂给学生的陈腐办法，要学生死记硬背；不能用“零售”的办法把“散装”的字、词、句、篇送给学生，使学生难以捉摸规律，把思维方面应有的锻炼“转嫁”到记忆上。重要的是要千方百计开启学生思维的门扉，把思维训练和语言训练放在同等重要的位置。思维是对外界事物的概括的、间接的反映，思维是借助于语言来实现的。学生要学好语文，提高语文能力，取得综合效应，思维方面应进行扎扎实实的训练。如果忽略这一点，学生不认真进行思维训练，读，就有口无心；看，就浮光掠影；说，就不得要领；写，就内容干瘪，词不达意。学习困难的学生在思维方面往往有很大的弱点，比如提问题，他们不是不想提，而是提不出问题，发现不了问题。光学习不思考会迷惘无知，不会思考大大阻碍了学习语文的步伐。要拓展学生创造思维的空间，首先要想方设法让爱思考的学生多思、善思、深思，让不会思考的学生爱思、会思。在教学过程中，教师要善于根据教学目的、要求，选用恰当的钥匙，不断拧紧学生思维的“发条”使它转动起来，不断开启学生思维的门扉，引导他们发挥聪明才智。

传统教育有其合理精华，但重结论轻过程，重传授轻探讨，重记忆轻创造是其明显的弊病。教学过程实质上就是教师在教学大纲指导下有目的有意识地使学生生疑、质疑、解疑、再生疑、再质疑、再解疑的过程。在此循环往复、步步推进的过程中，思考，探讨，发现，创造，不但要让学生理解并掌握现成的结论，更要为他们拓展足够的思维空间，懂得形成结论的过程以及怎样去掌握结论，评价结论。要做到这一点，教师既要尊重知识，又要破除对知识的迷信。从静态的维度看，知识是人们社会实践的经验总结，是若干事实、概念、法则的系统描述，也就是人们认识活动的结果。从动态的维度看，知识是认识的结果，更是认识的过程，是探求知识形成的过程。教学生学会学习语文，必要的知识是须掌握的，但更强调知识的手段、意义，即强调“发现”知识的过程、独立解决问题的能力和主动探求的精神。学会读书，就要对读书有感觉，有自己的看法与思考，对语言文字有感受能力，包括语音感、语义感、语境感、语艺感等，也就是说要对语言的形象感、意蕴感、情趣感有所领悟。语言材料在脑海里形成的立体画面，所蕴含的丰富的深刻含义，所包含的情感与趣味，不是靠教师的讲解就能奏效，而要靠学生积极思维，主动发现，赏析琢磨。

要鼓励学生发现问题。学源于思，思源于疑，疑是思之始，学之端。对所学内容产生疑问则是思考的开端。语言文字不是僵死的符号，教学时不能搞令人目眩的排列组合。文章本是有情物，它反映的人、事、景、物，大至大千世界，小至针尖般的细微感情，都是作者智慧和心血浇铸而成，其中蕴藏着深邃的思想、精辟的见解、丰富的感情与运用祖国语言文字表情达意的功力。教师要引导学生树立

"宝藏"意识，学生见到课文就会一扫单纯的白纸上写黑字的观念，而是能感受到课文是活的、动的、有血有肉的、丰富多彩的，就会对课文有感情，从而产生探宝的愿望。让学生树立"宝藏"的意识，靠说空话是不行的，教师须加以指点，让学生见到"宝"，识别"宝"，进而主动积极地探求宝藏。学生独立阅读，并不是一开始就会提问题，尤其是有质量的问题；发现问题的能力是逐步培养的。开始学生生疑往往只在文章字词的表面，教师要指导他们深入篇章之中，把文章的前前后后、段落与段落之间联系起来思考。学生质疑有所进展时，教师再拓开他们的思路，要求他们把阅读的课文与课外阅读、与自己的生活经验联系起来思考。这样步步引导，持之以恒地培养，若学生提出有质量的问题则加以鼓励、表扬，或组织学生讨论，学生发现问题的积极性增强，发现问题的能力也就大大加强了。教师还可在学生不易产生疑问处设疑，或抓住课文本身的矛盾以及学生理解课文过程中所产生的种种矛盾，激发学生思考。

学生生疑、质疑，教师要注意设置辨疑、析疑的条件与气氛，引导学生谈看法、摆见解，分析，判断，推理。学生提出问题，教师不应急于回答，应在脑中立即进行梳理，分清主、次、轻、重，按一定的顺序巧妙地安排在教学过程中或逐一解决，或择其要解决，关键在给予学生充分的时间与空间，引导学生相互启发、寻求答案。辨疑、析疑时，教师要注意调动学生的知识储存，使其运转，发挥作用，温故而知新；灵活地运用多种比较方法，培养学生良好的思维习惯，发展他们的思维能力和语言能力。

要拓展学生创造思维的空间，教学中须注意想象力的培养。一个想象力丰富的人，创造力就强，能够把自己已有的知识重新组合，创造种种新形象，或幻想出前所未有的形象。从这个意义上说，想象力确实像活化知识的酶。教语文，不能把事先已经准备好的种种知识、结论一股脑儿塞进学生的脑子，捆住他们想象力、创造力的翅膀，而是应千方百计使他们在读写过程中"思接千载，视通万里"，激发他们神思飞越，处于创造的气氛之中，享受丰富的精神生活。千万不能把语文学习歪曲为只识记枯燥的文字符号，把学生弄成压干了的花朵。阅读需要借助于想象，想象力是读书的重要能力。教学中教师须认真钻研教材，选准能启发学生想象的“触发点”。把握文章的特色，抓住关键词句引发开来，可帮助学生开启想象。学生在默读静观中驰骋想象，调动知识储存和生活经验，对语言的理解、辨析能力可加强，对课文内容会产生种种精彩的看法，当然，唤起学生想象的方法多种多样，教师只要精心，就可有所创造。

教师的作用是启发学习，而不是窒息学习，要鼓励学生进行探究，鼓励创造精神；对课文的内容、文字，涉及的人、事、景、物，大胆发表意见，评头品足，论是说非；引导学生采用研究性的学习方法，不轻信现成的结论，对知识的理解可以有种种假说、种种解释，经过分析、比较，特别是借助集体的力量加以评论，从而寻求正确的结论。只要不是消极承受，而是靠动脑筋积极获取的，其中不乏创造的因素。学生勇于谈看法、摆见解，由于某些因素的触发，会突破习惯性思维的羁绊，闪发出创造性的火花，教师要倍加爱护；对课堂上出现的“神来之思”，更要以极大的热情赞扬、鼓励。学生置身于宽松和谐的学习环境之中，创造意识、创造精神就可得到有效的培育。

开掘生活的宝藏

语文学科是一门最开放的学科，语文与生活同在，应用性极强。把学生框在教室里，局限于语文教材，在题海里翻滚，远离社会实践，缺乏生活积累，又怎能有效地提高语文的质量？把最开放的一门学科禁锢在考试的小圈子里，把读、写、听、说最广阔的天地挤压到一个狭小的角落里，对其“敲门砖”的功能放大再放大，语文的应用性、实践性、积累性又如何体现呢？语文的外延与生活的外延相等，作为交际工具，语言和生活紧密相关，它源于生活，应用于生活，离开了生动、鲜活的社会生活，语文的生命力何在？教语文，忽视生活活水，忽视引导学生对生活观察、认识、体验、积累、实践，抓住课内一小块，放弃课外一大片，那无疑是沙上建塔，底气极差，虽煞费苦心，但终难见效。

课内教学要抓好，抓在点子上，起举一反三的作用，这是确定无疑的。但课内要向课外延伸、扩展、深化，充分发挥学生自主学习的积极性。教师要课内课外两手抓，全面提升学生学习语文的能力，切不可忘记课外这一重要阵地。

须积极地、热心地引导学生广泛阅读，培养他们读书的兴趣与嗜好。苏联小说家邦达列夫说："一个人打开一本书，就是在仔细观察第二生活，就像在镜子深处，寻找着自己的主角，寻找着自己思想的答案，不由自主地把别人的命运、别人的勇敢精神与自己个人的性格特点相比较，感到遗憾、怀疑、懊恼，他会笑、会哭，会同情和参与，——这里就开始了书的影响。所有这些，按照托尔斯泰的说法就是'感情的传染'。"这段话十分精彩，把读书对人的影响力，对人的熏陶、感染、塑造作用表达得淋漓尽致。不重视阅读，课外不花力气阅读，等于关闭了第二生活的窗户，关闭了第二生活的大门。视野狭窄，知识贫乏，积累甚浅，怎可能打下比较厚实的语文功底？

学生嗜书的感情不是天生成的，靠培养，靠引导。教师要从提高认识入手，在激发求知欲上下功夫，辅之以及时的鼓励与表扬；经常针对学生的思想实际，用古今学者劝人博览群书的名言警句启迪学生，以酷爱书籍、通晓各科学问的生动事例教育学生，使他们认识到"知识是引导人生到光明与真实境界的灯烛"，体会到广为涉猎的必要。与此同时，教师要有计划、有目的地推荐作品，有时可结合课文的学习推荐有关作品对比阅读、扩展阅读；有时推荐名家名作，截取部分精彩段落朗读或解说；有时推荐新出版的佳作；有时让学生互相推荐，彼此交流。至于记载游历、举办讲座、讨论交流等更是常事。精读与博览相辅相成，从某种意义上说，精读是准备，博览是应用，博览是学会读书的重要途径。

安排各种课外活动，丰富课外生活，开拓学语文的天地，开掘生活的宝藏。读万卷书，行万里路，一方面从书报杂志中获得知识，锻炼思想；一方面从生活中汲取养料，提高认识生活的能力，是学好语文的必由之路。写文章，也就是写生活，学写文章的人，要在生活这一关上认真下功夫。教师要指导学生关心、了解、发现、寻觅、感受生活。大脑中采集的自然与社会的信息越多，写作的素材就越丰富。每个学生都生活在“生活”之中，但从生活中获得的认识与感受有时却大相径庭。其关键在于不仅要身入生活，更要心入生活。既要对接触到的人和事有浓厚的观察兴趣，又要懂得观察的方法。不仅用眼睛等感觉器官，更重要的是用“心”，用“心”去看，去听，去想，去感受；不仅能像摄像机一样把客观的物像摄入自己的眼帘，印入自己的脑海，而且能在极其普通极其平凡的事物中发现一般人所看不到的东西。要教会学生对人、事、景、物，既要把握整体，认清局部，更要拆开来看，洞悉细微之处；拆开来看，才能由此及彼，由表及里，透过现象，抓住观察事物的本质。要教会学生观察事物不仅要注意形态，而且要注意其发展变化；不仅要注意现状，而且要善于调查采集，追根究底，洞悉过去，预测未来，在深度上开掘，在广度上延伸。学生的表达能力要脚踏实地一步一步培养，没有质地优良的材料，只在技巧上兜圈子，翻花样，内容必干瘪，面目必可憎。文章不应该是硬做出来的，而应该像汩汩的清泉从心坎里流出来。清泉来自何方？来自五光十色的生活，来自从生活中汲取材料的本领。生活中源头活水流淌，笔下的文章就长流不息。

语文是实践性很强的一门学科，要靠学生自己读、自己写。读、写是语文的双翼，少读对语文教学是釜底抽薪；少写，哪来较强的表达能力？要加强学生的语文实践，引导学生做语文学习的有心人，广泛开展语文读、写活动，让学生在广阔的语文天地中练就一套过硬的本领。语文教学千古事，得失成败寸心知。以上所述仅点滴浅陋之见，求教于热心语文教育事业的同行。

兴趣是学习的推动力

学生是学习的主体，他们对学习是积极寻求，还是消极应付，是兴味盎然地吸收，还是厌恶排斥，往往直接影响教学质量、教学效果。语文教师要十分重视学生学习的“内部态度”，千方百计培养他们学习语文的动机，激发他们学习语文的浓厚兴趣。

学习兴趣是学习动机的一个重要的心理成分，它是推动学生探求知识和获得能力的一种强烈的欲望。早在两千多年前孔子就说过：“知之者不如好之者，好之者不如乐之者。”俄国教育家乌申斯基也说：“没有任何兴趣，被迫进行的学习会扼杀学生掌握知识的意图。”这些名言对兴趣在学习中的重要作用阐述得十分明确，十分深刻。那么，怎样才能抓住学生的心理，把课上得像磁石吸铁一样，牢牢地吸引住学生的注意力呢？

一、课要有新鲜感，不能老是一副面孔

中学生具有好奇好胜的特点，新异的刺激物能引起他们的定向探究活动。如果教学内容和方法不断更新与变化，就可有效地激发学生进行新的探求活动，保持与发展旺盛的求知欲。如果总是采用同一或相仿的教学方法，学生学习的积极性就受到压抑。

以初一教材的散文单元为例。这个单元《香山红叶》《济南的冬

本文发表于《语文学习》1985 年第 3 期。

天》《春》《海滨仲夏夜》四篇文章都是写景的，我在钻研教材、熟悉文章思路的基础上，就选用多种教法。

课是这样起始的："继米开朗琪罗之后的法国大雕刻家罗丹曾这样说，'美是到处都有的，对于我们的眼睛，不是缺少美，而是缺少发现'。我们人总要和大自然接触，大自然的美可以说是无处不在。尤其是我们伟大祖国的锦绣山川，美得令人陶醉，它在不同季节展现不同的美姿。"单元教学起始，用这样几句话描述，学生被有关"美"的名言所吸引，被祖国山川美的描述所吸引，兴趣盎然地进入了该单元学习的轨道。

我还调整了课文顺序，四篇课文四种教法。教《春》，紧扣文章细笔细绘的特点，逐节朗读、吟诵，体会语言的优美。教《海滨仲夏夜》时紧紧扣住一个"变"字，着重引导学生理解如何描写活动中的景物。并用比较法，比较广泛写春景与集中笔墨写仲夏之夜海滨的差别，比较横式组材的方法和以时间为推移的组材方法的不同。至于《香山红叶》，则采用请学生读讲的方法跟随"向导"游香山，紧紧抓住记游的线索，请学生讲听到老向导说些什么，目睹了哪些好景，与老向导接触后有哪些感受。在读读讲讲的训练中理解文章的主题，体会景美—人美—时代美的构思特色。《济南的冬天》则抓住"温晴"这个文眼，要学生诵读、细思，理解体会两个要点：一是作者如何精选景物，笔笔点"温"，处处写"晴"的；二是感情的潜流如何在字里行间流动。然后仿写一处景物，进行比较，开展讨论，体会作者驾驭文字的功力。

总之，教学思路要开阔，要深挖课文的特点，教出文章的个性。采用多种多样的方法教，并不是背离文章写作的思路，而是从不同角度不同侧面去引导学生体会琢磨，领会作者写作的意图和构思的匠心。

二、
课要有趣味性，使学生迷恋

要使学生对语文产生兴趣，迷恋上它，教师就要努力把课上得情趣横溢。课堂上笼罩着死气沉沉的气氛，学生如芒刺在背，学习起来就七折八扣，影响效果。教师不能板着面孔上课以表示尊严，要和颜悦色，使学生觉得可亲可近。要想方设法把课上得有味，使学生学得愉快活泼，咀嚼到其中的甘甜。教学时可采用以下几种方法。

（1）直观演示。数理化教学中有实物演示，以强化学生对事物的认识，语文教学同样可采用这种方法。图画、实物、幻灯片、录音等教学手段的使用，主要是通过视觉、听觉、触觉等途径让学生感知，既激发学生兴趣，又能提高教学效率。据国外一些实验证明：用语言介绍一种物品，识别它的时间为2.8秒；用线条图介绍，识别时间为1.5秒；用黑白照片介绍，识别时间为1.2秒；用彩色照片介绍，识别时间为0.9秒；如果让学生看实物，则识别时间只有0.4秒。可见直观演示对提高教学效率是何等重要。

（2）开拓想象。阅读常常需要借助于想象，通过想象能使学生"思接千载，视通万里"，再现文章或诗词中所描绘的人和景，产生如见其人、如闻其声、如临其境的感受，发生浓厚的阅读兴趣。如教《天上的街市》，启发学生回忆夏天夜晚仰视天空看到的美丽景象，由群星灿烂的景象展开联想。在学生思想展翅飞翔时就势一收，引入《天上的街市》所写的夏夜的星空，探索作者的写作意图。这样一放一收，增添了学习兴趣。

（3）抓点拎线。学生求知时不喜欢平板，喜欢知识成串，一拎就起，品尝别有洞天的滋味。如教《荔枝蜜》时抓住"蜜"这个点推敲，由它步步生发，拎出贯串文章的线索。先分析"蜜"的字形，上中下结构，突出一个"虫"，与"山"区别；然后由"虫"引开，启发学生联想到昆虫、蜜蜂、蜜蜂酿蜜、劳动人民酿生活的蜜，从而初步认识作者构思的特色，激发求知的兴趣。

（4）形成悬念。长篇评话要分段说，每说到矛盾激化或将出现高潮时往往立刻收煞。这样一来，就吊住了听者的胃口，使他们欲罢不能，非连着听下去。这种急于想知道事情发展的来龙去脉，想知道结局如何的心理状态，在青少年身上表现得尤为突出。教师抓住这一特点，在课文的起始阶段有意识地制造悬念，可促进学生认真阅读课文。如教《孔乙己》时，课一开始就造成两个悬念，激发学生求知的兴趣。一是据鲁迅朋友孙伏园先生回忆，鲁迅先生在自己创作的小说中最喜欢《孔乙己》。为什么他最喜欢《孔乙己》呢？孔乙己是怎样的艺术形象？鲁迅先生是以怎样的鬼斧神工之笔来塑造这个形象的？深入理解课文就能得到解答。二是过去有人说古希腊的悲剧是命运的悲剧，莎士比亚写的是主人公性格的悲剧，易卜生写的是社会问题的悲剧，《孔乙己》描绘了孔乙己的悲惨遭遇，究竟是命运的悲剧、性格的悲剧，还是社会的悲剧呢？学生急于想找到正确的答案，学习的积极性高涨。

（5）展现意境。作者的内情与所写的外物相融合，意和境相应和时，作品就会产生艺术意境，具有熏陶感染的力量。学习某些课文时，学生粗看，体会不出佳妙，可选择相关的作品，运用意境的艺术魅力，激发学生学习兴趣。展现意境的作品可新授，可运用学生旧知识。如教《李愬雪夜入蔡州》一文，先引导学生背诵王建的《赠李愬仆射》的诗句，启发学生脑中展现有关图景。究竟怎样“翻营”，怎样“登城”，学生细读课文的兴趣加浓。

（6）激发感情。思想感情是文学作品的主体，它是通过艺术形象达到以情感人的目的的。白居易说：“《诗》者，根情。”诗歌教学、散文教学等离开了情的感染，语言文字就会成为干枯的符号；深入挖掘文学作品的情感因素，能以情动情，使学生学有兴趣，受到感染。如教《诗八首》，我用这样一些话来激发学生情感：“……诗，像种子一样，有一股顽强的爆发力。好的诗歌破土而出以后，它的芳香会和民族精神融合，长久地滋润大地。今天我们读的八首古诗有的已距今九百年，有的距今约一千五百年，然而，诵读咀嚼，仍可闻到其中的芳香。”学生情弦被拨动，胸中充盈着民族自豪感，带情诵读，效果较好。

（7）讨论答辩。中学生不像小学生那样偏于情感上的依恋，开始有一定的独立评价客观事物的能力，而且容易激动，自信自己的认识、见解是正确的。针对学生这种心理特点，在教课文时组织讨论，开展答辩，有助于调动他们的积极性。学生进入论辩之中，就会兴趣盎然，发挥聪明才智。如教《谈骨气》，教师设计了一环套一环的十个问题，要求学生结合课文所论述的内容，结合今天社会现实中的一些情况讨论答辩。通过讨论、答辩，学生不仅理解课文深入了，而且被激发了深究问题的兴趣，提高了明辨是非的能力。

（8）利用学生的逆反心理，激发学习兴趣。青年学生往往不满足于现成的结论，不想吃别人嚼过的食品，越是不让看的越要见识见识。不健康的东西当然不能引导学生看，但历史的曲折使我们许多好作品都被列入“黑货”行列。教学时不妨三言两语提一提，运用学生的逆反心理，促使学生深入阅读。如《事事关心》《松树的风格》等皆可从此角度考虑。

方法是多种多样的，不胜枚举。在某一个特定的教学场景中，哪种教学方法、训练方法最可能激起学生的求知欲，就采取哪种方法。在这个问题上应特别研究和洞察学生的心理活动，加强针对性，把激发兴趣建立在科学的基础之上。

三、课要有一定的深度和难度，使学生体验到克服困难的喜悦

苏联教育家赞可夫说：“要以知识本身吸引学生学习，使学生感到认识新事物的乐趣，体验克服学习中困难的喜悦。”道理很明白，学生智力活动本身能激发学生浓烈的兴趣。过分简易的知识、机械的训练会削弱学生的学习兴趣，削弱学习动机。

在中学生的学习兴趣中，实用性和肤浅性虽占有一定的位置，但由于他们大脑结构的进一步完善，接触事物日趋广泛，他们对事物的本质、规律性的知识产生具有探讨的愿望，故而教学时须把握这一特点，因势利导，增强他们的求知欲。

有些课文浮光掠影学一学，学生认识不到其中的奥妙，自然兴味索然。如果教师引导学生深究底里，见自学时之未见，闻自学时之未闻，学习积极性就大不相同。如诗人臧克家写的《闻一多先生的说和做》一文中有“一九三〇年到一九三二年，‘望闻问切’也还只是

在‘望’的初级阶段。他从唐诗下手，目不窥园，足不下楼，兀兀穷年，沥尽心血。杜甫晚年，疏懒得‘一月不梳头’。闻先生也总是头发零乱，他是无暇及此的”的句子，若扫视一番，学生所得只是闻先生治学刻苦的粗略印象，体会不到其中意味的深刻、隽永。若带领他们步步深入地探求，味道就大为浓郁。且不说“兀”的音与义及“兀兀穷年”的出处，只要仔细咀嚼，就可发现句中难点不少。至少有三点可追根穷源：①“望闻问切”是怎么一回事？为什么钻研文化典籍要以中医诊断疾病的方法来比喻呢？原来是承接上文钻研的目的——“开一剂救济的文化药方”而来，承接紧密，语势顺妥。②“目不窥园”只是一般地形容吗？一查检，才知用了典故。《汉书·董仲舒传》中写董仲舒因专心致志学习，“三年不窥园”。文中以此形容闻一多，着意推崇其钻探文化宝藏精神的惊人。③ 杜甫晚年“一月不梳头”又是怎么一回事呢？原来引的是杜甫自己的诗句——“百年浑得醉，一月不梳头”。杜甫奔波一生，难得在成都草堂有较安定的生活，故疏懒得一月不梳头。文中这一句在于进行反衬，突出闻先生孜孜矻矻、日夜不懈的精神。难点攻破，再把几句联系起来思考，就会发现文简意丰，比喻、反衬、用典恰到好处。

教学时对课文中有些词句、有些问题深入探讨，不是要难倒学生，而是培养学生敢从龙潭取宝的那么一股劲儿。众所周知，数学家陈景润之所以奋力攀摘数学皇冠上的明珠，不正是因为在中学时代教师向他们高高悬挂起哥德巴赫猜想待证明的目标，不正是在他的心田撒下探求宝贝的种子吗？

四、课要有时代的活水，使学生有所感奋

兴趣是获得知识、开阔眼界的重要推动力，而感奋可促使兴趣深化，促使兴趣持久。最使学生感奋的莫过于揭示人生真谛，指明生活道路。而时代的信息与学生的思想感情最容易沟通，因而课堂内常有

时代的活水流淌，气氛就会活跃，精神就易振奋。

教材中相当数量的课文是过去的作品，教学中不能满足于模拟世界，再现过去生活的真实。当然，这些作品在语言文字、写作技巧上值得借鉴，有认识当时社会的价值，有审美的意义，然而和学生的距离毕竟比较远，因而，教学时还要十分注意和善于引发，把学生的学习和沸腾的实际生活联系起来，和社会主义现代化的建设事业、家庭的生活、少先队和共青团组织的生活联系起来。所谓联系，当然不是长篇大论，说一大套与课文无关的新闻，而是在服从于教学目的的前提下，根据课文的内容，有机地插入一些新信息，启发他们深思。只要联系紧密，天衣无缝，哪怕是一两句话，学生也会情绪昂扬，感奋起来。

以教《少年中国说》为例。要揭示该课文在当时历史条件下的积极意义，须向学生介绍时代背景。怎样介绍呢？一引现实生活的活水，二要学生历数 1840 年至 1900 年清政府丧权辱国的史实。教这篇课文，正值中华人民共和国成立 35 周年大庆，阅兵、游行、燃放礼花的场景仍历历在目，学生口述盛况，突出了生活的沸腾，新生的人民共和国正阔步前进。学生振奋之际，就势一转，回顾历史，构成鲜明对比，点明当时凡有爱国心的人都寻求拯救民族于危亡的道路，作品就是在这样的历史背景下产生的。在评价该文的历史局限、阶级局限时，插入了一句“他有一颗中国心”，教室里立即出现了意想不到的活跃。

我们所处的时代是科技、文艺等信息大量涌现的时代，教师应努力吸取，慎加选择，引入教学，使课堂内不断有时代活水流淌。

激发学生学习兴趣的途径和方法很多，课外比课内有更广阔的天地，但说到底，最好的方法就是使这个学科让学生深切地感到值得学习、非学不可。学生从教师的教学中不断获得营养价值很高的养料，他们就会欢快地迷恋这个学科，出现意想不到的进展。

“逐渐去扶翼，终酬放手愿”

题目是叶圣陶先生应《人民教育》编辑部征稿所写的一首诗中的两句。这两句诗与为人津津乐道的名言——“教是为了不需要教”一样，十分精确地表达了叶老一贯的教学思想。

“教是为了不需要教”这句话十分精辟，应该是一条教学原则。它常被广大教育工作者用于学校教学工作，其实，还可以推而广之用于人的一生的“学”与“做”。叶老爱用导幼儿学步作比方。大人千方百计导幼儿学步，为的是有效地、尽快地使孩子能自己走路。扶着孩子学步并非为了将来永远扶着他，而是为了尽快不再需要扶着他，让他独立去走路，这道理是人人皆知的。学校教学工作也应是同一道理：教师千方百计运用最有效的方法，使学生能尽快独立自学，尽快地具有独立工作的能力。

这里先要讲一讲“教”。关于“教”的概念，就我多方聆听所及并细加分析后，发现大致有狭义与广义之分。狭义的“教”往往只指课堂上的讲，而广义的“教”则指教师对学生的所有教学活动。旧社会所指教书匠的“教书”，基本上是指前者；而我们今天所讲教师“开展种种教学活动”指的是后者。在中小学教学活动中最多的仍然是课堂教学，而课堂教学中的讲解又往往是用得很多的，下面就专门讲一讲这个问题。

课堂讲解的问题，中华人民共和国成立以后讨论得很多。讨论中，人们反对一味“注入式”的讲解，赞成启发式，提倡启发式，这是完全正确的。但还要弄清两个问题。第一，课堂上讲应视各级各类学校有所不同。比如，大学可比中小学少讲些；培养研究生，导师只消指点明白，由学生自学即可。第二，中小学课堂教学仍占重要地位，问题的是与非，不是以“要讲”与“不要讲”而分。而是在于何处该讲，何处不该讲；在于该讲多少；在于讲是否从学生的实际出发，是否按照课程的需要；在于教师讲的是否明确，能否运用启发式的讲解，是否注意到有利于培养学生的自学能力和独立工作能力。

教师的所有教学活动，都要着眼于培养与提高学生的自学能力和独立工作能力。学生终究是要离开学校进入社会为祖国工作的。就人的一生而言，学校里专门学习的时间毕竟短，而工作的时间比较长，因此，能否独立工作，独立工作能力是不是强，就显得十分重要。独立工作能力强的，就可能对社会做出较大贡献。这就向学校教学提出了培养学生迅速提高独立工作能力的严峻要求。学生在学校中学习，“受教”的机会多，但不是说进入社会就不再学习不再“受教”了。“活到老，学到老”，学无止境，要不断受教于人，甚至也可以有给人把着手教的时候。这在艺术界是常有的事。一个有相当成就的音乐家求教于造诣很高的大音乐家，大音乐家也会在钢琴边上一点一点指导讲授。同样，有些已有成就的画家或演员往高处继续学艺也是一样。这里虽说是把着手“教”，但还是为了有效地达到更高一级的“不需要教”。人的一生就是在这种“做”与“学”的辩证关系中螺旋形地不断进入更高的境界的。人们常说“名师出高徒”，这是因为一方面名师善于点拨，一方面高徒善于消化和独立创造。叶老同一诗中有这样两句，“所贵乎教者，自力之锻炼”，想必就是这个意思。这里我们是从更为广泛的范围里讲了“教是为了不需要教”。

再者，不能断章取义把“不需要教”说成教师无所事事、无所作为。“不需要教”的境地，不是从天上掉下来的。相反，学生要达到这境地，除了自己锲而不舍努力外，还得有教师的指导。这就要求教师“学而不厌”，不断提高自己的专业水平，“诲人不倦”，专心致志地研究和改进教学方法，并创造性地把各种教学方法调动起来，教得更有效果，学生更得益。还是用叶老的两句诗作结：教师心里有了“逐渐去扶翼”的明确认识，努力改进教学，才可以达到“终酬放手愿”的目标。

兴趣·感情·求知欲

教语文，要紧的是把学生的心抓住，使学生对语文有兴趣，有感情，产生强烈的求知欲。这样，学生在有限的45分钟里就能全神贯注，耳听、脑想、口说、手写，在课外无限的广阔天地里能广为涉猎，欣赏推敲，吮吸中华民族语言文学宝库中的丰富养料。光有“教”的积极性，没有“学”的积极性，就教师来说，常常徒劳无功，或事倍功半；就学生来说，是“要我学”，或兴味索然，或视为负担。学生对语文的兴趣、感情、求知欲，不是天生的，也不是自然而然产生的，而是靠教师在教学实践中长期地、耐心地、细致地启发、诱导、培养。这些年来，我学习许多语文教师的好经验，结合自己的教学实际，有如下几点体会。

教育学生下苦功

“语言这东西，不是随便可以学好的，非下苦功不可。”学语文要重视日积月累，持之以恒。这就饱含着苦学苦练，没有“苦”就谈不上“恒”，要做到“恒”，其中必然有苦功。我常以古人刻苦学习的感人事例结合课文教学和作业讲评对学生进行教育，使他们体会学习中耕耘与收获之间的关系。学生学习《卖炭翁》，被诗人白居易优美、精练的语言吸引住，我立刻趁热打铁，介绍白居易年轻时苦学的情况，如何“昼课赋，夜课书，间又课诗，不遑寝息矣。以至于口舌成疮，手肘成胝……”激励学生认真读写，努力掌握祖国的语

本文发表于《上海教育》1979年第3期。

言文字工具。有些学生比较认真地学习了一段时间，似乎看不到明显的效果，有点泄气。针对这种思想情绪，教师可补充一点教材，开阔视野，鼓舞斗志。我向学生讲述王国维《人间词话》中谈到的治学必经的三种境界：“昨夜西风凋碧树，独上高楼，望尽天涯路”；“衣带渐宽终不悔，为伊消得人憔悴”；“众里寻他千百度，回头蓦见，那人正在，灯火阑珊处”。寻求知识时的迷惘，刻苦钻研时的执拗，获得知识时的欢乐，通过诗情画意的描述，给学生以启发、感染。课后，有的学生在作业本上写道：“古人能如此刻苦做学问，我为什么不能呢？一定要顽强学习，百折不回。”学生有时稍有进步，又会浅尝辄止，认为没什么了不起，缺少继续进取的劲头。此时，我常以陈毅同志、鲁迅先生等人的名言进行教育。陈毅同志说得好：“不用一番苦功要做到文章清通、书写自由是不可能的。”浅尝辄止是未真正入门的表现，更不用说登堂入室了。“用尽千缸水，只有一‘点’像羲之。”让学生从名言中，从王献之学书法的故事中领会学习语文的甘苦，戒骄破满。

为了让学生真正理解学语文的艰苦性，我经常以学生中的事例进行教育。有个学生阅读与表达的能力均较强，词语丰富，文理顺畅，班级学生信服。我请他介绍如何重视语文，如何细水长流地积累，如何课内专心一致、揣摩推敲，使学生有借鉴，懂得学习语文要锲而不舍，一日不多，十日许多。如果上课漫不经心，做作业掉以轻心，学习一旦落下来，用双倍的甚至三倍的时间和精力都难以补上。至于对字、词的理解和积累也是这样。有的学生理解“工整”这个词的意思，用在作文里却出毛病，造出“写字姿势要工整”的句子。写字要“工整”，姿势要“端正”，从词义的辨别中，让学生明白我们祖国的语言非常丰富，许多同义词、近义词只有细微的差别，要通晓其异同，准确地使用，非一日之功，须下苦功学习，大量占有材料，须靠平时的观察积累。

我还常以自己的不足向学生交底，激励他们从中吸取教训，抓紧时机刻苦学习，力争做到青出于蓝而胜于蓝。比如，汉语拼音，我是后来学的，由于年岁的缘故，总是很难克服南方人学普通话的弱点，影响教学时的准确性。又如，有些字自己做学生时一瞥而过，未铭记心中，现在用起来常读不准音，有的字甚至用字典查了五遍、六遍，时间一长，又模糊起来。通过自己的现身说法，让学生懂得一定的年龄必须完成一定的学习任务，启发他们抓住学生时代的宝贵时机，下苦功学习。

让学生学有所得

让学生学有所得，这是调动学生学习积极性的重要方面。教师必须精心设计每一堂课，使学生每上一堂课都有所得。语文教学中一定要克服“上与不上一个样”“教师指导学与学生自己学一个样”的状况。学生上语文课获得了新的知识，听、读、说、写与思维的能力得到培养与发展，内心就会充满喜悦，就会有一种获得精神食粮后的满足，兴味就会盎然，就会持续不断地探索语文知识的宝藏。

要让学生学有所得，教师应当对学生具有的语文知识、读写能力、学习方法、兴趣爱好，进行认真的、经常的调查研究，做到目中有人。上课察言观色、课后作业批改、个别接触交谈，都是了解学生语文实际的途径。不了解“的”，不看准“的”，再好的箭也发挥不了作用。对学生情况若明若暗，教学就有很大的盲目性。或失之艰深，学生如堕五里雾中；或失之肤浅，学生味同嚼蜡；或失之烦琐，学生昏昏欲睡；或失之简括，学生囫囵吞枣。语文学习有自己的特点与规律，不同于数理化学科。数理化阶段性分明，对某一概念、某一定理，学生未接触前几乎全然无知，但教过就可以懂，就能掌握。语文不是如此，语文人人要用，天天要用，但正误大有区别，水平高低悬殊，这种复杂性在学生身上也同样反映出来。同一班级，学生语文程度好、中、差不一，教学时必须吃准学生的实际。学生懂的绝不唠唠叨叨；学生不懂或难懂之处，花气力教，不绕道走，不一讲带过；学生似懂非懂的要分别具体情况有针对性地教。教知识要像敲钉子一样，一个一个往下敲，使学生脑子里留下深深的痕迹，学有所得。

比如《天论》，劈头一句是“天行有常”，学生字都认识，但意思不懂，那就要逐字解释，使学生理解掌握。《在马克思墓前的讲话》第7段开头有一句“因为马克思首先是一个革命家”，学生一般只理解这句话是承上启下，忽略了“首先”，更少体会其中包含的深义。教学时针对这种情况要点拨学生由表及里地思索，前后连贯地推敲，使其领会“首先”这个词很关键，马克思之所以创立科学共产主义学说，在理论上有重大贡献，是因为他“首先”是一个革命家，亲身“参加推翻资本主义社会及其所建立的国家制度的事业”，组织群众，宣传群众。这样运用，不仅承接了上文马克思理论上的贡献，开启了马克思伟大革命实践的论述，而且突出了革命理论来源于革命实践的重要观点。抓住此关键，点在学生似懂非懂之处，既抓了基础知识的落实，又进行了实践第一唯物观点的教育，还打开了学生考虑问题的思路，学生学起来津津有味。

要使学生学有所“得”，教学目的一定要明确，要单一。每篇课文可给学生的东西很多，从字、词、句、篇到语、修、逻、文，从思想内容到写作技巧，教师如果就自己钻研所得一股脑儿倒给学生，学生反会迷迷糊糊，不得要领。要做到教学目的单一，须正确处理“得”与“失”的关系。为了让学生真正在知识与能力上有所“得”，教师要舍得割爱，舍得摒弃与教学目的无关或关系不大的材料。教师胸中要有全局，一学期通过一本教材究竟教给学生哪些语文知识，按照教学大纲要求达到怎样的目的，心里要明白。教的时候，要有一盘棋的思想，哪篇课文落实哪些知识，培养什么能力，要重点突出，不要眉毛胡子一把抓。比如《周总理，你在哪里》是十分感人的课文，从内容到语言可学的东西很多，根据大纲要求和学生实际，我确定了围绕主题构思的教学目的，帮助学生通过这首优美诗歌的学习，理解如何认真构思，围绕主题决定材料的取舍与安排，从而逐步克服习作中不讲究构思，内容干、淡、浅、窄的毛病。教学目的单一，教学时就有了主心骨，教在点子上，学生学起来就可眉目清楚，印象深刻，易于接受。

教学要生动有趣

语文学科的教学，是通过一篇篇课文、通过对千变万化的语言文字的理解运用来与学生产生思想感情交流的，有它独特的引人入胜的特点。教师要善于把握这个特点，把课上得生动活泼，充分发挥我们祖国语言文字特有的感染力和说服力，使学生不仅学有收获，而且学有味道，兴趣盎然。切忌把语言文字讲成僵死的符号，把有味道的课文嚼成稀烂粥，使学生倒胃口。鲁迅先生讲课很讲究艺术，语言生动，妙趣横生，给听课的人以知识、以力量、以智慧、以享受，是教师学习的楷模。教学时，我注意从以下两个方面启发学生学语文的兴趣。

一是紧扣教材的特点，运用学生已有的知识，开启学生思维的门扉，引导他们聚精会神地猎取新的知识。比如课文《赵奢与赵括》，教的时候我先把“纸上谈兵”这个成语写在黑板上请学生思考解释，学生立刻活跃起来，有的讲其含义，有的争着述说其由来。就在学生学习热情高涨之时，我用一两句话立即把他们的注意力引入课文。我说：“赵括如此愚蠢，而他的父亲赵奢却是名将，赵奢是怎样用兵的呢?”我发挥课文的特点，把赵奢父子如何用兵对照起来指导学生学习，通过咬文嚼字、琢磨推敲，学生深为赵奢父子用兵天壤之别所吸引，在兴趣甚浓之中学习了文章褒贬对照的写法，提高了阅读文言文的能力。又如指导学生学习《深山雪夜》这篇课文，根据学生看得懂而理解不深的特点，围绕环境描写衬托人物形象的教学目的，指导学生阅读，要求学生用自己的话描述深山雪夜的场景，要说清楚背景、人物、道具，使人如见其景，如见其人。学生深感兴趣，读得仔细认真，一个学生描述，好些学生补充，连“一棵小树”“一盏小马灯”都十分注意，连狂风、雪片、冰凌响也绘声绘色地描述出来。学生边看书，边讲述，调动了视觉、听觉，犹如进入画境，不仅培养了形象思维能力，而且理解了环境描写与人物形象的关系，在反复读、说之中，学生也掌握了有关的词与句。

二是注意开拓学生的眼界，或结合课文的学习推荐有关读物，或及时介绍报刊上的好文章，引起他们的阅读兴趣。比如教杨朔的《泰山极顶》，在学生理解课文的同时，向他们推荐姚鼐的《登泰山记》和杜甫的《望岳》，使学生在比较中有所得，学生独立阅读前者有些困难，但对后者一经点拨几乎全能理解、背诵。又如《县委书记的榜样——焦裕禄》这篇通讯一在报上发表，我就组织学生阅读，如今虽已时隔十余年，但学生仍能清晰地回忆起当时受焦裕禄同志崇高的思想境界、忘我的工作精神感染教育的情景，学生认为不仅文字上受到启发，而且在做人方面受到很大的教益。再如，刚粉碎“四人帮”，我把报上登载的散文诗《春花烂漫》立即介绍给学生，学生十分喜爱，读后模仿其笔法进行习作。学生求知欲强，精力充沛，特别对阅读文艺书籍有一种渴望，教师要理解他们的“渴”，千方百计“解渴”，大力提倡课外阅读，让课外阅读如淙淙泉水不停地流，使学生在叮叮咚咚的泉水声中浏览佳作，欣赏珍品，培养和加深对语文课的感情，对祖国语言文字无比热爱的感情。

启发学生神思飞越

想象，从心理学角度讲，就是人们在已有表象的基础上通过头脑加工厂构造出新形象的一种思维活动，想象就是形象思维。一个想象力丰富的人，他的创造力就强，就能够把已经占有的知识重新组合，创造出种种新形象，或幻想出前所未有的形象。从这个意义上说，想象力确实像活化知识的酶。

爱因斯坦就非常重视想象力，他说：想象力比知识更重要，因为知识是有限的，而想象力概括着世界上的一切，推动着进步，并且是知识进化的源泉。从这段话中我们可领悟到一个人的知识是静止的、封闭的和有限的，而想象力是运动的、开放的和无限的，想象力是能动的知识。如果把知识比作“金子”，那么，想象力就是“点金术”，能使知识活化，能进行创造。

我们教语文，当然不能把事先已经准备好的种种知识、结论一股脑儿塞进学生的脑子，捆住他们想象力、创造力的翅膀，而是应该千方百计使他们在读写过程中“思接千载，视通万里”，激发他们神思飞越，处于创造的气氛之中，享受丰富的精神生活。那么，怎样在有限的课堂内开拓学生无限的想象呢？

一、选准想象的“触发点”

想象的心理过程是在客观事物的影响下发生的，讲读教学中要激

本文发表于《语文学习》1985年第6期。

发学生开展想象，提高阅读效果，教师就要认真钻研教材，选准选好想象的“触发点”。

把握文章的特色，抓住关键词句作“触发点”，引导学生开展想象。关键词句犹如一团线的头，头拉得好，就会思绪绵绵，思想插上翅膀。如《驿路梨花》的第一句就可选作想象的“触发点”。“山，好大的山呵！”一开篇就把哀牢山拔地而起的形象推到读者面前，然后镜头逐步拉开，展现群山紧挨、密林遍布的画面。由于第一句起得突兀，用反复朗读的方法作用于学生听觉，在感官上引起振动，再边读边想“起伏的青色群山一座挨一座”等语句，学生就会进入课文描绘的境地，品味语言的奥妙。

文中精彩的比喻也可选作“触发点”，触发学生想象。精彩的比喻极富形象性，如童话中的魔棒一样，碰到哪里，哪里就忽然明亮清晰。不少课文中运用了精彩的比喻，如能分清主次，择其精要激发学生想象，学生对课文的理解就会具体深入。如《井冈翠竹》绘竹子形态时，以“当年山头的岗哨”和“埋伏在深坳里的奇兵”为比喻。以此为“触发点”触发学生想象，不仅可对远眺所见的竹子的神态、气势加深认识，而且能自然地联想到当年的革命战士。从这两个比喻出发想象开去，对为写竹子的思想精神埋伏笔的细微之处就能有所体会。

用图像、线条也能触发想象。有些诗文用多彩的语言描绘出令人赞叹的意境，给人以启示和享受。教学时如精选有关图像引导学生辨认、欣赏，也同样可收到触发想象的效果。如教《海燕》时，以水彩画《海燕》为触发点，开启学生想象。画意与诗“海燕叫喊着，飞翔着，像黑色的闪电，箭一般地穿过乌云，翅膀掠起波浪的飞沫”相合，指导学生观画，想象画前景象，推想画后景象，想象天空和大海的变化，想象海燕的形象，使静画活动起来，这就促使学生理解诗意是怎样发展怎样深化的。

二、调动学生的知识储存和生活经验，发展他们想象的能力

想象力的发展须凭借感知过的种种材料。要发展学生的想象力，在语文教学中就要经常提供和交流感性知识。感性知识是想象的基础，感性知识越丰富，想象力越强；反之，脑中空荡荡的，即使外界有事物、有语言文字触发，脑中也难以形成生动、丰富的图像。教学中要经常有意识地提供和交流感性知识。读诗，讲画，谈小说，评散文，重在诗情画意的描述，生动的细节的描述，以声传形，以声传情。带领学生到生活中抓活泼泼的材料，抓新鲜的带光彩的细节。学生眼看、耳听、心记，感性知识日益丰富，开展想象就有坚实的基础。

用环链式的小问题轻轻叩击，调动学生的知识和生活经验，再现文中描绘的景象。富有诗情画意的情景描写，往往要涉及景物的形、声、色，笼统地想一想，效果不理想。如果从视觉、听觉、嗅觉、触觉等多方面设计一环连一环的小问题助学生想象，就能使脑中图景清晰起来，立体起来。如《社戏》一文中月夜行舟图是极妙的描写，教学时要学生边阅读边想教师提的问题：看到了什么？回头看到了什么景象？听到了什么？仔细辨一辨有哪些声音？再倾耳听一听，是管乐还是弦乐？嗅到了什么？和什么味一样？远看，近觑，作者写景，读者造境，把书中的无我之境想象成有我之境，使外物和内情融合，情景交融，增添真切感，这样，对文中的“自失”就能深入理解，引起共鸣。

想象力的高低不仅决定于已有感性材料的数量多少和质量高低，而且决定于一个人的语言水平高低。学生的想象活动是在语言调节下进行的，想象的内容一般是用语言的方式表达出来的，如脑中只有图像，而不能以清晰生动的语言表述，想象和思维的发展都会受到影响。教学中根据课文的特点要求学生选择恰当的词语，组织语句，绘

声绘色地描述人物形象或自然环境，可促使他们展开想象。如《听潮》中运用博喻的部分，要求学生阅读后口头描述海潮来时的各种声响，不仅能发展学生的想象力，而且学生的用词能力也得到了培养。

推想作品中的情节与人物活动也能发展学生的想象力。文学作品为了使情节集中，人物形象分明，常以简驭繁，用笔比较跳荡，留给读者想象余地。教学时可抓住作品的某些特点培养和发展学生的推想能力。推想也是一种想象，由眼前见到的事物推测到没有直接见到的事物。阅读教学中发展学生推想能力，可先抓住文中描写的有关情节、有关场景促使学生脑中再现生活的原貌，然后要求他们顺着作者思路推想情节的合乎逻辑的发展。这样训练的目的不仅在于调动学生生活经验开展想象，而且可从比较中体会剪裁的艺术技巧，学习构思的方法。如教《金色的八十年代》，要求学生推想第二个场景的具体情况，把暗写的内容补明，从而体会作者剪裁得当、明暗相辅的匠心。

议论文的阅读似乎只需逻辑思维，而无需想象力。其实不然。议论文阐述抽象的道理，而抽象的道理是观察客观事物后形成的。为了帮助学生阅读时理解得具体、深入，同样需要启发他们想象，引导他们用生动的事实作补充，使词句表达的概念、判断和阐述的道理形象化。

三、采用充满情趣的方法促使学生脑中展现立体图景

有人说，如果把客观实际比作空气，那么，想象就是翅膀，只有两方面紧密结合，才能飞得高、飞得快、飞得远。这个道理用来认识和指导学生在读、写训练中展开想象的翅膀也是很有益的。方法充满情趣，这样学生就乐于接受，如：

作图法。文学作品常具有诗情画意，把用文字写成的诗文改换成

用线条画成的画，情味增添。学生要画，就要反复读课文，理解得正确、深入；画了以后，图像展现，又可图文对照，评长道短，开展想象，活跃思维。如辛弃疾的《清平乐·村居》，疏疏几笔，活画出农家老小两代人的五个形象，展现了江南山村景色。教学时要求学生把词中塑造的农家景象白描一番，把作者的文字“白描”变成用线条用画笔“白描”。学生兴味盎然，他们不仅要考虑翁媪的形貌、神情，考虑大儿、中儿、小儿的神态、动作，而且要考虑空间的位置如何安排，溪、田、藕池、茅屋等如何配置才符合诗意。学生脑中不浮起立体图景，下笔就难以正确。有些说明文介绍物体的空间位置也可用作图的方法促使学生开展想象，训练思维的条理化。当然，这种作图有别于美术课，它只是培养想象能力、提高阅读理解水平的辅助手段，不能喧宾夺主。

手势法。有些课文绘景写人有声有色，阅读时如无生字难词，学生往往会一晃而过，不注意咀嚼体会，难以留下深刻的印象。教学时抓住关键词句要学生佐以恰当的手势，学生不仅有浓厚的兴趣，而且可加深印象。如《驿路梨花》中有“突然梨树丛中闪出了一群哈尼小姑娘”。教学时要求学生以手势表场景，体会“闪”字的传神作用。理解不深的学生只用一只手做一个快动作以表示“闪”，而理解得较好的就用两只手做手势，一表示树，另一表示小姑娘。因为“闪”写出了一群小姑娘走出来的速度，出现时的亮度，使人眼前豁然一亮，树密人稠，风光美丽。至于人物动作，学生描摹一番，课堂气氛可大为活跃。

比较法。阅读教学中选准想象的触发点促使学生开展想象是培养学生想象力的一种做法。但是，如只局限在课文的词句，而不注意因势开拓，想象的内容有时就显得单调。如果抓住重点语句注意打开学生的思路，学生想象的内容就会比较丰富；再把想象的内容与课文中写的内容对照比较，对课文中有关写法的认识就会深入一步。如《序曲》一文中老院长的出场是借助从镜子中出现来表达的，除了要学生想象这种场景的具体情况外，还可询问学生还有哪些出场方法，要他们充分展开想象。学生可以说出多种，如推门、缓缓进来、咳嗽、手搭在主人公的肩上等等，然后进行比较，区别写法的当与不当。

续文法。有些课文结尾含蓄，耐人寻味。教学时抓住这个特点要求学生把文章续写下去，思想展翅遨游后，学生会积极探讨。这样做，不仅能激发学生浓厚的学习兴趣，而且有助于对课文脉络的梳理和主旨的钻研。如《小麻雀》一文结尾未明写小麻雀的结局，而学生从上文了解了小麻雀的悲惨遭遇后，感情上有所触动，对小麻雀的关心和同情促使他们很想知道小麻雀的结局如何。在这种情况下，教师可要求学生开展想象，顺着文路推想小麻雀有怎样的结局。学生想象的具体情节不相同，结局也迥异，至于细节更是杂彩纷陈。学生按自己想象的写续篇，想象能力、表达能力都得到了锻炼。

作文法。想象有再造想象、创造想象和幻想之别。再现文中场景多属再造想象，而培养学生的想象力不能停留在这一点，要注意引导他们运用已经感知过的各种材料进行加工改造，创造新的形象，也就是说要培养学生创造想象和幻想的能力。作文的方法可担负此任务。作文题得当，能促使学生由此及彼、由纵而横地开展想象，“观古今”，“抚四海”，天上人间，纵横驰骋，创造出种种新形象、新图景，甚至是神奇的。如让学生作《八十年代畅想》。学生思想活跃，有的想到自己成为宇航员，从月球上观地球，想象奇丽，并引张孝祥的《过洞庭》诗句“尽挹西江，细斟北斗，万象为宾客”来描写一二十年后在月球上师生欢聚的情景，很有情趣。

总之，想象是学生掌握知识的一个重要条件，要提高语文教学质量，课堂内就要善于把握各类各篇课文的特点，有意识地唤起学生想象。这样做，不仅能促使学生加强对艺术形象的感受，而且能促使他们对课文的认识向理性阶段深化。

训练学生的想象力，课前须作周密的考虑，注意并正确处理想象与观察、思维之间的联系与区别。想象不是胡思乱想、想入非非，即使是幻想，也植根于现实生活的土壤。因此，指导学生开展想象要踏实而不拘谨，宽广而合逻辑。观察是思维的基础，想象又给思维插翅加翼，这样，学生在听、读、说、写训练中不仅知识学得扎实、深入，而且创造力获得培养。

把握记忆的支撑点
——谈知识的储存

记忆是整个学习过程中一个不可缺少的要素。我们读书不能像漏斗一样，随读随忘，要善于把有用的知识储存下来。一个学生理解能力的高低，在分析问题、解决问题过程中，能否闪发出创造性思维的火花，也往往与他们知识储存多少有密切关系。记忆是知识储存的重要手段，人们依靠记忆把阅读思考、所见所闻的材料储存在脑中，需要用时把它们检出来，用以帮助解决问题，从而进一步获得新知。

语文教学和其他学科教学一样，也要十分重视学生记忆力的培养和发展，千方百计增加他们的知识储存。中学阶段是人一生中记忆力的“最佳”时期，故中学语文教学中有计划地培养和发展学生的记忆力十分重要，使他们牢记必要的语文知识，牢记一些名言名篇，有效地提高阅读能力，他们会终生受用不尽。

培养和发展学生的记忆力，在实践中我有以下一些体会。

一、澄清一些模糊认识

今天大家强调培养和发展学生的思维力和创造力，这十分必要，但也引起了要不要发展记忆力的问题；在语文教学中，不论是教师还是学生都往往对此有种种不同的看法。有的把记忆与死记硬背等同起

本文发表于《教学月刊》（中学文科版）1985年第7期。

来，死记硬背要不得，误以为记忆无补于事；有的认为现在有电脑储存信息，记忆已不重要，要什么资料，凭电脑查检好了；也有的认为人的记忆力有限，学科多，知识更新如此迅速，这要记那要记办不到。这种种看法如果不加分析，不予澄清，提到记忆，学生心先懒了，一定会影响到记忆力的健康发展。

记忆记忆，当然包括“记”和“忆”。“记”就是记住，心理学上叫识记，保持；“忆”就是重新认出来，或回想起来，也叫作再认和再现。记忆常被分为机械记忆和逻辑记忆，前者即通常所说的背诵，而后者则是以理解为前提的。即使是机械记忆、背诵，也要讲究方法。何况机械记忆的使用在学习中也是必不可少的。比如要求使用丝毫不差的准确字眼的时候，需要的就是这种记忆。这与死记硬背完全是两回事。死记硬背当然要反对，如果对课文内容不理解、不领会，对段落大意、中心思想的归纳概括过程不思考、不分析，一味为背诵而背诵，一句一句孤立地死记，那怎能收到好的效果？

电脑无疑能储存信息，但它不能代替人脑。电脑里储存的东西不等于自己脑子里就有了；更何况人们学习、工作，特别是进行创造性的劳动，自己脑子里必须要有一些基本的、不可缺少的知识牢牢地储存在那里。自己脑子里有知识，实践中才能能动地运用创造；脑子里空空如也，做起事来难免捉襟见肘。电脑又岂能包办人的应有记忆？

至于人的记忆容量问题，美国麻省理工学院的一份报告说：一个人如果始终好学不倦，脑子里一生储存的知识将相当于美国国会图书馆藏书的五十倍。据说，该图书馆藏书一千多万册，那么，人脑记忆的容量要相当于五亿本书的知识总量。如此说来，人的记忆潜力很大，问题在于怎样来很好地运用，充分发挥。

弄清以上看法，有助于很好地培养学生的记忆力。培养学生的记忆力不可忽视。苏联心理学家谢琴诺夫对此说得很实在：“在人的一生中，凡是经过大脑的思想，没有一种不是由记忆中的因素形成的。”又说：“关心发展识记的事物，也就是关心发展人的全部智能的内容。”这就把发展记忆力在发展智能中的重要性说得很清楚了。

二、引导学生寻找记忆的支撑点，提高记忆能力

人的记忆力确有不同：有的人过目不忘，有的人前学后忘；有的记此易记彼难，有的记彼易而记此难。原因固然是多方面的，但掌握不掌握记忆的方法，也是重要原因之一。这里要先讲一点关于记忆的科学知识。

按照苏联生理学家巴甫洛夫的高级神经活动学说的观点，记忆是人的大脑皮层上暂时神经联系的形成、巩固和恢复的过程。他认为人们感知事物或思考问题，都会在大脑皮层中形成某些兴奋点，各个兴奋点有神经通路彼此联系，事过以后，这些兴奋点和神经通路便以“痕迹”的方式留在大脑皮层中。在某种刺激物的影响下，它们又会重新呈现。很显然，要提高学生的记忆能力，就要注意形成兴奋点，并注意接通它们之间的彼此联系。在语文教学中，我时时注意：

1. 抓住记忆的支撑点，构成网络图

学生如要背诵一篇文章，须在脑子里构成一幅有许多支撑点彼此联系成的网络图。图的全貌怎样？有哪几条粗线，哪几条细线？在每条线上有哪些支撑点？点与点之间是怎样联系接通的？掌握这些要领，课文背起来就比较容易。

比如背诵《观巴黎油画记》全文，可分以下步骤。第一步，梳理大骨架，使学生轮廓在胸。由巴黎蜡人馆而巴黎油画院，而普法交战图，而对该图创作意图的议论。第二步，理线索。如第 2 段，内容多，容易前后混淆，就指导学生把握叙说的“序”——画室布局、

画幅内容、观者感觉。而画幅内容中一条条细线也要理清楚。战场环境、两军人马杂沓、战斗激烈的惨状、画面背景等。脑中线条清晰，记起来就方便。第三步，抓关键词语。如“译者曰，所以昭炯戒，激众愤，图报复”的含义，抓住“昭”“激”“图”三个词语作记忆的支撑点，就能迅速背诵出这个句子。

2.
借助联想、想象，进行分类比较，增进知识的储存

知识的储存量依靠记忆的广度和深度，要记住某些新知识，可充分运用旧知识。在新旧知识之间搭起联系的桥梁，对比分析，有助于加强记忆。比如学习杨万里的《晓出净慈寺送林子方》一诗时，启发学生联想读过的写西湖美景的诗。学生会很快地想到苏轼的《六月二十七日望湖楼醉书》和《饮湖上初晴后雨》。把这三首诗进行比较，明确：同是写西湖，但观察点不同，观察时间不同，具体景物有别，画面色彩各异，有静景，有变化中的动景，通过比较，理解加深，即巩固旧知，又利于储存新知。

俗话说“博闻强记”，博闻与强记有联系，可以相互促进。见多识广，联想丰富，触类旁通，抓住并记住的东西就会多。

3.
设计提纲挈领式的板书，帮助学生记忆

语文课文的特点是内容与文字形式的统一，从思想内容到篇章结构到语言表达和写作方法，可学的很多，不掌握好的学习方法的学生，学完课文后往往混沌一片，不得要领，要记的也记不到脑子里去。针对语文课文这一特点，教师事先也要考虑到哪些要学生记忆并如何记住的问题。这一要求可以设计在板书里，板书设计要有目的，

有取有舍，好的板书设计除很好地帮助学生理解课文外，同时也要在帮助学生记住应记的知识方面起一定的作用。教师要有意识地在板书设计时替学生安放帮助记忆的支撑点。如《海燕》的板书设计，完全可以用文中的词语作支撑点。

三幅画面中海燕的形象丰满，可使学生理解深入，同时也直接记住了课文内容。板书设计中做有心人，办法自然会多。

4.
运用口诀或有节奏有韵律的形象化语言形成某种人为的联想结构，促进和巩固学生的记忆

小学生背诵九九乘法口诀，虽经以后多次应用才能运用自如，但应用前必先记住，而帮助记忆的则是口诀。凡主要靠机械记忆的可以采取口诀或韵读的方法。比如查检四角号码词典，检字法里有取号歌诀："横一垂二三点捺，叉四插五方框六，七角八八九是小，点下有横变零头。"很好记。但学生记住笔形、代号，检字时仍有困难。检字法中具体取角方法有十二条，内容虽具体，但不容易记。学生开始学时，可先提炼出几句简单明了的话，帮助他们记忆。如："左上到右上，左下到右下（江 3111）" "两单取左右，两复取上下（到 1210，引 1220，仁 1321；母 7775，具 7780）" "可单也可复，要作复笔查（政 1814，共 4480）" "五四要作五，六七作六查（丰 5000，国 6010）" "取过没有补个零，七连一二（角与横竖连笔）再用它（亦 0023，用 7722）" "囗（wei）门两类字，下面两笔钻底挖（园 6021，闰 3710）" 等。

这种记忆法，古人用得很多。歌诀信口悠悠，帮助记忆，有其妙用。

三、多角度地对学生记忆能力加以训练

人们常说记忆力好坏是先天的，其实不尽然，后天的训练更为重要。一个正常人的记忆力在学习和实践中能得到不断发展，特别是青年学生在教学中注意多加训练，他们的记忆力能得到健康的发展。这方面，我经常采用的方法有以下几种。

1. 定势

有意识记和无意识记效果不一样。科学实验表明：提出明确的记忆任务，70%的受试者能正确地记住要求记忆的材料，否则，只有43%的受试者能记住，两者相差是很大的。这告诉我们记忆目的越明确，记忆效果越好。这是因为明确了记忆的目的任务，在大脑皮层的有关区域便形成了一个优势兴奋中心，外界信息就落在兴奋中心的“焦点”上，记忆的痕迹就特别清晰而深刻。因此，教学中可采用“定势”的方法，让学生明确任务，产生记住某些材料的愿望，从而下决心牢牢记住。

比如教《岳阳楼记》，一上课就开宗明义地告诉学生这是千古流传、脍炙人口的名篇，要背诵。学生任务明确，只要教学得法，课学完，学生基本上就能背诵。

学生应记哪些，记到何等程度，教师首先应心中有数，并应在教学中明确地对学生提出来。

2. 激趣

记忆与情感因素、兴趣关系密切。有的学生是足球迷，球员的名

字、重要比赛的记录、场上精彩表演倒背如流，说来如数家珍。有的学生知道一大堆影星名字，屏幕上一照眼就能认出是谁，甚至对他们的身世逸事说得头头是道。这常与情感有关，兴奋、喜爱使人主动地去追求知识，接受快，记忆亦深。

学生非常爱戴崇敬周总理，抓住这种心情教赵朴初的《金缕曲》，他们一下子就深深接受，并能牢牢记住。又如学生对诸葛亮的才、学、智慧很有兴趣，教《前出师表》时，我强调这位“两朝开济老臣”的鞠躬尽瘁的精神，学生感受深；再教杜甫的《蜀相》，学生的情绪早已积储饱满，诗教完，学生很容易就记住了。

3.
重复

训练记忆力既要克服心不在焉的毛病，又要和遗忘做斗争。当然，人们不能什么都不遗忘，那些无关紧要的信息遗忘还十分必要，可以减轻脑神经的负担。但是，教学中那些学生必须牢记的最基本的知识，对提高语文水平长期起作用的知识，必须牢牢记住，不能忘得一干二净。与遗忘做斗争，重复是一重要方法；重复出现，间隔再现，能保持学生记忆的长久性。

比如教复句知识，先让学生回忆学习单句的要领，教长句时，又可以用复句知识理顺句子的层次。学习用新知回忆旧知，运用旧知解决新问题，看来重复，但是十分必要。

有些知识学生一时不可能理解和记周全，但经不同角度重复出现，在脑子里就能刻画出全面的印象。在日常生活中认识一个人也是如此，在不同场合中多次与他交往才能全面认识他，才能留下完整的印象。

但是要注意，教学中不能无目的地重复，否则就会浪费时间和精力；只有安排必要的重复，才能收到加深记忆的效果。

4.
系统化

知识零碎、散装，不成片段，容易散失遗忘。知识系统化了，记忆支撑点多，四面联系得起来，要记的东西就容易记住。因此，引导学生把接受的信息放进有关的知识系统里，形成网络，也是锻炼记忆、储存知识的一种方法。比如，学完一个单元之后，要求学生自编提纲，或分项编画图表，把学到的知识归类集中，加以系统化，都是培养学生记忆力的有效方法。事实上，会学习的人脑子里有一个排列好的格子架似的，随时能把学到的东西放在妥当的格子里，接受快，储存多。

5.
辅助手段

记忆靠脑子，为加强记忆，还可调动辅助手段，协同“作战”。古人读书强调五到：眼到、口到、耳到、心到、手到。这样也可以协同起来，加强记忆。乌申斯基说：“蜘蛛之所以能够非常正确地沿着极纤细的蛛网奔跑，乃是因为它不是用一个爪，而是用许多爪来抓住蛛网，这样，一个爪滑了，另一个会抓住。”学习也是同样的道理，各种学习手段适当地结合起来运用，知识容易把握住，并且容易把握牢。辅助手段古人用得多的是圈点、画线、加批等，这些都有用。今天现代化的手段更多，听录音、看录像已很普通，这些都是很有效的帮助记忆的手段。

训练记忆的方法多种多样，上面提到的是一般的、带有普遍性的方法。但是，各人还有各人的记忆特点，教师还要鼓励学生运用自己特有的记忆“拐杖”来加强记忆。学会运用一般的记忆方法，发扬自己的记忆特长，相辅相成，相得益彰，效果也就更好。

引导学生打开认识的窗户
——谈语文教学中的观察训练

眼睛是思维、情感和体验的最复杂的世界，学生认识事物，获取知识的活动围绕着这个世界进行。现代科学证明：人的大脑所获得的信息百分之八九十是通过视觉进来的。当然，通过听觉进入的信息也占一定的比例。所以，观察是认识的窗户、智力的窗户。观察是一种积极的智力活动，一个人要想发展自己的智力，首先须打开认识的窗户，敞开观察的大门，让外界信息源源不断地进入自己的大脑。

从人类历史看，卓有成就的科学家、文学家探索大自然奥秘、探索社会生活奥秘之所以有所发现或有所发明，原因不仅在于他们有良好的思维力，而且在于他们有良好的观察力。众所周知，莫泊桑之所以成为世界短篇小说之王，是由于接受了福楼拜的指点，下苦功对周围的生活进行观察、体验。由于观察的基本功十分扎实，因而他能那样淋漓尽致地描绘出 19 世纪法国社会广阔的生活图景。我们要把学生培养成为能积极思维、独立解决问题的有创造力的人才，须十分注意发展他们的观察力，有计划、有目的地对他们进行观察训练。一个学生学习成绩的好坏、学习能力的强弱与观察的准确度、敏锐度、细密度高低有极为密切的关系，教师对此须有足够的认识。

怎样在语文教学中发展学生的观察力，引导他们进行观察训练呢？我经常的做法是：

一、把学生的无意知觉引导到有意知觉的轨道

认识过程的最初级的形式是感觉和知觉。感觉是直接作用于感觉器官的客观事物的个别属性在人脑中的反映；知觉是直接作用于感觉器官的客观事物的整体在人脑中的反映。感觉和知觉是人类认识活动的开端、思维活动的基础。而观察是一种有意识、有计划、持久的知觉活动，是知觉的高级形态。同样对客观事物用眼看，用耳听，有些学生接受的信息比较多，有些学生却视而少见，听而少闻，甚至不见不闻。其中虽有多种原因，但无意知觉是否占优势是重要原因。怎样才能把学生的无意知觉引导到有意知觉的轨道上来呢？

1. 激发观察兴趣

眼睛是通向心灵的窗户。一个学生善于使用自己的眼睛，对所接触到的人、事、景、物有浓厚的兴趣，他就能积累大量的感性材料，思维就会有丰富的感性基础，心灵就会日益丰富，思维的质量就会不断提高。兴趣是人们对客观事物的一种积极的认识倾向，它受一个人追求的奋斗目标制约。有了兴趣，有了追求的目标，就能有更多的自觉。正因为如此，发展学生的观察能力，也需要十分重视激发学生的观察兴趣。

用生活中的新鲜事物激发学生观察的兴趣。中学生好奇，新鲜事物对他们有巨大的吸引力，教师要十分关心周围的事物，经常以大自然和社会生活中的种种课题激发他们观察的兴趣。如要学生细看柳树从吐芽到柳丝低垂的过程，观察早晨在车站候车的各种人的神情与下班时候的神情有何异同，观察新建的人行天桥的形态、结构；运用图片、实物和现代化教学手段激发学生观察的兴趣。比如教《图画》

一文，为了帮助学生理解中国画与西洋画各自的渊源和特色，教师可向学生推荐《芥子园画谱》和中国山水画、西洋人物画，学生如果有兴趣，对文中的说明的理解就会加深；还可以针对学生好胜的心理，组织小竞赛，看谁观察得细致、观察得周全。

2.
加强目的性指导

中学生观察力的目的性发展有一个过程，他们往往从被动地接受教师的任务而进行观察，逐步发展到主动地、自觉地进行有意识的观察。教师经常进行目的性观察的指导，可有效地发展学生的自觉性，加速由被动向主动转化。

阅读也是一种观察。阅，就是看，认真阅读，是观察的良好开端。在阅读教学中要加强指导，对学生进行观察方面的训练。

要求有所发现。以发现问题来促进观察能力的提高。问题就是矛盾，发现问题就是发现矛盾，提出问题就是暴露矛盾，找出矛盾的主要过程。问题可以由教材本身引起，也可以由观察大量的现象引起。要求学生在阅读中发现问题，他们就会认真阅读、仔细观察。如教《晋祠》，可引入《中国名胜词典》中的相应内容促进学生在比较中仔细观察，发现问题。一观察，矛盾就暴露，如文中的数字、“三绝”的内容等均不一样；一观察，学生认识事物能力的粗细高下也泾渭分明了。

要求慎加辨析。辨析似乎是思考的问题，其实不然。要辨要析，就要注意提供感性基础，引导学生从观察入门。如字形辨析，有些字学生常写错，原因是不理解，观察不精细。教师要经常指导他们观察，查字典，辨析，字形越复杂越要辨析。如“臧”，指导学生辨析是什么部首，学生看，翻阅字典，弄清楚在《新华字典》里属“戈”部，而在《辞海》中属“爿”部。精细地观察分析，学生就记得牢，不会写错了。

要求寻找解答。寻找问题的答案是一种定向思维的活动，要能找到正确的答案，学生阅读往往会比平日观察精细许多倍。

要求准确表达。学生有了明确的观察目的，就能把注意力集中在所要观察的主要对象上“有的放矢”地用眼睛看。中学生观察的持久性比较差，为了克服这种弱点，可以采用多种多样方法交代观察的任务，要求把观察的对象用语言有条理地表达出来。如解剖豚鼠、蟾蜍，因为要把观察所得表述出来，所以学生看得精细，看得真切。

3.
用反馈的方法促进学生有意观察

学生观察事物，阅读课文常受情绪的影响。如果在一段时间内用同一种方法启发学生观察，效果也会不佳。即使是最勤奋的学生，由于不动感情的脑力劳动带来的疲劳，注意力也会分散，观察也会越出轨道。教师要善于控制学生的情绪，改变方法进行指导，反馈就是其中之一。用反馈法检测学生观察的效果，学生大脑进入兴奋状态，观察力的训练又会进入新的境地。如梳理《花儿为什么这样红》的内容与结构以后，把部分学生带到校园内观察各种颜色的花后再进行反馈，问与答结合，看与说结合，文字和实物结合，教室内外结合，学生学得活泼生动。

观察是智慧的最重要的能源。学生经常进行有意识的观察，养成良好的观察客观事物的习惯，外界信息就会源源不断进入学生的眼帘、耳中。学生有了取之不尽的丰富的能源，聪明才智就会大大发展。

二、
引导学生不断克服观察的片面性，增强全面观察事物的能力

观察是思维入门的向导，观察的片面性必然导致思维的局限性。对问题思考得不准确、不妥当，解答时谬误百出，相当程度上是由于认识世界时一叶障目，观察出了毛病。不少学生观察周围事物或熟视

无睹，或只见一点，不见其余，由于脑子里对这些事物朦朦胧胧，所以，说不具体，说不明白。捷克教育家夸美纽斯曾这样说：“一个人的智慧，应以观察天上和地下的实在的东西而来。同时，观察越多，获得的知识越牢固。”我们语文教学中须努力让学生观察得多些，观察得准确些。

1.
指导学生掌握观察的方法

方法是打开认识窗户的钥匙，方法正确，就能大大提高观察的准确度。每个学生根据自己的情况可以创造观察的方法，但观察的基本方法应熟练地掌握。

（1）要善于在最短时间内抓住事物的主要特征。特征是这一事物区别于类似事物的关键所在，不具备这种眼力，就不可能有观察的质量。在阅读课文和进行写作时，常引导学生作抓特征的训练，锻炼他们的眼力。如阅读课文时要求迅速抓住文章的基调；观察人物、景物时要求三言两语勾勒出图像。

（2）要看到事物的总体和各部分之间的逻辑联系。学生无论是进行单体观察还是进行多体观察都会碰到总体和局部的问题。学生常常被鲜艳的色彩、事物主要的特征所吸引，而只见树木，不见森林，只见自己感兴趣的，丢了许多必须看到也应该看到的东西。因而，要指导他们把认识世界的窗户全部打开，不能有的开，有的闭，只把部分图像摄入脑内。

如要求学生给《皇帝的新装》的插图涂色彩。有的学生只注意涂一件件衣服、一个个人，看起来美丽，但整个画面色彩很不协调。有的学生把皇帝及内臣的衣服涂亮色，老百姓的涂暗色，力求符合课文内容。有的学生涂色以后提出不少异议，认为图中缺少“华盖”，裙子应是“拎”，不是“托”，小孩情态不真实，等等，认为漫画可以夸张，但要合理。显然，第一种只注意局部，不注意整体；第二种注意了整个画面，但人与人、人与物之间的内在联系未精细观察；第三种较前两种全面。把图文对照比较，寻找涂色彩背后的原因。这样的活动既培养了学生理解语言的能力，又培养了学生全面观察的能力。

（3）要井然有序，不能杂乱无章。学生随意性观察，事物看不准确，看不周全，这是可以理解的。为什么有目的地去观看某些事物，仍然会出现丢三落四的情况？除漫不经心等原因外，观察顺序的混乱也是重要原因。事物本身是复杂的，尤其对多体事物的观察，特别要讲究顺序，做到有条不紊。要注意拉几条观察线，如：总体（轮廓）、局部、细部；背景、主体、陪衬；上下、左右；前后、内外。拉观察线不仅促使观察井然有序，而且多条观察线能织成观察视线网，克服观察的片面性，把观察对象全面地捕捉到眼帘。

（4）要转换角度，看到事物的诸多方面。要认识事物的真相，观察时注意力不能只集中于某一点，也不能只局限于某个角度，要多角度多侧面地观察。在读课文插图、观看画片照片、观看实物实景时，常训练学生俯视、仰视、平视，远观、近觑，正面、侧面、背面观看，注意形态和色彩，观静、观动、定点、移步，使学生对观察对象看真切，看深入。

2.
启发学生见到别人之所未见

教学中须启发学生见到别人之所未见，使他们学会从平凡的事物中看出不平凡的东西，自觉地去探求和发现事物的因果关系。唐代书法家张旭自称观看了公孙大娘的剑器舞，草书书法受到启发，从此豪放生动。深入观察的效果仅从此例中看就可想而知。观察不仅可以汲取知识，而且知识在观察中可以活跃起来，知识借助观察而进入周转，提高使用的效率。知识储备越丰富，观察越能深入；进入周转的知识越多，观察就越深入。

点拨在学生疏忽处，是使学生“见”的一种方法。如读《鲁提辖拳打镇关西》，学生往往被“打”的场面吸引，教师点一点：

“别忘了店小二。”学生注意看，领悟到作者忙里偷闲写一笔的巧妙。有些学生把课文中的插图与《中学语文教学参考图集》中的彩画对照起来看，发现画面上展现的不是“同一拳”，而是连续转动的镜头，放在一起看，静体画就活动起来了。生活中点一点，学生观察时思维活跃，也会出妙句。如说青菜烧得好，碧绿，细胞还活着呢。

3.
进行综合训练，促进观察的
全面与深入

观察能力的培养不是孤立的，和其他能力结合起来进行综合训练，效果就比较明显。如视听结合，眼看耳听，比较辨别，听录音，看教材，识记文字符号；视说结合，看图表达，看文解说，训练观察的准确和反应的敏捷；视写结合，边看实物或图片，边写，巩固观察的收获与成果。又如，训练观察与训练想象相结合，既调动感官，又调动思维器官，观察力、思维力、想象力同时获得发展。

三、
启发和带领学生课外观察，
开拓视野，
提高洞悉事物的能力

课内观察是培养学生观察能力的主要途径，但启发和带领学生课外观察也十分重要。观察的天地十分广阔，教师要注意引导学生从教科书的束缚中解放出来，多认识，多寻求，增长见识。

课外观察有许多优点，如：可突破时间和空间的局限，即时地、持久地观察，可培养学生的求知欲，培养学生观察自然、观察纷繁复杂的社会现象的能力；可让学生独立观察，锻炼自己的眼力。课外组织学生参观游览，组织学生赏析艺术，组织学生进行素描写生，实践

证明是有效的。

生活是万花筒，五光十色，令人目不暇接。尤其是我们所处的年代，新事物层出不穷，新信息不断涌现，教师要精心培养学生的观察能力，使他们的眼睛既能一览无余，又能明察秋毫。

在口耳上下功夫
——谈听、说能力的训练

中学语文教学的主要任务是教学生学习语言，培养他们正确地运用祖国语言文字表达思想感情的能力。“语文”按叶圣陶老先生的说法，就是口头语言和书面语言的意思，在口头叫“语”，在书面叫“文”，合起来称为语文。中学语文教学须致力于步步提高学生听、读、说、写的能力。

传统的语文教学对读、写很重视，而对听、说比较忽略。可能因为读、写有形，听、说无形，而升学考试又只考“有形的”，于是放松了听、说方面的培养。再说，有人以为读、写偏重于知识的传授，而听、说偏于能力的训练，传统教学重知识轻能力的观念在这方面反映也十分明显。其实，知识与能力应该并重，并应促使它们相互转化。过去在语文教学中忽视的听说训练应给予充分的重视，引导学生在口耳上下功夫。

怎样使学生学习语文时除用眼用心之外，也积极主动地用口用耳呢？怎样才能有效地对学生进行听说能力的训练呢？

一、正视学生听说现状和社会发展需要之间的差距，提高培养学生听说能力的自觉性

我曾经多次做过试验，用反馈的形式测试学生听教师讲课、听同学发言后接受信息的程度，测试结果表明：掌握90%以上的是极少数学生；大多数学生只能接受信息的60%左右；个别特差的只能听进

20%~30%，听错，听漏，听岔，不得要领，甚而至于脑子里模糊一片。说的情况相仿，不过表现形式不同罢了。低年级的学生还有比较多的“开口”的积极性，随着年龄的增长、年级的增高，学生“金口难开”的现象越来越严重。有些学生笔头功夫还可以，作文写起来头头是道，但即席发言很差，往往不成句，不成段，脸红声轻，传递不了思想感情。这些学生说和写之间距离大，合不上辙。有些学生则是另一种情况：课外开玩笑时方言说得很流利，但一到正式场合，课堂也好，会场也好，不是哑口无言，就是说得断断续续，疙疙瘩瘩。显然，不同的场合对这些学生的“说”起着或催化或抑制的作用。总之，怕开口，声音轻，不成句段，逻辑性差，几乎是学生口头表达方面的通病，远不符合中学语文教学大纲在这方面所规定的目标，当然，也不符合社会发展的需要。

现代化社会是信息灵通、接触广泛的社会，它要求人们反应迅速，办事讲究效率，更能适应繁复的环境。随着现代传声技术和其他科学技术的飞速发展，世界的距离大为缩短，语言不需要换成文字就能直接输送出去，人们可以在天上、地下、海底、太空进行远距离的口头通信。比起书面语言，口头语言起着更直接、更广泛的交际作用。它的使用率从来而且是越来越大地超过书面语言。再说，人机对话的时代已经步入眼前，人和机器人对话，机器人只能听懂规范的口头语言，人们不进行规范化的口语训练，就不能操作使用。生活在现代社会，不讲究听说能力的训练，不讲究讲话的技术，就适应不了时代的需要。现代社会要求人们有迅速接受信息的能力，有出口成章的能力，要求口头表达准确、严密、清楚，而中学生的听说水平却普遍不高。我们须正视这个问题，深切地认识到语文教学中对学生进行听说训练的重要性和迫切性，把它提到“三个面向”的高度，提到实现四个现代化建设的高度来认识。听是指接受外界信息而经过大脑思维加以辨认、理解、吸收和储存；说是指根据具体情况把自己的思想、意愿直接用有声语言加以表达。语言是思想的外衣，听和说都离不开思维，训练听话与说话的能力，对思维能力可起促进作用。在语文教学中培养学生活跃的智能、敏捷的思维是十分重要的，而训练学生的听说能力能使学生反应灵敏，促使他们思维积极亢奋。从这个角度说，听说能力的培养也必须放在教学的重要位置。

叶圣陶老先生曾多次强调指出，语文教学听、说、读、写四项应该同样看重，都要让学生受到最好的训练，指出“语文学科，不该只用心与眼来学习；须在心与眼之外，加用口与耳才好”。确实如此，要全面完成中学语文教学目的任务，听说非大大加强不可。

二、探索听能训练的方法，发展学生运用听觉和思维器官接受、分析、储存、转换和检索信息的能力

俗话说：耳聪目明的人聪慧。“耳聪”就是耳朵会听，听的能力强。耳聪不都靠先天，也靠后天的训练。要提高语文学习的质量，须有计划、有目的地训练学生听的能力，由简而繁，课内课外，使学生聪慧起来，有效地接受信息，获得知识。

训练的方法多种多样，主要的有以下几种方法。

1. 单项定向训练

训练听能，须有明确的目的性。进行听的训练贯串于语文教学全过程。在训练时，听前应向学生提出具体要求，学生听时可全神贯注，抓住要领，舍弃非主要内容，提高听的效率。训练“听”，忌笼统，忌漫无边际。笼笼统统不易见效果，要有步骤有层次，先单项后综合，逐步提高。如听表达上语音的准确性。朗读课文某段文字时，其他要求暂放在一边，只要求学生听读音是否准确，语调是否和谐，尤其是平舌音、翘舌音、前鼻音、后鼻音的区别。将学生注意力引入特定的方向，让他们辨微析毫，增强听字音的能力。

又如进行意志控制的训练，引导学生排除干扰，聚精会神地听。中学生，尤其是初中生，注意力容易分散，听讲时常常断断续续，影响质量。因此，选择适当的教材进行意志控制的训练很有必要。要进行意志控制，听前同样需要提出明确的要求。比如学课文《连升三级》时先听录音，要求听完以后说出故事的要点，三言两语，言简意明。由于须说出故事要点，学生听时就自觉地和注意力涣散做斗争，耐心地从课文开头听到课文结尾，意志的控制得到锻炼。

2.
多项综合训练

在单项定向训练的同时，对听的能力也要进行多项综合训练。多项综合可采用不同方式进行，听的内容方面众多是一种综合；听的内容、听的速度、听的灵敏度结合起来训练又是一种综合；把听的能力与思维的条理性和理解分析能力、储存信息能力、说的能力、写的能力结合起来训练，也是一种综合。多项训练综合得恰当，能在有限的时间内使学生多方面获得锻炼，提高训练效果。

如课的起始阶段学生质疑，对课文的内容、结构与表达往往提出种种问题，有时多达十多个，这是训练听的能力的好机会，可要求学生迅速抓住要点，把问题适当分类进行梳理，储存在脑中，并且结合教材的有关部分在适当的时候迅速地作出反应。这样就把听和理解、听和储存信息、听和灵敏度、听和表达结合起来，既锻炼听觉器官，又使思维器官、表达能力获得发展和提高。开始训练时，学生在听的方面往往顾此失彼，照顾不周全，听后储存的问题往往走样，五个问题能记住三个就很不错了。持久地进行训练，大多数学生同时能记住别人提出的七八个问题，进展明显。

3.
以检索信息的方法促进听能的发展

在教学过程中经常要求学生检索从听的方面接受的信息，不仅可了解学生储存信息的情况，而且能测试正误，调动学生发展听能的积极性。

检索信息可采用请学生说的方法，也可采用请他们写的方法。如课中要求学生复述教师重点讲述的一段话；一学生回答某个问题，要求其他学生复述；几个学生就某个问题发表意见，要求其他学生对这些意见进行综合。这种种做法都在于引导学生检索信息。复述也好，综合也好，正确与否，有无疏漏，请原说话人评定，请大家评定。这样，使学生对自己听能的情况，对存在的问题和缺陷有所认识，并明确纠正和提高的途径。

用写的方式反馈听的所得可促进听的能力的发展。比如组织学生听报告，听后指导学生按一定的要求写作文。像听了秦鸿钧烈士夫人的报告后写《听韩妈妈讲烈士的故事》，听朱践耳同志报告后写《听践耳同志谈音乐》，对听的内容进行短时反馈。写好以后以听的能力如何为重点开展讲评。拿《听践耳同志谈音乐》来说，讲评时抓住有关内容进行比较分析，进一步对学生的听能进行训练。践耳同志对流行歌曲和黄色歌曲讲了自己的看法，可是反映到学生作文中却出现了好几种不同的说法，显然是学生听的方面出了差错，学生没有听真切，听走样了，曲解了人言。怎样促使他们听真切呢？教师把作文中的种种说法一一列举出来，请学生思考辨别，哪种说法符合原意，哪些说法不符合。然后让学生再一次听有关的录音，听后加以评判。这样处理，学生兴趣浓厚，他们仔细听、认真评，在比较分析中训练了听的能力，也提高了鉴别能力。

三、坚持口头训练发展学生的语言和智力

口头表达和书面表达尽管有共同的思想基础，但表达的方式不同。相对地说，口头表达的对象更为确定，更为具体，口头表达要求能快速组织语句，口齿清晰，声音响亮。

中学生不是不会说，不爱说，而是在正式场合不愿说，不习惯说，甚至金口难开。因此，进行口头训练要有针对性，要从鼓励出发，要渗透在语文教学各个环节之中。

1.
开展口练活动，人人讲，课课讲，打开课上不愿开口的局面

口头训练制度化，教学中认真执行。训练采取两种形式：一是语文课前花五分钟时间让学生以分散的方式练习；二是专门上“口练”课，一两周上一次，讲故事或专题讨论，以集中的方式练习。低年级多用前一种形式。高年级一般用后一种形式。教学时根据学生实际情况和口头训练的进程，灵活安排。除了上语文课质疑提问、回答问题时要求讲普通话，并注意口头表达的正确性、清晰性之外，每个学期每个同学还可进行两三次的口头训练，这在制度上有了保证，每个学生就有了“口练”的机会。为了使这项活动制度化，先采取按学号轮流讲的办法，使学生事前能有所准备，消除他们“口练”时的紧张状态；后来又提高一步，采取抽讲的办法，指定这个星期有哪些学生讲、下个星期又有哪些学生讲；也采取学生自愿报名、自愿到台前讲的办法，这样可充分发挥学生口头表达的主动性。

学生口头表达能力的训练要根据循序渐进和激发学习兴趣的原则，由简而繁，逐步加深，逐步丰富，力求内容多样化。开始时，只要求学生用普通话讲一则寓言或一个小故事，做到口齿清楚、声音响亮、有头有尾。在这个基础上，又要求学生口头推荐读物，即推荐书籍或报章杂志上的诗文。针对部分学生“口练”之前先写好文章和死记硬背的情况，教师提出不能背诵、必须用口头讲述的要求。根据课文教学的需要和学校思想教育的要求，引导学生精选讲述的材料。这样做，“口练”的内容十分广泛，不少题材很新颖。有古今名人介绍，有科学成果巡礼，有时事讲述，有体育新闻报道，有文学作品评析。讲述时，有的学生介绍如何欣赏意大利画家达·芬奇的名画

《蒙娜丽莎》，有的学生十分认真地介绍京剧的流派和唱腔，内容丰富多彩，课堂气氛活跃，大大提高了学生学习语文的兴趣。

在语文教学中坚持让学生进行口头训练要着眼于发展学生的语文能力和智力。比如初三年级有一轮“口练”的题目是要学生“看画讲画”，目的在于进行口头训练的同时，发展学生的观察能力。学生积极性很高，他们课外寻找各式各样的画，有水墨画、油画、水彩画、铅笔画，有风景画、人物画、花鸟画，还有漫画。上课时“口练”的人边看边讲，听讲的人边听边看。这样，学生对画的整体、局部、细节、色彩、线条、布局等，都通过讲与看获得了感性认识。学生“口练”时，教师要求他们对所讲述的人、事、理进行概括、归纳、分析、综合，使他们的思维能力得到培养与发展。学生的想象能力也可在口头表达能力的训练中有所发展。有的即使是说明事物，也可插上想象的翅膀。如有一学生“口练”，讲述怎样改善浦东、浦西交通情况，分析了修升降式大桥、修江底隧道、造江面大桥和引桥的利弊，然后提出自己的设想——沿黄浦江边造盘旋式的引桥，启发同学展开想象，激励大家努力学习，将来为城市建设设计出更好的方案。

2.
设计多种口头表达练习，
增大训练量，
培养在正式场合说话的习惯

传统的讲读教学中书面练习多，口头练习少，而在口头练习中又往往以朗读为主，说话、讲述、讨论、辩论极少。针对教学中的薄弱环节，课文教学设计要把口头练习放在一定的位置，采用多种多样的方法增大口头训练的量，激发学生动口的兴趣。常用的有以下几种方法。

描述型练习。变朗读为描述，增强说的能力。课文中景物描写、人物描写的精彩段落比比皆是，根据教学目的要求，选择部分段落让学生进行口头训练。在学生阅读理解的基础上，要求学生用描述型的语言讲述课文中刻画的景物形象和人物形象，在口语的形象性方面、语言的优美方面进行训练。

会话型练习。引导学生在一定的场合根据不同的意图进行答问、对话和讨论。可运用课文中的对话描写变读为说，根据对话的场合、说话人的身份确定语调、语势，进行交流，加深对人物刻画的理解。《多收了三五斗》《变色龙》等课文的对话描写均可作为训练材料。可选择话题，就某一话题互相对话，开展讨论。如对某篇课文主题思想的探讨、相关知识的涉猎、词义理解的分歧等均可组织学生答问。一方边想边问，一方边想边答，语言的准确性、完整性获得锻炼。

视讲型练习。大部分学生只会看书读书、看文读文，为此，在有些课文教学中可设计一点视讲型的练习，训练讲述的能力，训练语言的清晰性和流畅性。如教《美猴王》时，运用神话故事引人入胜的特点，要求学生看课文讲故事，学生讲得有声有色。又如教《最后一次讲演》时，要求学生拿着课文边看边讲，把握高低起伏，注意气势的流畅。再如教《新闻两篇》时，要求学生以广播的语言、广播的速度报告新闻。

辩论型练习。辩论是讨论的一种深入、激烈的形式，双方各自陈述已见，指出对方阐述问题中的缺陷和漏洞，进行争辩或批驳。这种练习能使学生思想高度集中，知识运转迅速，组织语言比较严密，是口头表达训练中高难度的训练。在教有些课文时，可根据教材的特点，抓住容易有分歧的问题组织学生开展辩论，训练说理的能力。如教《论鲁迅》时，课一起始就摆出对文中论点三种不同的说法，要求学生判别何是何非，并陈述具体理由。学生判别正误的能力不同，看法不一，于是展开热烈的争论，理解分析能力、口头表达能力均得到锻炼。阅读教学中可引起学生争论的问题不少，重要的在于教师要做有心人，善于把握时机。

概括型练习。学习课文中的种种结论，如文章的主题思想、段落大意、写作特点等等，从启发式教学原则出发，不应由教师灌输，而是引导学生自己概括，得出结论。经常地引导学生对上述种种内容进行概括，并说明怎样得出这些结论，不仅训练了学生口头表达的正确性，而且大大锻炼了学生分析、概括的能力。

复述型练习。口头复述是根据某些文字材料运用自己的语言进行系统讲述。可复述课文内容，复述小说故事情节；可总体复述，可片段复述。经常进行此类练习，能训练学生说话的条理性。

口头表达练习的形式很多，除了上述种种以外，朗诵、讲演、口头作文等都是训练的好方法。当然，在训练时不能死板、拘泥，要因人而异，因教材特点而异，不管是视说、视讲，还是概括、复述，都要鼓励学生在组织语言方面发挥创造性。

3.
不能忽视激发学生形成和组织内部语言的积极性

口头语言是说出声的语言，听得到的语言，而内部语言是未发出声音的语言。隐蔽是内部语言的特点。我们在不出声进行思考时，正是这种语言成为我们思维的工具。因此，在语文教学中要有效地训练学生的口头表达能力，不能忽视学生组织内部语言的积极性；要经常地启发学生积极思考问题，为他们思考问题指点途径，搭桥铺路，使他们形成某些内部语言，激发他们不吐不快的愿望，这样，就为口头表达能力的提高准备了必要的条件。

中小学语文教学要衔接好

中小学语文教学要注意衔接，这是提高语文教学质量的一个重要问题。就好像接力赛跑一样，一棒接一棒，切不可慌急慌忙地把棒掉到地上，影响前进的步伐和速度。我觉得中学语文教师在接“棒”的时候，一要稳，二要准，三要运用推进力。怎样才能做到这几点呢？

一、要解决一个认识问题

学生从小学生变成中学生，看起来是跳了一档，实际上不过是升了一级，所以在教学上就必须注意连续性。我们有时候被“跳了一档”这个现象迷惑了，一下子就完全按中学的要求教学。不看到走步只看到跳跃，思想上就会松钩，就忽视了衔接问题。有些教师常对学生这样说：你现在是中学生了，怎么还这样呢？其实他刚从小学过来。这就是忘掉了一个必要的过渡。初一的时候，实际是小学阶段向中学阶段的过渡。解决这个思想认识问题是很重要的。

二、要了解学生的基础

我们要教好学生就要了解他们的基础。这个基础，包括学生学

复印报刊资料《中学语文教育》1981 年第 12 期转载本文。

习、知识、能力和智力等方面的情况。如果不了解学生的基础，一开始就讲得很深，要求很高，学生接受不了，曲高和寡，教学便适得其反。按理，小学生学拼音比较难，像福建、广东这些方言浓重的地区，学拼音就更难些，可是我们了解一下，并非如此。学生在小学一二年级拼音学得比较好，到了四五年级，因为追求升学率，回生的就很多了。有的学生对怎样变调，怎样书写就不能牢固掌握，特别是前鼻音、后鼻音，就“打架”了。所以教师对学生的基础一定要了解得非常清楚，花一番调查研究的功夫。学生考进初中，有的人错别字还很多。我现在教的这个班，有的学生写第一篇作文，从头到尾没有一句话是通的。学生这些情况是现实，你得承认它。我们考虑问题就得从这个基础出发。所以我们就做了一些了解工作，我们在给新生发录取通知时，也发了暑假作业，这一暑假作业有 12 个项目，可对学生的学习情况和思想情况进行比较全面的了解，内容包括：四川闹水灾，你是怎么想的？你打算怎样支援他们？你是不是也写一封慰问信给灾区人民？你看过多少书？最喜欢读哪本书？你在小学写了多少篇作文？你的得意之作是哪篇？你有哪些兴趣爱好？课外你最爱做哪些事情？等等。我长期教高中，刚教初中时，教学用语比较深，学生听不懂。一个女学生问我：“于老师，你是讲话还是写文章啊？”他们刚从小学上来，还习惯于儿童语言。这是个教训！所以，了解学生是非常重要的，了解了学生才可能从他们的实际水平出发，接好这一“棒”。

三、要把握特点

学生在小学里学了五年，习惯于小学老师的教学方法。特别是低年级老师，他们的教学比较一点一画，反反复复，句句分明，整齐划一。这对儿童教学是行之有效的，我们得承认。学生习惯于这种教法，如果一下子对他们说可这可那，是不行的。我也有过教训。比如高中没有什么抄词语的，不同于小学一些新词还得抄，因此我要求初一年级学生读课文时，把自己没掌握的词写在笔记本上，自己查字典，抄它一两遍。可是本子交上来一看，有的学生抄了八个生字，有的只抄一个，根本不知道写什么。因为我布置给他们的作业是可这可那的，由各人自己灵活掌握，他们还不习惯于这样做。所以对初一学生，你要给主动权，而又不能太大，他们还不会利用，还得搀着、扶着，要有指导、有计划，还得有督促。学生的心理、表情、动作的特点都要把握。学生还小，顽皮，爱打闹，但有时又装得很懂事，个别的还要来跟你探讨问题。我们大了，老了，这少跟老、小跟大之间的心理特征、语言动作是有区别的。因此，要衔接得好，就要仔细观察，细细体会，做到感情上交流，有共同的认识。教《一件珍贵的衬衫》时，我们几个老师都认为这篇文章很简单，没有什么好讲了。可是一教，学生很喜欢，因为这件衬衫凝聚着周总理对工人阶级的深情，文章切合孩子们的实际水平。我让学生读课文时，学生一下子就声音低八度，读得非常感人，真是进入角色了。我也深为学生纯真的童心所感动。我们得好好把握住学生童心纯真、晶莹透亮的特点，很好地缩短少与老、小与大之间的距离，这样，师生就可以心心相印，教起来就能得心应手。

四、
学生从小学考取中学，
都有一股强烈的愿望，
希望有个好的开端，学得更好些，
这就是个推进力，
教师要善于运用这个推进力

第一是要抓好起步，要掌握学生对新学校、新起点的心理。初一的起步是十分有讲究的，要抓得扎实，它对整个初中甚至高中的语文质量都起关键性作用。要实实在在地抓好第一步，把步子踩扎实，就要在调查研究的基础上，先给予补缺补漏。这看起来慢了一步、停了一点，但这是为了今后的快和进。我们要面向全体学生教课，不能只教那几个尖子，要尽可能把所有的学生都教上来。有的学生笔画笔顺

不正确，有的写字往一边斜，还有查字典、拼音等缺漏，都要个别给补一补。补，是为了缩短差距，缩短差距是为了大面积学生提高。看起来慢一点或者在原地踏步一下，但都是为了以后前进得更快。

第二是要着力于培养良好的学习习惯。古人常讲，没有规矩不能成方圆。你想让学生初中语文学得多一点，学得好一点，立规矩是必不可少的，它的意义不完全在于今天或明天，它将影响到学生的一辈子。有了一个严肃认真的学习态度，一个良好的学习习惯，那真是一辈子受用不尽。所以，我根据学生的实际提出一些要求：(1) 课前要认真预习，做到“三看一查”。即看课文、看注解、看课后的思考和练习，查字典。自己解决一般的字词问题，还要学会在书上圈、点、画。(2) 课堂上要积极主动，做到“五个带”，即带眼睛、带耳朵、带嘴、带手、带脑袋。其中最重要的是带脑袋，聚精会神，积极思维。(3) 课后要完成作业。我历来教课作业布置不多，要求学生先复习后做作业，要想一想今天老师上的这一课哪些懂了，哪些还不懂。作业要讲究行款格式，按时完成。良好学习习惯的培养，要靠学生自觉，也要靠老师、同学的督促。大家互相督促，开展评论，发现不合格的，推倒重来，并且及时组织交流示范，树立样板。

第三是要培养学生的自学能力。教是为了不需要教，老师总不能代替学生思考和做作业，所以要注意培养学生的自学能力。我们培养学生的自学能力，主要是培养他们自己提出疑问。这是学会读书的一个非常重要的方法。脑子里没有问题的人是不会学习的。要培养学生敢于质疑，问同学、问老师，还要能够跟老师、同学一起解疑，跟老师一起探讨问题。这学期，我们要求学生做到一般的生字新词自己能够解决；每篇课文写什么、怎么写，能用几句话讲明白，这实际上就是培养他们的概括能力；还要求他们自己积累一些佳词美句、写作方法，为今后学习打基础。

总之，起步要起得正，起得扎实。短跑比赛的起步是需要专门研究的学问，几分之一秒都要争的。学习也如此，所以，为了接好“棒”，起步不能不认真研究。

机械操练何时休

在捧话盛行、溢美词泛滥的浪潮下，要说几句老实话是要有相当勇气的。由于责任感的驱使，我这名老语文教师还是想说几句。目的非他，只是向同行讨教，共同探讨如何使莘莘学子在青春年少时，受到良好的确有实效的语文教育，真正具备理解和运用祖国语言文字的能力。

十多年前，吕叔湘先生提出语文教学质量不尽如人意的震撼中学语文界的看法极大地调动了语文教育工作者和广大语文教师从事教学改革的积极性。全国有志于探索语文教学规律、提高语文教学质量的教师层出不穷，从教材改革到教法创新，仁者见仁，智者见智，大有百家争鸣、百花齐放之势。改革给师生带来了创造的欢欣，给教师带来了提高语文教学效率、彻底改变少慢差费现象的希望。然而，曾几何时，改革势头大减，改革的积极性受到抑制。初中教改往往局限于一二年级，三年级要对准中考，不敢轻举妄动，高中更不必说。以改革求质量，以改革求实效，非不能也，是不敢为，或不敢轻易为也。

标准化试题考核判别正误的能力等并非万能，当然它也并非一无是处。但自从它悄然进入语文学科测试领域以后，五花八门的题目以及各种各样的变种排山倒海袭来，于是，课堂教学中“文”常常不见了，被一个个“段”代替，对“段”也是采用肢解的办法，抠这

随着高考的恢复，十一届三中全会的召开，强化“双基”教育，追求高考升学的倾向有所显现。相对于废高考无升学之路的教育荒漠时期而言，此时重视高考，重视升学无疑是巨大的变革与进步。但是，随着语文高考题型的探索与改革，“标准化试题”带来了负面效应。20 世纪 90 年代，“标准化试题”的模拟卷泛滥成灾。本文具体而微地指出了“机械操练”的种种弊端，表达了一线教师反对“操练”，重视“育人”的心声。

个词，辨那个词，左一个层次，右一个句序，琅琅读书声少了，师生沉浸在课文中创设的情文并茂的佳境流连忘返的动人情景少见了。课外更是各种练习题成堆，越接近中考、高考，习题量越多，这个自测，那个与考题“接轨”，学生徜徉于机械操练之中，苦味绵绵，趣味寡然。

如此执着于机械操练，质量如何呢？毋庸讳言，学生答题的能力强了，选择题、是非题，对“段”的肢解的能力等可非议的地方委实不多，但读与写的真本领就难说了，尤其是写作能力。学生答题，尤其是答考题的熟练程度，不少教师望尘莫及，但写起文章来疙疙瘩瘩、文理不通的现象，比比皆是。至于错别字，字迹潦草，更是不在话下。不少高等学校教师以及社会上各行业的同志谈及此，常发生慨叹，每每询问我原因，我总窘于回答。一名学生从小学到高中，学十多年语文，花费的时间和精力不谓不多，收效却不理想，甚至很不理想，症结究竟何在？难道还不应该面对现实，冷静思考，探讨研究，寻找解决问题的途径吗？学生只有一次青春，青春就是财富，从育人的使命感来说，从道义上来说，我们都要千百倍地珍惜学生的青春，无休无止的机械操练只会消磨他们的光阴，消磨他们的精力。

语文教学中的机械操练，不仅在中学通行无阻，而且波及小学，甚至波及小学低年级。《每日一练》《每周一练》《自测 ABC》等，充斥市场，充斥学生书包。举个小例子来说，小学二年级有这样“练”的题目：要求辨别“四面八方响起了枪声”和“他唱的歌声音真响”两个句子中“响”的意思。七八岁的娃娃有必要这样“练习”吗？中学生当然要进行语文能力的训练，但究竟训练什么才能真正达到提高质量的目的，确实太值得推敲、值得研究了。否则，从中学扩展延伸到小学，后果不堪设想。

教师愿意进行如此机械操练吗？未必。许多教师诉苦说，语文课越教越不会教，一天到晚文字排列组合，乐趣全无，但又不敢越雷池一步。学生乐意无休止地进行乏味的操练吗？不，是迫不得已。家长心甘情愿买了这本买那本，让孩子做、做、做吗？不，是不放心，不敢不买，唯恐孩子练得不多，练得不熟，唯恐其中有考题信息，不接触，会丧失良机。谁都不愿意，可谁都要往里钻，又不敢不往里钻，形成了一个怪圈。这个怪圈拽着许多师生转，令人触目惊心。不从中解脱出来，中小学素质教育的目的难以实现，语文教学不可能有勃勃生机。

语文教学怎么会步入机械操练的误区？原因似乎都归结到考试这个指挥棒上。楚王好细腰，宫中多饿死者。为了追求升学率，为了学科考试取得高分，不得不揣摩试题的内容与形式，不得不迎合命题的思路，教师实不得已，用心良苦。与此同时，各种各样巧立名目的复习题、练习册纷纷出笼，瞄准学生而来。不管教育行政部门如何三令五申，都无济于事。别说社会上出版的，就是学生书包里和语文课本配套的就有好些本，它们又是来自何方的呢？教材是教与学的依据，是学生学习的主干，而今，枝枝叶叶覆盖，有些又是病枝枯叶，让学生淹没其中，本末倒置，岔道丛生。

中华人民共和国成立以来，除了“文革”期间，语文考了几十年，从未像现在这样进行大运动量的机械操练。为什么此风愈演愈烈呢？考试指挥棒当然起作用。然而这只是浮在表层的问题，实质是对语文学科的性质认识上有偏颇之处。语文的工具性已经是大家的共识，但把它视为纯工具，视为抽象的符号，就大有探讨的必要了。英国语言学家帕默尔在《语言学概论》中对“语言”有段十分精辟的论述，他说，“语言是所有人类活动中最足以表现人的特点的”，它是“打开人们心灵深处奥秘的钥匙。它是人们表达思想的至高无上的工具，是维系民族的纽带，是历史的宝库”。显然，语言具有人文的特点，离开了思想，离开了情意，离开了民族的文化，难以对语言有完整而深刻的认识。带领学生进行语言文字的训练，对文化背景、人文精神不够重视乃至忽视，只在符号上兜圈子、变花样，不可能有效地提高读、写、听、说的能力。《九年义务教育全日制初级中学语文教学大纲（试用）》中指出：“语文学科对于提高学生的思想道德素质和科学文化素质，培育有理想、有道德、有文化、有纪律的社会主义公民，具有重要的意义。”如果语文教学只在工具性上做文章，要具备如此重要的意义，令人难以置信。纵观古今，语言文字学得好、用得精彩的人，无不与文化紧密相连。学语言，也在学文化，文化功底越厚实，语言的理解与运用的能力越强。例如鲁迅的著作历久弥新、醒人耳目，原因之一是文化内涵浩渺深邃。鲁迅 1912 年至 1916 年五年间购书就达两千多本，且种类之多，内容之广，令人惊叹。带领学生学语文，就要指导他们多读提高文化和语文能力的书，应试册、练习册、复习册重复繁杂，只能让学生成为涸辙之鲋。

中学语文教学要有中国的特色，要有民族的文化内涵，不从认识上突破，机械操练怎可能休止？

要练在点子上

语言文字是工具，不练难以深刻理解，不练不能熟练掌握。练，在语文教学中占有重要的位置。

优秀运动员的成长离不开教练的精心指点，高明的教练不是代替运动员练，而是从运动员的素质、特点、功底等实际出发，抓住训练要领，点在节骨眼上，促使运动员练出效果。教语文是同样的道理，教师不能迷信满堂灌，越俎代庖，要给学生以练习的充分机会，讲在精要处，练在点子上。

语文教学中究竟组织学生练什么，怎么练，其中颇有学问。这里且不说按照语文教学大纲如何安排练的具体内容，只谈谈要使学生能练在点子上，练得有成效，必须明确的一些问题。

一、练的天地广阔，不能只局限在书面作业

长期以来，语文教学中有一种错觉，似乎一谈到练，就是抄字、组词、造句、作文等书面作业。其实不然，字、词、句、篇、语法、修辞等语文知识的理解与掌握，可通过书面进行训练，也可通过口头进行训练，可以把口头与书面的训练结合起来进行，也可以把听、读、说、写结合起来进行。而在进行语文能力训练的同时，又必须注意和促进学生观察能力、思维能力、记忆能力、想象能力的发展。因此，练的天地十分广阔。

对这一点认识与否，教学上掌握起来很不一样。思想上树立了“练”的观念，不仅课内有意识地创造种种机会安排学生练——个别

的、集体的、零碎的、系统的、简单的、复杂的、单一的、综合的等，而且课外也可利用种种机会组织学生进行训练。通过训练，让学生逐步明白：只要自己做有心人，处处都是学习语文、进行语文训练的好机会。比如教一个生字，或纠正习作中常见的某一个错别字，如不注意练，往往是教师自己讲述；如注意练，教师就会在学生练中教，而后者，由于学生开动了脑筋，运用了旧知识，印象较深，效果就比前者好。“裹”，有的学生容易写错，纠正时不是只在黑板上写个正确的，而是请学生自己分析字形，弄懂该字是上中下结构，再进而点出上下部分合起来是一个字——“衣”，中间一部分是包孕其中。中间部分往往表声，上下合起来的部分表形。在学生初步领会的基础上，要求他们寻找出结构类似的有关字——衷、哀、衰、袤，加深理解。分析字形，是组织学生练，寻找结构相同的字，也是组织学生练，在练中进行指点，教一个，带一串，学生印象深，得益多。咬文嚼字、辨微析毫的训练几乎每课都可进行，只要把握得好，既练得实在，又节省时间。如《坚持和发扬毛主席倡导的学风》一文中有这么一句：“这样，就出现了这样的动人情景：革命理论造成了伟大的革命运动；革命运动又促进了革命理论向前发展。”学生读到这儿停下不读了，询问原因，回答说两个“这样”用在一个句子中不好。我就势进行推敲更换的练习，先请他们更换第一个“这样”，有的学生换了“于是”，再请他们保留第一个“这样”，而更换第二个“这样”，他们动脑筋用了“如此”。进行这个练习，只花了一分钟左右，学生思维能力、运用词语的能力都得到了训练。

教说明文单元时，除了有计划地指导学生写说明文，还可根据要求进行种种口头训练。比如说明事物必须掌握特征，学生理解这一知识后，可立即进行练习，口头介绍自己的钢笔、文具盒，介绍字典，介绍教科书，等等。通过练习，并及时评述，加深对“掌握特征”的理解。

听的能力也很重要。听课的能力强，吸取的养料就多。比如拎教师讲述的要点，评同学的发言，听完某些事的叙述后做回忆性记录，等等，都包含听的能力的训练。学校组织学生听烈士夫人介绍烈士的英雄事迹，我就抓住时机要求学生做听与写的训练，要求他们先认真听，抓要点，抓关键，然后写一篇《听韩妈妈讲烈士的故事》。哪怕是集体看电影，也是练的好机会，可写电影简介，可推荐某几个场景，可作人物分析，可挑出几句精彩的语言评论。练习的方法、角度，举不胜举。

总而言之，放开视野，就可看到练的广阔天地，就可练得活泼，练得全面。

二、练须有明确的目的，不是为练而练，要去除盲目性，增强计划性，避免徒劳无功

“矢”要对准“的”，有的放矢才可能箭不虚发。练也要讲求目的，练的目的性强不强，直接关系到练的效果，关系到教学要求能否实现。练，或加强记忆，或加深理解，或以求熟练。比如，教《木兰诗》时，我对学生的概括能力进行训练，每讲读一节，要求学生以四个字的词组概括内容，择优板书。我之所以进行这项练习，目的在于让学生通过自己的概括理解叙事诗的特点。全诗教完，木兰从军的故事情节怎样一环扣一环地发展就了然在目，无须赘述。

同样是朗读训练，怎样组织，怎样安排，必须有明确的目的，不能就是一个劲儿地读、读、读。《冬云》是首短诗，我以此为材料让学生进行朗读训练，目的是以知识短文《谈谈诗歌》为指导，对《冬云》进行具体的剖析，提高读诗的能力。我采用“五读”的方法进行训练：一读，着重理解诗句含义；二读，领会诗中所表达的思想感情；三读，理解诗中所描绘的形象；四读，体会诗的语言的精练；五读，体会诗的音韵与节奏。练的目的明确，学生读的积极性被调动，形成争相练习的气氛。高尔基的《海燕》是散文诗，根据教学目的要求，朗读可做多种安排：个别读、齐读、对照读、比较读。有的目的在于对课文有初步的印象，有的在于形成鲜明的对比，有的在

于深化形象，有的在于体会诗篇的气势与感情。只要目的明确，指导得法，就会练有兴趣、练有效果。

三、
练要讲求实效，
不搞形式主义，不搞题海战术

任何练习都要求得实效，对学生理解和掌握语言文字确有收益。醉心于“花样翻新”，迷信于“多多益善”，压垮学生，有害于扎扎实实提高学生的语文能力。对听、读、说、写的训练进行科学研究，着力于合乎学的改革是完全必要的，与上述两种情况不同。在这方面我是有经验教训的。

举例来说，有一次，出于让学生提高以语法知识为指导修改病句的能力，我一下子出了几十个句子要他们改错。用心似乎无可非议，然而分量多、难度大，学生如入迷津，这就不是“改错”，而是“猜谜语”，越改越糊涂。让学生改病句是练习的一项内容，未尝不可，问题在于我这种做法没有认真考虑实际效果。学生初学语法，知识掌握得有限，运用更不纯熟，那么多的病句要他们立刻“医治”，他们当然一筹莫展。再说，进行任何训练总要有个正确的教育观点。“先入为主”，大批错的语言作用于学生的大脑，特别是对少年学生，有害而无利。正如拉小提琴的，开头弓法、指法搞错，纠正起来得用双倍甚至三倍的气力，事倍而功半，不得不引以为戒。

过犹不及，影响练习的效果；脱离实际翻花样，同样不利。形式似乎热闹好看，但经不起实践的检验。我教完《孔乙己》一文后，曾设计了这样一个练习：用放幻灯片的办法练口，要求学生边看边口述幻灯片的内容，而且要用上课文中的重点语句；每张片子的讲述须独立成章，片与片之间又要注意衔接与过渡。教学设计得很美，实践结果是程度最好的学生讲起来也结结巴巴，学生高度紧张。运用电化手段开展练口训练很新颖，毛病在自己的设计脱离了两个实际：一是脱离学生实际要求，要求杂，学生难以达到；二是脱离幻灯片实际，有的片子与课文中的描绘有出入，有的构图单一，实在讲不出“章”来，有的片与片之间跳跃较大，要拐几个弯才能连缀。运用电化手段进行练口本是好事，由于脱离实际搞形式，弄得不伦不类，一厢情愿的可笑程度可想而知。

同样是口头训练，由于从学生实际出发，效果就大不一样。为了打破学生怕发言、不肯发言的局面，我第一次进行口头训练要求十分简单，只要他们每个人站起来汇报假期里读了几本课外读物，书名是什么。由于要求不高，不少学生克服了怕开口的困难，终于出现了人人敢讲的局面。在这个基础上我把要求提高了一步，要他们每人讲个小故事，要口齿清楚，声音响亮，全班同学都听得明白。学生基本上做到了这一点，我又提高一步，要他们介绍一本读物，讲述时须重点突出，条理清楚，结构完整。学生认真准备，不少学生写成文章，背了出来。针对这种情况，我又提出练口的要求：推荐一幅画，书、报、杂志上的都可以，看图讲述，做到语言通顺，条理清楚，要“讲”不要“背”。每一轮口头训练，有每一轮的要求，而这些要求又从学生的实际情况出发，难易适度，学生口头表达的能力逐步得到提高。

从教学实践中我深深体会到：安排学生练习，不管是简单的、复杂的，还是单一的、综合的，不管是个别的、集体的，还是零碎的、系统的，一定要讲求实效，来不得半点虚浮。

四、
正确处理单项练习与综合训练的关系，
分得恰当，综得合理，
切实提高学生语文水平

语文的综合性很强，把众多的语文知识，听、读、说、写的能力都拧在一起训练，学生不易捉摸，难以见到明显的效果。从学生的实际出发，根据教学要求，可采用分解的办法进行必要的单项练习。必须明确：分解的目的在于练得扎实，练得有效，为综合训练打下厚厚

实实的基础，而不是把整体削弱或肢解了。如果忽视综合训练，只在支离破碎的单项练习中兜圈子，就会舍本逐末。训练的结果不是使学生心领神会，茅塞顿开，掌握运用，而是脑子里乱草一团，影响读、写能力的有效提高。有些学生做单项练习，特别是比较机械的单项练习，成绩很不错，然而，提起笔来写作文却困难重重，就是明证。

有些单项练习，只要稍加设计，就可由“单”而“综”，练实、练活，增添效果。如《卖油翁》文后有一个翻译五个句子的单项练习。我先让学生把它们逐一译成现代汉语，切实掌握有关实词、虚词的含义与用法，接着要他们把五句话连起来用现代汉语写一段话，以卖油翁的酌油来说明“为文之道”。学生动脑筋，选择恰当的表达方法写，既加深了对文章主题的理解，又进行了写作训练。

作文是综合性最强的一种练习，从思想观点到语言表达，甚至到标点符号的运用，无不涉及。在进行写作练习时还应把发展观察能力、思维能力、想象能力贯串其中。因此，一定要把作文训练放在相当重要的位置上，探索其规律，提高其效率。

总之，语文教学的练很有学问，内容丰富，形式多样，须探讨与研究的问题不少。尽管如此，有一点还是可以明确的：不能为练而练，徒求形式，而是要有计划、有目的地指导学生练，只有这样，才能练在点子上。

难易适度　改革创新

看了1985年全国高等学校招生语文统考试题和上海市普通高等学校招生语文统考试题，颇受教益。

命统考题是一项难度极大的工作，既要根据高等学校选拔堪以深造的合格新生的要求，又要面对全国高中毕业生的实际；既要遵循教学大纲不离谱，又要体现改革创新精神。命题的同志可以说是煞费苦心。正因为是纵横左右、凝聚心血的产物，仔细推敲研究，对当前的语文教学改革是很有启发作用的。下面谈一点肤浅的认识。

难易适度问题。语文教学中的“度”不容易掌握。语文教学大纲比较概括，原则性较强，从浅处理解可以，往深处理解也行。这种情况在平日考查、入学考试试题中均不同程度地有所反映。前些年受国外某些教学思想与做法的影响，教材内容、试题内容偏难偏深，误以为难度就是质量，深度就是水平。其实不然，基础课的基础知识和基本能力最为重要，精确，扎实，熟练，运用自如，就能起学习中的“母机”作用；如果脱离学生的具体实际只图攀高，学生一知半解，生吞活剥，其结果就会导致学习质量下降。国外在这方面已有教训可鉴。当然，选拔考生的试卷须有一定的难度，便于拉开距离，但好、中、差的坡度定在哪根线上也是值得研究的。太高，考生望而生畏，失去信心，影响水平的拉开；太低，太容易，尖子被淹没，难以脱颖而出。

改革创新问题。语文教学的出路在于改革。教学中如果囿于这样那样的程式，师生的脑子和手脚就会被缚住，教学就会丧失活泼泼的

本文发表于《语文学习》1985年第9期。

生命力，影响质量的提高。好的入学试题在破程式创新方面能起开窍和引导的作用。比如文言文教学中是否只解决古汉语学习的问题，还是同时应加强语感训练，理解文意，开发智力，今年的全国语文高考试题就作了鲜明的回答。

改革创新不是翻花样，而是要落在活跃学生思维，提高学生思想觉悟和语文能力的实处。讲究语言文字的实际效用应是改革的重要内容。今年高考的作文试题在这方面做出了样子。上海语文试卷中的作文题不仅注意考查学生辩证思维的能力和运用语言文字的能力，而且在思想情操上给学生引路——在事业上要有理想，为社会做贡献"不知足才常乐"，而向社会索取时，"知足才能常乐"。这种题对教师的教、学生的学都起了指导作用。

语文教学漫谈

很久以前，有位同志偶然说起我家小房间的墙上挂有一个石膏像，而我一时竟会想不起来。这是一个石膏头像，是我孩子学素描用的。挂在那儿已多年。我家的小房间，不仅是书房，也是餐室，每天少说要进去五六次。然而日日在眼前的石膏像，我竟熟视无睹且忘怀了。这件事提醒我，熟悉的事往往由于长期不经意，反而会生疏。由此我想到了语文教学。我已是教过多年语文的老教师，我对语文教学由生疏到比较熟悉，上课也由困难到比较容易，日复一日教下去，似乎习以为常了。这件小事向我敲起警钟，我问自己：我在教学中是不是由于习以为常而对发生的问题熟视无睹？我会不会觉得教学勉强过得去，一切照“程式”办事而不思改进？我应该怎样探索语文教学中的新问题？

改进语文教学，探索其规律，除通过实践切实总结经验教训外，还应虚心学习古今中外语文教学的好经验。有一种方法叫比较研究法，通过对照比较，高下优劣就能分辨，在辨析的基础上弃人之短，学人之长，就能收到借它山之石以攻我语文教学之玉的效果。我常思考古人学语文、外国人学语文、中国人学外语、外国人学汉语的情况，用以对照自己的教学工作，加深认识，发掘问题，以求改进。我经常这样做，不时会有一鳞半爪的体会，下面谈一些我的一孔之见。

一

先从对照传统语文教学谈起。

严格说来，我国古代语文没有成为单独的一门学科。在封建社会里，语文教学是结合经史教育、宣传封建思想而进行的。再者，古代学校里没有今天那么多自然科学的课程，学习类似今天文史哲方面课程的时间很充裕。古人不可能有系统地探索语文教学规律，但在教学过程中自然会接触到许多语文教学上的问题，并提出不少宝贵的见解。古代儿童与少年的语文教学一般是在蒙学范围之内，大致是识字、读诗、属对和作文。在这些方面都有一些值得借鉴的好经验。比方说，陈寅恪先生曾提倡过“对对子”，认为“所对不逾十字，已能表现中国语文特性之多方面”（《金明馆丛稿二编·与刘叔雅论国文试题书》）。属对能测验学生对虚实字能否分别、能否准确运用，能测验学生读书多寡、语汇之贫富，能测验学生思路是否有条理。当然，今天中学语文教学不一定提倡属对，但有计划、有目的地组织学生背诵一点古人的好诗倒是有益处的。

朱光潜先生在其《谈读诗与趣味的培养》一文中指出：“要养成纯正的文学趣味，我们最好从读诗入手。”随后，他举出贾岛的《寻隐者不遇》和崔颢的《长干行》两首短诗为例，说明“两首诗之所以为诗，并不在这两个故事，而在故事后面的情趣，以及抓住这种简朴而隽永的情趣，用一种恰如其分的简朴而隽永的语言表现出来的艺术本领”。这段话说得很精彩。一首好诗在其最精练的语言中蕴含着丰富的内容，且有鲜明的色彩，新人耳目，开拓想象，读来朗朗上口，深受青少年学生喜爱。我国是诗的王国，佳诗妙词何止千千万！精选一些内容健康、构思别具特色、语言优美生动的千古名篇给学生诵读，对提高他们的语言水平很有好处。传统语文教学中在学生还不理解内容时就要学生死记硬背的做法不可取。他们似是而非地说“读书百遍，其义自见”，以为如此下去学生会“一旦豁然贯通”，这至少在今天学生课程繁多的情况下是办不到的。可是背诵一点好诗，并加以适当的指导，费时少而收效多，在教学中可以做些安排。

在我国封建社会，学校与科举原是官僚政治的两个车轮，到了明清，学校成了科举的附庸，士子图的是十年寒窗写好八股文，以此为敲门砖来猎取功名，学校名存实亡。真正能求点学问的地方不是官立学校，而是早期的私人讲学之所，宋以来的书院。书院没有近代这种班级教学，学生来自四面八方，名学者讲学，远近仰慕的人纷纷前来求学，有时竟至“闻风响附，学舍至不能容”。书院教学方法上最为可取的是提倡学生自学，教师讲授采取启发式，重视发展学生的智力，培养学生的自学能力。与官立学校相比，书院倒是培养了较多有真才实学的人。自然今天我们的教育对象中学生与昔日书院的学子有很大区别，中学生学语文接受的是语文基础教育，是打好运用语言文字能力的基础，书院的学子本身已有相当的文学基础，学习带有较浓厚的研究色彩，对二者的教学，方法不能等同。正好像不能把大学带研究生的方法照搬到中学里来一样，中学生是要教的。然而，即使如此，教学中的启发式原则依然是共同的。由此可见，注重启发式教学，切实培养学生的独立工作能力，从来是一个值得重视的大问题。

二

其次，对照中国人学外语、外国人学汉语，谈一些对于我们语文教学足资参考的问题。中国人学习英语有这样的现象：老一辈人中有不少英语修养很深，以之为工具进行科学研究，能胜任自如的，但由于注重读写，且当时没有今天录音、录像、英语广播等条件，因而多是“闭口英语”，口语表达困难，影响与外国人进行文化学术交流（同样，外国有许多著名的汉学家，阅读我国古文能力很强，能用文言写文章，研究中国古代文化很有造诣，但不能顺畅地讲现代汉语，讲起话来文绉绉的，满口之乎者也，听来令人发噱）；中华人民共和国成立后，外语偏重语言教学，一般地说，很多人口头表达能力较过去的好，但由于英语文化素养差，与人交往，谈到许多事情竟茫然无所知，这同样影响对外进行文化学术交流。这促使我思考怎样才算语文水平高、语文能力强的问题。很显然，即使修养好，口头不能表达或表达困难也是个缺点。但是即使口头表达好，缺乏文学素养也不能算语文水平高。问题很清楚，你不能随便从纽约街头拉来一个英语讲得好的人就下结论说这个人一定英语水平高，同样，也不能随便拉一个北京话讲得顺溜的人就贸贸然判断此人语文水平高，这是不准确的。由此可见，无论汉语教学或外语教学都有一个培养听、读、说、写能力的问题，语言、文学并重的全面要求，不能偏废。

有人学外语，死记硬背单字，个别的甚至拿了一本小字典背，效果都不好。还有一种现象，语文学习，本国人信口说来，自然而然，外国人则十分困难。比方说汉语的量词，一头牛、一尾鱼、一把椅子、一辆车、一块表……外国人觉得很困难，死背也没用，说起来常闹笑话。原因何在呢？是在具体环境得不到经常锻炼的缘故，实践多，掌握就不花气力，实践少，死记硬背也没用。比如单字，死记硬背掌握不好，若一字一词在许多地方读到，许多场合用到，就能全面理解其含义并牢牢掌握。好比认识人，只见一面印象不深，在不同场合多次与他打交道，才能真正认识他。由此，我们可以认识到有计划、有目的地指导学生多读、多写、多讲、多练在语文教学中的重要性。

顺便谈一谈语法教学。青少年学生学语文认为语法不那么重要，因而不太注意。可是在外语学习中语法学习的重要性就很明显，许多弄不懂的句子，一经语法分析就清楚明白。我国古人写文章不重视语法，往往有含糊不清的地方。今天中学生学一点语法是完全必要的，但应讲实用，不烦琐，使学生在听、读、说、写中得到实实在在的好处。

三

这一节讲讲课堂教学的位置。

分班级进行课堂教学在教育史上是到近代才定为制度的。在近代社会中，资产阶级由于提高生产、加强剥削，要求工人掌握新的技术，必先使之具有一定的文化科学知识，才标榜教育机会均等，标榜学校向一切儿童开门，才有所谓义务教育，使劳动人民子女受准备劳动就业的初步训练。入学的学生比之以往大大增加，分班级进行课堂教学的制度应运而生。因此，从教育史的角度来看，今天的课堂教学制度有其历史渊源；随着社会的向前发展，这种制度会发生变化，但也不能在不具备客观条件时，从主观臆断出发将其废除。不能因强调发展学生的兴趣爱好，强调课外活动，而降低其应有的重要地位。再者，就各级学校而言，越是高一级的学校，课堂教学的时间越该少一些，初等学校相对就要多一些。我认为今天的中学语文课，课堂教学仍是基本的一环。

最近有人谈到语文教学流派的问题，在这方面探索一下，以收相互学习、取长补短之效是很好的。我不敢奢谈流派，但主张语文教师发扬自己的教学风格。有人对戏曲表演的流派提出如下标准，大致是：有继承，有创造发展，为同行与专家所承认，得到观众的欢迎和赞赏。这标准可以在一定程度上运用到教学风格上来。当然也有不同，看戏与听课毕竟两样：戏演唱不好不能强迫人看；但课上得不好学生还得硬着头皮听。尽管如此，教师总不应该掉以轻心，上课马虎了事。语文教师把语文课上好是最基本的要求，也是最基本的功夫。要把课上好，功夫在课外。教师切不能在课前不做充分准备，在课堂大而化之讲一通；也不能毫无取舍，把准备的东西一股脑儿塞给学生，使学生透不过气来。否则，授课的效果一定不好。要进行启发式的教学，把课上活；要善于点拨，点在问题的关键所在，点在学生的心扉上，洞开学生的心窍；要善于开动学生思维的机器，让他们眼看、耳听、口说、手写、心想，在主动积极的学习过程中获得知识，培养独立学习的能力。有一种误解是：教师一提问，学生举手如林，答得滔滔不绝，就是启发式。其实不然，课文有深浅，问题有难易，如果都像按电钮一样，就不能真实地反映学习的实际，教学毕竟不是演戏，不能只顾别人“观赏”，而是要求实际效果。哪些地方采用讲解，哪些地方采用讨论，哪些地方多加训练，都要从学生的实际出发，都要因文而异，怎能搞一个启发式的“模式”呢？

启发式讲课的好处大家都知道，本不用多讲。我又一次提出，只是想引起注意，注意到课堂教学应有的重要位置，注意到上好上活每堂课的重要意义。

四

最后谈一点“知识爆炸”说法使我想起的问题。

有人这样说，科学技术在很短时间内飞跃地发展，知识总量以惊人的速度骤然增加，其结果是“知识爆炸”。人们居于“知识爆炸”境地将何以自处——这问题必然被引了出来。

这种说法使我想起欧洲中世纪术士在实验室中制造“人”的故事，“人造人”给造了出来，而且神通广大，术士反而受其奴役。人们创造了大量的知识，反而可能成为知识的奴隶，岂不可怕？中国的书籍到唐宋，已多得汗牛充栋、浩如烟海，文天祥早就有“一部十七史从何说起”之叹。书籍那么多，是做它们的奴隶，还是做驾驭知识的统帅，使之为我所用，确实是个问题。

传统的指导人们掌握大量书籍进行学习的一门专门学问叫作目录学，但它不是我这里要谈的。这里要提一提的是有人提出的应付知识爆炸的意见，他们认为：由于知识爆炸，学校在传授知识的前提下，重点应放在智能培养上。指出古今中外智力超群的人具有感知灵敏、观察敏锐、记忆强固、思维灵活等特征，是一些能“举一反三”“闻一知十”的人。我们可以把这些特征归结为独立创造能力特别强一点上。由于这种看法的启发，我进一步认识到在语文教学中培养学生独立工作能力的重要性。

人类发明了机器，今天又热衷于创造机器人，的确机器或机器人能做人做不出来的东西，但它们毕竟还是人所创造、为人所操纵的。最宝贵的是人。我们教师的神圣责任就是要把学生培养成独立工作能力强的从事社会主义建设的有用人才。语文教学的实践就要站在这么一个高度。

总而言之，语文教学中应经常着重注意的问题是：使学生牢牢掌握基础知识，进行启发式教学，落实在学生独立工作能力的培养上。

在语文教学探索的道路上一刻也不应停留，不进则退，不创新就不能发展。《浮士德》诗剧中写了这样的故事：剧本的主人翁浮士德与魔鬼订了一个契约，魔鬼甘愿受浮士德驱使，言听计从，想尽办法使浮士德满足；但是，一旦浮士德稍一流露满足的情绪，他的生命即终止，他的灵魂将永世供魔鬼驱策。浮士德说：

如果我对某一瞬间说：
停一停吧！你真美丽！
那时就给我套上枷锁，
那时我也情愿毁灭！
那时就让丧钟敲响，
让你的职务就此告终，
让时钟停止，指针垂降，
让我的一生就此断送！

浮士德上天下地求索，经历了爱情的悲剧、事业的悲剧，什么都一场空。但是他没有灰心。最后，他在一块荒芜不毛的海滩上建立起人间的乐园，心里一片光明，情不自禁地脱口喊出："停一停吧！你真美丽！"这一刹那，浮士德倒地死去，满足意味着生命的结束。

从这个诗剧曲折动人的情节中，我们可以获得极其深刻极其宝贵的启示：语文教学探索无止境，我们一丝也不应满足，一刻也不能停留，需要的是百倍的勇气、非凡的毅力和孜孜不倦的精神。

思维才有力量

我经常参加上海市教师的培训和评选工作，有一个问题让我非常焦虑：无论是特级教师的评定还是基地学员的遴选，从书面的表达以及面试来看，老师们最缺失的不是教学的技能技巧，而是思想与批判性思维。

关于批判性思维，下面我想从三个方面谈谈我的看法。

一、“中学生批判性思维培养与思辨读写教学实践研究”这个课题是放在怎样的社会背景下面来研究的？

从国家的层面来讲，我们的发展确实遇到了瓶颈。怎样来跨越这个瓶颈？李克强总理提出来要“大众创业，万众创新”。我们的教育也是这样。应该说我们的教育取得了非常大的成绩，不用从先圣孔夫子讲起，就是中华人民共和国成立以来，我们也培养了各行各业很多的杰出人才，国家经济能够这样发展，教育是功不可没的。比如为航母“辽宁舰”研制舰载机的罗阳，他献身于我们的军队、海洋，这样的中国脊梁不正是我们的教育培养出来的吗？因此不能怀疑一切，

本文是《语文学习》2016 年第 5 期组发的“批判性思维与语文教学”四人谈的第一篇，围绕思维的价值与功能，针对现实问题进行了“批判性”阐述。尤其是指出“要考虑批判性思维”的“思维领域”；“讲思维的时候，一定要跟语言紧密结合”，这两点建议对于中小学语文教学更有实践层面的指导意义。

否定自我。丢掉了传统，就丢掉了中国的命脉。

从 20 世纪 90 年代以来，全球化的趋势大家有目共睹，在这样的背景下，中国当然要开放，而且开放的范围越来越大，开放的深度也更加深入。前进的路在何方？要思考。我们的先祖就了不起，“丝绸之路”走向世界。我们现在提“一带一路”，就是借鉴古时候的东西，给它以时代的特征，给它以新的发展的生命。所以我想，从世界的角度来看，我们要思考怎么样走出去；从国内来讲，我们要思考在三十多年快速发展的基础上如何能够常态化地发展，因此，必须要思维转型。

为什么要深化教育改革？应该说，这些年来，我们的教师真的是非常辛苦。什么叫基础教育的教师？四个字——艰苦备尝。我做了一辈子的教师，没什么本事，也只有四个字——以身作则。教育改革到现在，很多事情都是有悖论的：既要个性发展，又要共同价值；既要为社会、为集体服务，个体也要发展；既要学科知识能力很扎实，又要具备创新能力。我们的教育就是在这种两难的、充满了悖论的情况下向前发展着的。那么，原来的一些思想、思维方式能不能适应这样的要求呢？看样子是不能适应。我想到多年来教给学生的一句话：知识就是力量。但是，现在恐怕还要信奉：思维才有力量！

在这样一个科技高速发展的时代，中国正在走向世界，要考虑全球人类的利益、人类的前途、人类的生存等问题，就需要转变思想、转变思维模式。就教育来说，小到一所学校、一名教师，确实要思考思想如何提升，思维如何转换，如何来提升学生的思维品质。思维才有力量，这是时代的需要。为什么？因为我们研究课题的最终目的是更接近公正，更接近公平。公平始终是走在路上的，哪里有过绝对的公平？公正也是这样。研究就是面对复杂的情况，让我们的判断能够尽量地正确一点，公正一点，更接近公正，更接近公平，更接近事物发展的规律，更接近真理。

二、要考虑批判性思维是放在一个怎样的思维领域当中来研究的

批判性思维的教学研究，要放在如何提升中小学生的思维品质和思维能力的这个大背景下来考虑。批判性思维这个概念来自西方，但是我们也要梳理一下中国的历史。早在两千多年前的春秋战国时期，“百家争鸣”中就充满着批判精神。中国传统文化是儒道释结合的，文化能够传承下来，就是批判融合，再批判再融合，各家之间的互相批判是很厉害的。例如，对朱熹这样的儒家宗师级人物，明代大儒王阳明对他也进行了批判。我想，我们在教育领域提倡批判性思维，主要是让学生能够养成批判性思维的习惯，具备这样一种能力。

批判性思维是思维中最高级也是最核心的能力，一定要把它摆在思维品质和思维能力的领域来考虑。从历史上看，中国的思维方式和西方的思维方式是完全不一样的。中国人的宏观哲学思想很突出，天人合一。《易经》说到底就是二分，阴阳分合。西方是两个世界，一个是神的世界，一个是人的世界，他们的权威思想是《圣经》，上帝说了算。这样一个一元化的、绝对化的思维，结果就形成了中世纪的黑暗，然后就出现了文艺复兴，文艺复兴就是人本位，解放了人，然后就出现了科学。

我们往往是二元，没有一元，也没有多元。汉代“罢黜百家，独尊儒术”，道家那种多元的思维就没有了。道家其实很了不起，它比西方人更早出现了一个“无”字——“无为”的“无”。“有所为有所不为”，“有所不为”是了不起的，我们对“有所为”考虑很多，但“有所不为”也是非常重要的，那个“无”就体现出来了。西方科学出现了以后，主张逻辑思维——形式逻辑，离开了形式逻辑根本就没有理化生；还有一个叫实验科学——实证，谁说不行就拿出证据来。我们是“拍脑袋”“差不多”就行了。我在参与一些师资培训、

评审的时候，发现不少教师上课时形式逻辑的漏洞很多，不能自圆其说。因此，概念的界定、形式逻辑的思维、辩证逻辑的思维，是缺一不可的。比如，教学中教师大量用的是演绎思维，很少用归纳思维。演绎和归纳的是两条路子，归纳是从个别到一般，演绎是从点到面。现在中学生报纸杂志上的文章也多类比，少归纳，缺推理，这对学生思维品质的提高是很有障碍的。批判性思维要在掌握真凭实据的基础上展开，否则怎么批判？批判什么东西？批判不是否定，批判是在原有的基础上使好的发扬光大，使不足得到克服。思维方法确实要突破，批判性思维培养的目的是提升中学生的思维品质和思维能力，有这样一个扎实的基础，批判性思维就能得到正确的运用。

三、批判性思维在语文教学读写中的用法

记得 1985 年夏，我们在北戴河参加审定语文教学大纲和教材。那一年，第一次把标准化试题引到高考语文学科里。当时跟我同住的是任继愈先生的夫人冯钟芸教授（文学家，宗璞的姐姐）。她拿到考题时说：“这什么东西啊？我什么都不会做。”那个时候试卷是 ABCD 选择题多，打钩打叉。北大附中当时的章熊副校长是参加命题的。我说：章老师啊，这种标准化试题一出，语文的思维、情感完了，起码害三代人。他说：“于大姐，不会的，不好也顶多害一代。”教育从来没有一代的事。教育的问题，一代就是三代，三代有时就是五代。当时我想，这样的考试题型，貌似追求客观、公正，但语文这个人文学科以后不知道怎么教了。广东是试点地区，我到广东去开会，语文教研员和我讲：“于老师，学生连概括文章的主旨、段落大意都不会了，他只会打钩打叉。”时至今日，这些弊病在逐步改变，但花了多少的时间与心血啊，命题的老师也可谓费尽心思。

我有个学生是《解放日报》的记者，她的孩子上小学二年级，做练习写道“水很活泼”，老师打了个叉。他妈妈说“你是对的，不要

改”，小孩子非要改，哭了，因为扣掉了两分。他妈妈没有办法，只好叫他照标准答案改。这要的是两分，毁的是孩子的灵气。“水很活泼”，多好的句子，尽管孩子不知道用了什么修辞手法，但他的观察、他的感受是多么灵动啊！我们就在追求标准答案的不经意中把它扼杀了。

基础教育陪伴人的终生。我说我这一辈子能做教师，基础教育对我的恩泽匪浅。我写文章一般不打草稿，就是高中的语文老师教出来的。所以我们在进行实践研究的时候，一定要弄清楚语文学科的性质与功能，语文应教给学生什么；一定要弄清楚什么是批判性思维。批判性思维是个好东西，但不能乱七八糟地去贴标签。

我在这里提两点：

第一，我们在讲思维的时候，一定要跟语言紧密结合，因为语言是思维的外壳。20 世纪 80 年代，我就专门写了一篇文章，讲语言训练和思维训练要放在同等重要的位置。一个不会思维的人，根本不可能很准确地运用语言文字来表达，这一点千万不能忽略。毕竟，语文学科不是专门训练思维的学科。还要注意的就是现在的课改，已经从三维目标发展到核心素养。语文核心素养大体内容包括四个方面：一是语言建构与运用，这是核心素养基础层面的东西；二是思维发展与提升，无论是批判性思维还是整个思维品质思维能力的提高，一定是思维的发展，要促进它的发展，语言教育本身就是思维发展的教育；三是审美鉴赏与创造；四是文化传承与理解。我们要传承的是中华优秀传统文化，而不是把“二十四孝”、《弟子规》等里面糟粕的东西撒播到学生的心中。语文教师一定要头脑清醒，这非常重要。批判性思维一定要和这四方面联系在一起，它们是一个统一的整体。

第二，要有实证。好与不好，要实事求是，要有实证。有了实证，就可以拿事实和例子来说话：为什么是对的，在什么样的学校，面对什么样的学生，我是什么样的教师，可以做到什么程度，面对另外一个学校又是怎样的，等等。此外，在进行批判性思维教学的时候，千万不能够绝对化，要开放、多元、互动，不断有新的发现。希望以这个思维的方式为切入口，能够突破语文教学的现实困境，打开一片新的天地。

解放思想，释放语文教学的活力

课程改革以来，从理论到实践，语文专家和语文教师作了大量的探索，积累了许多经验，对培养学生语文素养做出了贡献。但毋庸讳言，我们投入的时间、精力与语文教学现场的实效仍有很大距离。教师教得很累，学生学得很苦。对语文无兴趣、厌学的，比比皆是，语文之美的熏陶几乎荡然无存，更不用说诗意的课堂栖居。

语文教学对成长中的青少年而言，本该有巨大的吸引力，语文课堂应该美不胜收，因为语文学科与其他学科最重要的区别在于，它始终是指向人的，与人的思维、情感、品质和能力密切相关。语文就是人生，伴随人的一辈子。语言文字来自人生，而不是来自书斋，学生与它有天然的联系，有心灵感应。他们的成长、发展，内心思想情感的表达都离不开语言文字。因为三尺讲台演绎的都是古今中外经典中的历史风云、社会更替、世事人情、人生感悟，其中思想的精辟深邃、情怀的宽广厚重、语言的精辟斑斓，对心灵正在发育的学生而言，无疑是琼浆和醍醐，可享受到吮吸精神养料的快乐。汉字具有特别的魅力。清华大学教授、诗人郑敏说，每个汉字都是一张充满了感情的向人们倾诉生活的脸。确实如此，你打开语文课本，就好像进入画廊，无论是象形字、会意字，还是指事字、形声字，都会争先恐后地向你诉说自己的神韵，让你悦目、娱情。而今，人们崇拜物质，物欲膨胀。英国哲学家早就说过，物质是以它感性的诗性光辉向着人们

本文发表于《语文学习》2017 年第 3 期。

微笑。物质当然也就有巨大的吸引力。我国的语言文字“天生丽质”，风情万种，它应该以诗意的光辉向着学生微笑，来感染与影响学生。当然，还可以说出其他的理由。

要回归语文教学的本原，改变教得累、学得苦的状况，须解放思想，突破某些思想障碍和教学行为的栅栏，充分释放蕴藏在师生中教语文、学语文的活力。

现在的语文教学既存在“过度”现象，又存在“短缺”现象，“过度”与“短缺”二者并存，在一定程度上构成了“怪圈”，影响师生教与学的活力。择其要而言，有如下几点：

一、教育理念及实践操作上的过度强势和语文教学本体专业研究与实践的弱势、短缺

课程改革中教育理论、教育理念当然重要，对教学能起总揽作用。但是语文课程的改革更应注重本专业的性质、功能与规律的探讨研究。实际情况是教育口号、教学概念、教学方法以及教学评价无处不在，一个阶段有一个阶段的教育主题的落实，来推进学科教学。如这个阶段专门落实教学过程的安排，那个阶段专门落实重视学习经历，等等，以此来衡量是不是改革，在“怎么教”上做足了文章，不少教师也讲得一套又一套，而对语文本专业的源流、框架、精要、关键所在，常缺少深入钻研，讲不出个一二三四。“教什么”“怎么教”都很重要，但“教什么”是保证与提高教育教学质量的基础与前提，对此若明若暗，就丢失了根本。高大上的教育理念、教育术语与碎片化的学科专业知识、技能，不可能创造语文教学的精彩。语文教师的看家本领是语文专业。本体知识、本体素养短缺，再用什么教育理论包装，学生也难以受到良好的语文素养教育。

二、
单打一训练功能的强势
与语文综合素养培养的短缺

目前，为考而教，为考而练，为应试而训练得过度的现象相当普遍。学生通过连篇累牍的习题、试卷操练应试的技能技巧，独立思考、自主阅读已十分罕见。训练本没有错，但“过度”就忽略了语言文字背后支撑的文化的深层编码，使每个教学行为只为获得分数，只为了功利，只为了应试的实用价值。马克斯·韦伯曾把理性分为两种：价值理性与工具理性。理想主义就是一种价值理性。他指出，现代人采取了一种新的理性标准，用工具理性代替价值理性，终极目的、价值不重要，重要的是设定一个具体的、功利的目标，采用最合理有效的方式。其实，“工具”浸透“功利”，还有什么理性可言？民族的语言文字是本民族的文化地质层，它无声地记载着这个民族物质和精神的历史。母语，是民族文化的根。母语的盛衰，意味着一个民族生命力的盛衰；母语被不妥对待，实质上是对民族心灵的挫伤。语文教育本丰富多彩，其中蕴含的中华优秀文化的基因、哲学智慧、伦理道德、风俗习惯、审美意识、语言神采等，对学生而言，能悦目、悦耳、悦心，进入文学宝藏，努力追求，其乐无穷。可如今，为了“应试”这个所谓的“伟大的事业”，我们“没心没肝地把孩子撞倒了”。

人干活不是只用一种功能，因为人是一个完整的有机体，要发挥多种功能。语文教学也是如此。语文是综合性、实践性很强的课程，语文教学应追求综合效应，发挥多功能作用，全面培养学生的语文素养。语文教学有实用功能、认识功能、思维功能、教育功能、审美功能，它的主旋律是语言的建构与运用，也就是落实实用功能。与此同时，语文教学应根据不同的学段要求和课文特点，挖掘文本中固有的育人资源，进行思想交流，精神沟通，情操陶冶。教学时适时适度阐发、熏陶，力求学生的能力、智力、素质都获得培育，实现“学力形成”与“人格形成”的统一。即既有形成语文能力的侧面，又有形成人的思想情操、道德品质、价值追求的侧面，二者有机、和谐地统一，学生能多方面获得培养。机械训练，剥离后者，教学失魂落魄，吸引力、感染力丢失，语文素养也就成了空中楼阁。

什么叫教育？教天地人事，育生命自觉。既要教育有用之用，掌握语言文字理解运用的技能技巧；又要注重无用之用，引领学生沉浸在优美、精湛的语言文字中，鉴赏、品味其中奥妙，享受吮吸成长养料的快乐。

三、统一规格的过度与自主创新的短缺

教学当然要有规格，没有规格不成方圆。但执教者如不能充分发挥主观能动性，拘泥于标准、规格，教学活力就大受损伤。放眼当下教育，教学目标要规格，教学过程、课堂结构、作业安排等均要求规格统一，整齐划一，并以检查为手段，考试规格更不待说。一边要求进行个性化教育，要改革创新；另一边是标准化措施严严实实。语文教学不是大工业生产，不是制作标准件。教师与学生都是人，人是有差异的，语文能力、语文素养，包括对语言文字的敏感程度也是大相径庭的。过度的统一规格，过度的标准化，把原本具有的兴趣、爱好、才气、特长等在无形之中逐渐消解。要相信绝大多数语文教师能把课上好，把学生教好，他们都是有追求的。只要目标明确，从学情出发，从自己的业务优势出发，有目的、有计划地做点改革试验，发挥自主创新能量，对切实提高语文教学质量是有益的。教师虽不是先知先觉，但毕竟不是不知不觉。课堂本应充满师生生命的活力，若只做别人思想和行为的传声筒、复制品，哪还有思想的闪光、语言的魅力与生命的光彩？尊重教师教学的自主性、积极性，鼓励教师自主创新，教学才会涌现出多种多样的风格。百花齐放，才会万紫千红春满园。语文教师自身也要树立自信，有语文专业理想，不仅心向往之，

而且身体力行，不懈追求，更是重中之重；不为他信力所左右，失掉自我。

教育不是把不同的人培养成相同的人，而是把不同的人变得更加不同，使其特点、长处更加发展，变得更具良好的个性，更具鲜明的特色，成为有用之才。教学中教师成就了学生，也成就了自身。

要创造语文之美，担当教学之责，归根结底，教师要读书，要打厚实的业务底子，增强文化底蕴。读书短缺，给教学带来的损伤难以用数字计量。古人说：书犹药也，善读之可以医愚。此乃旷世箴言，可作座右铭。承载着中华优秀传统文化和人类精神文明的书能治愚昧、愚蠢、愚笨，是脱愚的良药。

感人的教学境界背后是扎实的学识支撑。研究古诗词的大家叶嘉莹回忆她的老师顾随先生上课时的情景，满怀敬意地说："先生之讲课，真可说是飞扬变化，一片神行。"那真是左右逢源，出神入化，美不胜收。顾随先生曾把自己的教诗比作谈禅，"禅机说到无言处，空里游丝百尺长"，缭绕不断，启人心扉，这是何等的美妙。教学上的气象万千，靠的是教师倾心投入，敬畏专业，以心相许，努力攀登。当今，尤其须减"过度"，补"短缺"，练就语文教学真本领，创立为师者的风范。

语文教学现状的思考

我们的语文教学常常是在指责中艰难前行的，尽管许多教师付出了艰辛的劳动，但效果往往不够理想。面对这些指责，语文教师有不少无奈和委屈，这源自教学中的两大困惑：其一，当前教育中的花头太多了，课不知道怎么教；其二，整天埋着头以考纲为准绳教课，因此对整个语文教学的状况几乎是隔绝的，不了解。在有些评审——甚至在特级教师面试中，问起当前语文教学状况如何，有的也几乎是一无所知。如此封闭性地从事教学，怎么能够提升我们的语文教育质量，又怎么能够使得我们教师自身得到提升呢？

因此，对语文教学现状作一些系统的、深入的思考，有助于教师廓清对语文教学的一些模糊认识，走好语文教学之路，进而形成自己的教学特色，提升语文教学的质量。

一、现状：林林总总，目不暇接

当下的语文教学现状，已经不是《钱塘湖春行》中的“乱花渐欲迷人眼”，而是“乱花已经迷人眼”。跟其他学科比起来，语文教学的现状恐怕更是林林总总、花繁叶茂，有点让人目不暇接。对这些状况大致分析，有以下几个方面：

本文发表于《语文教学通讯·高中》2016 年第 10 期。

（一）
语文教育内部的风起云涌

语文课程改革的初衷之一，就是要充分发挥每位教师自身的积极性和创造性。语文教育内部的风起云涌，从某种意义上来说，正是语文界部分优秀教师、研究人员乃至语文媒体，参与语文课程改革的积极性和创造性的具体表现。关键是我们广大语文教师要对这些不同的理论话语和教学主张有一个比较清晰的认识，这样才能不被牵着鼻子而“随人说短长”。

语文教育内部的风起云涌，主要表现在如下三个方面。

其一，来自高校语文教学研究专家以及一些出版社的主张。高校专家的理论话语，都有各自的学术背景，并且往往注重理论体系的构建，虽然实践不多但是理论研究还是比较深入的。我们广大语文教师从事的是语文教学工作，它的一个最重要的特征就是鲜明的实践性。我们当然要学习语文教学理论，这对于深化认识、提升教学自觉非常重要。但理论与实践之间毕竟还是有距离的，因此无论看似多么高深、多么正确的理论话语，都必须接受语文教学实践的检验，并转化为语文教学的实践话语才行。所以我们要用创造性的实践去理解这些理论话语的体系，择其善者为我所用，而不能被其框住、套死。一些出版社作为语文教材、教学著作的出版单位，往往会有一些语文类的期刊、报纸等媒体。媒体搞活动的特点就是注重影响力，它为了达到预期的宣传效果，提出的主张、运用的语言常比较火爆，吸人眼球。对于这些宣传、做法，要关心、思考，寻求其中的奥妙。

其二，来自第一线教师的设计及各种各样的改革。比如黄荣华老师的“生命体验”和“文化贯通”相融相生的语文教学实践，黄厚江老师的“本色语文”以及最近修改提出的“共生教学”，等等。一线教师进行的这些教学改革是值得提倡的，哪怕不周全，但是只要教师有想法，是想把语言文字的基因种到学生的心里的，这些都是合理的。也有一些教学尝试引起语文教育内部的争鸣与碰撞，当然这其中也会乱象丛生，需要我们思考，需要我们辨析。

其三，行政部门基于基础教育的教学实施。我们面临的最大困难是，实践中讲得最多的是教育教学方面的术语，而对语文学科本身的研究却很少，更多的是用强势的教育教学理论来指导处于比较弱势地位的语文学科教学。这种一刀切的强势指导影响很大，而对于小学语文教学影响尤甚。比如，通过行政手段的干预，某个阶段所有学校的教学关注点都是教学内容，某个阶段所有学校的教学关注点又都集中在教学过程；再过一个阶段，所有学校又全都在研究作业设计。不少一线教师诉苦，她们几乎成了标准的“操作工”。这种过分强调基于标准的指导，实际上就是把教师标准化。我们常说教学要培养学生的主动性、积极性、创造性，但是，首先教师本身必须有主动性和创造性。当然，教育行政部门的出发点是好的，希望一线的语文教学最好能够都是统一的，能够都达到相同的质量水平；但是标准化是工业化的大生产方式，人的教育和培养是不能这样的。语文教师最重要的是学科素养和专业能力，也就是教师个体的阅读量、理解力以及教学的能力。语文教学不是工厂里的大工业生产的标准化操作，谁都不能包办代替教师的创造性劳动。有些教师讲，自己也知道阅读的重要性，但是很多时候无奈，只能偷偷地做些个性化的阅读指导。我觉得我们语文教师的教学自主性和创造性受到了抑制。

（二）
西方强势语言的入侵

这些年的情况稍微好些，我们能够理直气壮地讲中国语文是多么重要，我们可以理直气壮地讲要传承发展中华优秀文化。但是有一个阶段，我们讲的全部都是外来的语言和理念。我们当然要开放，难道在21世纪办教育还要闭关锁国吗？但是有一点必须弄清，任何一种教育理论、教学原则，都是在特定时代背景和地域中产生的。那些教育家正是在特定时代中发现当时教育的弊病后，有针对性地提出解决问题的方法，比如杜威“儿童中心”的理论，是基于当时儿童总是处于一种被动学习的状态而提出的。当把特定时代特定背景下产生的理论视为普遍的要求，不加辨析地全面推广甚至强制执行，就会带来很大的困惑。

之所以会如此，正是因为缺乏哲学思考。其实，所有的教育学者提出的教育思想与一些具体的做法都是有利有弊的。我们进行教育改革应该有开放的心态，采取“拿来主义”的做法。正如古语所说：“它山之石，可以攻玉。”拿来“它山之石”是为了“雕琢”我们自己的“玉”，而不是抄袭；现在教育中存在的问题是把外国的有些做法拿来，不加辨析，把它无限扩大，说到底还是我们缺乏教育自信。其实，中国基础教育有很多可圈可点的东西，问题在于我们自身没有很好地认识，深入思考不够。

因此，当我们面对外来理论时，我们应该想想这个理论提出的背景是什么，能够解决什么问题。教师遇到新理论，要想一想，不能够盲从。而当下，我们会发现有种怪现象：我们教的是中国语文，本来应该最有发言权；但是，语文学科教学和研究中，很多理论和做法却都是源自外国，比如进行写作指导和研究时，不少人言必称“外国人怎么讲”，阅读教学也是这样，几乎都以洋为荣，甘愿用我们自己的教学充当外国教育理论的论据。我觉得，我们的教师绝不能甘愿把自己当成弱智听凭别人说长道短，绝不能甘愿做“学徒工”，绝不能甘愿做“思想的矮子”。我们要有学科教学自信，要有哲学眼光，不能对外来的理论全搬照抄。西方的文化背景、文字形态与我们很不一样。比如欧美国家学生在低年级主要是学习语言，到中学阶段文学的分量就加重了，他们基本上是语言、文学分开，而我们是语言、文学综合；就文字形态来讲也不同，西方主要是表音文字，而我们的汉语则是音形义紧密结合的双脑文字。所以，我们对西方教育教学理论要秉持“拿来主义”，要有开放的心态，但是一定要有自己的立场。

(三)
粗俗、粗鄙语言的作祟

伴随着网络时代的到来，大量粗俗甚至粗鄙的语言随之出现，这对语文教学冲击很大，它破坏了语言的健康和准确度，还带来了巨大的危害。语言品质的下降，继而带来的是文品的下降，文品下降带来的是人品的下降。这种连锁反应式的品质下降是在无意识中发生的，而我们还可能不自知、不自觉、不自省。我曾经带领我的基地学员开展过“优雅汉语”的主题教学来研究过这个现象，尝试探索解决方法，但是很难。这些都将对语文教学质量的提高产生很大的冲击。

(四)
最有力量的还是考试指挥棒

对考试指挥棒顶礼膜拜成为教学中比较突出的情况。教学实践中考试操练过多，以考定教，将原本属于基础教育的主阵地——课堂拱手让给了考试。以考定教，让学术、学生没有了尊严，而教育价值可怜到只能体现在分数上了，于是各种各类补习班、培训班应运而生，知识沦落到“待价而沽”的境地，这使得教师队伍的集体荣誉受到很大的伤害。

上述四个方面的影响，加上媒体的炒作、商业利益的驱动，最终就形成了我们所面对的“乱花已经迷人眼”的教育现状，形成了“育分不育人，求学不读书”的怪现象。那么，作为一名当代的语文教师，面对这些林林总总的、正确与错误纠缠在一起的现象，我们一定要有认识，有思考，才能够保证我们在各种乱象中保持头脑清醒。当然，就现象谈现象是弄不清楚的，必须探寻导致出现这些现象的源头。

二、探源：认真梳理，了解发展脉络

上面所说这些现象的产生，都是有源头的。我们认真梳理、了解语文发展脉络，才可能不被表面的现象蒙蔽和忽悠。认真梳理语文发展脉络后，我们可以很清楚地看到两条线索。

（一）一条线索是百年现代语文教育发展史

1904 年 1 月（光绪二十九年十一月），清政府终于批准并颁布了由张百熙、荣庆、张之洞建立起的崭新的学制和独立分设学科的教学体制，后世称之为“癸卯学制”。当时新学堂的学制、课程以至教材，大都从西方先进国家和日本引进，但语言文字独立设科，须由我们自己探索建设。那么该科如何定位？《学务纲要》中载明：“并宜随时试课论说文字，及教以浅显书信、记事、文法，以资官私实用。但取理明词达而止。”又断言：“中小学堂于中国文辞，止贵明通。”从中，我们发现它比较注重实用和训练，根据文辞的训练，达到实用的目的。

关于新的学制和独立分设学科的教学体制，中国文学设科，本有众多教育宗师参与其中，如罗振玉、蔡元培、梁启超、钱基博、胡适等。但对百年中小学语文教育影响最大的是叶圣陶先生。由于他纵跨新旧两个社会，又长期从事基础教育的课程研究和教材编写与出版，他的语文教育观念便具有权威性，影响至深。

尽管中国现代语文教育脱胎于传统教育，但就时代背景而言，则更重视当时社会的“现代性诉求”。叶圣陶先生就曾明确地说过：“一般人就以为国文教学只需继承从前的传统好了，无须乎另起炉灶。这种认识极不正确，从此出发，就一切都错。”他在《国文教学》一书中说得更为直白："国文教学固然要重视精神训练，但尤其要重视技术训练，即重视了解文字和运用文字能力的训练。"老先生还有一句话："把精神训练的一切责任都担在自己肩膀上，实在是不必的。"

语文工具论是叶圣陶先生几十年语文教育思想的结晶。在清政府将语文独立设科的时候，中国正处于积贫积弱的状态下，有学之士认为要强国，就要向西方学习，故而当时对西方的科学技术顶礼膜拜。在这样的时代背景下，西方技术至上的观点影响了中国的方方面面，其中也包括了国文教育。再加上当时先辈们要超越"书同文"的视野，要实现"言文一致""语同声"，与新文化运动相呼应，意图突破区域性隔阂，在这样的时代背景下，强调语文工具论自有其现实合理性，不足为怪。

"语言专门化"训练的历史线索从独立设科开始，可说是延续至今。从《国文百八课》一直到 20 世纪 60 年代、80 年代的语文教学大纲清晰可见，直到 90 年代的教学大纲，还很明确地提出要严格地进行语文训练。百年语文现代化，就是要求知识点清晰有序，要系统化、科学化、线性化地进行训练，人们认为这是一条学好语文的科学道路。除了"文革"十年对教育的摧残，这根工具训练的线索从未断过，因而标准化试题入境，不费吹灰之力就在极短时间内对基础教育领域包括语文学科实现了全覆盖。

然而，母语教学是很难做到一切都那么清晰的，其实叶老也一直在不断地修正自己的想法和做法。因为"工具训练"几十年走下来，情况并不理想，这引起了大家的讨论。当时在全国影响最大的就是 1978 年 3 月 16 日吕叔湘先生在《人民日报》上发表的责难语文教学"少、慢、差、费"现象的文章。这篇文章引发了语文改革的热潮，激发了不少一线教师的自觉改革行动。2000 年颁布的《全日制普通高级中学语文教学大纲》（试验修订版）才第一次提出"语文是最重要的交际工具，是人类文化的重要组成部分"，而在此之前的语文教学大纲里基本上都是这样表述："语文是学习和工作的基础工具"，"中学语文教学必须教学生学好课文和必要的语文基础知识，进行严格的语文基本训练”。所以说，“训练”和“实用”这两个关键词一直贯串百年中小学现代语文教育发展史，其影响之深远不可估量。

(二)
另一条线索是千年语文教育传统的继承与发展

“癸卯学制”颁行之前，中国语文虽未单独设科，但中国的语文教育有悠久历史，有优良传统，绝不是只有百年历史。追根溯源，现代语文教育还有千年传统，也是从千年传统脱胎而来的。在千年的历史中，中华民族出了多少优秀的文人？出了多少世界级的顶尖作品？因此，我们要知晓千年语文教育传统，要重视优良传统，在新时代加以发展、创新。

新世纪语文课程改革的基本理念从何而来？依我看主要来自四个方面：千年的积淀，百年的探索，世纪末的大讨论，跨世纪的思考。千年的积淀里有“四个注重”符合语文学习的规律，需要我们关注：其一是读书感悟，其二是整体把握，其三是熏陶感染，其四是积累沉淀。当然值得继承发展的远远不止这些，而这四个关注点，恰恰是碎片化教学所忽略的，这 16 个字说来容易，要真正落到实处却很难。语文课程开宗明义提出的基本理念，就是尊重传统，继承发展。

中国百年语文教育的探索很艰辛，很不容易。比如半个多世纪前叶圣陶先生就作出“语文是工具”的论断，语文是生活的工具，是思维和交际的工具，是其他学科的工具。这一“工具论”的论断对我国语文教育有积极的影响。叶老始终把反对封建科举、反对“八股”教育、反对古典主义和利禄主义作为个人的目标。他的“工具论”正是在反对“八股”教育的基础上提出的，强调尊重学生个性，培养学生面向实际、贴近生活的能力，强调要学以致用，在具体操作方面也作了许多有益的尝试，而且在每一次提出时都有强烈的针对性，都增加新的内涵，对语文教育的发展作出了很大的、积极的贡献。

历史总是不断向前发展，现实也总是处在不断的变化过程中，个人的认识总是有一定的局限性，再加上我们执教者的误解偏差，因此，随着时代的发展，把语文教育仅仅看作维持物质生活的一种技能，丢失了人的发展，丢失了对人的精神世界的拓展，这种实用主义立场，就不可避免地显现出局限性来，因而出现了20世纪末的语文大讨论，许多学者专家针对这一局限提出了非常尖锐的意见。这场大讨论不仅是纵向思考，更有横向视野，讨论者既回顾历史，又把西方的母语教育和语言理论作为比较参照。这次跨世纪的思考是把我们的语文教育放在中国发展的时代大背景之下和世界大环境之中来展开的，其讨论的广泛度和思考的深刻度，超越了之前任何一次关于语文教育的讨论。

正是在这次大讨论的基础上才诞生了新的课程标准。在新的课程标准中，语文课程的核心概念是语文素养，是人的整体素质在语文方面的体现，而不只是局限于过去所说的知识和能力。它既包含阅读理解能力和表达交流能力方面的要求，也包括对人的心理素质和人文修养方面的要求。而今，高中语文课程标准修订稿把语文素养具体化为四个方面：语言建构与运用，思维发展与提升，审美鉴赏与创造，文化理解与传承。

（三）
对两条线索的认识

理清语文发展的两条线索后，我们会发现，林林总总的语文现象都可以找到背后的根源。其实，两条线索并非完全对立、水火不相容，二者之间相同相融之处很多，而后一条线索本就是百年现代语文教育的继承与发展。

既然如此，那为什么语文教育又会有那么大的分歧，甚至于乱象丛生呢？分析原因，主要有三点：

1. 从思想方法看，是二元对立思想作怪。当下有不少人思考问题很容易二元对立，非此即彼，非彼即此，不照我做，即非我属类。其实我们应该多元思考。

2. 从思想意识看，是唯我独大、唯我独尊的意识作祟。一旦有所主张，则俨然学术权威，再伴随着利益驱动，形成所谓的“圈子”，遂使学术影响力蜕变而成为话语威慑力，容不得“异端”存身了。

3. 从专业素养看，是对教育中“人”和“术”的关系缺乏深层次的思考和准确的把握。技能当然要教，但是在什么背景下运用，怎么来掌握，这就需要教师的专业素养和专业眼光来作出准确的判断。

当我们把各种现象分类、溯源后，就可以很清楚地看到前因后果。理清这些线索，辨析这些现象，是为了我们自己更好地成长，让成长不受干扰。在社会和教育转型过程中，学科的每一步发展都是非常艰难的。我们现在真的是需要大师级的人出现，这样的人，是通才基础上的专才。因为是通才，所以他视野开阔；因为是专才，所以他研究深入。这样的大师能够在纷纭众说中提出正见，在一片迷茫中探寻到正途，引领学科健康发展。而教学第一线的教师所做的这样那样的改革，同样十分可贵，应该受到欢迎，得到支持，即使不周全，仅这种为提高语文教学质量的探索精神也是十分可贵的。

三、立业：独立思考，自主创新，走好自己的路

文天祥有诗云：“臣心一片磁针石，不指南方不肯休。”对语文，对语文教育，我们教师确实要一片忠贞、一片痴情。为了学生能有良好的语文素养，能学会学好用中国话讲好中国故事，我们教师在教育教学中就要做“高人”——思想的深刻，要做“情人”——痴情于教育。语文教师的权威是人格魅力和学术魅力构建的，我们要用我们的人格魅力和学术魅力，让孩子受到中华优秀文化和人类进步文化的熏陶滋养，做有中国心的现代文明人，在世界文化潮流当中站稳脚

跟，从小学会挺起民族的脊梁。

如何做好一名语文教师？我有两点建议。

（一）心中要有准绳

语文是什么？语文教育是什么？对于这些根本性的问题，教师要反反复复思考，努力想清楚。这里面我觉得有三点应考虑。

1. 语言文字是民族文化的根

德国语言学家洪堡特曾经说："民族的语言即民族的精神，民族的精神即民族的语言，二者的同一程度超过了人们的任何想象。"语言的背后是文化的深层编码，是一个民族的集体意识。每一个汉字的故事当中无不蕴含着中华文化的基因。每一个文字都是一个故事，是民族的故事，比如"孕"字，形象生动。语言文字里有哲学智慧，有伦理道德，有风俗习惯，有审美意识，稍加触摸，就会感受到它的博大精深，感受到它的无穷魅力。民族精神是民族文化中最优良内容的结晶，实施语文教学，我们实际上是在传递民族精神，是在孩子心中栽种中华民族文化的根。

2. 语文教育是母语教育

中国古人将语言和人性、天道、事理联系在一起。汉语言文字不是单纯的符号系统，而是有着深厚的文化历史积淀和独特的文化心理特征的文化系统。杭州 G20 峰会文艺晚会上突出西湖元素、杭州特色、江南韵味、中国气派、世界大同，体现的就是中国文化的特色和中国独有的思维方式。通过母语教育可以培养学生对民族文化、民族精神的认同感和归属感。在人文精神的熏陶下，学生的道德情操、审美观念、人格塑造均能获得提升，这是为做"中国人"打精神底子，对学生的成长影响深广，乃至终生，这是其他学科难以替代的，如果只注重物质层面的工具性就很难达成。事实上，当下许多国家的母语教育也不仅仅满足于知识和能力的传授，不只是关注其实用性，而且大多比较重视课程的人文性和课程的现代化。

3. 语文教育的基本特征是工具性和人文性的统一

语文教育有多种属性，比如工具性、实践性、综合性、科学性、思想性、人文性等等，可以讲很多。但是，因为我们基础教育的语文教学从事的是语言文字的学习和训练，所以其基本特征应该是工具性和人文性的统一。

那么如何来把握这个观点？我想起码应该从三个方面来认识。

第一，语言是什么？语言是表达思想、进行交际的工具，是思维的物质外壳，是信息的载体。这种工具、外壳、载体非常特殊，是跟人紧密联系的，是只有人类才拥有的符号。因而，在符号的意义上把握其工具属性和工具的特殊性才比较恰当。

第二，语言本身是一种创造性的精神活动。西方学者不仅视语言为一种文化现象，而且称它是文化和社会的产品，是文化建设的一种力量。比如高铁，它是社会的产品，我们马上就有“高铁”这个名词了。语言在创造文化，文化也在创造语言，二者相互塑造，相互渗透，相互从属，语言是文化创造的力量。世界各民族的语言都有人文属性，不是一个简单的工具属性所能概括的。

第三，语言和思想、情感同时发生。语言不仅仅是对思想的翻译，不仅仅是思想的载体，它本身就是意识、思维、情感、人格的组成部分。洞悉语言的本质，其基本特征就一目了然。

综上所述，可知工具性与人文性是语文教育这一统一体不可分割的两个侧面。没有人文，就没有语言这个工具；舍弃人文，就无法掌握语言这个工具。黑格尔的“洋葱说”对我们深刻理解这一问题很有启发意义，语文的工具性和人文性，犹如洋葱的皮和肉，对于洋葱来说，皮与肉本来就是合二为一、难以剥离的，如果执着一念硬要剥下去，到最后只能一无所有。

因而，语文学习不仅是外在的“形式学习”，更重要的还有其内在的“心灵成长”，包括思维、情感、性格、能力等的成长。

心中有准绳，施教、改革就有方向，而不会“暖风熏得游人醉”，乃至乱了方寸，迷失方向。

（二）
要有历史眼光和批判精神

跨入21世纪，计算机已经成为我们这个时代的标志性工具，而互联网是我们这个时代的平台。面对信息化、全球化、个性化的时代，教育体制、教育内容、教育方式一定要适应这个社会的未来需要而谋求生存和发展，我们要进行基础教育全局性的课程改革，就是出于这一考虑。因此，中小学语文教育改革责无旁贷，为了适应时代的发展，满足未来的需要，语文教育必须做出自己的思考和应对。

1. 课程理念、课程实施要适应时代要求而发展

课程改革，实际上本身就是语文教育百年探索的完善与发展。朱自清先生曾经谈到他与叶圣陶先生改革语文教学的初衷，就是为了改变当时语文和经史不分的传统，这一出发点无疑是正确的。在东西方文明激烈碰撞与融合的大背景下，在民族文化与外来文化、传统文化与现代文化、科学主义与人文主义之间，中国语文教育面临着艰难甚至是痛苦的选择与变革，坚定不移地选择语文教育现代化道路，其中有诸多学界泰斗探索追求，作出了开创性、历史性的贡献。

然而，时至今日，社会的发展、教育的发展、语文课程的发展、语文教育的现状，都需要我们对语文教育有新的认识，包括性质、目的、功能、承传、教材、教法、质量、测评等观念与做法。在跨世纪大讨论中，不少学者都对语文教学表达过自己的看法，学者夏中义说：“用一句话来说，把这么一个最富于诗性的、情感的、想象的学科变得工具化、机械化，这对孩子们灵魂的塑造所带来的负面影响不言而喻。”学者杨东平说：“中学语文教学的种种问题，一言以蔽之，

是人文价值、人文底蕴的流失。将充满人性之美、最具趣味的语文变成枯燥乏味的技艺之学、知识之学，乃至变为一种应试训练。”因此，语文教育一定要改。

种种弊端告诉我们，语言文字是“体”，人文内涵是“魂”，二者要融为一体，“魂”要附“体”，“体”中要有“魂”。硬要剥离开来，语言文字就变成僵死的符号，“魂”就无处安身。只是“训练”与“实用”，远不能适应培养语文素养的要求。

至于脱离语言文字，空讲内容，无限拓展、延伸，不是对人文的误解，就是故作高深，哪还是什么语文课！

“发展是硬道理”，刻舟求剑的思维总是不行的，有些乱象因此而生。强调要回到过去，难以自圆其说。

2. 教师要有批判精神

批判性思维是思维中最高级也是最核心的能力。批判并不是否定，而是进行科学的分析，在原有基础上把好的发扬光大，而把不足的加以弥补，把缺点加以克服，把错误的加以扬弃。当教师最怕的就是人云亦云，照单全收。今天吹东风便说东风好，明天吹西风又说西风好，这是不行的。教师一定要勤于思考，独立思考。批判精神，就是有个正确的传承观。传承不是照单全收，而是首先要弄清楚继承什么、扬弃什么。

语文教学现在面对着三个传统：一个是千年“大传统”，从李斯的小篆改革开始；一个是百年语文的“中传统”，从“癸卯学制”语文独立设科开始；一个是改革开放以来的“小传统”。三个传统中都有优质的资源，也有不少糟粕。比如，“大传统”中有许多符合语文学科专业规律和学生认知规律的优质教育资源，但“三百千”“弟子规”“二十四孝”能照单全收吗？又如，“中传统”在坚守语言文字学习上功不可没，其弊病在于重“术”轻“人”，价值取向和质量观难说毫无瑕疵。又如，“小传统”中百花齐放，流派纷呈，符合教学规律的好的经验自然不少，但表演、作秀者也不乏其人。有些课无视文本的核心价值，无视学生理解接受的可能性，只是为了显示教师的功底和能耐，等而下之者，目的就是制造爆炸新闻，获得“博眼球”的效果，这不仅让学生学无所得，而且还歪曲、践踏了经典作品。在语文教学中，教师对学生、对经典一定要有敬畏之心，上课不能任性，不可随意。

“权威”并非全都是无可非议的，关键在尊重事实、尊重真理。教师一定要有批判性思维，要勇于说“不”，同时一定要有正确的价值取向。批判的目的是深入思考、深入学习。不盲从，就会有自我的独特认识，故而我们要独立思考，择善而从，见贤思齐，而不是照单全收。

3. 选点突破，自主创新

在语文课程改革的大框架下，我们需要清楚自己教学中的瓶颈，选准课改的突破点来切切实实地提高学生的语文素养，提升教学质量。教学改革中必须注意以下几点。

(1) 学生是第一立场

改革的第一立场是学生，要清楚学生的需求、认知水平、兴趣爱好。我们都知道，婴儿是要吸吮奶水的，一上来就喂糖醋排骨肯定不行，因为他还未长牙。我们现在有一个毛病——几乎是通病，就是无限制地加深、无限制地拔高，似乎一堂课想把全世界都教进去，这是违背常识的。我们必须清楚，上课最重要的是把学生教会。上课绝对不是教师做演员自我卖弄，适合学生的当前状态是最重要的。

教学有三忌：一忌让学生做听众和旁观者，二忌空讲大道理，三忌让学生没有满足感和成就感。教学中要清楚地认识到这“三忌”，在此基础上用心设计教学环节，通过有效的教学行为去破解它。

比如精心设计课堂导入语。导入语要新奇、有趣才能抓住学生的心，有知识含量才能激发学生的求知欲。要根据课文的特点，让学生的感觉器官、思维器官处于兴奋状态，可以调用一切积极手段，比如把其他学科的东西结合进来。我教《花儿为什么这样红》首先用化学实验导入，教《核舟记》时让学生根据课文画核舟，学生被调动起来，文章也就落实了。

比如问题设计须有坡度，让各层面的学生均有展示机会，有满足感。除了要设计好针对大多数学生的主要问题外，教师还要设计一两个非常简单的问题，让语文水平比较薄弱的学生也能回答；而对于优秀的学生，也要设计一些有深度的问题，让他们的学习充满挑战性和成就感。

教学过程中及时恰当的评价，也能让学生学有兴趣、学有干劲。

(2) 解放思想，大胆取舍

每一个文本都有其核心价值，我们可以通过教学将其变成学生的文化积淀。从教学的角度来说，每一个文本也必然有其教学核心价值，要牢牢把握文本的教学核心价值，根据不同文本的不同特点，设定不同的教学目标，采用不同的教学方法和教学程序，打破“千课一面”的模式。文本的教学处理，既要尊重文本本身，又不能被文本牵着鼻子跑，千篇一律的教学设计，“千课一面”的模式化教学，只能让学生学而生厌。要驾驭文本，为教学目标服务。课文可以按顺序教，也可以倒过来教，只要教学目标明确，教学重点突出，怎么教都是好的。为此，我建议教师们要解放思想，大胆取舍，在驾驭文本的基础上，一定要“有所为，有所不为”。一旦决定“有所为”之处，就必须“为”得扎扎实实，一定要让学生记忆深刻，学有所得。千万不能把课上得糊成一锅粥，什么都教但什么都不突出。

(3) 引进时代的活水

我们生活在时代的潮流中，语文课堂就应该要有新东西。比如报刊上的诗歌短文，花三两分钟进行课堂交流，既能激发学生的表达能力，又能让学生感受语言的魅力。像这样一首小诗：

前天，我放学回家
锅里有一碗油盐饭

昨天，我放学回家
锅里没有一碗油盐饭

今天，我放学回家
炒了一碗油盐饭
放在妈妈的坟前

在贫贱忧戚的生活中，一碗油盐饭所寄托的浓浓母爱和痛失母爱后的泣血哀伤，令人动容。长此以往地不断引进时代的活水，既可拓展学生的视野广度和思维深度，又能帮助学生形成语言和思想情感的双重积淀，还可缩短师生之间的心理距离。

（4）反思修正，坚持不懈，形成特色

课堂教学是教师的安身立命之本，改革永远在路上，需要不断地调整，积累正反经验，把它条理化，上升到理论的高度加以认识，这样就容易形成特色，走好自己的语文教学之路。

“三寸粉笔，三尺讲台系国运；一颗丹心，一生秉烛铸民魂。”教师的工作是铸造国民素质之魂，所以，今日的教育质量，就是明天的国民素质。语文教师从事母语教育，应该是冲锋在前，做排头兵，能够做出榜样。教师生涯是双重奏，一重是过好自己的人生，第二重是引领学生过好他们的人生。我老了，朽了，老朽了，教育的希望在年轻同志身上。祝愿广大中青年语文教师意气风发，走好语文教育的路，在系国运、铸民魂的语文教育伟业中做出成绩，做出榜样！

期待语文教学的美景
——致“中国语文教育高峰论坛”的书面发言

各位领导、各位专家：

你们好！

我因病未能参加“中国语文教育高峰论坛”的盛会，失去聆听与学习各位专家、各位同行对当前语文课程改革真知灼见的机会，深为遗憾。只得在这儿向你们致以衷心的祝福，祝愿大会讨论热烈，远见卓识精彩纷呈，取得圆满成功。

对于语文课程改革，不少行家从理论和实践结合的高度提出许多鞭辟入里的看法和切实可行的做法，开阔教师思路，推动教学实践，我是十分赞成的。但我心中总郁结着两个病痛，难以排解，现不揣冒昧，提出来请各位指教。

一、中学语文的地位与价值

在相当数量的中学，尤其是高中，母语学科教学已经从第一位降到“小四子”“小五子”，这是不争的事实。因为语文还要高考，否则还要往下滑。语文要靠积累，无法急功近利，突击无什么效果，只得“让路”。学生呢？据多处抽样调查及实地观察，学生对学语文无

本文发表于《语文学习》2004 年第 11 期。

兴趣，对语文课既不反对，也不喜爱，抱着无所谓的态度。冷漠，可怕的冷漠！外语学习呢？却另是一番景象。不仅校内读，校外补课与家教也比比皆是，花的时间、投入的精力比学语文不知要多多少倍。这不仅由于外语是考心目中的高一级学校敲门砖的近利，更高悬着获大利的远景。当今时代，改革开放，走向世界，当然要学好外语，这是无可厚非的。问题在于不能重外轻内，奉外贬内，把学习母语放在不屑一顾的位置。

从长远来看，语言文字存在一个激烈竞争的环境，强势语言对弱势语言的生存构成很大的威胁，西语霸权的情况不言而喻。为此，很多国家都非常重视弘扬本民族的文化传统，加强对青少年进行本民族语言的教育，如法国、俄罗斯等。汉语是世界上最优秀的语言文字之一，它内涵丰富，表现力强，极具文采，有很强的生命力。如果我们不注意保护，不切切实实地传承，人为地削弱，对文化传统的继承与发展、民族精神的扎根与弘扬必将产生负面影响。

语文教师要坚守母语教学阵地，指导学生认识母语的特征与作用，体会它丰厚的文化内蕴，培养他们对母语的感情。作为中国人，如果真爱我们的民族，就会真爱我们民族的语言。语文课改中抓好感情这一关，学生变冷漠、冷淡为喜爱、热情，改革的种种举措必能取得卓越成效。怎么才能攻克这个关？这是宏伟巨著，它不是游离于改革之外，而是贯串于改革的全过程之中，需要大家花费心血，奉献智慧。

二、阅读淹没在名目繁多的练习之中

约瑟夫·布罗茨基在 1987 年诺贝尔文学奖获奖演说中曾这样沉重地说：“鄙视书，不读书。由于这一罪过，一个人将终身受到惩罚；如果这一罪过是由整个民族犯下的话——这一民族就要因此受到自己历史的惩罚。”对阅读的重要性真是剖析得入木三分。中学生求学时代当然要读书，但事实上没完没了的沉重的操练（数理、外语尤甚）压得学生直不起腰，哪有时间去读书？更不要说课外读物了。产生这种情况，究竟谁该负责任？教师推荐课外读物，要求写点心得，看书的学生也有，但不少是看故事简介、连环画，网上下载，拼接一点，并未以书为友、与作品对话、与作者交流。高三年级语文课成倍增加，干什么？周周练习，周周应考，考，成了家常便饭。放眼看社会，书店里最拥挤的柜台必然在售学生的练习材料，这是书店最好的卖点。办书展，令人悲哀的是有的出版社展台的三分之二是所谓的教学辅导材料。实际上就是《一课一练》，题海题库，还挖空心思想出许多蛊惑学生的书名来招徕顾客，似乎只要做了这几套练习，考试就能夺魁。利益驱动自不必说，说老实话，花钱买是看得见的，也是可以用数字计算衡量的；而在学生青春年少之时，以机械操练充斥他们的生活、生命，使他们失去读书求知、饮琼浆、灌醍醐的最佳时期，从做人道德的形成，从文化素养的底蕴而言，造成的损失是永远无法弥补的。如果把机械操练的勇气、执着、时间、精力的十分之一用在阅读上，钻研文本，精读博览精品、佳品，不仅语文教学会开创令人鼓舞的新局面，更重要的在于学生能全面提高语文素养。教书育人，学科教学的目的是“育人”，在学习语言文字的同时，培养学生德智体美全面发展，千万不能把“育人”变形为“育分”。“分”毕竟不能代表“人”的素质、“人”的水平。

怎样才能改变这种局面，让学生从反复操练的桎梏中解放出来，学生真正能读书求知，自主学习，发挥聪明才智？我忧心忡忡，难觅良策。

我做了一辈子的语文教师，深知民族语言是民族文化的根，它对外是屏障，对内是黏合剂，母语教学就是要把这民族文化的根深深扎入学生心中，对学生进行精神哺育。学生对母语有不解的情结，热爱它，用优秀的传统文化和人类优秀文化滋润自己的成长，就能流淌中华儿女的血液，孜孜以求，为中华民族的伟大复兴贡献力量。

我多么期望语文教学有这样的美景。

功夫要用在融会整合上

许多地方有条不成文的规定：凡是教学观摩、教学比赛，必须用多媒体，否则这一项就是零分。参赛对象当然绝大部分是青年教师。我并不排斥课堂教学中运用现代信息技术，因为任何教学手段都是为了引发学生的学习兴趣，在教学过程中化抽象为具体，化难为易，为学生学习提供方便，更有效地实现教学目的和要求。以往语文课上用挂图、用实物、用录音带示范等，均为此目的。今日，现代信息技术发达，运用到课堂教学中是时代发展的必然，顺理成章。但为何一定要作为评价、选拔优质课的硬性指标，就百思不得其解了。语文课程标准只在九年义务教育“教材编写建议”中指出要“重视现代教育技术在语文课程中的运用”，在高中“教科书编写建议”中指出要“重视现代信息技术的运用”，课程目标、学习方式、评价建议等对此均无硬性规定。为了反映语文课堂教学的时代性特点，在教学手段方面更新，大胆实践，积极探索，应该肯定，应该鼓励。但在实验实践的同时，须总结利弊得失，发扬正面作用，减少负面影响，使这种教学手段能更健康更有效地发展。

教学中由于面广量大，常出现一窝蜂的状况。模仿、追逐、时尚，无须号召，就挤挤挨挨，而静下心来沉思、分析、判断、筛选，不够重视。这种急功近利的浮躁心态和其他各行各业呈现的情景，虽不一致，但也大同而小异。

运用现代信息技术应注意：一是千万不能冷落文字。语文学习的主要凭据是文本，文本中的一篇篇课文是由语言文字组合而成的。作者织锦成文，学习者感知、感受、感悟，着力于对语言文字表情达意的表现力、生命力的推敲，从而体验母语传承文明、传承中华优秀文化的魅力，提高对母语理解与应用的敏感性，全面提高语文素养。如果以画面，以声、光、色、像代替语言文字的学习，那就背离了语文教学发展的主流方向，不像语文课，不是语文课，使语文教学边缘化了。二是不能和文本剥离，贴标签，外加，要在融会整合上下功夫。运用现代信息技术，目的是帮助学生学习课文时，在知、情、意诸方面发展得更有兴趣，更能动心动情，更能开阔视野，放飞心灵，更能触发奇思妙想，更有表达内心感受的欲望与行为，让学生遨游于语言文字与现代信息技术融会整合的学习氛围之中，品尝学习的欢乐。

现代信息技术可用可不用的，就不必用。例如教泰格特的《窗》，屏幕上出现了窗子的画面，画面很精美。整堂课除课的起始让学生看这个画面外，再也没有派上用处。哪个学生脑子里没有“窗”的形象呢？没有必要介绍。关键在病房里两位病人的思想、情感、发展、变化，“窗”在文中起何作用，这倒是学生须弄清楚的。又如，教余光中的《乡愁四韵》，整个黑板被大屏幕遮盖，时而长江水，时而红海棠叶，时而雪花飘，时而黄蜡梅，忙不迭地更换画面，结果诗的意境消失，学生的想象力未获得培养，对文字的感悟、意念的领会都受到影响。任何一种教学手段的运用都要有“度”，有分寸，只有需要，只有恰当，才是最佳的，否则，就有赘疣之累。

现代信息技术与文本融会整合，能产生极佳的语文学习的效果。光未然的《黄河颂》是语文的传统教材，现放在小学高年级教。以往教这篇课文时，教师多采用反复朗读、表情朗读的方法，引导学生体会这首以黄河象征祖国的热情颂歌，受思想情操的感染。而今学习这篇课文，融会了现代信息技术，课立体化了，内涵丰富得多，整堂课学生朗读、质疑、交流看法、寻求解答，一直处于兴奋状态，处于感情激荡之中。课的起始阶段，教师用多媒体着力渲染气氛，引导学生进入颂赞黄河的特定情境。屏幕上波涛滚滚，耳旁《黄河大合唱》乐曲此起彼伏，执教老师出示课题，调动学生富有激情地朗读，犹如把学生带到了中华民族的母亲河边。朗读后，随即交流听音乐与读诗歌后的初步感想，转入下一个教学环节，探讨内容，赏析词语。全诗分“望”和“颂”两部分。学习前一个部分主要引导学生欣赏黄河的形象，感受黄河的气势，体会诗作对黄河的动感描写。于是，教师利用多媒体在屏幕上用红色标出了“奔”“掀”“结”“劈”等几个动词，引发学生对词语表现力的思索。有学生问：“‘惊涛澎湃’是一个成语，为什么在诗中写‘金涛澎湃’？”画面上出现黄河的汹涌波涛，激起了学生对黄河的多种解释的热望。“黄河水主要是黄色的，所以有点金的色彩”，“据我查实，黄河是世界上河流中含沙量最高的……”讨论加深了对词语的理解，加深了对黄河的认识。

“颂”是全诗的主要部分，教师组织学生围绕诗中所用的 13 个感叹号，三次出现“啊！黄河！”等表现形式，对如何理解“你是中华民族的摇篮”“筑成我们民族的屏障”“伸出千万条铁臂膀”展开合作学习。五人一组切磋，主要是阅读文本，查阅字典，阅读事先准备的有关黄河地理位置、《黄河大合唱》内容简介等有关资料。讨论到“摇篮”，教师既在屏幕上给出黄河流向简图，又要求学生仔细阅读文本，从文本的语句中寻找解答；讨论到“屏障”，既让学生查阅字典诠释，又在屏幕上展现一组以黄河为屏障的抗战镜头，学生谈自己的理解、体会，有的情不自禁地说：“黄河，中国母亲河，我们永远热爱您！”有的说：“黄河是我们的骄傲，不愧为祖国的第二大河。”学生纷纷吐露对黄河的崇敬之情，升华了爱国的情感。教师自始至终扣紧文本，让学生情绪高涨地投入其中，发现，质疑，探究，解答，字词句的教学扎实，思想情感积极向上，洋溢胸际。课上得很厚实，多媒体起了营造气氛、增强直观、突出重点、介绍知识、解答疑难等多种作用，和文本融为一体。学生学有所得，学有所乐，提高了语文能力，激发了旺盛的求知欲。此类课在中学也不少见。只要深入钻研教材，从学生的身心需要出发，精选现代信息技术中与之密切相关的画面、片段，进行有机组合，无缝焊接，课堂教学就能跨越时空，给学生学习语文以更广阔的天地。

语文课就是学语文，努力做到三个维度融合，养成和提高学生的语文素养，任何教学手段都应为之服务。师生平等对话，任何一方少作为、不作为，都会影响课堂教学的全局。

期待着精益求精的好教材

前些时候由于工作需要阅读了近十年来各地语文教师为进行教学改革而编撰的语文实验教材。不少教材内容丰富，设计新颖，能激发学生的学习兴趣，有助于学生提高读、写、听、说的能力。尤其令人感动的是每套实验教材无不浸透了编撰者的心血，无不执着地探寻提高学生语文能力的途径。一位或几位教师在教学之余挤时间选、编、导，苦心可感，如果这些同志对语文事业不怀着极大的热情，对学生语文能力的提高不怀着极大的期望，怎可能如此含辛茹苦，日夜操劳？我边拜读边学习，围绕教材想到不少问题，下面摘其要谈点感想。

选文要精。教材不仅是教本，也是学本，其选文的典范性至为重要。这一点编者、教者可以说没有什么分歧，然而，说说容易，要真正做到绝非易事。一是要下大量艰苦的功夫，要有沙里淘金、大海捞针的耐心和毅力。有些发表在报刊上的文章，粗看似很有吸引力，或在内容，或在表达上颇有几分“姿色”，但不耐看，经不起读，稍加深入，破绽就显露，有时甚至与“典范”大相径庭。传统名篇之所以“名”，恐怕除作者的原因外，最为根本的是经得起为数众多的师生长期的检验，历经千咀嚼万推敲，仍具有“金”的质地，以其光彩培育一代又一代的学生。取法乎上，有时也只得之乎中，故而选文确实需要金子般的质地。如果凑近学生的写作水平，或取其一点而不

本文发表于《中学语文教学参考》1990年第2期。

顾其他，文章质地定然受到影响。毕竟“沙”与“金”是有本质区别的。二是立足点要高，要慧眼独具。众所周知，课文是训练学生读、写、听、说能力的例子，然而，它的价值绝非只是例子，除了语言文字的使用堪为学生的榜样外，其认识价值、审美价值与教育功能对学生所起的作用同样不可忽视。用母语写成的文章反映了我们民族数千年的文化，从历代兴衰到人世沧桑，从锦绣山川到风土人情，从事理哲理到胸怀境界，凡人文而又有价值的都可构成莘莘学子的文化素养与道德素养。对外国的作品也要立足于多方面的借鉴，当然，与对古代作品一样，须用历史唯物主义的观点加以识别，取精华，弃糟粕。就当前来说，由于外界种种不良影响，青年学生民族自尊心、民族自信力降到令人担忧的地步。因而，精选振奋精神、促使民族奋起与增强民族凝聚力的好文章尤为重要。当然，这不是说多选政论文，视野要开阔，考虑的角度要尽量多一点、新一点，力求跳出窠臼。北师大附属中学实验教材中这样的例子不少。如《就英法联军远征中国致巴特勒上尉的信》这篇课文选得极好，用法国著名文豪的信痛斥英法联军疯狂焚毁圆明园的强盗行径，义正词严，掷地有声。它是历史的见证，让学生认识英法帝国主义是怎样侵略中国、野蛮地毁坏文明、掠夺财物不以为耻，反以为荣的；它站在捍卫人类文明、捍卫卓越的艺术的高度，谴责掠夺者的滔天罪行，让学生认识东方艺术的奇迹，激发学生对艺术珍品的热爱，对创造艺术珍品者的尊敬，对侵略者的痛恨；它的见解精辟，言简意深，“我们欧洲人是文明人，中国人在我们眼中是野蛮人。这就是文明对野蛮所干的事情”，“治人者的罪行不是治于人者的过错；政府有时会是强盗，而人民永远也不会是强盗”，诸如此类的语言在文中屡见不鲜，学生可从中领悟作者的凛然正气，可从中感受高超的语言艺术……选文一定要质地好，从内容到形式均应十分考究，内容精湛，见解精辟，结构精彩，语言精美，才真正能对学生的培养发挥综合效益。选文不仅是培养学生语文能力的手段，它还应是人类精神文明的载体。对于这些文质兼美的文章，学生阅读、理解、积累、储存，也是必不可少的目的之一。

本子要薄。语文课内学习与课外广为涉猎虽有许多相通之处，但课内的任务与课外的任务毕竟不同，各有分工，各有侧重，而不能混淆界限，更不能把课外课内的任务都集中在课内。如果这样的话，本子就会越编越厚，师生不堪负担。语文教学大纲规定的教学目的是比较全面的，要“教学生学好课文和必要的语文基础知识，进行严格的语文基本训练，使学生热爱祖国语言，能够正确理解和运用祖国的语言文字，具有现代语文的阅读能力、写作能力和听说能力，具有阅读浅易文言文的能力”，与此同时，还要完成思想教育、道德情操教育和发展智力等任务。面对这些任务，编选教材时如果采用加法，就会线条多，头绪杂，篇幅膨胀。语文各种能力之间有其必然的联系，不仅彼此相通，而且可互为补充，互相促进；语文基础知识与基本能力之间也是联系紧密，掌握有关语文知识，理解和使用语言文字可大大减少盲目性，而运用语言文字的过程中又可对有关语文知识加深理解。鉴于以上的特点，编撰语文教材的总体设计究竟着眼于多条线索齐头并进，还是着眼于多种能力糅合起来，有分有合地进行训练，很值得深入探讨、深入研究。当然，读、写、听、说能力的训练各有自己的程序，各有自己的规律，由浅入深、由简到繁的台阶式进展应该遵循。把某两种或某几种语文能力糅合起来训练，当然要尊重各自的个性，把握各自的具体要求，并不是大而化之、笼而统之地混淆在一起。关键在于洞悉学生实际，洞悉课文实际，在于从这些实际出发，根据语文能力训练的目标，确立科学的最有效的训练点，纵横交叉，点点相连。有的训练宜“分”，分项训练效果显著；有的训练宜“合”，“合”可以在有限的单位时间使学生获得多方面能力的培养。一般地说，分项训练难度不大，难在如何糅合。也就是说，训练的设计不能局囿于单打一，要着力于抓住有机结合点，要把各个年级各个阶段读、写、听、说的训练点进行排列，找出其中（或两种能力，或三种能力，或四种能力）内在的联系。训练点的分与合，是科学，也是艺术，安排得当，可收举一反三、以一当十的效果。一本好教材，必须给教师的“教”留有发挥聪明才智的充分的余地，也必须给学生的“学”留有充分想象、思考的余地。教材是教本，是学本，教师用教本教可说是进行创造性的劳动，学生用学本学同样要发挥主动性、积极性，因此，编教材时定要留有余地，要考虑到师生在教学中的主观能动性。这正如一幅画，高明的画家非常注意“留白”，留多少，留在什么部位，都十分讲究。如果画面全部塞满，气就不透，画也就闷死了。教材也如此，要想什么都包揽，其结果必然庞杂不堪。

深浅要适度。浅教材学生学无兴趣，深教材超越学生知识、能力、智力的限度，学生因非能力所及，学习质量同样难以达到预期目的。近些年来，由于受国外某些教材的影响，以及急于求成心理的作用，许多学科教材的内容都失之艰深，教师难以纯熟地掌握，学生生吞活剥难以消化，以致出现一些学生厌学的情况。语文学科中也有类似情况，小学的拔高到初中，初中的拔高到高中，知识越教越多，训练的方面越来越杂，教师感到擢发难数，学生马马虎虎应付还过得去，要是认真对待，确实不堪负担。这里可能有几个问题值得研究：语文教材深度与学生语文水平是否一定成正比；语文学习究竟有没有明显的阶段性；大面积学生培养与少数学生拔尖的关系究竟怎样摆；等等。显然，深度与质量是两个概念，语文教材切合学生实际水平，学生攀登才会步履坚实。基础教育要着力打基础，教学大纲中规定的语文知识有相当部分是属于知识的“核”的范畴，它的生命力极强，掌握了往往一辈子受用。如常用字，字形、字音、字义等，应反复学习，正确而熟练地掌握。蜻蜓点水，一晃而过，基础不牢靠，就会错别字连篇。能力训练也是如此，要一步一个脚印。教材过深，脱离学生实际，教学效果适得其反。须知，揠苗是不可能助长的。语文学习应该有也必须有明显的阶段性。初中语文学习的要求不同于小学，也不同于高中，初中阶段就是初中阶段。初中一二年级学生是少年，初三开始向青年时期过渡。他们的视野、思维、知识、能力、心理特点、生理特征与高中学生差别很大，如把高中学生调动知识储存、开展抽象思维才能读懂的课文移作初中学生用，其培养值、训练值恐怕会大为降低。执教多年的教师几乎都有这样的体会：学生一年一个样，教材的榫头、训练的榫头对得准，学生学习就会如鱼得水。当然，学生的语文水平不可能一斩齐，一味就低不利于质量的提高，面向大多数，兼顾水平高的与水平较低的。教材有一定的弹性，教者有施展的机会，学者尽管有不同层次，但都有可能在各自的基础上学有兴趣，学有所获。把“学过”与“学会”严格区别开来，从学生实际出发，在“学会”上下功夫，学生对语文或视而生畏，或漠然置之，或叫苦不迭的状况就会有所改变。

语言要规范。教材中的文字，无论是选文、注释，还是提示引导、思考与练习，都应准确、明白、合乎规范，成为学生学习语言文字的榜样。选文自无须说，应该是文质兼美，经得起咀嚼、推敲，教材中的其他文字同样要讲究质量。教材应给予师生一种整体美，如果说选文是红花，编写者的种种文字就好比绿叶，绿叶托红花，红花才分外吸引人。编写者如果文字粗疏，甚至晦涩难懂，教材的质量就大为下降，选文也随之而受影响。语言规范这是总要求，不同项目又应各具特点。例如文前的“提示”，文字须十分精要，在深入钻研教材的基础上，紧扣单元教学目的要求，提纲挈领、要言不烦地提示，点在关键处，着力开启学生思维的门扉。如果水分多，繁杂冗长，就失去了“提示”的意义。“提示”要引人入胜，如果味同嚼蜡，就等于在入胜境的路上设置障碍物。又如注释，它对学生阅读起拐棍作用，注什么，怎么注，除学术、知识等方面问题外，文笔不可拖沓，要简洁精当。进行语文能力训练的题目不管是什么类型，都要具体明确，大而化之的、含糊不清的、啰唆重复的皆不可取。训练的文字可读性要强，要使学生感到亲切。语言这东西，说起来似乎便当，但真正要落实“规范”的要求，不下水磨的功夫是做不到的。

一部教材涉及的方面很多，以上只是谈点粗浅的认识。我们语文教师期待着风格各异的多种语文教材的问世，期待着精益求精的好教材的涌现。

图书在版编目（CIP）数据

于漪全集. 2, 语文教育 / 于漪著. —修订本. —上海：上海教育出版社，2023.8
ISBN 978-7-5720-2204-3

Ⅰ. ①于… Ⅱ. ①于… Ⅲ. ①语文教学－教学研究－文集 Ⅳ. ①G4-53

中国国家版本馆CIP数据核字(2023)第149190号

上海教育出版社
官方微信平台

官方网站：
www.seph.com.cn

总 策 划　缪宏才
执行策划　何　勇
统　　筹　易英华
责任编辑　易英华
书籍设计　张国樑　董　伟

YUYI QUANJI
于漪全集　2　语文教育（修订版）
于　漪　著

出版发行　上海教育出版社有限公司
官　　网　www.seph.com.cn
地　　址　上海市闵行区号景路159弄C座
邮　　编　201101
印　　刷　上海雅昌艺术印刷有限公司
开　　本　640 × 965　1/16　印张 26.5　插页 4
字　　数　382 千字
版　　次　2023年8月第1版
印　　次　2023年8月第1次印刷
书　　号　ISBN 978-7-5720-2204-3/G·1963
定　　价　120.00 元